AI 시대!
미래를 디자인하는

언스쿨링
교육의 세계

황기우

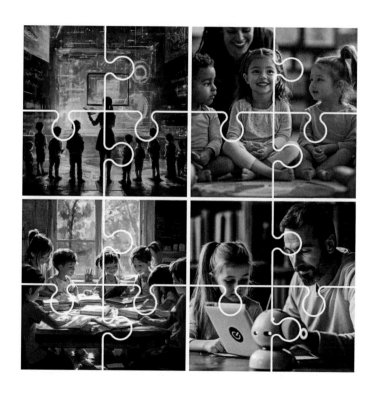

박영story

평생을 교육에 헌신하신 사랑하는 고 春江 김미희 선생님께
이 책을 바칩니다.

수천 년간 달의 전면만 바라보며 살아온 인류는 달의 후면도 전면과 같을 것이라고 생각해 왔습니다. 그러나 최근 탐사 결과 달의 뒷면은 전면과 다른 독특한 지형과 자원이 발견되어 많은 이들이 놀랐습니다. 이제 사람들은 수천 년간 지속된 무지와 오류에서 벗어나 달의 진실을 알게 되었습니다.

교육에 대해서도 유사한 비유가 가능합니다. 지난 160년간 사람들은 교육이 오직 학교에서만 이루어진다고 믿어 왔습니다. 국가는 언스쿨링을 불법과 열등 교육으로 간주하며 금지했습니다. 그러나 이제 언스쿨링의 진실이 알려지면서, 많은 사람이 고정관념에서 벗어나 언스쿨링으로의 전환을 모색하고 있습니다. 이는 교육 방법의 변화뿐만 아니라, 우리가 세계와 인간을 이해하는 방식을 재고하는 것을 의미합니다.

세계관이 변화하고 있습니다.

21세기가 시작되면서 주요 문제들이 서로 연결되어 있다는 사실이 더욱 분명해지고 있습니다. 현대 사회는 기존의 사고와 가치에 대한 근본적인 변화를 요구합니다. 사회와 과학 분야에서 급진적인 패러다임 변화가 시작되고 있으며, 기계적 세계관이 유기적 세계관으로 전환되고 있습니다.

AI는 교육에 혁신적인 변화를 가져오고 있으며, 개인 맞춤형 학습을 가능하게 합니다. AI는 학생 개개인의 학습 스타일을 분석하여 최적의 경로를 제시하고, 학생들은 스스로 학습을 관리하며 자기 주도 학습 능력을 향상시킬 수 있습니다. 이러한 변화는 아동 주도의 학습 환경으로 나아가고 있음을 의미합니다.

　AI 시대의 도래는 새로운 교육 구조와 학습 방식의 필요성을 가속화하고 있습니다. 우리는 기술과 인간 경험의 융합을 통해 새로운 형태의 지식과 학습을 모색해야 합니다. 이러한 변화 속에서 우리는 어떤 교육을 선택해야 할까요? 이 질문에 대한 답을 찾는 과정이 앞으로 나아갈 방향을 제시할 것입니다.

진실을 말할 때가 되었습니다.

　우리가 살고 있는 세계는 끊임없이 변화하고 있지만, 교육 시스템은 이러한 변화에 뒤처져 있습니다. 우리 사회에는 다양한 세계와 선택이 존재하지만, 교육만은 예외입니다. 교육이 헤게모니적 개념 모델로 고착되고 교조화된 탓입니다. 교육이 고착화되면 예상치 못한 문제가 발생하고, 이는 교육의 질을 저하시키며 미래에 대한 시야를 좁히게 됩니다. 기존의 틀에 갇힌 교육은 다양한 개인의 필요를 반영하지 못하고, 로봇 인간을 양성하는 악순환에 빠지게 합니다. 이제는 이러한 고착화를 무너뜨려 새로운 흐름을 만들어야 할 시점입니다.

　그동안 교육 개혁을 위한 많은 노력과 예산이 투입되었지만, 근본적인 문제는 여전히 해결되지 않고 있습니다. 아이들의 삶은 피폐해지고 정신 건강 문제는 심각해지며, 청소년 자살률은 높아지고 있습니다. 부모들은 좋은 대학에 보내기 위한 '도박 게임'에 빠져 아이들의 꿈과 행복을 무시하고, 정부는 실질적인 문제를 외면한 채 여론을 호도하는 데 집중합니다. 이러한 상황 속에서 과연 아이들이 진정으로 성장할 수 있을지 다시 생각해야 합니다.

　현재의 교육 시스템은 아이들을 기계 부품처럼 여기는 기계적 세계관에 기초하고 있습니다. 이는 산업화 시대의 산물로 현대 사회와 맞지 않습니다. 교육 혁신은 과거의 기계적 패러다임에서 비롯될 수 없으며, 아이들은 시스템의 원료가 아닌 세상을 바꾸기 위해 성장할 수 있는 존재입니다. 이러한 진실을 바탕으로, 우리는 언스쿨링이라는 새로운 교육에 눈을 돌려야 합니다.

언스쿨링은 유기적 세계관에 기반합니다.

교육 혁신은 상호연결성과 상호의존성을 중시하는 유기적 세계관에서 찾아야 합니다. 이는 기계적 세계관과 달리 인간과 자연, 사회의 상호연결성을 강조하며, 전인적 발달, 자기 주도 학습, 지속 가능한 교육을 지향합니다. 이러한 교육 철학은 아이들이 균형 잡힌 인격을 갖추고 사회적 책임을 다하도록 돕습니다.

홈즈의 유토피아 아동의 은유를 빌리면, "언스쿨링 아이는 살아 있고, 깨어 있으며, 자신의 방식으로 활동할 수 있습니다. 언스쿨링 아이의 활동은 자기 자신의 활동이며 자신 안에서 솟아나는 샘물과 같습니다. 학교 아이와 달리 그는 자신의 방식으로 일할 수 있습니다. 그는 수동적인 순종의 무력감 속에서 성인이 무엇을 어떻게 해야 하는지 알려주기를 기다리지 않습니다. 그는 새로운 상황이 발생하면 당황하지 않고 신속하고 결단력 있게 대처합니다. 그는 무언가가 나타나기를 관성적으로 기다리는 대신 어려움에 맞서 싸웁니다. 그의 주도성은 지성과 함께 발전하여 스스로 생각하고 계획할 수 있게 됩니다."

유기적 세계관을 기반으로 하는 언스쿨링은 전통적인 교육 규범에 도전하며, 아이들이 자신의 관심사에 따라 자기 주도적으로 학습하는 것을 믿습니다. 이는 구조화된 커리큘럼에 의존하지 않고, "진정한 학습자 중심 접근 방식"을 통해 이루어집니다.

이 책은 무엇을 말하는가?

이 책은 학교 교육에서 언스쿨링으로의 전환을 고민하는 독자들과 교육에 관심 있는 시민, 교육자, 정책입안자들을 위한 첫걸음입니다. 학교 교육의 한계를 성찰하고, 언스쿨링이 미래 교육에 가져올 잠재력을 탐구하며, AI 시대에 적합한 교육 모델을 제시하고자 합니다.

이 책의 주요 내용은 다음과 같습니다.

첫째, 언스쿨링의 개념, 철학, 역사 등을 심층적으로 분석하고, 실천을 원하는 부모를 위한 지침을 제공합니다. 또한 언스쿨링의 미래 시나리오를 제시하여, 언스쿨링이 주류 교육이 될 가능성을 보여줍니다.

둘째, 언스쿨링 접근 방식이 창의력과 비판적 사고를 어떻게 강화할 수 있는지 탐색하고, 현대 사회의 도전에 대응할 수 있는 실제 사례를 논의합니다.

셋째, 언스쿨링으로의 전환을 통해 미래 세대가 변화하는 세계에서 자신의 잠재력을 발휘할 기회를 확장하고, 긍정적인 영향을 널리 공유하기 위한 방안을 모색합니다.

넷째, 교육자들이 언스쿨링 교육을 현장에 적용할 수 있도록 실질적인 전략과 방법을 제시합니다.

다섯째, 부모와 교육자, 정책 결정자에게 언스쿨링 교육을 통한 혁신 가능성을 제안하며, 학습자 중심의 맞춤형 교육 환경 구축을 목표로 합니다.

이 책의 궁극적인 목표는 언스쿨링을 효과적인 교육 대안으로 제시하고, 아동 중심의 개별화된 학습 접근법을 수용하도록 촉구하는 것입니다. 언스쿨링은 단순한 흐름이 아니라, 새로운 "언스쿨링 교육학(unschooling pedagogy)"으로 튼튼한 뿌리를 내려, 교육 혁신과 정책에 긍정적인 영향을 미치는 변화의 동력이 될 것입니다.

미래 교육은 현재 교육 시스템의 한계를 인식하고, 창의적이며 유연한 교육 방식을 도입하려는 이들의 손에 달려 있습니다. 기존 체제를 무너뜨릴 아이디어와 혁신을 만들어 내기 위해, 자유와 기쁨이 넘치는 언스쿨링의 세계에 뛰어들 준비가 된 사람들! 이것이 혁명으로 들린다면, 아마도 그때가 되었을 것입니다.

이 책이 많은 이에게 언스쿨링의 길로 나아가는 영감을 주기를 바랍니다.

마지막으로, 이 책을 출판하는 데 도움을 주신 사랑하는 제자들께 깊은 감사의 말을 전합니다. 여러분의 지원이 없었다면 이 책은 존재하지 않았을 것입니다. 진심으로 감사드립니다.

2025년 1월
저자 황기우 씀

인간도 다른 생명체처럼 성장과 발달을 위한 자연법칙에 속하며, 이러한 법칙에 따라 교육이 이루어져야 한다는 플라톤의 기본 가정은 옳은 것일까? 만약 인간의 본성이 다른 모든 살아있는 존재처럼 성장과 발달의 근본 원칙에 속하지 않는다면, 교육이라는 과학은 존재할 수 없을 것이다. 교육은 성장이며, 성장은 모든 생명체의 본성이다. 그렇다면 교육은 아이의 성장을 촉진하기 위해 무엇을 해야 할까? 아이가 성장하려면 스스로 성장하는 과정을 경험해야 한다. 제공된 음식을 스스로 소화하고 흡수하며, 모든 내적 기관과 능력을 스스로 사용해야 한다. 이러한 일들은 신체적 차원뿐만 아니라 정신적, 도덕적, 영적 차원에서도 이루어져야 한다. 다시 말해, 아이는 자유로운 분위기 속에서 살고 일할 수 있어야 한다.

하지만 우리가 알고 있는 "문명화된" 나라들에서의 교육은 결코 아이에게 자유를 허용하지 않는다. 매 순간, 강제적인 압력과 제약이 아이를 옥죄어 온다. 아침부터 저녁까지, 날마다, 해마다 교육은 아이가 스스로 해야 할 많은 일들을 대신하려고 한다. 아이의 추론, 생각, 상상, 감탄, 공감, 의지, 목표 설정, 문제 해결, 어려움의 극복, 감정과 충동의 통제, 그리고 다른 사람과의 좋은 관계 유지를 대신하고 강요하려고 한다.

아이의 본성을 완전히 불신하기 때문에 교육은 아이가 스스로 할 수 있는 모든 일을 대신하려 하며, 이로 인해서 아이의 활동이 마비되고 성장이 저지된다. 아이의 본성에 기반한 생명의 미묘하고 신비한 자기 통제 과정을 외부에서 통제할 수 있는 기계적 순종으로 대체하는 복잡한 시스템으로 발전시키고 있다.

지금까지 교육이 인간의 성장을 방해했다면, 이제는 성장을 촉진해야 한다. 인간의 본성이 스스로 진화할 수 있도록 허용하려면 아이에게 자유가 주어져야 한다. 이미 말했듯이 성장의 과정은 성장하는 아이가 스스로 해야 하며, 국가, 교사, 부모가 대신하거나 강요할 수 없다. 이는 아이가 강압적이고 독단적인 교육의 압력에서 벗어나야 함을 의미한다. 이것이 가능할까? 자유로운 분위기에서 아이를 교육한다는 생각이 순진하고 한가한 꿈일까? 나는 그것이 꿈이 아니라는 것을 알고 있다!(Holmes, 1913)

프롤로그: 언스쿨링 닻을 올리다

Ⅰ. 자연은 가르치지 않는다

▬ 아담 이야기

아담 이야기는 많은 사람에게 친숙하다. 아담은 하나님에 의해 에덴동산에서 살기 위해 창조되었다. 어느 날 아담은 하나님으로부터 모든 동물의 이름을 지으라는 임무를 부여받았다. "여호와 하나님이 흙으로 각종 들짐승과 공중의 각종 새를 지으시고 아담이 무엇이라고 부르나 보시려고 그것들을 그에게로 이끌어 가시니 아담이 각 생물을 부르는 것이 곧 그 이름이 되었더라."(대한성서공회, 창세기 2장 19절). 하지만 이 이야기에서 우리가 종종 놓치는 것은 하나님이 아담에게 직접 이름을 지어주는 방법을 말로 가르쳐주시지 않았다는 점이다.

왜 하나님은 아담에게 다양한 생물들의 이름을 직접 가르치지 않았을까? 이에 대해 여러 가지 설명이 가능하겠지만, 그중 하나는 아담이 하나님의 전지전능한 유전자를 가지고 태어났기 때문에 별도의 가르침이 필요하지 않았다는 것이다. 어쩌면 아담은 주변 세계를 관찰하며 스스로 배우는 타고난 학습자였을지도 모른다.

아이가 빈 서판으로 태어나는지, 아니면 태생적 학습자인지를 두고 수 세기 동안 수많은 철학자와 교육자 사이에서 치열한 논쟁을 이어왔다. 자연 교육은 인간이 내재적인 학습 능력을 지니고 태어나며, 지식과 기술은 주로 모방, 탐구, 실험, 관찰을 통해 습득한다는 생각을 바탕으로 한다. 반면, 인위 교육은 인간이 백지상태에서 출발해, 구조화된 커리큘럼, 표준화된 테스트, 공식 교육 프로그램을 통해 필요한 지식과 기술을 외부에서 주입한다는 생각을 바탕으로 한다. 인간의 태생적 학습자에 관한 논쟁이 아직도 진행 중인 가운데 일부 사람들은 인위 교육이 암기와 표준화 시험을 지나치게 강조하여 창의성과 비판적 사고를 죽인다고 비판한다. 이러한 비판은 인위적인 교육이 아이를 틀에 박힌 사고와 특정 표준을 따르도록 가르치기 때문에 창의력과 상상력이 부족해질 수 있다는 것이다.

아담의 경우, 정규 교육을 받지 않았기 때문에 오히려 주변 세계에 대한 독특한 관점을 개발할 수 있었을 것이다. 구조화된 커리큘럼이나 공식 교육 프로그램의 제약 없이 아담은 자연스럽고 직관적인 방식으로 주변 환경을 자유롭게 관찰하고 배울 수 있었다. 이를 통해 그는 자연에 대해 더 깊이 이해하고 인위적인 교육 방식으로는 불가능했을 연결고리와 통찰력을 얻을 수 있었을 것이다.

아담의 이야기는 자연 교육과 인위 교육 사이의 논쟁에 대한 흥미로운 관점을 제시한다. 현대 사회에서 개인이 성공하기 위해서는 인위 교육이 필요할 수 있지만, 자연 교육의 가치에 대한 인식은 그것에 못지않게 중요하다. 인위 교육이 지배적인 현재 상황에서 자연 교육은 기후 변화, 빈곤, 기아, 불평등, 차별 등 각종 현대 사회의 문제를 해결할 방법으로 부상하고 있다. 이 두 가지 접근 방식이 균형을 이루면, 개인이 자기 잠재력을 최대한 개발하고 의미 있는 방식으로 사회에 공헌할 수 있는 더 총체적이고 효과적인 교육 시스템을 만들 수 있을 것이다.

▬ 태생적 학습자로서의 인간

인류가 존재하기 시작한 이래로 자연은 우리의 첫 번째 교육자였다. 공식적인 교육 시스템이 존재하기 전, 우리 조상들은 자연 속에서 모방, 관찰과 실험, 시행착오를 통해 배웠다. 오늘날에도 자연은 귀중한 교훈과 통찰력을 제공하는 강력한 교육자로서 그 역할을 계속하고 있다.

자연은 우리를 본능적으로 학습할 수 있는 존재로 만들었다. 이는 우리가 태어나는 순간부터 명확히 드러난다. 우리는 주변 환경에 대해 배울 수 있는 감각을 갖추고 세상 밖으로 나온다. 이러한 감각은 지식의 관문으로서 우리는 이러한 감각기관을 통해 보고, 듣고, 만지고, 맛보고, 냄새를 맡음으로써 세상에 대한 정보를 수집한다. 우리의 뇌는 환경과 경험에 계속 적응하는 가운데 성장하고 발달하면서 더 풍성한 학습을 형성한다.

하지만 자연은 인간을 직접 가르치지 않는다. 인간이 환경에 적응하고 생존하는 데 필요한 학습 능력을 제공하고, 그저 지켜볼 뿐이다. 자연이 멀리서 인간을 지켜보며 기다리는 것은 인간이 스스로 생존할 수 있는 내적 학습 능력을 갖추고 있다는 사실을 암시한다. 자연은 모든 유기체와 마찬가지로 인간도 타고난 학습 본능이 있다고 보며, 이를 바탕으로 인간은 자연과의 밀접한 연결을 통해 세상을 탐구하고 이해하는 능력을 능숙하게 발전시켰다.

자연은 때로는 장엄하고 엄숙한 모습으로, 때로는 신비로운 미지의 풍경으로, 때로는 연약하면서도 아름다운 순간으로 우리에게 다가온다. 자연은 우리의 호기심과 경이감을 자극하며 수많은 이야기를 들려준다. 바람은 태고의 소식을, 바다는 광활한 신비를, 산은 오랜 전설과 지혜를 전한다. 강은 구불구불한 선으로 무한한 상상력을 자극하고, 밤하늘의 별은 광활한 우주에 관한 질문을 끝없이 생성한다. 이처럼 다양한 자연의 모습과 이야기는 인간에게 영원한 배움의 원천이 된다. 자연은 우리의 지적 탐구의 세계로 안내하며, 우리 자신의 영감을 찾고 그 속에서 우리 자신을 발견하도록 돕는다.

인간은 태어나는 순간부터 죽을 때까지 자연과 함께한다. 이는 인간의 지적 호기심을 자극하고 학습을 촉진한다. 우리는 주변 환경을 미묘하게 감지하고 해석하며, 자연과의 상호작용을 통해 지식을 얻는다. 이러한 과정은 인간을 지적으로 풍요롭게 하며, 인간이 자연의 한 부분으로서 자연과 조화롭게 살아갈 수 있는 공간을 제공한다.

자연의 학습 디자인

자연이 설계한 학습은 자연 세계에서 일어나는 학습 과정이다. 이 과정은 수백만 년에 걸쳐 진화해 왔다. 유기체는 이 시스템을 통해 환경에 적응하고 학습하며 생존한다. 학습은 생존의 관건이다. 자연은 유기체가 특정 환경에서 생존하고 번식하는 데 필요한 지식과 기술을 습득할 수 있도록 학습을 설계했다. 자연의 학습 설계를 통해 유기체는 환경의 도전과 기회를 인식하고 이에 대응하는 방법을 배워 생존하고 번식할 수 있다.

인간도 이러한 설계에서 예외가 아니다. 태초부터 자연은 인간을 스스로 생존하고 번성하는 자연 학습자가 되도록 설계했다. 이는 인간이 존재하기 시작한 이래로 자기 주도적 학습자였다는 사실에서 증명된다. 공식적인 교육 시스템이 존재하기 전, 우리 조상들은 자연 속에서 모방, 관찰과 실험, 시행착오를 통해 스스로 배웠다.

자연은 인간을 타고난 학습자로 설계하면서 우리에게 경이감, 호기심, 열정의 본성을 부여했다. 이 세 가지 본성은 학습 과정의 핵심 요소이다. 이는 서로 밀접하게 연결되어 있으며, 각각 학습에 대한 흥미를 유발하고 새로운 정보를 유지하는 데 중요한 역할을 한다.

경이감은 새롭거나 특이하거나 예상치 못한 것을 접할 때 느끼는 놀라움이다. 이는 인간의 본능이다. 낯선 장소, 낯선 동식물, 신기한 기계, 끊임없이 변화하는 자연의 풍경에 경탄하지 않는 사람이 있을까? 경이감은 아름다운 일몰처럼 단순한 것에서부터 과학적 발견처럼 복잡한 것까지 다양하다. 경이감은 우리가 주변 세계를 탐험하고 새로운 지식과 경험을 찾도록 동기를 부여하는 강력한 감정이다(아인슬리 아먼트, 2022).

호기심은 무언가에 대해 더 많이 알고자 하는 욕구이다. 호기심은 우리 주변의 세상을 이해하고 새로운 정보를 찾고자 하는 인간의 타고난 성향이다. 우리는 마지막 숨을 거둘 때까지 호기심을 놓지 않는다.

자신이 죽으면 주변 환경에 어떤 일이 일어날지 알고 싶어 한다. 아이들은 항상 "왜?"라고 묻는다. 호기심은 우리가 풀고 싶은 의문, 문제 또는 미스터리에서 비롯될 수 있다. 호기심은 우리가 조사하고, 실험하고, 탐험하고, 배우게 하는 원동력이다(케리 맥도날드, 2019; 피터 그레이, 2015).

열정은 우리가 좋아하는 활동에 참여할 때 발생하는 흥분과 욕망의 감정이다. 열정은 주의를 집중시키고 동기를 부여하는 데 도움을 주는 긍정적인 감정의 상태이다. 열정은 종종 성공적인 학습 경험의 결과이며, 이는 학습을 계속하도록 동기를 부여하는 긍정적인 피드백 루프를 만들 수 있다(Boyack, 2016). 열정은 종종 전염성이 있으며 다른 사람들이 관심을 가지고 참여하도록 영감을 준다.

이 세 가지 요소는 서로 밀접하게 연관되어 있으며 함께 작용하여 강력한 학습 경험을 만들어낸다. 경이감을 느낄 때 우리는 새로운 것을 탐구하고 발견하려는 동기를 갖게 된다. 호기심이 생기면 정보를 찾고 문제를 해결하려는 동기가 생긴다. 열정이 넘치면 우리는 활기를 띠고, 집중력이 높아지며, 학습한 내용을 더 잘 기억할 수 있게 된다.

"경이감+호기심+열정=학습"이라는 학습 공식은 아이들뿐만 아니라 모든 사람이 학습에 대한 사랑에 빠지는 기반을 제공한다. 아이들에게 경이감, 호기심, 열정을 느낄 기회를 제공하고, 이러한 환경을 조성해 주면 학습은 자연스럽고 자발적인 과정이 된다. 이는 인간이 '자기 결정 학습자(self-determined learner)'라는 사실을 분명히 보여준다.

요약하면 자연이 디자인한 학습 방식은 우리 모두에게 내재된 자연스러운 과정으로, 우리가 주변 세계에 대해 배우고, 이해하며, 성장하도록 돕는다. 이것은 인간의 단순한 지식 습득을 넘어, 삶과 환경에 대한 깊은 이해와 적응을 가능하게 하는 근본적인 메커니즘이다.

일상생활 속의 자연학습

인간이 타고난 학습자라는 증거는 어린아이들의 행동에서 분명히 드러난다. 학습 본능을 내재한 아기들은 점차 자라면서 주변 세계를 탐구하고 배우고자 하는 열성적인 학습자가 된다. 그들은 손으로 사물을 만지고, 맛을 보고, 색을 구별하며, 언어를 습득하고, 주변 환경을 탐색하는 등 직접 경험을 통해 자연스럽게 성장과 학습의 여정을 시작한다. 놀랍게도 이 여정은 어머니의 자궁에서 시작된다. 『오리진』의 저자인 머피에 의하면 태아는 이미 어머니의 배 안에서 소리, 맛, 냄새를 배우고, 태어난 후에는 이를 기억한다고 한다(애니 머피 폴, 2011). 아기들은 걷고, 뛰고, 오르내리는 법을 스스로 배우기 위해 끊임없이 노력한다. 실제로 아이들이 걷기 위해 3,000번 이상 넘어진다는 연구 결과도 있다. 아기들은 태어나자마자 모국어를 배우며 의사를 표현하기 시작한다. 그들은 보고, 듣고, 질문하고 탐색하면서 주변의 물리적, 사회적 세계에 대한 엄청난 양의 지식을 습득한다.

아기들은 정규 교육 없이도 이것을 모두 해낸다. 이러한 놀라운 동기 부여와 학습 능력은 아이가 5세나 6세가 되어도 계속된다. 다만 학교 시스템을 통해 그 스위치를 끄기 시작할 뿐이다. 심리학 교수이자 『요람 속의 과학자』의 저자 앨리슨 고프닉과 동료들은 다음과 같이 주장한다 (앨리슨 고프닉, 앤드류 멜초프, 페트리샤 쿨, 2006).

> "존 로크는 아기의 마음을 '백지'라고 생각했고, 심리학자 윌리엄 제임스는 아기가 '덜컹거리는 혼란' 속에 살고 있다고 생각했다. 오늘날에도 많은 사람은 아기와 어린아이를 별다르게 생각하지 않는다. 하지만 최근 연구에 따르면 아기와 어린아이는 우리가 기대하는 것보다 훨씬 더 많은 것을 알고, 관찰하고, 탐구하고, 상상하고, 배운다고 한다. 어떤 면에서는 어른보다 더 똑똑하다."

피터 그레이는 생물학적 관점에서 이러한 증거를 찾아냈다. 그는 아이들은 타고난 호기심, 장난기, 사교성, 주변 환경에 관한 관심, 성장에 대한 욕구 등 강력한 학습 본능을 가지고 태어난다고 주장한다. 그는 자연 학습의 핵심을 다음과 같이 설명한다(피터 그레이, 2015).

"아이들은 학습 본능의 유전자를 내장한, 타고난 학습자이다. 자기 주도적 학습은 자연스러운 것이며, 인간이 태어날 때부터 사용해 온 오래된 학습 방법이다. 인류의 역사를 통틀어 아이들은 거의 항상 자기 주도적 학습자였다. 아이들이 자기 주도 학습에 뛰어나지 않았다면 우리 종은 살아남지 못했을 것이다."

인간의 삶은 태어나기 전부터 끝없는 배움의 여정이다. 종교나 철학과 관계없이 인간은 타고난 학습자로서 세상과 깊이 연결되어 있다. 타고난 학습 능력을 믿는 사람들은 인간은 뛰어난 학습자로 태어났으며, 인위적인 교육 시스템이 이 능력을 억압하여 개인과 사회를 불행하게 만들었다고 주장한다. 이러한 주장은 인간의 타고난 학습 능력을 인정하고 인위적인 교육을 거부해야 한다는 믿음을 반영한다.

II. 산업화 시대: 기계적 세계관과 교육적 유산

▬ 기계적 세계관

현대 산업 시대의 기초가 되는 기계적 세계관과 가치체계는 16세기와 17세기에 본질적인 윤곽이 형성되었다. 1500년에서 1700년 사이에 유럽 사람들의 세계관과 사고방식에는 극적인 변화가 있었다. 우주에 대한 새로운 사고방식과 인식은 서구 문명에 현대 시대의 특징을 부여하였으며, 이는 지난 300년 동안 우리 문화를 지배해 왔고 현재 변화하고 있는 패러다임의 기초가 되었다(Capra & Luisi, 2016).

기계적 세계관(mechanical worldview)은 자연과 우주를 거대한 기계에 비유하여 설명하는 관점이다. 이러한 관점은 근대 자연과학의 초기 단계에서 시작되어 널리 퍼지며 지배적인 세계관이 되었다. 이 세계관은 17세기 과학자들인 케플러, 데카르트, 뉴턴에 의해 형성되었다. 케플러는 "하늘의 기계는 신성한 유기체가 아니라 시계 장치에 비유될 수 있다"라고 말했다. 데카르트는 시계를 자신의 기계적 원형으로 삼았고, 뉴턴은 "인간은 신으로부터 우주 시계의 유지, 관리, 수리 임무를 부여받았다"라고 언급했다(Senge et al., 2012).

　　기계적 세계관은 모든 사물과 현상을 기계적으로 분석하고 수학적으로 설명할 수 있다고 믿는다. 세계는 완벽하게 맞물린 부품들로 이루어져 있으며, 이 부품들을 분석함으로써 전체 기계의 작동 원리를 이해하고 조절할 수 있다는 것이 이 세계관의 기본 전제이다. 뉴턴은 코페르니쿠스, 케플러, 갈릴레오, 베이컨, 데카르트의 연구를 종합하여 이 기계론적 관점을 수학적으로 공식화하였고, 이를 통해 데카르트의 자연관을 확인했다(Hansen, 2021). 즉, 우주는 실제로 정확한 수학적 법칙에 따라 작동하는 하나의 거대한 기계 시스템으로 간주했다. 이 관점은 뉴턴의 물리학과 밀접하게 연결되어 있으며, 세상을 분석적이고 객관적으로 이해하려는 시도를 촉진했다.

　　기계적 세계관에 따르면, 사물, 사람, 경험 등 어떤 것의 궁극적인 의미는 그 자체의 고유한 특성이 아니라 그 부분과의 관계에 있다. 따라서 "전체는 부분의 합" 즉 모든 실체는 부분으로 환원될 수 있다는 환원주의가 성립한다. 기계적 세계관은 결정론과 밀접하게 연결되어 있다. 즉 우주의 거대한 기계는 완전히 인과적이고 결정론적이라고 본다. 이는 모든 사건에는 명확한 원인과 결과가 존재한다는 의미를 내포하고 있다. 따라서 시스템의 특정 시점에서의 상태를 정확히 알 수 있다면, 이론적으로는 그 시스템의 모든 부분의 미래를 절대적으로 예측할 수 있다고 본다(프리조프 카프라, 2007). 이를 바탕으로 기계적 세계관은 세상을 예측할 수 있고 통제가 가능한 시스템으로 간주한다. 즉, 모든 사물은 일정한 규칙에 따라 움직이며, 이러한 규칙을 이해하면 시스템을 제어하고 최적화할 수 있다고 믿는다.

이러한 관점에서 보면 인간은 주변 세계와 기계적으로 상호작용하며, 인간의 행동은 외부의 힘에 의해 조정되고 기계적으로 작동한 결과로 이해할 수 있다. 따라서 인간은 신이 창조한 세계에 반응하는 수동적인 존재로 전락하게 된다(McMullen, 2002). 이러한 결과는 기계적 세계관의 결정론과 인과론이 실질적으로 세계에 대한 인간의 책임을 면제한다는 점에서 기인한다. 만약 세계가 인과법칙에 따라 운영되고 모든 사건이 그 법칙에 따라 결정된다면, 인간은 현실 세계에 개입할 여지가 거의 없게 된다. 기계적 세계관은 만물이 시계처럼 동기화되어 작동한다고 가정하며, 이는 '기계의 시대'라고 불리는 산업화 시대의 특징을 잘 설명한다.

이 시기의 과학자들은 근대 이전에 생명이 있는 유기체로 여겼던 자연을 다르게 보기 시작했다. 그들은 정신과 물질을 이원론적으로 구분하고, 자연에서 신성을 배제했다. 대신, 자연의 변화를 순수한 물질 운동의 법칙으로 설명하려고 했다(두산백과, n.d.). 이 새로운 세계관은 자연에 대한 건전한 존중이나 경외심을 조장하지 않으며, 오히려 그 반대였다. 지구는 연구하고, 이해하고, 통제해야 할 대상, 즉 자원으로 여겨졌다(Hansen, 2021).

기계적 세계관은 인간이 자연을 이해하고 조작하는 방식에 깊이 뿌리내린 인식의 틀로써, 현대 과학의 발전과 산업 시대의 기술 혁신에 근본적인 토대를 제공했다. 하지만 결정론, 환원주의, 객관성, 예측 가능성 등 기계적 세계관의 원칙들은 현대 사회의 복잡한 문제 해결에 한계를 드러내고 있다. 복잡한 현대 사회의 문제를 해결하기 위해서는 더 유연하고 포용적인 새로운 세계관이 요구되지만, 기계적 세계관은 이러한 요구에 부응하지 못했다.

─ 산업화 시대의 교육: 교육의 기계화

산업화 시대는 기계적 세계관에 기반한 과학 혁명의 여파로 인간과 사회에 대한 개념이 더 기계적이고 환원주의적이며 기술주의적인 현실을 반영하도록 변화하고 있었다. 이는 교육 분야에서도 마찬가지였다. 이 시대의 교육은 인간의 마음과 학습 과정을 기계와 같은 것으로 보는 교육 철학을 바탕으로 하고 있다. 주로 암기와 표준화된 시험이 지식과 이해를 측정하는 도구로 사용되었다.

이 접근 방식은 지식을 쉽게 측정하고 평가할 수 있는 사실과 기술로 나누며, 지식의 습득을 교육의 주요 목표로 간주한다. 학습은 교사로부터 학생에게 전달되는 미리 정해진 사실과 기술을 습득하는 과정으로 여겨졌다. 이 과정에서 학생은 수동적인 지식의 수용자가 되며, 교사는 부족한 지식을 보유한 전문가로 간주한다. 교사의 역할은 교과서, 강의 및 기타 교육 자료를 사용하여 체계적이고 조직적인 방식으로 학생들에게 지식을 전달하는 것이다.

기계적 세계관은 공장형 학교 시스템의 이론적 기초를 제공했다. 이는 학교 교육의 표준화, 효율성, 규율 등을 강조하는 데 큰 영향을 미쳤다. 학교는 공장처럼 측정이 가능한 산출물에 관심을 집중하고 양에 중점을 두었으며, 질은 부차적인 요소로 여겨졌다. 뛰어난 성과는 보상받았고, 부진한 성과는 불이익을 받았다. 학교는 각 과목의 성과 기준을 설정하여 학생과 학급을 비교하고, 교사의 급여를 학생의 성과와 연계할 수 있도록 했다(Hansen, 2021).

산업화 시대에 번성했던 공장 학교 모델은 프로이센 교육 시스템을 기반으로 했다(Senge et al., 2012). 이 시스템은 18세기 프로이센의 프리드리히 대제가 표준화, 통일성, 반복 훈련을 도입하여 군대 조직과 관리에서 거둔 성공을 바탕으로 시작되었다(존 테일러 가토, 2017). 19세기에 들어 뉴턴 과학의 발전에서 영감을 받은 산업가들이 프로이센 교육 시스템을 공장형 조립식 교육 시스템으로 더욱 확장하여 발전시켰다.

산업 시대의 학교 시스템은 산업 시대의 이미지에 따라 구축되었다. 학생들은 나이별로 분류되고 학년으로 나누어졌으며, 모든 학생은 정해진 일정에 따라 시험을 치르고 엄격한 시간표를 따라야 했다. 교사는 미리 정해진 수업 계획에 따라 가르칠 것으로 기대되었다. 현대 사회의 학교는 이러한 조립 라인을 모델로 삼은 완전한 시스템의 전형적인 예로 볼 수 있다. 이 시대의 학습은 자극과 반응의 중요성을 강조하는 행동주의 학습 이론과 관련이 있다(Morris, 1993). 행동주의는 인간에 대한 결정론적이고 기계론적인 관점을 기반으로 하는 학습 이론이다. 즉, 인간은 주어진 자극에 따라 학습하는 수동적 존재이며, 자극이 반복적으로 주어짐에 따라 반응이 누적되면서 학습이 발생한다고 주장한다(두산백과, n.d). 이러한 관점에서 학습은 바람직한 행동을 강화하기 위해 보상과 처벌을 사용하는 조건화 과정으로 이해된다.

오늘날 기계적인 세계관에 기반한 교육 시스템은 많은 비판을 받는다. 편협하고 환원주의적이며 암기 위주로 '아이들의 창의성을 죽인다'라는 것이다. 또한 내재적 동기나 학습에 대한 애정을 키우지 못하고, 순응을 강요함으로써 비판적 사고와 자유를 억압한다는 비판도 점점 더 고조되고 있다. 아이들의 정신 건강 문제가 우려할 만한 수준에 이르렀다는 수많은 연구 결과는 "기계 교육"의 유산으로서 교육의 부정적인 영향을 명확히 보여준다.

이에 따라 학교 시스템을 개혁해야 한다는 의견부터 폐지해야 한다는 의견에 이르기까지 다양한 주장과 의견이 난무하고 있다. 이러한 이유로 개인차와 다양한 학습 스타일의 중요성을 인식하고 모든 학습자를 포용하고 지원하는 교육 환경의 조성에 중점을 둔 대안적 교육 접근 방식에 관한 관심이 높아지고 있다.

━ 산업화 시대의 학습에 대한 가정: 학교 교육의 핵심

산업화 시대에 등장한 학교 교육 시스템의 핵심 개념 중 하나는 뉴턴의 과학적 방법론에 기반한 교육이다. 뉴턴의 과학적 방법론과 탐구 정신에서 영감을 받은 이 교육 방식은 분석적이고 체계적인 지식 전달을 강조한다. 이러한 교육은 생산성을 중시하며, 학교 교육이 미래 노동자를 양성하는 데 핵심적인 역할을 한다고 본다. 따라서 학교 교육은 시간 관리, 규칙 준수, 분업, 협력, 계획, 효율성과 같은 미래 산업 사회에서 필요한 기술을 가르치기 위해 조직되었다. 교육자들은 효율성을 중시하고, 교육 내용을 표준화하며 평가를 강화하여 학습 효율성을 극대화하고자 했다. 그들은 복잡한 학습 내용을 개별적인 교과로 나누고, 아이들을 나이별로 분리하여 단계적으로 이동시키는 한편, 새로운 기계처럼 효율적으로 작동하도록 아이들을 교육했다. 이러한 인간 가치에 대한 시각, 즉 사람들을 효율성, 성과, 생산성 측면에서 평가할 수 있다는 생각은 현대 사회의 사고방식을 형성했다. 산업 시대의 학습에 대한 가정은 다음과 같이 요약할 수 있다(Senge et al., 2012).

가정 1. 빈 서판: 아이들은 결핍된 존재이며 학교는 그 결핍을 채워준다.

이 가정은 인간의 타고난 학습 능력을 부정하며, 아이의 마음은 태어날 때 백지상태라고 보는 존 로크의 '심의 백지설(tabula rasa)'을 근거로 한다. 이러한 생각은 교육의 보편주의와 결합하여, 교육을 통해 아동의 결핍을 채워 어떤 유형의 인간도 양성할 수 있다는 학교 교육의 신화를 만들어 냈다. 이러한 이유로 학교는 규칙과 표준화를 통해 아이들이 자신을 결핍된 존재로 인식하도록 훈련한다. 그 과정에서 아이들은 트라우마를 겪고 평생 수동적인 존재로 전락하여 자신감을 잃게 된다. 학교에서 아이들은 종종 특정 능력이 부족하다는 이유로 낙인찍히고 수

치심을 느낀다. 이는 산업화 시대의 핵심 가치인 순응을 강조하는 학습 환경에서 피할 수 없는 문제이다. 학교에서 강조하는 '학습 결손' 접근법은 아이들의 타고난 결함을 보완하려는 관점에서 작동한다. 이는 아이들을 기계처럼 고쳐야 한다는 아이러니한 가정을 형성한다. 그러나 아이들은 교정되어야 할 대상이 아니며, 학습은 예측할 수 없는 다양성을 존중하는 방식으로 자연스럽게 이루어져야 한다.

가정 2. 편식 학습: 학습은 몸 전체가 아닌 머리에서 일어난다.

이 가정은 학습이 뇌 활동으로 제한된다는 관점을 담고 있다. 학교에서는 종종 학습이 머리에서만 일어난다고 가정하여 학습을 지적 활동으로 제한한다. 이러한 오해는 데카르트의 정신과 육체의 이원론에서 비롯한다. 이 이원론은 뇌를 신격화하고, 뇌를 지능의 중심으로 보는 사고방식을 일반화했다. 그러나 사이먼 로버츠는 그의 저서 『뇌가 아니라 몸이다』에서 신체의 학습 능력을 강조하며 지능이 뇌뿐만 아니라 몸 전체에 분포되어 있다고 주장한다(Roberts, 2022). 그는 AI 시대의 신체 역할을 중시하며, '체화된 지식'의 유용성을 다양한 관점에서 강조한다. 그럼에도 불구하고 전통적인 교실에서는 이러한 사실을 외면하고 학습을 순전히 지적 활동으로만 간주한다. 이는 움직임이 많은 아이에게 어려움을 주고 수업을 지루하고 수동적인 것으로 만든다. 현대 학교에서는 전신 학습의 중요성을 간과하여 많은 부정적인 결과를 초래한다.

가정 3. 획일 학습: 모든 아이는 같은 방식으로 학습해야 한다.

이 가정은 공장식 학교의 대량 생산 모델을 기반으로 하며, 산업화 시대 교육 시스템이 아이들의 다양한 학습 방식을 무시하는 현실을 반영한다. 모든 아이가 같은 방식으로 학습해야 한다는 생각은 과거의 이상화된 학교 모델에서 유래했다. 단일 상품의 대량 생산을 목표로 하는 공장처럼, 전통적인 학교는 학생들의 학습 내용, 과정, 속도의 개인차를 고려하지 않고 매일 동일한 내용을 학습하도록 강요했다. 그러나 최근 60년간의 연구는 아이들의 다양성을 이해하고, 학습 스타일, 학습 환경, 학습 과정의 중요한 차이를 인정해야 한다고 강조한다. 일부 아이들은 움직이며 배우는 것을 좋아하고, 일부는 조용한 환경에서 더 잘 배운다. 스스로 도전하고 실험하는 것을 좋아하는 아이들도 있고, 더 많은 지도와 지원이 필요한 아이들도 있다. 다중 지능, 아동 발달론, 학습 스타일 등의 연구는 모두 개인차의 중요성을 강조한다. 하지만 산업화 시대의 산물인 학교는 여전히 모든 아이를 동일한 내용과 동일한 접근 방식으로 대하는 획일적인 교육 모델에 갇혀 있어, 다양성이나 창의성과 거리가 먼 교육이 이루어지고 있다.

가정 4. 제한된 학습 공간: 학습은 교실에서만 일어난다.

이 가정은 학습이 교실에서만 일어날 수 있다는 제한적인 관점을 취하며 다양한 환경에서 일어나는 학습을 경시한다. 세상은 아이들에게 하나의 거대한 놀이터이며, 학습은 교실보다 일상생활에서 더 많이 발생한다. 이런 의미에서 교실 학습은 전체 학습 과정 가운데 극히 일부일 뿐이다. 산업화 시대의 학교는 교실을 학습의 중심으로 여기지만, 진정한 학습은 아이들이 주변 환경과 상호작용하며 이루어진다. 학교는 아이들이 놀이터, 집, 연극, 스포츠팀, 길거리 등 일상생활에서 겪는 경험을 간과한다. 오늘날 아이들은 디지털 기술과 소셜 미디어를 통해 다양한 방식으로 학습한다. AI 시대에도 전통적인 교실이 모든 학습의 중심이라는 주장은 시대에 뒤떨어진 생각이다. 아이들의 경험은 모두 학습의 일부이며, 학습은 교실에 국한되어서는 안 된다. 실제로 학습은 어디서나 일어날 수 있으며, 이러한 관점을 수용하면 아이들은 현실 세계에서 다양한 방식으로 학습하고 풍부한 경험을 쌓을 수 있다.

가정 5. 지능의 단일 척도: 세상에는 똑똑한 아이와 멍청한 아이가 있다.

이 가정은 아이들의 독특한 잠재력과 다양한 지능의 존재를 무시한다. 일반적으로 학교는 아이들을 '똑똑한 아이'와 '멍청한 아이'로 손쉽게 구분한다. 이러한 단순한 분류는 비인간적이며 인권 차원에서 심각한 문제를 제기한다. 아이들의 다양성을 무시하고 오로지 지능지수(IQ)와 학업 성적만을 기준으로 아이들을 판단하는 것은 어리석음의 극치이다. 세상에 멍청한 아이는 없다! 모든 아이는 천재로 태어난다! 성적이 낮은 아이들을 '멍청한 아이'로 낙인찍는 학교의 관행은 개인과 사회에 치명적인 재앙을 초래한다. 개인적인 측면에서는 아이들의 자기 성찰과 학습에 부정적인 영향을 미치고 평생 트라우마에 시달리게 한다. 사회적인 측면에서는 엄청난 재능의 손실로 인류 문명을 쇠퇴시킨다. 교사나 부모가 아이의 성적을 의심하면 아이는 자신의 가치에 의문을 품기 시작하고, 이는 다시 성적 저하의 악순환으로 이어진다. 이른바 자아 충족적 예언이다. 이 문제는 아이뿐 아니라 사회, 가족, 친척, 친구와의 관계에도 영향을 미친다. 이 악순환의 고리를 끊기는 쉽지 않다. 모든 아이는 고유한 재능을 가진 타고난 학습자라는 사실과 학교 시스템이 모든 아이의 재능을 존중해야 한다는 인식이 중요하다.

이상의 모든 가정은 산업화 시대의 기계적 세계관에 기반한 현대 학교 시스템의 치명적인 문제들을 드러낸다.

III. AI 시대: 유기적 세계관과 교육의 새로운 지평

▄ 유기적 세계관

유기적 세계관은 기계적 세계관보다 훨씬 오래된 관점이다. 기계적 세계관이 등장하기 전에는 유기적 세계관이 지배했다. 1500년 이전, 유럽 문명의 주류 세계관 역시 유기적이었으며, 사람들은 작고 결속력 있는 공동체에서 살았다. 이들은 영적, 물질적 관심의 상호의존성을 인식하고, 개인의 필요가 공동체의 필요에 종속되는 관계 속에서 자연을 경험했다(Capra & Luisi, 2016). 그러나 1500년에서 1700년 사이 르네상스와 과학 혁명의 시대를 거치며 기계적 세계관이 등장하여 현재까지 우리 문화를 지배해 왔고, 이는 변화하는 패러다임의 기초가 되었다.

하지만 지난 300년 동안 지배적이었던 기계적 세계관은 20세기 후반 급격한 사회 변화와 기술 발전으로 과학적 한계를 드러냈다(Goldberg, 1984). 자연과 우주를 단순히 기계적 원리로 설명하려던 기계적 세계관은 전쟁, 기후 변화, 생태계 파괴와 같은 환경 문제와 양자역학의 대두로 인해 큰 도전에 직면하게 되었다(프리초프 카프라, 2007). 이러한 문제의식 속에서 유기적 세계관이 다시 등장하게 된 것이다.

화이트헤드의 유기체 철학은 유기적 세계관과 밀접한 관계가 있다(Griffin & Kapp, 2012). 화이트헤드는 전통적인 기계적 세계관을 넘어 모든 현실을 상호연결되고 의존하는 과정의 네트워크로 바라보는 새로운 방식을 제안했다. 그는 이를 유기적 또는 과정적 세계관이라 부르며, 모든 존재를 상호 영향을 주고받으며 변화하고 발전하는 관계의 집합으로 해석한다(Alfred North Whitehead, 2003). 화이트헤드 철학은 우주의 근본 요소를 '실제 과정'이나 '실제 사건'으로 보고, 이러한 과정들이 서로 얽혀 복잡한 네트워크를 이룬다고 주장한다. 이는 기존의 물질주의적 세계관과 달리 세계를 더 역동적이고 상호작용적인 방식으로 이해하려는 시도이다.

유기적 세계관은 자연과 우주를 단순하고 정적인 실체가 아니라, 살아있는 요소들이 상호작용하는 복잡한 네트워크로 이해한다. 동양 철학에 근거한 이 관점은 자연과 인간, 기술 간의 조화와 순환적 관계를 중시하며 전체론적인 접근을 추구한다(두산백과, n.d). 이는 모든 세포와 기관이 서로 연결되어 상호작용하는 인체의 과정과 유사하며, 생명체

간의 상호작용과 복잡한 관계를 중시하고 각 요소가 전체 시스템의 균형과 건강에 공헌한다고 본다.

한 마디로 유기적 세계관은 세상의 모든 것이 서로 연결되어 있고, 상호작용하며 살아있는 유기체처럼 기능한다는 관점이다. 이는 인체의 모든 기관이 서로 연결되어 하나의 생명을 유지하듯이, 자연, 사회, 개인 모두가 서로 영향을 주고받으며 하나의 큰 시스템을 이룬다는 것을 의미한다. 이러한 관점에서는 전체가 부분의 합보다 크다고 보고, 개별적인 부분보다 전체적인 연결성을 더 중요하게 생각한다. 즉, 모든 것은 상호의존적인 관계 속에 있다고 가정하며, 인간과 자연이 조화롭게 공존해야 한다고 믿는다. 이러한 생각은 유기적 세계관의 중요한 요소로 자리 잡고 있다.

유기적 세계관은 몇 가지 특성을 가지고 있다.

첫째, 유기적 세계관은 개별적인 부분보다는 전체를 강조한다. 마치 숲을 보려면 나무만 보아서는 안 되듯이, 부분보다는 전체에 초점을 맞추고, 상호의존성으로 모든 구성 요소가 서로 영향을 주고받는 관계를 중시한다.

둘째, 유기적 세계관은 인간을 단순히 외부 환경에 의해 조종되는 수동적인 존재가 아닌, 자기 삶을 스스로 통제하고 의미 있는 선택을 하는 능동적인 주체로 본다(Kibin, 2024). 이러한 관점은 인간이 환경과 상호작용하며 역동적으로 변화하는 존재임을 강조하며, 세계가 끊임없이 변화하고 진화하는 과정에 대한 인식을 반영한다.

셋째, 유기적 세계관은 인과론에 기반한 결정론을 거부하고, 다양한 요소들이 서로 영향을 주고받아 복잡하게 얽혀 있어 결과 예측이 어렵다는 복잡성을 강조한다. 이는 환경 문제, 사회 문제 등 전 지구적인 문제에 대한 인식을 높이고, 지속 가능한 미래를 위한 해결책을 모색하는 데 공헌한다.

넷째, 유기적 세계관은 세계가 끊임없이 변화하고 발전한다는 점을 강조한다. 이 관점에서는 역동성과 변화가 지속적인 진화 과정을 반영하며, 동태성은 세상이 적응하는 과정을 나타낸다. 또한, 단순한 인과관계를 넘어서는 복잡한 상호작용이 중요하게 다뤄진다.

유기적 세계관은 우리가 세상을 바라보는 방식을 변화시키고, 인간과 자연, 사회가 어떻게 연결되어 있는지를 이해하는 데 중요한 통찰을 제공한다. 이러한 관점은 지속 가능한 미래를 위한 길잡이가 될 수 있으며, 모든 존재가 서로의 삶에 영향을 미친다는 사실을 인식하게 한다.

▬ AI 시대의 교육: 언스쿨링

AI 시대의 기술 환경은 복잡성, 역동성, 상호연결성이 특징이다. 이러한 시대에서 교육은 단순히 지식의 전달이 아닌, 복잡하고 상호연결된 세계를 이해하고 그 안에서 의미 있는 공헌을 할 인재 양성에 중점을 두어야 한다. 유기적 세계관은 기술, 사회, 자연 간의 상호작용에 대한 이해를 깊게 하여, 세계와 인간 존재 방식에 대한 새로운 시각을 제공함으로써 조화롭고 지속 가능한 미래를 위한 기반을 마련한다.

유기적 세계관의 교육은 인간과 자연, 사회의 상호연결성을 바탕으로 전인적 발달, 자연과의 조화, 사회적 책임과 공동체 의식, 통합적 지식, 자기주도 학습, 지속 가능한 교육을 중시하는 교육 철학이다. 이러한 관점은 지식과 학습을 역동적이고 상호연결된 전체로 생각한다. 즉 지식은 개별적인 부분의 집합으로 환원될 수 없으며, 새로운 상황과 도전에 따라 끊임없이 진화하고 적응하는 복잡하고 살아있는 시스템이라는 믿음을 바탕으로 한다. 유기적 세계관은 아동이 지적인 존재일 뿐만 아니라 정서적, 사회적, 영적인 존재라는 인식을 바탕으로 전인적 발달을 강조한다.

앨프리드 화이트헤드는 자신의 저서 『교육의 목적』에서 유기적 세계관에 기반한 교육을 명쾌하게 설명한다(앨프리드 화이트헤드, 2004). 그는 교육을 단순히 지식의 전달이나 기술의 습득으로 한정 짓지 않고, 인간의 삶, 성장, 발달을 위한 근본적인 과정으로 본다. 화이트헤드는 교육의 궁극적인 목적을 '생각하는 법을 배우고, 창의적이며 독립적으로 사고할 수 있는 능력을 개발하는 것'으로 간주한다. 그는 획일화된 교육 시스템의 문제점을 지적하며, 학습자 개개인의 필요와 관심사에 맞는 맞춤형 교육의 필요성을 강조한다. 학습자가 자신의 속도에 맞춰 학습하고, 자신에게 의미 있는 방식으로 지식을 탐구할 수 있는 환경을 제공해야 한다고 주장한다. 화이트헤드의 교육 철학은 오늘날 언스쿨링의 핵심 원칙과 밀접하게 관련되어 있다.

유기적 세계관은 지식을 쉽게 측정하고 테스트할 수 있는 개별적인 부분의 집합으로 보는 기계적 세계관과 대조적이다. 기계적 세계관은 암기와 회상을 통한 지식의 습득을 강조하며, 표준화 시험을 학생의 학습을 평가하는 주요 수단으로 여긴다. 반면 유기적 세계관은 학습이 사회적이며 맥락적인 과정임을 인식하고, 경험적 학습, 협업, 커뮤니티 구축의 중요성을 강조한다. 비판적 사고, 창의성, 문제 해결 능력의 개발을 중시하며 학생들이 스스로 지식을 탐구하고 발견하도록 장려하는 학습 환경을 조성한다. 교육 측면에서 유기적 세계관은 자기 결정 교육의 한 형태인 언스쿨링에 부합하는 교육적 접근 방식의 완벽한 예이다.

유기적 세계관에 기초한 교육에는 유기적 교육이 있다. 흔히 자연교육이라고도 불리는 유기적 교육은 학습을 유기체의 자연스러운 성장과 발달에 비유하여, 개인의 경험과 맥락을 학습 과정에 통합하고 다양한 환경에서 학습 발달을 촉진하는 접근 방식이다(Morrison, 2014). 유기적 교육은 학습자의 개별적인 맥락을 중요시하며, 학습이 의미 있는 상호작용과 경험을 통해 자연스럽게 이루어지고 발전한다는 점에 초점을 둔다. 리와 하나핀은 유기적 학습이 학습자의 호기심을 중시하고, 실제 경험을 통해 학습을 촉진하는 점을 강조한다(Lee & Hannafin, 2016).

언스쿨링은 유기적 교육과 마찬가지로 유기적 세계관의 교육 철학이 추구하는 핵심 원칙과 거의 일치한다. 언스쿨링과 유기적 학습은 아동 중심의 학습, 자기 주도 학습, 실제 경험과의 연결, 학습 환경의 다양성, 비구조화된 학습 등의 특징을 공유한다. 다만, 유기적 학습이 학교 교육과 언스쿨링을 포괄하는 반면, 언스쿨링은 학교 교육과 대립하는 점에서 차이가 있다.

언스쿨링은 기존 교육 시스템과는 다른 방향으로 미래 교육의 지형을 변화시키고 있다. 언스쿨링은 학습을 개인화하고 자기 주도적인 환경을 조성하여 학생들이 자신의 흥미와 능력에 따라 스스로 학습 경로를 설정하고 일상생활과 연결하여 실제 경험을 풍부하게 하는 교육이다. 이러한 점에서 언스쿨링은 AI 시대에 최적인 교육 방법이다. 언스쿨링은 유기적 세계관의 핵심 원칙을 적용하여 아이들이 창의적이고 독립적인 학습자로 성장할 수 있도록 돕는다.

유기적 세계관에 기초한 언스쿨링은 AI 시대의 교육과 잘 부합한다. AI 시대의 교육은 학습자의 자율성, 창의성, 비판적 사고, 시스템의 이해를 중시하고, 지식과 학습의 역동성을 강조한다. 이 접근 방식에서 학생들은 탐구와 협업을 통해 복잡한 문제를 해결하고 스스로 이해를 축적하는 능동적인 주체가 된다. 언스쿨링은 AI 시대의 교육에 현실감을 부여하고, 학생들이 미래의 도전에 대비하며 지속적인 학습을 지원하는 강력한 도구로 작용한다.

▬ AI 시대의 학습에 대한 가정: 언스쿨링 교육의 주요 지향점

언스쿨링은 전통적인 교육 시스템의 구조와 규범을 넘어 학습자가 자신의 학습 경로와 속도를 스스로 결정하도록 하는 교육 철학이자 방법이다. 언스쿨링은 학교 교육의 제한적인 구조를 넘어 언제, 어디에서나 학습이 이루어질 수 있다는 믿음을 가지고 있다. 이러한 교육 접근 방식은 아이들이 더 적극적이고 의미 있는 학습 경험을 할 수 있도록 돕고 각자의 고유한 잠재력과 관심을 개발할 기회를 제공한다. 언스쿨링은 아이들에게 학습의 자유를 부여하여 그들의 내재된 호기심을 자극하고, 자유로운 탐구를 통해 스스로 학습하는 방법을 배우게 한다(라일리, 2020). 언스쿨링의 핵심 원칙은 학습이 단순한 지식 습득이 아니라 삶의 방식이자 탐구 과정이라는 점에 중점을 둔다. 다음은 언스쿨링의 핵심 원칙을 바탕으로 하는 주요 지향점이다.

지향점 1. 자연스러운 학습: 인간 본성에 기반하는 자연 학습을 중시한다.

언스쿨링은 인간의 학습 본성에 기반한 혁신적인 교육 접근 방식이다. 전통적인 학교 교육 시스템과 달리, 언스쿨링은 아이들의 자연스러운 호기심을 존중하고 자기 주도 학습을 장려한다. 언스쿨링은 자연주의와 인본주의 교육 철학에 뿌리를 두고 있으며, 학습자가 능동적이고 매력적인 학습 경험을 하도록 촉진한다. 언스쿨링의 핵심 원칙에는 자연스러운 호기심, 진정한 경험, 자기 주도 학습, 그리고 학습 분야 간의 통합 등이 포함된다.

이러한 접근 방식은 아이들이 자신의 속도와 방식에 맞춰 학습할 수 있게 하며, 그들의 창의성과 비판적 사고를 길러준다. 언스쿨링은 단순히 지식을 전달하는 것을 넘어, 아이들이 자기 삶과 학습을 주체적으로 끌어 나가는 데 필요한 도구와 자원을 제공한다. 이렇게 함으로써, 언스쿨링은 아이들이 평생 학습자로 성장할 수 있는 기반을 마련해 준다.

지향점 2. 잠재력과 학습 방식: 모든 아이는 똑똑하고 독특한 방식으로 학습한다.

언스쿨링은 모든 아이가 독특하고 가치 있는 잠재력을 가지고 태어났다고 믿으며, 학업 성적이나 표준화된 시험 점수로 아이들의 능력을 측정하는 전통적인 교육 접근 방식을 거부한다. '태생적 학습자'라는 개념은 아이들이 세상을 탐구하고, 새로운 것을 학습하며, 이해하려는 강력한 욕구를 가지고 태어났다는 점을 인정한다. 하워드 가드너는 우리 사회가 지능을 정의하는 방식을 비판하며 다중 지능 이론을 제안하여, 각 아이의 고유한 능력과 특성의 중요성을 강조했다(하워드 가드너, 2007).

언스쿨링은 아이들이 각각 다른 재능을 가지고 태어나며 그 재능은 모두 동등한 가치가 있다고 가정한다. 또한 각자의 재능만큼 학습 방법도 다양하다고 믿는다. 아이들은 각자의 얼굴만큼이나 다양한 방식으로 세상과 상호작용하며 배운다. 모든 학습자는 자신만의 독특하고 개별화된 방식으로 정보를 처리하고 지식을 축적한다.

지향점 3. 뇌의 조화로운 발달: 좌뇌와 우뇌의 균형을 유지한다.

언스쿨링은 좌뇌와 우뇌의 균형을 맞추며 논리적, 창의적, 분석적, 종합적 사고를 조화롭게 발달시키는 새로운 교육 방식이다. 좌뇌는 주로 논리적 사고와 언어 능력을 담당하고, 우뇌는 상상력과 창의력을 담당한다(McGilchrist, 2012). 전통적인 학교 교육은 주로 논리적 사고력을 강화하기 위해 좌뇌 중심의 접근 방식에 치중한다. 반면 언스쿨링은 우뇌를 강화하고 이를 통해 창의적 사고력을 계발하는 데 중점을 두며, 좌뇌와의 균형을 꾀한다(Hansen, 2021). 좌뇌 중심의 학교 교육은 우뇌에 강한 성향의 아이들에게 상대적으로 불리하게 작용하는 측면이 있어, 아이들의 창의력과 상상력을 발휘할 기회를 제한할 수 있다.

좌뇌와 우뇌의 균형 잡힌 발달은 아이들이 문제를 다각도에서 접근하고, 혁신적인 해결책을 모색하는 데 중요한 역할을 한다. 따라서 언스쿨링은 아이들이 전인적인 두뇌 발달을 이루어, 논리적 사고와 창의적 사고 모두에서 뛰어난 역량을 발휘할 수 있도록 돕는다.

지향점 4. 맞춤식 학습: 언스쿨링은 AI 세대의 학습 스타일에 부합한다.

언스쿨링은 AI 세대의 학습 스타일에 부합하는 교육 방법으로 주목받고 있다. 디지털네이티브들은 디지털 기술을 자연스럽게 이해하고 활용하며, 이를 일상생활의 필수 요소로 삼는다(Sadiku & Shadare, 2017). AI 세대가 디지털 환경 속에서 성장함에 따라, 문제 해결에 대한 접근 방식도 이전 세대와는 확연히 다르게 되었다. 인터넷과 네트워킹을 통한 기술의 가속화를 경험한 디지털 네이티브에게 디지털 활동은 모국어와 같다. 디지털 도구의 사용에 익숙한 이들에게는 다양한 출처에서 정보를 얻는 것, 멀티태스킹, 네트워킹, 비문자 데이터 처리가 자연스러운 일이다(Jukes & Schaaf, 2019).

언스쿨링은 이러한 AI 세대의 특성을 존중하며, 미래에 필요한 역량과 기술을 개발할 수 있는 맞춤식 학습을 지원한다. 이 교육 방식은 유연한 학습 환경과 학생 중심의 접근 방식을 제공함으로써, 디지털 세대의 학습 스타일과 미래 사회가 요구하는 스킬에 완벽히 부합한다.

지향점 5. 지식의 융합: 지식은 본질적으로 통합되어 있다.

학교에서 가르치는 지식은 단편적이고, 단절적이며, 불연속적이어서 시험이 끝나면 종종 잊힌다. 이러한 현실은 우리에게 지식의 본질에 대해 다시 생각해 볼 기회를 제공한다. 지식의 본질은 상호연결되고 상호의존적인 네트워크로 이해될 때 진정한 의미를 찾을 수 있다.

지식의 융합을 통한 언스쿨링은 학습자에게 더 깊고 풍부한 지식의 이해를 제공함으로써, 다양한 문제를 해결하고 새로운 아이디어를 창출하는 기반을 마련한다. 이는 학습자가 미래 사회에서 요구하는 복잡한 문제들을 해결할 수 있는 능력을 개발하는 데 중요한 역할을 한다. 지식의 융합은 단순히 지식을 넓히는 것을 넘어서, 지식을 깊게 이해하고 적용할 수 있는 능력을 키우는 것이다.

지향점 6. 모두를 위한 성공: 모두가 승리하는 게임이다.

존 홀트는 학교 시스템이 대다수를 패배자로 만든다고 주장했다(존 홀트, 2007). 홀트는 현대 사회가 소수의 승자와 다수의 패자로 구성되어 있다고 보고, 학교 성적 중심의 승자 결정을 그 원인으로 분석했다. 이는 한국의 학교 교육에서도 마찬가지여서 대다수 학생이 경쟁의 압박을 느끼고 희망을 잃어가고 있다. 한국 교육의 최종 목표가 명문대 진학에 맞춰져 있는 까닭에 학생들은 자기 잠재력을 실현하는 데 집중하지 못한다. 많은 학생은 고등학교 시절을 전쟁터로 기억하며(김희삼, 2017), 많은 학생이 지치고 때로는 극단적인 선택을 하기도 한다.

언스쿨링은 각 개인의 다양성을 인정하고 존중하는 포용 교육을 지향한다. 언스쿨링은 학생들이 자율적으로 학습할 수 있는 환경을 제공함으로써 학습의 다양성을 존중하고 자신의 강점을 최대한 활용할 기회를 제공한다(Rose, 2021).

지향점 7. 행복한 교육: 교육의 목적은 웰빙이다.

현재의 학교 교육 시스템은 과도한 경쟁과 학업 성적에 치중함으로써 학생들에게 스트레스와 우울증을 유발하고, 창의력과 비판적 사고를 억제하는 경향이 있다. 한국의 교육 현실은 세계 최고 수준의 청소년 자살률, 무한 경쟁, 주입식 교육, 엄격한 학업 시스템 등으로 인해 아이들의 행복 지수가 세계 최하위 수준에 있다. 이는 학업과 성적이 행복의 주요 장애물로 작용한다는 통계청(2022)의 발표와도 일치한다. 이러한 현상은 단순히 교육 문제를 넘어서 사회적 문제로 인식되어야 한다.

지난 200년간의 학교 교육은 평가와 경쟁을 강조하고 미래의 노동 시장에 필요한 인력을 양성하는 데 초점을 맞춰 왔다. 이러한 접근 방식은 학생들을 단순한 지식의 수용자로 한정하고, 개인의 잠재력과 창의성을 발휘할 기회를 제한한다. 그러나 언스쿨링 교육 방식은 이와 대조적으로 아이들의 현재 행복과 복지를 주요 목표로 삼는다. 언스쿨링 환경에서는 아이들이 자신의 흥미와 호기심을 자유롭게 탐구하고, 자신의 가치를 발견하며 성장할 기회를 제공한다. 언스쿨링은 교육이 단순히 지식의 전달이 아닌, 아이들의 전인적 성장과 행복을 추구하는 방향으로 나아가야 한다는 새로운 패러다임을 제시한다.

● ● ● ● ● ●

언스쿨링은 교육의 본질에 대한 근본적인 질문을 던진다. 급변하는 AI 시대에 우리는 더 이상 기존의 교육 방식에 의존할 수 없다. 새로운 시대를 위한 새로운 교육 모델은 기존 학교 교육의 보완이나 개혁이 아닌 언스쿨링의 교육 혁명을 요구한다. 베이비붐 세대가 정치를 바꾸고, X세대가 가정을 바꾸고, Y세대가 직장을 바꿨다면, Z세대는 교육을 바꿀 것이다.

교육은 필요 없다. 아직 가을은 아니지만 이미 공기는 변하기 시작했고, 늦여름의 부드러운 밤은 길어지고 다가올 계절로 차가워지기 시작했다. 아이들의 침실 창문 밖에는 단풍잎이 막 물들기 시작했다. 학교가 개학한 지 2주 이상 지났으나 소년들은 서두르지 않는다. 6시 30분, 지상의 안개를 뚫고 첫 햇살이 떠오를 무렵 소년들은 밖으로 나왔다. 한 시간 후쯤이면 농장과 마을 도로를 잇는 진입로 끝에서 노란 스쿨버스가 굉음을 내며 지나갈 것이다.

소년들은 버스에 신경을 쓰지 않는다. 송어가 많이 서식하는 개울이 발삼나무 사이로 흐르고, 개울 가장자리에는 오래된 돌다리 교각이 있으며, 소년들은 그 위에 서서 갓 잡아 올린 지렁이를 물속에 매달아 놓고 그것을 즐긴다. 아마도 그들은 이미 검은 메뚜기를 잡거나 잡은 메뚜기를 요리하기 위해 불을 피우는 등 다른 프로젝트에 몰두하고 있어서 버스가 오는 것을 알아차리지 못할 것이다. 핀과 라이의 교육에 대한 이름은 언스쿨링이다. 언스쿨링은 "아이가 자신의 고유한 관심과 열정을 추구하는 자기 주도적 생활 학습"을 의미한다. 핀과 라이는 주류 교육에 보편적으로 적용되는 과목을 공부하는 데 한 달에 2시간을 넘기지 않는다. 두 아이는 모두 8살 무렵에 "거의 가르침 없이" 읽고 쓰는 법을 배웠고, 수학 실력을 일상 프로젝트에 적용했으며, 학교에 다니거나 학교에 다니지 않는 친구들이 있다.

핀과 라이의 아버지이며 『홈 그로운』의 저자인 벤 휴잇은 다음과 같이 말한다. "내가 내 아들들에게 원하는 것은 자유이다. 육체적 자유뿐만 아니라 우리 학교에 만연한 주입식 학습으로부터의 지적, 정서적 자유를 원한다. 나는 아이들이 학교가 지시하는 속도가 아니라 자기 DNA에 새겨진 속도로 성장할 수 있는 자유를 갖기를 바란다. 아이들이 강요되거나 보상에 집착하는 배움이 아닌 배움 그 자체를 사랑할 수 있는 자유를 누리기를 바란다. 하지만 누구도 그 방법을 가르쳐줄 수 없다."(벤 휴잇, 2016)

CHAPTER 01
언스쿨링: 새로운 교육의 비전

Ⅰ. 언스쿨링의 개념

언스쿨링은 인류 역사상 가장 오래된 교육 형태 중 하나로 여겨진다. 언스쿨링은 아이들이 자신의 열정과 흥미에 따라 자유 놀이를 통해 배우는 교육의 원형이다. 우리 조상들이 자기 주도 교육을 통해 학습했던 방식을 현대적으로 계승한 것이다. "언스쿨링이란 무엇인가?"라는 질문은 "사랑이란 무엇인가?" 또는 "행복이란 무엇인가?"와 같은 개념적인 질문과 비교할 수 있다. 사람마다 언스쿨링에 대한 정의가 다른 까닭에 일반적인 개념 정의에는 한계가 있다.

▬ 언스쿨링의 정의

언스쿨링은 1970년대에 교육자이자 작가인 존 홀트에 의해 처음 주창되었다. 그는 전통적인 학교 교육이 제한적이며 개별화된 학습을 허용하지 않는다고 비판하며, 아이들이 창의력과 호기심을 통해 학습에 흥미를 갖고 참여할 방법을 제안했다. 홀트에 따르면 언스쿨링은 성인의 강요나 간섭 없이 아이들이 자신의 호기심과 흥미에 따라 스스로 학습할 수 있는 자연스러운 학습 방식이다.

1970년대 이후, 언스쿨링을 연구하는 학자들은 존 홀트의 초기 정의를 확장하고 발전시켜 이 개념을 더욱 다층적으로 만들어왔다. 예를 들어, 메리 그리피스는 학습자의 흥미, 주도성, 자연스러운 호기심을 강조하며 언스쿨링을 "아이들이 종소리, 일정, 규칙에 얽매이지 않고 스스로 무엇을, 언제, 어떻게 배울지 결정하는 학습 방식"으로 정의한다 (Griffith, 2010). 프리차일드 프로젝트는 언스쿨링을 "형식화되거나 제도화된 교실이나 학교 수업 없이 삶을 통해 학습하는 과정"이라고 정의한다(The Freechild Project, n.d).

홀트 재단의 책임을 이어받은 팻 파랜가는 언스쿨링을 "아이가 세상에서 배우는 과정에서 부모가 편안하게 감당할 수 있는 만큼의 자유를 허용하는 것"으로 설명한다(Farenga, n.d). 이 정의의 장점은 필요할 경우 전통적인 학교 교육을 아이의 "요청에 따라" 활용할 수 있다는 점이다.

언스쿨링 부모인 산드라 도드는 언스쿨링을 "자연스러운 학습이 번성할 수 있는 환경을 조성하고 유지하는 접근 방법"으로 정의한다(Dodd, 2019). 특히 그녀는 교육적 활동과 비교육적 활동 간의 모든 구분을 완전히 거부하는 것을 강조하기 위해 '급진적 언스쿨링'이라는 용어를 제안했다. 급진적 언스쿨링은 언스쿨링이 강압적이지 않고 협력적인 관행이며, 삶의 모든 영역에서 이러한 가치를 증진하는 것을 목표로 한다.

키르쉬너는 독특하게도 언스쿨링을 교육 철학보다 하나의 라이프스타일로 정의한다(Kirschner, 2008). 그의 연구에 따르면, 언스쿨링 부모들은 아이의 활동을 본질적으로 가치 있는 것으로 여기며, 아이의 자기조절, 자기 인식 및 내재적 동기를 촉진하는 경향이 있다.

피터 그레이와 지나 라일리는 다양한 언스쿨링의 정의를 포괄하여 다음과 같이 간결하게 설명한다(Gray & Riley, 2013).

"언스쿨링 가족은 아이를 학교에 보내지 않으며, 집에서 학교와 같은 종류의 교육을 하지 않는다. 더 구체적으로 말하자면, 이들은 아이를 위한 커리큘럼을 정하지 않고, 교육 목적으로 특정 과제를 요구하지 않으며, 학습 진도를 측정하기 위한 어떤 평가도 하지 않는다. 대신, 아이들이 자신의 관심사를 자유롭게 추구하고 그 관심사를 따라가는 데 필요한 것을 자신만의 방식으로 배울 수 있도록 한다. 또한 다양한 방식으로 아이들의 학습을 위한 환경적 맥락과 지원을 제공한다. 삶과 학습은 진공 상태가 아닌 문화적 환경의 맥락에서 이루어지며, 언스쿨링 부모는 아이들이 그러한 환경을 정의하고 접근할 수 있도록 도움을 준다."

언스쿨링은 학습과 학교에 대한 우리의 생각을 근본적으로 변화시키며, 전통적인 교육 규범에 도전한다. 구조화된 커리큘럼, 표준화된 시험, 고정된 일정에 의존하는 전통적인 교육과 달리, 언스쿨링은 아이들이 자신의 관심사와 열정을 따를 수 있도록 하는 학습자 중심의 접근 방식이다. 이 교육 철학은 아이들이 타고난 호기심과 자연스럽게 배우고자 하는 욕구가 있으며, 이는 기존 학교 교육의 제약 없이 키울 수 있다고 주장한다.

▬ 학부모들의 관점

실제로 언스쿨링을 실천하는 부모들은 언스쿨링을 어떻게 이해하고 있을까? 언스쿨링에 대한 부모의 개념은 학자들과 크게 다르지 않다. 다음은 언스쿨링에 대한 학부모의 관점을 한 블로그에서 발췌한 내용이다.

"언스쿨링은 삶과 배움의 자유이다. 우리는 학교 교육의 패러다임과 통제에서 벗어나 아이들이 자신의 교육을 스스로 책임질 수 있도록 믿는다. 아이들이 경험하고자 하는 것은 모두 가치가 있다. 우리는 아이들을 신뢰한다."

"우리에게 언스쿨링은 커리큘럼, 과제, 시간표, 교사가 없다는 것을 의미한다. 무엇을, 어떻게, 언제 배울지는 아이들이 결정할 수 있다."

"언스쿨링은 자연스러운 학습과 열정을 키울 수 있는 풍부한 환경을 조성하는 것이다. 우리는 우리의 관계, 관심사, 열정, 삶의 기쁨을 나누고 싶다. 부모로서 우리는 경험이 풍부한 동반자이자 안내자로서 아이들이 다른 방법으로는 접할 수 없는 자원과 사람들을 연결하고 지원한다. 우리는 아이가 흥미를 느낄 만한 사물, 장소, 사람을 소개한다. 하지만 아이들이 흥미를 느끼지 못한다고 해서 강요하거나 실망하지 않는다."

"대부분 경우, 우리는 아이들이 관심 있는 주제를 탐구하도록 장려하며, 유용한 학습 기회를 제공하는 것이 부모의 역할이라고 생각한다. 우리는 아이들에게 매일 무언가를 배우게 하거나 새로운 교육 활동을 강요하지 않는다."

"언스쿨링은 학교 없는 삶을 살면서 아이들이 무엇을, 언제, 어떻게 배울지 스스로 결정하도록 하는 것이다. 아이들은 타고난 학습자이며, 또래와 비교하지 않고 자신만의 방식으로, 자신만의 속도로 자신의 흥미를 추구하고 배울 수 있는 자유가 있다. 우리는 전통적인 학교 교육에 의문을 제기하며 아이들의 자연스러운 학습 본성을 신뢰하고 아이들의 능력과 흥미가 어떻게 발현되는지 지켜본다."

■ 언스쿨링 개념의 확장

최근 언스쿨링의 개념이 크게 변화했다. 과거에는 언스쿨링이 아동 개인의 학습에 초점을 맞춘 좁은 의미로 해석되었다면, 이제는 사회적, 정치적 맥락을 포괄하는 넓은 개념으로 진화하고 있다. 언스쿨링은 전통 교육의 규범과 구조에 도전하며 사회 변혁의 중요성을 강조하는 저항적이고 비판적인 관점으로 빠르게 인식되고 있다. 이러한 관점은 언스쿨링의 개인적 이점을 넘어 정치적, 사회적 의미를 강조한다.

언스쿨링의 저항적 관점은 전통적인 교육에 내재된 권력관계에 대한 도전을 강조한다. 예를 들어, 언스쿨링을 교육의 표준화와 통제에 대한 국가적 저항의 한 형태로 볼 수 있으며, 교육과 성공에 대한 지배적인 문화적 서사에 도전하고 더 공평하고 포용적인 학습 방식을 창출하는 것으로 해석할 수 있다. 이 접근 방식은 지배적인 담론과 권력 구조에 저항하고, 전통적인 학교 교육의 한계와 편견에 도전하며, 현상황에 대한 적극적인 대안을 제시하는 것을 목표로 한다.

언스쿨링에 대한 비판적 관점은 전통적인 학교 교육의 숨겨진 권력 구조와 이념적 가정을 폭로하고, 평등하고 공정한 대안을 찾는 데 중점을 둔다. 예를 들어 언스쿨링 옹호자인 아킬라 리차드는 언스쿨링을 '탈식민화와 해방의 과정'으로 정의하며, 지배적인 문화로부터 독립하기 위해 해로운 조건과 프로그램을 배우지 않는 방법을 강조한다. 리차드는 전통적인 학교 교육 시스템이 해로운 이데올로기와 권력 구조를 영속화하는 것에 도전하는 것이 중요하다고 강조한다(Richards, 2020).

비슷한 맥락에서 언스쿨링 옹호자인 이지에 데스마레는 언스쿨링을 "인간의 다양한 경험을 인정하고 존중하며 사회 정의와 형평성을 증진하는 학습 방식"으로 정의한다. 데스마레는 전통적인 학교 교육에 내재된 구조적 불평등과 편견에 도전하고 사회 정의와 형평성을 증진하는 대안 제시의 중요성을 강조한다(Idzie Desmarais, 2019).

언스쿨링 개념은 계속해서 진화하고 있으며, 교육 시스템과 그 안에서 학습하는 방식을 바라보는 새로운 시각을 제시한다. 전통적인 교육 시스템과 그 구조를 뛰어넘는 아동 중심의 자연주의 학습 경험을 강조하는 동시에 더 넓은 사회 정치적 맥락에서 교육의 역할과 의미를 재구성한다. 특히, 개인의 학습 과정을 넘어 사회 전체와 그 구조에 대한 폭넓은 비판과 성찰을 요구하는 저항적이고 비판적인 관점을 강조하는 경향이 있다. 이러한 변화는 앞으로도 계속될 것으로 보인다.

II. 언스쿨링의 본질과 원칙

▬ 언스쿨링의 본질

언스쿨링의 본질은 학습자가 자신의 학습 여정을 스스로 주도하고, 자신에게 가장 적합한 방식으로 열정을 추구할 수 있도록 전통적 교육에 대한 대안을 제시하는 것이다. 언스쿨링은 아이들이 구조화되고 형식적인 환경에서 배워야 한다는 전통적인 관념을 거부하고 대신 탐구, 실험, 실제 경험을 통해 가장 잘 배울 수 있다고 주장한다. 언스쿨링의 본질은 다음과 같이 요약할 수 있다.

- 언스쿨링은 교육과 학교 교육을 구별한다. 언스쿨링은 학교 교육이 교육의 한 방법이 될 수 있지만 유일한 방법은 아니라고 주장한다. 언스쿨링은 의무적인 학교 교육에 도전적 시각을 제공하여 아동 중심의 비강압적인 학습을 주장한다. 일반적으로 언스쿨링은 전통적인 학교 교육과 달리 자기 주도적 학습을 강조하고 학습자의 호기심과 흥미를 중심으로 교육 환경을 조성하는 교육 철학이자 방법론이다.

- 언스쿨링은 학습자의 자율성, 호기심, 흥미를 중심으로 한 학습 환경을 조성하는 교육 패러다임의 전환이다. 학습자가 자신의 학습에 대한 주인의식을 갖고 자신의 흥미를 추구하며 평가와 성적보다 개인의 성장과 발달에 더 중점을 두도록 한다. 언스쿨링은 학습자가 자신의 미래와 지식과 기술의 개발 및 적용에 대해 더 큰 통제권을 갖게 하는 전통적인 학교 교육에 대한 대안이다.

- 언스쿨링은 자기 주도적 활동을 강조하고 창의적이고 대안적인 접근 방식을 촉진하는 학습자 중심의 교육 방식이다. 이 철학은

미리 정해진 커리큘럼을 따르기보다는 개별 학습자의 흥미와 열정을 우선시하며, 사람들이 자신에게 중요한 주제를 자유롭게 탐구할 때 가장 잘 배울 수 있다는 믿음에 기반한다. 언스쿨링은 개인이 미리 정해진 주제나 기술을 따르기보다는 관련성 있고 의미 있는 학습 기회를 찾도록 장려한다.

• 언스쿨링은 표준화되어 있지 않으며 각 가정과 개인마다 다르게 구현된다. 언스쿨링 아이 중에는 특정 과목에 대한 체계적인 커리큘럼을 따르는 아이도 있고 완전히 비체계적인 접근 방식을 따르는 아이도 있다. 중요한 것은 학습자의 개별적인 필요, 관심사, 열정에 초점을 맞추는 것이다. 일반적으로 언스쿨링은 전통적인 학교 교육에 대한 대안을 제공하며 학습자가 스스로 학습 경로를 결정하고 자신에게 가장 적합한 방식으로 학습을 추구할 수 있도록 지원한다.

• 언스쿨링은 단순한 교육적 접근 방식이 아니라 창의성, 비판적 사고, 자기 학습을 강조하는 라이프스타일의 선택이다. 이는 학습이 교실 환경뿐만 아니라 언제 어디서나 일어날 수 있다는 것을 인식하는 포괄적인 접근 방식이다. 언스쿨링 가족은 여행, 지역사회 봉사, 견습과 같은 실제 경험을 소중한 학습 기회로 우선시한다.

언스쿨링의 핵심 원칙

언스쿨링은 학습이 학습자의 관심사에 의해 주도될 때 가장 잘 일어나는 자연스러운 과정이라는 믿음에 기반을 두고 있다. 언스쿨링의 핵심 원칙은 각 아동의 고유한 발달 일정과 학습 스타일을 존중하는 유연하고 개인화된 교육을 옹호한다. 언스쿨링은 아이들이 자신의 호기심과 열정을 자유롭게 따라갈 수 있고, 스스로 학습을 통제할 수 있다는 점을 강조한다. 이 접근 방식은 아동이 미리 정해진 커리큘럼을 고수하는 대신 자신의 질문과 조사를 추구할 수 있는 자유를 허용함으로써 탐구, 창의성 및 비판적 사고를 장려한다.

다음은 언스쿨링의 기본 원칙을 요약한 것이다(Dodd, 2019; Sorooshian, 2005; Unschooling, n.d).

원칙 1: 자연스러운 학습

언스쿨링의 첫 번째 원칙은 아이들은 태생적 학습자이며 학습은 자연스러운 과정이라는 점을 강조한다. 언스쿨링의 창시자인 존 홀트는 아이들의 학습 본성이 중요하며, 아이들은 탐구와 발견을 장려하는 환경에서 잘 자란다고 주장했다. 언스쿨링은 아이들의 자연스러운 학습 과정을 존중하며, 학습이 개인화되고 의미 있는 경험을 통해 이루어질 때 가장 잘 배운다고 믿는다(존 홀트, 2007). 자연스러운 학습 과정을 통해 아이들은 지식뿐만 아니라 창의성, 문제 해결 능력, 사회성, 삶의 즐거움도 발견하게 된다. 이러한 접근 방식을 통해 아이들은 자신의 흥미와 열정을 따르고 실제 세계에서 의미 있는 학습을 경험할 수 있다.

원칙 2: 자기 주도 학습

언스쿨링의 두 번째 원칙은 학습이 자기 주도적으로 이루어져야 한다는 점을 강조한다. 이는 아이들이 스스로 학습 과정을 통제하고 관리할 수 있어야 한다는 믿음에 기반한다. 언스쿨링은 아이들이 자신의 흥미와 열정을 자유롭게 탐구하고 학습 환경을 관리하며 스스로 학습을 주도할 때 가장 효과적인 학습이 이루어진다고 주장한다. 자기 주도 학습은 아이들에게 학습에 대한 책임감과 독립성을 부여한다. 자기 주도적 학습자는 학습에 대한 동기 부여와 자신감, 열정이 더 강하며, 자신의 학습 스타일과 속도에 맞춰 학습할 수 있어 학습에 대한 애정과 자신감을 더 키울 수 있다.

원칙 3: 맞춤식 학습

언스쿨링의 세 번째 원칙은 다양성과 유연성에 기반하는 맞춤식 학습을 강조한다. 모든 아이는 독특하고 학습 방식이 다른 까닭에 교육은 각 아이의 개별적인 필요와 관심사에 맞춰서 이루어져야 한다. 이 원칙은 아이마다 학습 속도, 흥미, 능력, 학습 스타일이 다르므로 그에 따라 학습 경로를 조정해야 한다는 점에 중점을 둔다. 언스쿨링은 다양성을 존중하고 유연성을 제공함으로써 아이들이 더 나은 학습 경험을 할 수 있도록 돕는다. 이를 통해 각 아이는 자신의 강점과 약점을 이해하고 개인적인 성장과 발전을 이룰 수 있다.

원칙 4: 삶과 연관된 학습

언스쿨링의 네 번째 원칙은 학습이 아이들의 삶과 연결되어야 한다는 점을 강조한다. 전통적인 학교 교육과 달리 언스쿨링에서는 학습을 실제 삶과 연결된 의미 있는 경험으로 간주한다. 언스쿨링은 학습을 일상과 통합함으로써 아이들에게 학습의 관련성을 보여주고, 아이들이 자신의 흥미와 경험을 학습에 통합하도록 장려한다. 단순히 커리큘럼을 따르는 것이 아니라, 실제 문제 해결과 연결된 의미 있는 활동으로서의 학습을 장려한다. 언스쿨링은 또한 아이들이 다양한 경험을 통해 학문적 지식과 실생활 기술을 결합할 기회를 제공한다. 여행, 자원봉사, 예술 창작, 직장 체험 등을 통해 아이들은 학습한 내용을 다양한 상황과 맥락에 적용할 수 있으며, 그 결과 학습의 연관성을 높일 수 있다.

원칙 5: 촉진자로서 부모

언스쿨링의 다섯 번째 원칙은 촉진자로서의 부모의 역할을 강조한다. 언스쿨링에서 부모는 아이의 학습을 지시하거나 통제하지 않고 학습을 촉진하고 지원한다. 언스쿨링 부모는 아이가 자기 주도 학습을 통해 자신의 흥미와 열정을 추구하고 독립적인 학습 경험을 쌓을 수 있도록 돕는 역할을 한다. 부모의 지원과 자유로운 학습 환경을 통해 아이들은 학습에 대한 주인의식을 기르고 책임감과 자율성을 배양한다. 이를 통해 학습은 일상적이고 의미 있는 경험이 되고 아이들의 학습은 꾸준히 발전한다.

언스쿨링의 원칙은 아이들이 자연스러운 학습자로서 역할을 최대한 활용할 수 있도록 돕는다. 언스쿨링은 아이들이 자신의 흥미와 열정을 추구하고 평생 지속될 배움에 대한 사랑을 키우는 환경을 조성하는 데 공헌한다.

III. 언스쿨링의 선택과 장점

▁ 언스쿨링을 선택하는 몇 가지 이유

학교 교육 시스템의 한계와 문제점에 대한 비판이 고조되면서 학교 교육의 대안적 접근 방식에 관한 관심이 높아지고 있다. 이러한 맥락에서 언스쿨링은 학교 교육의 내재적 문제를 해결할 수 있는 유망한 대체재로 주목받는다. 언스쿨링은 단순히 학교 교육의 대체재가 아니라 현대 사회의 변화하는 교육적 요구에 부응하는 강력한 교육 접근 방식이다. 언스쿨링이 학교 교육의 한계를 극복할 방법인 몇 가지 이유는 다음과 같다(Main, 2023; Kons, 2023; Polanco, 2021; Gray & Riley, 2013; simple natural Mom, n.d).

- **개별화 교육의 중점:** 학교에서는 모든 학생이 동일한 수업 계획과 학습 속도를 따라야 하지만, 언스쿨링은 각 학생의 학습 속도, 스타일, 관심사에 맞게 교육을 맞춤화할 기회를 제공한다. 이를 통해 학생들은 더 나은 학습 경험을 할 수 있다.

- **의미 있는 학습 제공:** 학습을 실제 생활에 논리적으로 적용하여 의미 있게 연결한다. 이를 통해 학생들은 추상적인 개념을 이해하고 실제 상황에서 이를 활용할 수 있다.

- **자유로운 시간 관리:** 학교는 정해진 시간표를 따르지만, 언스쿨링은 학생들에게 시간 관리와 정리 기술을 개발할 기회를 제공한다. 이는 현실 세계에서 중요한 기술이다.

- **창의적인 사고와 문제 해결 능력 강조:** 언스쿨링은 학생들이 주도적으로 문제를 해결하고 창의적으로 사고하며 다양한 관점에서 문제에 접근하고 해결하는 방법을 배우도록 장려한다. 학교 교육은 정해진 답이 있는 문제 해결에 초점을 맞추는 경우가 많지만, 언스쿨링은 개방형 문제를 탐구한다.

- **자기 주도적 학습 장려:** 학교에서는 대부분의 교육이 외부에서 제공되고 학생들은 이를 따라가야 하지만, 언스쿨링에서는 학생들이 스스로 학습을 계획하고 관리할 수 있다. 이는 자기 주도성을 길러주고 미래의 독립적인 학습자로 성장하는 데 도움이 된다.

- **경계 없는 AI 시대에 적합한 학습:** AI 혁명은 우리 사회를 변화시키고 학습의 경계를 허물고 있다. 아이들은 매일 어디서나 정보에 접근할 수 있어야 하며 교육 프로그램도 아이들의 관심사에 따라 유연하게 선택할 수 있어야 한다. 전통적인 학교 교육과 달리 언스쿨링에서는 언제 어디서나 학습이 이루어진다.

- **AI 시대의 학습자를 위한 학습:** 디지털 네이티브는 국가가 주도하는 학교 교육과 학교가 전달하는 지식에 무관심하다. 이들은 자신의 호기심과 능력을 배제하고 미리 정해진 핵심 과목에 따라 서열이 결정되는 학교의 경쟁 시스템을 단호히 거부한다. 하

향식 학습과 현실과 동떨어진 지식 전달을 비판하고 자신이 흥미를 느끼는 지식을 추구한다. 언스쿨링은 자기 주도적 학습의 선구자인 디지털 네이티브가 자신의 관심사, 학습 스타일, 최적의 학습 속도에 따라 학습할 수 있는 최적의 환경을 제공한다.

• **학습자의 생태계에 맞춘 학습:** 학습 생태계는 학습자가 활동하는 환경과 그 환경에서 역할을 하는 다양한 요소로 구성된다. 학습 생태계에서는 올바른 학습 환경 조성, 동기 부여와 자기 주도적 학습, 동료 간의 상호작용과 피드백이 중요한 역할을 한다. 언스쿨링은 이러한 학습 생태계의 조건을 종합하여 학습자의 지속적인 학습을 지원하고 개발하는 방법을 촉진한다.

• **미래를 대비하는 학습:** 세상은 변화하고 있고 전통적인 학교 교육은 이를 따라잡을 수 없다. 학교 교육은 미래에 로봇이 대신할 일자리에 대비해 젊은이들을 준비시키려 하지만 새로운 시대의 문화와 경제에 맞지 않는다. 불확실한 미래의 일자리를 위해 아이들을 훈련할 필요는 없다. 미래의 교육은 창의성, 호기심, 열정에 의해 주도될 것이다. 아이들을 창의적이고 호기심 많은 학습자로 키우려면 언스쿨링과 같은 접근 방식이 필요하다. 언스쿨링은 아이들이 자신만의 독특한 재능과 아이디어로 무장한 전문가가 될 수 있는 길을 연다.

언스쿨링의 강점

어떻게 하면 우리 아이가 행복한 삶을 살 수 있을까? 우리 아이에게 어떤 교육이 가장 좋을까? 모든 부모가 고민하는 질문이다. 많은 사람이 학교 교육이 아이의 미래를 보장한다고 믿지만, 일부 부모는 학교 교육이 제공하지 못하는 혜택을 언스쿨링에서 찾는다. 다음은 언스쿨링의 주요 장점들이다(주디 아놀, 2024; Polanco, 2021; Gray & Riley, 2013; Mr. Rob, n.d).

- **자신감 구축:** 전통적인 학교에서는 모든 학생이 같은 속도로 같은 내용을 학습하고 같은 결과를 내도록 기대함으로써, 아이들에게 스트레스와 자신감 상실을 초래할 수 있다. 반면 언스쿨링에서는 아이들이 스스로 관심 분야를 선택하고 원하는 만큼 깊이 있게 탐구할 수 있다. 아이들은 성적이나 규칙 없이 자유롭게 학습함으로써 자신의 시간, 의견, 관심사가 소중한 점을 인식하게 된다. 이러한 깨달음은 학생들이 자신을 더욱 신뢰하고 독립심을 기르는 데 도움이 된다.

- **자기 주도적 학습 역량 강화:** 학교 교육은 외부에서 교육과 규칙을 강요함으로써 순응적인 개인을 만들려고 한다. 이러한 접근 방식은 아이들의 학습 욕구를 무시하고 독립적으로 학습할 기회를 박탈한다. 반면 언스쿨링은 아이들이 스스로 학습 계획을 결정하도록 한다. 아이들은 궁금한 점을 자유롭게 탐구할 수 있으며, 부모는 이를 안내하고 격려하며 자료를 제공할 수 있다. 이러한 경험은 아이들이 주체로서 세상을 계획하고 행동할 기회를 제공함으로써 독립적인 사람으로 성장할 수 있게 한다.

- **비판적 사고력 증진:** 전통적인 학교 교육은 아이들에게 정보를 가득 채우고 암기를 강요한다. 수업 내용과 관련된 질문만 허용되며 교실의 규칙과 규정에 관한 질문은 종종 금지된다. 하지만 언스쿨링 아이들은 자유롭게 질문하고, 주변 세계와 권위에 의문을 제기하고, 자기 관심을 탐구할 수 있다. 이를 통해 아이들은 올바른 질문을 하고 다양한 답을 찾을 수 있는 능력을 기를 수 있다. 에우리피데스의 말처럼 "질문하라. 배우라! 절대 멈추

지 마라!" 언스쿨링은 아이들이 비판적 사고력을 기를 수 있는 이상적인 환경을 제공한다.

- **사회적 상호작용 증가:** 언스쿨링의 주요 비판 중 하나는 아이들이 충분한 사회화를 경험하지 못한다는 것이다. 하지만 이는 사실과 거리가 멀다. 사회화는 같은 교실에 있는 아이들 사이에서만 일어나는 것이 아니다. 학교에서 친구를 사귀더라도 대개는 특정 그룹 내에서만 상호작용을 경험한다. 하지만 언스쿨링은 학교뿐만 아니라 다양한 활동을 통해서 친구를 사귈 수 있다. 언스쿨링은 동아리, 스포츠팀, 교회, 특정 관심사를 공유하는 수업, 이웃과의 만남 등을 통해 다양한 사람들과 접촉할 좋은 기회를 제공한다.

- **자유로운 일정의 즐거움:** 현대 사회에서 일과 삶의 균형과 웰빙은 중요한 삶의 목표로 여겨진다. 적게 일하고 충분히 휴식을 취하는 것, 이것이 바로 현대인이 추구하는 이상적인 삶이다. 언스쿨링의 핵심 가치는 바로 '자유'에 있다. 언스쿨링을 통해 아이와 부모 모두 자신의 일정을 스스로 계획하고, 충분히 휴식을 취하며, 일주일 내내 여유로운 시간을 보낼 수 있다. 아이들은 자신의 관심사를 탐구하고, 미래에 행복한 직업을 선택하는 방법을 배우며, 일과 삶이 어우러지는 가치를 깨닫는다.

- **사회적 자아 발달:** 학교 교육은 많은 모순을 내포하고 있다. 학교 환경은 본질적으로 서로 경쟁하여 높은 성적을 획득해야 하는 곳이다. 학교는 생존 경쟁의 장이며, 약육강식의 정글과도 같다. 교실 안에서는 긴장과 갈등이 지속되며, 친구보다는 경쟁자가 더 많이 존재한다. 1등을 해야 한다는 압박감은 자존감을 떨어뜨리고, 대부분 아이는 열등감을 내면화한다. 끊임없는 경쟁과

비교를 통해 형성된 위선적인 우월감과 열등감은 자기 관리 능력과 타인과의 협력 능력을 방해한다. 언스쿨링은 이러한 제약에서 벗어나는 해방감을 준다! 언스쿨링에서는 시험, 점수, 평가가 없어, 경쟁, 갈등, 시기, 질투, 불안, 부정행위도 없다. 언스쿨링은 타인을 존중하고 협력하는 풍부한 환경을 제공함으로써 아이들의 공감 능력과 사회적 자아를 확장한다.

- **입시 준비로 인한 스트레스 감소:** 대학 입시 준비의 고된 여정은 아이가 유치원에 첫발을 딛는 순간부터 시작된다. 초등학교에 입학하면서부터 이 고단함은 더욱 가중되며, 고등학교에 입학할 무렵에는 거의 지옥 같은 상황에 이른다. 아이들의 삶은 대학 입시라는 끝없는 집념으로 가득 차 있다. 이런 과정을 겪는 아이들은 다양한 신체적, 정신적 문제에 직면한다. 두통, 졸음, 목과 허리 통증, 소화 불량, 숨 가쁨, 가슴 두근거림, 수면 장애 등이 그 예이다. 청소년기에는 불안, 사회적 고립, 트라우마의 고통을 겪을 수 있으며, 일부는 우울증, 불안 장애, 강박 장애로 발전해 극단적인 선택을 할 경우도 있다. 통계청(2020)에 따르면 한국의 청소년 자살률은 세계에서 가장 높은 수준으로, 매년 평균 250명의 청소년이 자살하고 있다. 아이들은 개성과 자아를 잃고 불행하고 아픈 삶을 살게 된다. 언스쿨링 아이들은 꿈을 추구하고 스스로 삶을 책임지며 최상의 행복을 누릴 수 있다.

- **풍요로운 가족생활:** 언스쿨링을 하는 아이들은 자신의 열정을 따르며 가족과 함께 경험을 나눌 수 있다. 아이가 언스쿨링을 시작하면, 부모는 새로운 관점에서 아이를 바라보게 된다. 언스쿨링 부모는 학교에서의 보상과 처벌 체계가 아닌 사랑과 존중을 기반으로 아이를 양육한다. 아이가 자기 주도적 학습을 실천하게 될 때, 아이의 일상이 설렘으로 가득해지고, 부모와 아이의 관계는

더욱 돈독해진다. 잔소리와 일상적인 갈등이 줄어들며, 숙제, 성적, 왕따에 대한 걱정은 언스쿨링에 집중함으로써 자연스레 사라진다. 또한 사교육으로 인한 경제적 부담도 줄어든다. 언스쿨링은 가족에게 평화와 화목을 가져다주는 마법 같은 방법이다!

- **기업가 정신의 토대:** 기업가 정신은 언스쿨링 교육의 핵심 요소 중 하나이다. 성공한 기업가는 자신의 열정과 목표를 충실히 따르며 타인에게 가치 있는 새롭고 독특한 것을 추구한다. 언스쿨링 아이들은 자기 주도적으로 학습하며, 일찍부터 자신의 열정을 발견하고 목표를 자유롭게 추구할 기회가 열려 있다. 언스쿨링 아이들이 부모의 지원을 받으며 각자의 열정을 탐구할 수 있는 환경은 창업가들에게 새로운 가능성을 상상하고 미지의 영역으로 나아갈 수 있는 이상적인 조건을 마련해 준다. 스티브 잡스, 빌 게이츠, 마크 저커버그, 마이클 델과 같이 세계적인 기업가들도 모두 학교를 중퇴한 바 있다. 그들은 학교를 그만두고 실제 세계에서 배우면서 빠르게 시작한 덕분에 성공할 수 있었다. 언스쿨링 아이들의 에너지와 열정은 기업가로서 잠재력을 발전시켜 스타트업 아이디어를 현실화하고 성공적인 창업가로 성장할 수 있는 기반을 마련한다.

IV. 언스쿨링과 학교 교육 및 대안 교육

▬ 언스쿨링과 학교 교육

학교 교육은 국가가 중앙에서 직접 관리하는 의무교육 체제로 일반적으로 공교육으로 불린다. 학교 교육의 주된 목적은 개인의 능력보다는 유능한 사회 구성원으로서의 능력과 역할을 강조하는 반면 언스쿨링은 개인의 행복을 최우선으로 한다. 학교는 이러한 목적을 달성하기 위해 정교한 교육 시스템을 구축하고 모든 학생에게 동일한 커리큘럼과 표준화된 교육 방법을 적용한다. 반면 언스쿨링은 학습자의 흥미, 호기심, 자율성을 중시하는 비전통적인 교육 접근 방식이다. 언스쿨링은 아이를 자연스러운 학습자로 보고 자신의 흥미와 열정을 탐구하는 자기 주도적 학습을 통해 가장 잘 배울 수 있다고 주장한다.

다음은 학교 교육과 언스쿨링의 주요 차이점이다.

- **교사와 학습자의 역할:** 언스쿨링에서는 학습자가 자신의 커리큘럼을 통제하며, 부모나 보호자는 전통적인 교사가 아닌 조력자 역할을 한다. 부모와 보호자는 학습자가 자신의 흥미와 열정을 추구할 수 있도록 필요한 자원과 지원을 제공하나 학습 과정을 지시하거나 통제하지는 않는다. 반면, 전통적인 학교 교육에서는 교사가 주된 권한을 가지고 있으며 학생은 수동적인 학습자이다.

- **학습의 구조와 조직:** 언스쿨링에서는 학습자가 자신의 속도와 방식에 따라 학습하며, 정해진 커리큘럼이나 시간표가 없다. 학습자는 관심 있는 다양한 주제와 활동을 탐색할 수 있다. 반면, 전통적인 학교 교육은 모든 학생이 특정 지식과 기술을 습득하도록 설계된 고정된 커리큘럼과 일정에 따라야 하며, 구조화되고 조직화되어 있다.

- **성적과 표준화 시험:** 언스쿨링에서는 성적이나 시험이 아닌 학습자의 개인적인 성장과 발달에 중점을 둔다. 학습자는 성적이나 성취도를 기준으로 평가되기보다는 자신의 흥미와 열정을 추구할 수 있는 능력에 따라 평가된다. 반면, 전통적인 학교 교육은 성적과 시험에 초점을 맞추며, 학생들은 특정 기준과 목표를 달성해야 한다.

- **창의성과 자율성:** 언스쿨링에서는 학습자가 정해진 커리큘럼이나 시간표의 제약 없이 창의적이고 자율적인 방식으로 자신의 흥미와 열정을 자유롭게 추구할 수 있다. 다양한 주제와 활동을 탐구하며 비판적 사고와 문제 해결 능력을 발휘하고, 학습 과정에서 위험을 감수한다. 이에 반해 전통적인 학교 교육은 창의성과 자율성을 제한할 수 있으며, 학생들은 종종 특정 기대치와 표준을 따라야 하는 까닭에 탐구와 실험의 기회가 제한될 수 있다.

요약하면 언스쿨링과 학교 교육은 교사와 학습자의 역할, 학습의 구조와 조직, 성적 및 표준화된 시험 강조, 창의성과 자율성에 대한 제한 가능성 등에서 큰 차이를 보인다. 전통적인 학교 교육은 일부 학습자에게 효과적일 수 있지만, 언스쿨링은 모든 학습자에게 효과적일 수 있다.

언스쿨링 및 대안 교육

홈스쿨링(Homeschooling)

홈스쿨링은 가장 잘 알려진 대안 교육 방식 중 하나로, 학습자가 자신의 흥미와 열정을 자유롭게 추구할 수 있는 유연하고 적응력 있는 학습 방식을 강조한다. 홈스쿨링은 전통적인 학교 교육 구조에서 벗어나 학습자의 개별적인 필요와 관심사에 맞춘 교육을 제공하는 것을 목표로 하며, 가정에서 수업을 진행한다. 홈스쿨링의 주요 특징은 다음과 같다(Homeschooling, n.d).

- **가정에서 학교 복원:** 학교를 가정으로 옮기고 일반적으로 부모 또는 보호자가 주도한다. 이를 통해 부모는 아이의 학습 과정을 직접 관리하고 아이의 관심사와 필요에 맞는 교육을 설계할 수 있다.

- **학습 목표와 표준화 교육과정:** 학습자가 달성해야 할 표준화된 커리큘럼이나 학습 목표가 있을 수 있지만, 이는 가족마다, 개인마다 다를 수 있다. 일부 홈스쿨링 가정에서는 공식적인 커리큘럼을 사용하는 반면에 다른 가정에서는 더 자유로운 접근 방식을 따르기도 한다.

- **일정 및 평가:** 학습 일정, 접근 방식 및 평가 방법 등이 체계적이고 조직적이지만, 이 역시 가족마다 크게 다를 수 있다. 일부 홈스쿨링 가정에서는 매우 체계적인 일정을 준수하는 반면에 다른 가정에서는 학습자의 관심사나 일상 활동에 따라 학습 일정을 조정할 수 있다.

홈스쿨링은 학습 장소만 다를 뿐 기존 학교 교육과 비슷한 방식이지만 가정에 따라서 학습자의 개별적인 욕구와 필요에 맞는 교육을 할 수 있다. 홈스쿨링은 학습자에게 더 큰 자율성과 자신만의 학습 경로를 탐색하고 개발할 기회를 제공한다.

몬테소리 교육(Montessori Education)

몬테소리 교육은 마리아 몬테소리가 개발한 혁신적인 교육 철학과 방법론이다. 학습자의 자기 주도적 학습과 개인 개발을 중시하며 다양한 자료와 활동을 통한 실습 및 체험 학습을 강조한다. 몬테소리 교육의 핵심은 학습자가 자신의 속도와 흥미에 맞게 학습할 수 있는 학습 환경을 조성하는 것이다. 이 교육 접근법의 주요 특징은 다음과 같다(아먼트, 2022; Montessori education, n.d).

- **학습자의 자율성과 독립성 촉진:** 몬테소리 교육은 학습자가 자신의 학습 경로와 속도를 스스로 선택하고 조절할 수 있도록 한다. 이를 통해 학습자는 자신의 흥미와 능력에 따라 학습할 수 있으며, 그 과정에서 자율성과 독립성을 기를 수 있다.

- **실용적인 학습 자료:** 강의실은 학습자가 직접 체험을 통해 학습할 수 있도록 다양한 교구와 교육 자료로 구성되어 있다. 이러한 자료를 통해 학습자는 감각 학습, 수학적 사고, 언어 발달 등 다양한 영역에 대한 구체적인 이해를 얻을 수 있다.

- **협업 학습 환경:** 학생들은 종종 다른 학생들과 협력하여 작업하며 그 과정에서 사회적 상호작용과 협력의 중요성을 배운다. 또한 진행 상황을 추적하고 목표를 설정하기 위한 자기 평가가 강조되어 학습자가 자신의 학습 과정을 관리하고 책임질 수 있는 능력을 개발하는 데 도움이 된다.

몬테소리 교육은 학습자 중심의 접근 방식을 취함으로써 각 개인의 고유한 학습 요구와 속도를 인식하고 지원한다. 학습자가 주도적으로 자신의 학습 과정을 탐구하고 발전시킬 수 있는 환경을 제공함으로써 창의력, 비판적 사고, 문제 해결력 등 다양한 삶의 기술과 역량을 갖춘 인재를 육성하는 것을 목표로 한다.

발도르프 교육(Waldorf Education)

발도르프 교육은 1919년 루돌프 슈타이너가 전인 교육을 목표로 설립한 교육 시스템이다. 발도르프 교육은 학습자의 지적, 정서적, 신체적 발달을 통합하며 특히 예술적, 창의적 표현에 중점을 두고 있다. 발도르프 교육은 학생들이 공부와 함께 다양한 예술 및 문화 활동에 참여하도록 장려하며, 정서적 발달과 창의성 증진에 중점을 둔다. 이 교육 접근법의 주요 특징은 다음과 같다(아먼트, 2022; Waldorf education, n.d).

- **예술 활동을 통한 창의력 및 예술적 표현력 개발:** 발도르프 교육은 음악, 무용, 미술, 공예 등 다양한 예술 활동을 커리큘럼의 핵심 요소로 삼는다. 이러한 활동을 통해 학생들은 창의력과 예술적 표현력을 개발한다.

- **개별화된 계획:** 발도르프 교육은 각 학생의 개별 발달 단계를 고려한다. 이는 학생들이 자신의 속도에 맞춰 발전할 수 있는 환경을 제공하기 위한 것이다. 교사는 학생의 발달을 지원하고 각 학생이 자기 잠재력을 최대한 발휘할 수 있도록 돕는다.

- **자연과의 조화 및 탐험:** 발도르프 교육은 자연과의 조화를 강조하고 자연을 통한 학습과 탐구를 장려한다. 학생들은 정기적으로 야외 활동에 참여하여 자연과 직접 접촉하며 배우고 탐구한다. 이를 통해 학생들은 자연에 대한 깊은 이해와 존중을 키우고 생태학적 관점을 개발한다.

발도르프 교육은 학생들의 지적, 정서적, 신체적 균형 있는 발달을 지원한다. 학생들이 세상에 대한 깊은 이해와 책임감을 키우고 창의적이고 비판적인 사고로 자신의 삶을 통제할 수 있도록 장려한다.

샬럿 메이슨 교육(Charlotte Mason Education)

샬럿 메이슨 교육은 19세기 후반 영국의 교육자 샬럿 메이슨이 개발한 대안 교육 방법이다. 이 교육 철학은 인간의 정신은 관계를 통해 성장한다는 기본 원칙에 기반하며 문학, 역사, 자연 등 인문학에 대한 폭넓은 교육의 중요성을 강조한다. 샬럿 메이슨 교육은 학생들이 전통적인 커리큘럼에 얽매이지 않고 실제 경험을 통해 지식을 습득하도록 장려함으로써 학습자의 문화적 소양과 미적 감각을 개발하는 데 중점을 둔다. 이 교육 접근법의 주요 특징은 다음과 같다(아먼트, 2022; Charlotte Mason, n.d).

- **문화적 소양과 미적 감수성 개발:** 샬럿 메이슨 교육은 문학, 역사, 자연 등 다양한 주제를 통해 커리큘럼을 구성한다. 이를 통해 학생들은 폭넓은 지식을 습득하고 다양한 문화적 배경과 시대에 대한 이해를 심화할 수 있다. 또한 고전 문학과 예술 작품

을 접함으로써 학생들의 미적 감수성을 개발할 수 있다.

- **야외 학습과 실제 경험:** 이 교육 방법은 자연에서의 야외 학습을 강조하고 학생들이 실제 세계에서 직접 체험을 통해 학습할 기회를 제공한다. 이를 통해 학생들은 자연을 더 깊이 이해하고 존중하며 자연과 조화로운 관계를 발전시킨다.

- **개인의 성장과 독립적인 사고 장려:** 샬럿 메이슨 교육은 개인의 성장과 독립적인 사고를 장려한다. 학습자가 자신의 관심사와 질문을 탐구하도록 장려함으로써 능동적인 학습 태도와 평생 학습 습관을 길러 준다. 또한 학생들이 비판적 사고력을 키우고 더 나은 시민이 될 수 있도록 돕는다.

샬럿 메이슨 교육은 학생들이 전인적으로 성장할 수 있는 환경을 제공하고 학습자가 자기 삶에서 진정한 의미와 가치를 발견하도록 돕는다. 학생들이 자신의 학습 과정에 적극적으로 참여하도록 장려하고 궁극적으로 자기 주도적이고 창의적인 사고력을 키우는 것을 목표로 한다.

언스쿨링과 대안 교육의 차이점

언스쿨링 교육과 대안 교육은 모두 아동 중심이라는 점에서 많은 유사점을 공유하지만, 교육 철학, 원칙 및 실천에 있어서는 다음과 같은 뚜렷한 차이점이 있다.

- **구조와 조직 수준:** 홈스쿨링, 몬테소리, 샬럿 메이슨 교육은 모두 명확한 학습 목표와 목적을 가지고 있으며, 언스쿨링보다 더 조직적이고 체계적인 학습 접근 방식을 취한다. 반면 발도르프 교육은 아이의 전반적인 발달에 중점을 두고 예술적이고 창의적인 표현을 강조한다.

- **부모 또는 보호자 역할:** 홈스쿨링과 샬롯 메이슨 교육에서는 부모 또는 보호자가 주 교육자이며 학습자에게 교육과 지도를 제공할 책임이 있다. 몬테소리 교육에서 교사는 보조자 역할을 하며 학습자가 교실에서 교재와 활동을 탐색할 때 지원을 제공한다. 발도르프 교육에서 교사는 학습자가 예술 및 문화 활동에 참여할 때 중요한 교육 및 안내 역할을 한다. 언스쿨링 교육에서 부모나 보호자는 촉진자 또는 멘토로서 학습자가 자신의 관심사를 탐구하도록 지원하지만 학습 과정을 지시하거나 통제하지는 않는다. 학습자는 정해진 커리큘럼이나 일정 없이 자기 주도적으로 학습한다.

- **학업 성취도와 성과:** 홈스쿨링, 몬테소리, 샬롯 메이슨 교육은 모두 명확한 학습 목표와 기준을 설정하고 특정 학업 성과와 기준을 달성하는 데 중점을 둔다. 발도르프 교육도 학업 성취에 중점을 두고 있지만 사회성 및 정서 발달을 포함한 아동의 전반적인 발달을 더 강조한다. 언스쿨링은 성적이나 표준화된 시험이 없으며 학습자의 개인적인 성장과 발달에 초점을 맞춰 독립성, 자신감, 자기 동기 부여를 강조한다. 언스쿨링 학생들은 기존 교육 시스템의 요구에서 벗어나 자신에게 의미 있고 만족스러운 방식으로 자신의 흥미와 열정을 추구하도록 장려한다.

요약하면, 언스쿨링과 홈스쿨링, 몬테소리, 발도르프, 샬롯 메이슨 등 다른 대안 교육 접근법 사이에는 몇 가지 유사점이 있지만 철학, 원칙, 커리큘럼, 교사의 역할 및 실천에는 상당한 차이점이 있다. 언스쿨링은 자기 주도적 학습, 개인의 자율성, 독립성, 자신감, 자기 동기 부여를 강조하며 학습자의 필요와 관심에 최대한의 유연성과 적응력을 제공한다. 또한 학업 성취도나 표준화된 시험에 초점을 맞추지 않으며, 창의성과 자율성을 최대한 발휘할 수 있는 환경을 제공한다.

이러한 점은 학습의 구조와 조직, 부모 또는 보호자의 역할, 학업 성취도와 성과에 대한 접근 방식에서 언스쿨링 교육과 다른 대안 교육 접근 방식 사이에 분명한 차이가 있음을 보여준다.

• • • • • •

언스쿨링은 자기 주도적 학습과 개인의 자율성, 독립성, 자신감, 그리고 자기 동기 부여의 개발을 강조하는 독특한 교육 철학이자 접근 방식이다. 이 방식은 단순한 교육 방식을 넘어 학습자가 자신의 삶을 스스로 통제하는 데 중요한 역할을 한다. 학습자가 자기 잠재력을 최대한 실현할 수 있는 환경을 제공함으로써 교육에 새로운 지평을 여는 가능성을 제시한다.

고대 중국의 철학자, 노자는 언스쿨링 철학의 시조라고 할 수 있다. 그의 교육에 대한 직접적인 기록은 없지만, '무위자연'이라는 핵심 사상을 통해 그의 교육 철학을 파악할 수 있다. 노자는 강제적인 교육보다는 인간의 타고난 본성에 따른 자연스러운 성장과 발달을 강조하는 자연주의 교육을 옹호했다.

노자가 구상한 이상적인 교육은 무위(無爲)의 교육이다. 이는 외부에서 지식을 주입하는 것이 아니라 아이들이 자신의 본성에 따라 학습할 수 있도록 하는 접근 방식을 말한다. 이는 외부 요인에 의존하지 않고 각 개인이 내재한 힘에 따라 자연스럽게 이루어진다(신창호 외, 2020). 노자의 철학은 아이들을 길들이는 것이 아닌 아이들의 순수한 본성을 존중하고 잠재력을 최대한 발휘할 수 있도록 돕는 데 중점을 둔다.

노자가 보기에 교육은 사람을 조종하는 도구가 아니라 사람을 성장시키는 도구이다. 그는 인간의 순수함과 단순함을 신뢰했고, 이를 바탕으로 '무위', '비목적', '비계획', '비지시' 등의 개념으로 구체화된 비정형 학습 경로를 주장했다(배헌국, 2017).

노자의 교육은 대지에 비유할 수 있다. 대지는 스스로 싹을 틔우려고 하지 않는다. 그저 베풀기만 한다. 식물은 무심한 대지에 뿌리를 내리고 씨앗이 싹을 틔우고 꽃을 피우고 열매를 맺는다. 만물은 그 자체의 토대가 있다. 사람 역시 마찬가지이며, 인위적인 것을 더하거나 가르치려 하지 않고 스스로의 본성이 꽃피울 때까지 지켜보고 기다리는 것이 노자가 말하는 교육이자 삶의 방식이다(강효금, 2019). 모든 생명체와 마찬가지로 아이들도 스스로 성장하고 발전하는 방법을 찾을 수 있다. 노자의 교육은 그대로 두어 성장하게 하고, 그대로 두어 꽃을 피우게 하는 것이다.

언스쿨링과 노자의 접근 방식에는 많은 유사점이 있다. 노자의 교육은 아동 중심의 교육을 강조하고, 아이들이 스스로 자신의 길을 찾을 수 있도록 하며, 잠재력을 최대한 발휘할 수 있도록 지원하는 학습 환경을 구축한다. 또한 아이들이 자연스럽게 성장하고 자신을 발견하며 무한한 지식과 자기 인식을 습득하도록 장려한다. 이러한 접근 방식은 언스쿨링 철학의 핵심 원칙과 일치한다.

노자의 철학은 언스쿨링 철학의 주춧돌이다. 그의 사상은 학습자 중심의 교육 접근 방식으로서 언스쿨링에 영감을 주었으며, 이러한 접근 방식은 아이들에게 자유롭고 개별화된 학습 경험을 제공하는 데 크게 기여하고 있다.

CHAPTER 02
언스쿨링 철학의 탐색

Ⅰ. 언스쿨링 철학의 개념

▬ 언스쿨링 철학의 기초 개념

언스쿨링은 1970년대에 등장한 혁명적인 교육 철학이다. 언스쿨링의 옹호자들은 전통적인 교육을 강력하게 비판하며, 새로운 학습 방식을 제안한다. 언스쿨링 철학은 자연 학습자, 전체론, 유기적 학습이라는 세 가지 철학적 개념과 밀접하게 연관되어 발전했다. 이러한 철학적 개념들은 자기 주도 학습, 개인의 관심사 추구, 자율성 존중을 강조하는 언스쿨링 철학의 토대를 형성한다.

첫 번째 자연 학습자의 개념은 모든 인간은 탐구하고 배우려는 내재적 욕구를 가지고 태어난다는 관점을 말한다(Gray, 2015; 존 홀트, 2007; Pitman & Smith, 1991). 이러한 관점은 "학습은 강요되는 것이 아니라 인간 본성으로서 자연스럽게 발생한다"라는 언스쿨링의 원칙과 맥을 같이 한다. 언스쿨링 교육 철학은 '자연 학습자'라는 개념에 뿌리를 두고 있다. 이 개념은 학습자를 내재적 동기, 호기심, 적응력, 새로운 경험에 대한 개방성을 가진 학습의 주체로 간주한다(Morrison, 2016). 홀트는 "인간은 본질적으로 학습하는 동물이다. 새가 날고 물고기가 헤엄치는 것처럼 인간은 생각하며 학습한다."라고 말하여 자연 학습자의 개념을 강조했다(존 홀트, 2007). 그의 말처럼 자연 학습자는 자연스러운 호기심과 탐구를 통해, 일상생활 속에서 자신의 속도와 흥미에 따라 지속적으로 새로운 지식과 기술을 습득한다. "학습은 언제 어디서나 자발적으로 일어난다"라는 자연 학습자의 개념은 언스쿨링 철학의 핵심 원리를 형성한다.

두 번째 전체론의 개념은 시스템의 모든 구성 요소가 상호연결되어 함께 작용하여 전체의 특성을 형성한다는 원리를 의미한다. "전체론"이라는 용어는 1926년 얀 스무츠에 의해 처음 사용되었으며, 시스템이나 개체를 이해할 때 구성 요소의 상호작용을 중요시한다(Holism, n.d). 상호연결성은 전체론적 교육을 정의하는 가장 중요한 주제로, 전체론적 교육은 고대 교육 개념에서 유래하여 개인 경험이 아닌 전체 인간을 강조한다(Loveless, 2024).

전체론은 다양한 분야에서 적용되며, 시스템 사고를 통해 복잡한 문제를 해결하는 데 도움을 준다. 이러한 원리는 언스쿨링 교육에서도 중요한 역할을 하며, 학습자는 다양한 주제를 연결 지어 학습하고, 이를 통해 복잡한 현상을 이해하는 능력을 기른다. 전체론적 접근은 아동의 신체적, 사회적, 정서적, 지적 요구 사항을 고루 발전시키고, 매력적이고 창의적인 학습 환경을 제공한다(Andrews, 2023).

이러한 환경은 학습자가 자기 생각과 감정을 탐구하도록 돕고, 자기 이해와 표현 능력을 강화하게 한다. 전체론은 언스쿨링 철학의 중요한 기초 개념으로 자리 잡고 있으며, 학습자가 복잡한 세상을 이해하는 데 필요한 도구와 통찰을 제공한다. 따라서 전체론은 언스쿨링에서 학습자의 주도적이고 능동적인 역할을 강조하며, 다양한 요소의 상호연결성을 인식하게 한다.

세 번째 유기적 학습의 개념은 유기적 세계관과 전체론적 교육 철학이 결합한 학습 방식이다. 이 개념은 개인의 자연스러운 성장과 발전을 중점에 두며, 자연스럽고 주도적인 학습 경험을 통해 상호연결된 지식의 이해를 증진한다. 유기적 학습은 개인이 타고난 호기심과 학습에 대한 열망을 존중하며, 이러한 특성을 육성하고 발전시키는 일에 초점을 맞춘다. 이러한 유기적 학습은 직접적인 교육이나 프로그래밍 없이 자연스럽게 발생하는 학습 유형이기 때문에 종종 "자연 학습"이라고도 불린다. 유기적 학습은 교육 환경에 구애받지 않으며, 개인의 내적 동기와 자신만의 속도로 지식과 세상을 깊게 이해하도록 장려한다.

유기적 학습은 학습자의 자율성, 전체론적 이해 그리고 체험 학습을 통해 개인의 자연스러운 성향과 호기심을 존중하며 강력한 교육 경험을 제공하는 점에서 언스쿨링과 많은 유사점을 갖는다. 이러한 유사점은 유기적 학습이 개인의 자연스러운 성향과 호기심을 존중하는 강력한 교육의 틀을 제공하여 언스쿨링 철학과 긴밀하게 조화를 이루는 철학적 토대를 형성한다.

이러한 개념들은 모두 언스쿨링 철학의 핵심적인 요소인 자율성, 연결성, 자기 주도성, 전체성, 그리고 평생 학습을 강조하며, 전통적인 교육 시스템을 넘어서는 언스쿨링 철학의 가능성을 탐색하는 기반을 제공한다.

▬ 언스쿨링 철학의 개념

언스쿨링 철학은 교육의 본질과 목표, 이에 따른 이론과 실천에서 나타나는 철학적 문제들을 다루는 교육 철학의 한 분야이다. 이 철학은 전통적인 교육 철학과 대비되는 특징을 갖는다. 언스쿨링은 전통적인 교사 중심 교육에 반대되는 접근 방식으로, 개인의 자율성과 자기 주도적 탐구를 강조하는 독특한 아동 중심 교육 관점을 제시한다. 언스쿨링은 그 본질이 다양하고 복잡한 교육의 특성을 내포하고 있는 까닭에, 언스쿨링 철학을 명확히 정의하기는 어렵다.

그러나 이러한 한계를 고려하여 언스쿨링 철학을 넓게 정의하면, 이는 "학습자의 타고난 학습 본능과 호기심을 존중하고, 학습자의 개인적 특성, 관심사, 필요에 기반한 자유로운 학습 환경을 조성함으로써 학습자의 전체적인 성장과 발달을 최우선 가치로 여기는 완전한 학습자 중심 교육 철학"으로 설명할 수 있다(Morrison, 2016; Holt & Farenga, 2003; Unschooling, n.d). 학습에서 태생적인 학습자와 호기심의 역할은 언스쿨링 철학의 근본이다. 아이들의 관심사와 열정이 교육 여정을 주도하도록 함으로써, 언스쿨링은 더 개인화되고, 매력적이며, 효과적인 학습 경험을 제공한다. 더욱이 호기심을 키우는 것은 비판적 사고와 문제 해결 능력을 키우는 데 도움이 된다. 아이들이 자신의 관심사를 탐구하도록 허용될 때, 그들은 종종 창의적이고 분석적으로 생각해야 하는 도전과 질문에 직면하게 된다. 이러한 탐구와 발견 과정은 미래에 복잡한 문제를 헤쳐 나가는 능력을 개발하는 데 중요하다. 즉, 언스쿨링은 학습자의 자연스러운 호기심과 흥미를 중심으로 하는 자기 주도 학습을 강조하며, 전통적인 교육 시스템의 구조적 제약에서 벗어나 학습자 각자의 성장과 발달을 최우선으로 여기는 교육 철학이다.

언스쿨링 철학의 정의를 바탕으로 몇 가지 특성을 살펴보면 다음과 같다.

첫째, 언스쿨링의 철학은 '자연스러운 학습자'를 전제로 하며, 교육과정을 통해 학습자가 잠재력을 최대한 발휘할 수 있도록 학습자의 성장과 발달을 우선시한다. 이 철학은 개인의 고유한 학습 경험을 존중하며 학습 과정의 자유와 다양성을 강조한다.

둘째, 언스쿨링 철학은 학습자의 내적 동기 부여에 초점을 맞춘다. 학습은 학습자가 진정으로 관심이 있는 주제에 중점을 두어야 하며, 이러한 내적 동기 부여는 학습 과정을 더욱 의미 있고 즐거운 경험으로 만든다. 학습자는 자신의 관심사를 따라 자유롭게 탐구하며, 이 과정에서 자신의 학습 속도와 스타일에 맞춰 학습할 수 있다.

셋째, 언스쿨링 철학은 교육을 단순히 지식 전달의 과정이 아닌, 학습자의 내면적 성장과 자기 발견의 여정으로 여긴다. 이 철학은 학습자가 자신의 학습 과정을 주도하는 것을 중요하게 여기며, 이를 통해 학습자는 자신만의 학습 경로를 탐색하고, 자신의 관심사와 호기심을 따라 학습을 진행하게 된다. 언스쿨링은 학습 과정에서 발생하는 오류와 실패를 학습의 중요한 부분으로 보며, 이를 통해 학습자는 자기 주도적 문제 해결 능력과 비판적 사고 능력을 발전시킬 수 있다.

넷째, 언스쿨링 철학은 학습 환경의 유연성과 개방성을 중요시한다. 언스쿨링은 전통적인 교실 환경을 넘어서, 학습자가 자연환경, 커뮤니티, 디지털 플랫폼 등 다양한 환경에서 학습할 수 있도록 한다. 학습자는 이러한 다양한 경험을 통해 지식을 습득하고, 실제 생활과 밀접한 연관성을 가진 학습을 할 수 있다. 또한, 언스쿨링은 학습자가 다양한 사람들과의 상호작용을 통해 사회적 기술과 협력 능력을 발달시킬 기회를 제공한다.

다섯째, 언스쿨링 철학은 학생이 스스로 학습의 주체가 되고 완전한 통제권을 갖는 자기 결정적 학습으로 나아가는 혁신적인 방법을 제시한다. 이 방식은 학습자가 강압이나 압박 없이 자신의 흥미와 능력에 따라 학습할 수 있는 자유로운 학습 환경을 제공하는 데 중점을 둔다.

요약하면 언스쿨링 철학은 태생적인 학습자를 전제로 하며, 전통적인 교육 시스템의 제약에서 벗어나, 학습자 중심의 개인화된 학습 경험을 추구한다. 이를 통해 학습자는 자기 잠재력을 최대한 발휘하고, 평생 학습자로 성장할 수 있는 기반을 마련한다. 언스쿨링은 학습자가 자신의 학습 과정을 스스로 결정하고, 자기 주도적으로 학습하는 데 필요한 기술과 태도를 개발할 수 있도록 지원하는 완전한 아동 중심 교육 철학이다.

언스쿨링 철학의 기본 신념

언스쿨링 철학은 학습의 자연스러운 흐름, 자기 주도 학습의 중요성, 그리고 학습과 일상생활의 통합을 핵심 원칙과 가치로 삼는다. 이러한 신념은 언스쿨링 철학을 실천하는 개인과 단체마다 다소 다를 수 있다. 다음은 언스쿨링 철학의 핵심 원칙인 기본 신념 중 일부이다(Dodd, 2019; Sorooshian, 2005; Holt & Farenga, 2003; Unschooling. n.d).

- 언스쿨링은 아이들은 타고난 학습자이며 자신의 흥미와 열정을 따를 때 가장 잘 배운다고 믿는다. 아이들은 호기심 많은 탐험가이자 세상을 이해하고자 하는 강한 열망을 가진 타고난 학습자이다. 언스쿨링은 아이들이 자연스럽게 자신의 흥미를 추구하고 자신의 속도에 맞춰 학습하도록 장려한다.

- 언스쿨링은 아이의 자율성을 존중하며, 아이가 스스로 학습을 주도할 수 있는 환경을 조성하는 데 중점을 둔다. 아이들의 학습에 대한 성인들의 불필요한 개입이나 제한은 아이들이 내재한 호기심을 억누를 수 있다. 언스쿨링은 아이들이 자신의 흥미와 열정에 따라 학습할 수 있는 환경을 제공한다.

- 언스쿨링 교육은 획일화된 접근 방식을 채택하지 않으며, 모든 아이가 독특하고 각자의 필요와 관심사에 맞는 맞춤형 교육 프로그램을 받을 권리가 있다고 믿는다. 모든 아이는 고유한 필요와 학습 스타일을 가지고 있다. 언스쿨링은 개별화된 학습을 통해 각 아동의 특정 요구 사항을 충족할 수 있도록 한다.

- 언스쿨링은 놀이와 탐험을 중요한 학습 도구로 보고, 아이들에게 실제 경험과 협동 학습의 기회를 제공하는 놀이 중심 학습을 강조한다. 학습은 외적인 압박보다는 호기심과 지식에 대한 애정을 바탕으로 한 즐거운 경험이어야 한다.

- 언스쿨링은 자기 주도 학습 문화를 조성하며, 아이가 자신의 학습에 대한 책임을 지고 스스로 교육을 관리할 수 있는 기술과 습관을 개발하도록 독려한다. 언스쿨링은 아이들이 자기 결정적 학습자로서 자신의 교육에 대한 주인의식을 갖고 독립성, 자신감, 비판적 사고력을 키울 수 있도록 지원한다.

• 언스쿨링은 학습에 대한 깊은 애정을 키우고 아이들이 평생 자신의 열정과 흥미를 추구할 수 있도록 지원하고 격려하는 환경 조성이 중요하다고 믿는다. 교육은 일시적인 과정이 아니라 평생에 걸친 지속적인 과정이다. 언스쿨링 커뮤니티는 교육과 학습이 특정 기간이나 특정 나이에 국한되는 것이 아닌 평생 지속되어야 할 과정으로 인식한다.

이러한 언스쿨링 철학은 아이는 타고난 학습자이며 자신의 길을 따라갈 수 있는 자유와 자원이 제공되면 누구나 스스로 성장할 수 있다는 근본적인 믿음에 기초한다.

II. 언스쿨링 철학의 원천

━ 자연주의 철학

철학적 배경과 관점

자연주의 교육 철학은 18세기 과학 혁명과 반형식적 교육의 영향을 받아 발전했다. 이는 현대 교육의 심리학적, 과학적, 사회학적 경향을 바탕으로 하여, 다른 교육 운동들보다 인간 교육의 본질, 목표, 특성에 더 큰 영향을 미쳤다. 자연주의 교육 철학은 자연을 따르는 교육을 기본 원칙으로 삼으며, 자연법칙에 따라 인간의 발달을 이끄는 교육을 지향한다(Sahu, 2002). 자연주의 교육자들은 루소가 주장한 "자연으로 돌아가라"라는 구호에서 알 수 있듯이, 인위적인 개입을 배제하고 자연을 추구하는 교육을 실천한다(Kim, 2006). 이 철학은 자연스러운 아동의 자발성을 억압하고 인형처럼 다루는 모든 인위적 교육을 비판한다.

자연주의 철학은 모든 인간이 학습 성향을 가지고 태어난다는 전제에서 시작한다(Sahu, 2002). 이 철학은 학습을 자연스럽게 발생하는 과정으로 보며, 아이들이 타고난 학습 본능과 호기심을 바탕으로 스스로 세상을 탐험하는 능동적인 학습자라고 본다. 자연주의는 학습 본성을 지원하는 환경의 중요성을 강조하며, 자연을 지식과 영감의 원천으로 삼고 있다. 이 철학은 아이들이 자연을 관찰하고 이해하는 과정에 집중하며(Samuel, 2011), 직접 경험을 통한 지식 습득과 실험 학습을 촉진한다.

자연주의 철학의 주요 인물로는 장 자크 루소, 존 듀이, 마리아 몬테소리 등이 있다. 자연주의를 대표하는 루소는 '자연인' 개념에 초점을 맞추고, 인간이 본질적으로 선하다고 믿었다. 루소는 교육이 엄격한 커리큘럼이나 표준화된 시험보다는 아동의 개별적인 필요와 흥미를 중시할 것을 강조했다(Rousseau, 2003). 듀이는 교육을 통한 전인적 발달을 강조하였으며, 학습이 능동적이고 경험적인 과정이어야 하며 학생들이 주변 세계를 탐구하고 실험하도록 장려할 것을 주장했다(Dewey, 2007). 몬테소리는 아이들이 직접 경험과 환경과의 상호작용을 통해 학습할 기회의 중요성을 강조했다. 그녀는 아이들이 잘 성장할 수 있는 지원과 양육 환경을 제공하는 것이 교육자의 역할이라고 보았다(Montessori Education, n.d).

자연주의 철학자들은 모두 타고난 학습 성향과 아동 중심 교육의 중요성을 강조하는 공통된 관점을 가지고 있다. 이들의 아이디어와 연구는 훗날 언스쿨링 운동을 지지하고 아이들의 학습 방식을 혁신하고자 하는 교육자와 부모에게 영감을 주었다.

언스쿨링 철학에 대한 영향

자연주의 교육 철학은 언스쿨링 철학 형성에 커다란 영향을 미쳤다. 이러한 영향력은 두 철학이 공유하는 여러 핵심 가치와 교육 방식에서 명확하게 드러난다. 이 두 철학 사이에는 자유롭고 창의적인 학습 환경을 중시하는 등 여러 공통점이 있으며, 이 공통점들은 양쪽 모두의 교육 방식과 가치관에 깊이 반영되어 있다.

첫째, 자연주의 교육은 학습 과정에서 학습자의 흥미, 호기심, 그리고 개인적인 필요를 중심으로 교육이 이루어져야 한다는 믿음을 기반으로 한다. 언스쿨링 철학 또한 아동 중심의 학습을 중요시하며, 아동이 스스로 학습 경로를 선택하고 자신의 관심사를 탐구할 수 있는 자유를 제공한다.

둘째, 자연주의 철학은 학습을 경험적 과정으로 인식한다. 이론적 지식의 전달보다는 실제 경험을 통해 학습하는 것을 더 우선시하며, 이를 통해 학습자는 지식을 더 깊이 있게 이해하고, 적용할 수 있다. 언스쿨링 역시 아이들의 실제 경험과 활동을 통한 학습을 중요시한다. 이런 체험 학습은 아이들에게 더욱 의미 있는 학습 경험이 된다.

셋째, 자연주의 교육은 아이들이 스스로 질문을 던지고 답을 찾아가는 탐구 기반 학습을 강조한다. 이러한 탐구 기반 학습은 언스쿨링에서도 핵심적인 역할을 한다. 아이들은 자신의 호기심을 따라 자연스럽게 탐구하고 배우며, 이러한 질문이 학습의 길잡이가 된다.

넷째, 자연주의 교육은 놀이를 통한 학습을 촉진한다. 언스쿨링도 놀이 기반 학습을 강조한다. 아이들은 놀이를 통해 상상력을 발휘하고 문제 해결 능력을 키우며 배운다.

다섯째, 자연주의 교육은 지역사회와의 연결 및 지역 자원을 활용한 학습을 강조한다. 언스쿨링도 아이들이 현장학습을 통해 지역사회와 교류하며 지식을 습득하도록 장려한다.

이처럼 자연주의 교육 철학은 언스쿨링 철학과 많은 공통점을 가지고 있으며, 언스쿨링의 발전에 큰 영향을 미쳤다. 그러나 자연주의 교육 철학과 언스쿨링 교육 철학이 완전히 동일한 것은 아니다. 많은 유사점을 공유하고 있음에도 불구하고, 커리큘럼, 학습 환경, 학습 결과 및 평가 방법에서는 분명한 차이가 존재한다. 언스쿨링은 자연주의 교육의 핵심 원칙을 존중하면서도 개별화된 학습과 아동의 자율성을 강조하는 독특한 교육 철학으로 발전해 왔다.

_ 낭만주의 철학

철학적 배경과 관점

낭만주의 교육 철학은 18세기 말과 19세기 초 유럽에서 이성과 논리를 강조하는 계몽주의에 대한 반작용으로 탄생했다. 루소는 계몽주의자이지만 18세기 계몽주의자들과는 다른 특징을 보였다. 많은 계몽주의자가 이성을 인간의 본성으로 간주하고 이성을 기초로 계몽하려는 이성주의에 치우쳤다면, 루소는 이성에 의한 문명의 폐해를 지적하고 자연에 내재하는 선성과 인간의 감정을 보존하고 발달시키고자 하는 낭만주의 교육 철학을 주장했다.

낭만주의는 개인의 감정과 창의성을 강조하며 각 개인의 고유한 잠재력과 표현을 소중히 여긴다. 또한 자연 세계의 아름다움과 신비를 찬양하고 개인주의를 옹호하며 감정과 상상력을 높이 평가한다. 이 철학은 교육이 지식과 기술 습득에만 초점을 맞춰야 한다는 생각을 거부하고 상상력, 창의성 및 개성의 중요성을 강조한다(Romanticism, n.d).

교육적 관점에서 낭만주의자들은 '고귀한 야만인'에 대한 연구에 집중했다. '고귀한 야만인'은 원시인 또는 문명화 이전의 사람들은 본질적으로 선하고 순수했으며 문명이 그들을 타락시켰다는 루소의 주장을 인용하는 개념이다(Rousseau, 2003). 이를 바탕으로 그들은 아이를 이러한 고귀한 야만적 이상을 구현하는 존재로 보고 교육을 통해 육성하고 발전시킬 수 있는 타고난 도덕성과 윤리 의식을 강조했다(Kennedy, 2006). 낭만주의 철학자들은 아동을 단순히 성인기의 축소판으로 보는 전통적인 관점을 거부하고 아동기를 독특하고 중요한 교육적 접근이 필요한 중요한 발달 단계로 보았다.

낭만주의 교육에 대한 루소의 사상은 상상력과 창의성의 중요성에 중점을 두었다. 루소는 교육이 개성을 키우고 아이들이 자신만의 독특한 재능과 능력을 개발하도록 장려할 것을 촉구했다. 또한 교육에서 느낌과 감정의 중요성을 인식하고 학습은 그 바탕 위에서 전인적이고 정서적인 경험 중심으로 이루어져야 한다고 강조했다(Halpin, 2006).

일반적으로 낭만주의 교육은 아이들의 "내면으로부터 성숙"을 돕는 것이라고 주장한다(Moon, 1988). 따라서 교육의 목적, 내용 및 방법은 아동이 자신의 내재적(또는 타고난) 선함을 개발하고 자신의 내재적 악을 통제할 수 있도록 돕는 데 중점을 둔다. 단순 지식이나, 다른 사람의 태도를 억지로 모방하거나, 암기하고 훈련하는 지식은 아이들에게 내재된 선함의 개발에 도움이 되지 않으며 마음의 자연스러운 흐름과 발달을 억제할 뿐이다. 낭만주의자들에게 '교육을 잘 받은 사람'은 정신적으로 건강한 사람이다.

루소는 그의 저서 『에밀』에서 교육은 사회의 필요보다는 개인의 발달에 초점을 맞춰야 한다고 주장했다. 그는 아이들이 자신의 속도에 맞게 발달할 수 있어야 하며, 교육은 각 아이의 필요와 관심사에 맞게 이루어져야 한다고 믿었다. 자연주의 교육과 낭만주의 교육 모두에서 개인주의 정신과 자연 세계를 강조한 루소는 체험 학습, 아동 중심 교육, 개인차에 대한 강조 등 현대 교육 관행의 발전에 큰 영향을 미쳤다. 루소는 교육에 대한 전통적인 관념에 도전하고 개인의 경험과 개인적 성장의 중요성을 강조하는 새로운 접근 방식의 길을 열었다(Johns Hopkins University, n.d).

장 자크 루소 외에도 낭만주의 철학을 대표하는 다른 주요 철학자로는 신교육 운동을 주도한 요한 하인리히 페스탈로치와 유치원 개념을 정립한 프리드리히 프뢰벨 등이 있다. 페스탈로치는 "교육이란 인간의 타고난 능력을 자연스럽고 조화롭게 점진적으로 발전시키는 것"이라고 말하며 개인의 자기 발견과 재능 계발의 중요성을 강조했다(Hopkins, 2018). 프뢰벨은 교육은 아동 전체의 발달에 초점을 맞추어야 하며, 학습은 아동의 타고난 호기심과 세상을 탐구하려는 욕구를 바탕으로 이루어져야 한다고 믿었다(Jarvis, 1909).

낭만주의자들의 주장은 다양해 보이지만, 교육은 개인의 발달에 초점을 맞추고 아이가 자신의 고유한 재능과 능력을 개발하도록 장려해야 한다는 공통점이 있다. 이들의 생각과 주장은 언스쿨링 철학의 원칙을 정립하는 기초가 되었다.

언스쿨링 철학에 대한 영향

낭만주의 교육 철학은 언스쿨링 교육에 대한 접근 방식에 큰 영향을 주었다. 언스쿨링은 자기 주도적 학습, 개인의 재능과 관심사 개발, 체험 학습, 커리큘럼에서 자연의 역할을 강조한다. 이론적 관점에서 보면 낭만주의 교육 철학과 언스쿨링은 매우 유사하다. 실제로 언스쿨링은 아이들이 자신의 흥미와 열정을 추구하고 놀이, 탐구, 발견을 통해 배우도록 장려하는 낭만주의 교육의 한 형태로 나타난다. 교육에 대한 접근 방식에서 낭만주의 교육과 언스쿨링의 유사점을 요약하면 다음과 같다.

첫째, 아동 개개인의 독특함과 개성을 인정한다. 낭만주의 교육과 언스쿨링 교육은 아동마다 관심사, 열정, 학습 스타일이 다르므로 이를 존중하고 받아들여야 한다고 본다.

둘째, 아동을 학습 과정의 중심에 둔다. 교사는 권위적인 존재가 아닌 촉진자이자 안내자의 역할을 하며 학생들의 호기심, 창의성, 탐구를 장려한다.

셋째, 체험과 실습 활동을 통한 학습을 강조한다. 낭만주의 교육은 학생들이 학습 과정에 적극적으로 참여할 때 가장 잘 배운다고 믿는다.

넷째, 창의력과 상상력을 강조한다. 아이들이 상상력을 발휘하여 새로운 아이디어와 개념을 탐구하고 미술, 음악, 글쓰기 등의 창의적인 활동을 통해 자신을 표현하도록 장려한다.

다섯째, 교육에 대한 비전통적인 접근 방식을 지지한다. 이들은 전통적인 교육의 구조와 방식에 도전하고 대안적인 학습 방법을 제안한다.

전반적으로 낭만주의 교육과 언스쿨링 철학은 모두 개별 아동을 우선시하고 학생 중심의 체험적이고 창의적인 학습 접근 방식을 옹호한다. 이들은 각 아이의 독특한 관심사와 열정을 지원하는 비전통적이고 개인화된 교육 경험의 제공을 강조한다.

진보주의 교육 철학

철학적 배경과 관점

진보주의 교육 철학은 19세기 말과 20세기 초에 교육계의 경직된 학교 교육에 대한 반발로 등장했다. 이 철학은 주로 전통적인 권위주의 교육에 대한 반발에서 비롯되었으며, 학생 개개인의 필요와 관심에 부응하고 민주 사회에 적극적으로 참여할 수 있도록 준비시키는 교육 철학을 강조한다. 자연주의 교육에서 성장한 진보주의 교육은 낭만주의와 신교육 운동의 영향을 많이 받았다(Britannica, Editors of Encyclopaedia, 2023).

19세기 후반 유럽에서 시작된 신교육 운동은 전통적인 학교 교육 모델을 거부하고 아동 중심 교육, 학습자 자율성, 체험 교육의 중요성을 강조했다(박용석, 2003). 진보주의자들은 교육의 기본 원칙으로 개성, 진보, 변화를 강조했으며, 변화하는 현실에 초점을 맞추기 위해 미래 세대에 전수될 고정된 진리나 전통의 개념을 거부했다(Hogue, 1924; Johns Hopkins University, n.d).

진보주의자들은 아동이 자기 삶과 가장 밀접한 관련이 있는 주제를 통해 가장 효과적으로 학습한다고 믿으며, 아동 중심 교육을 옹호했다(Tippett & Jacqouelyn, 2019). 또한 아동의 필요, 경험, 흥미, 능력에 초점을 맞춘 커리큘럼을 강조했다. 진보주의 교육은 전통적인 교과 중심 교육의 편협함과 형식주의에 반발하여 교육이 학생의 지적 성장뿐만 아니라 신체적, 정서적 전반에 걸친 발달에 초점을 맞추는 전인 교육을 주장했다. 진보주의 교육은 체험 학습의 가치를 강조하고 실제적인 문제 해결 중심의 학습을 옹호했다.

진보주의 교육의 대표적 사상가인 존 듀이는 교육은 전인 발달에 초점을 맞추어야 하며 교육의 목적은 학생들이 민주 사회에 적극적으로 참여할 수 있도록 준비하는 것이라고 주장했다(존 듀이, 2007). 듀이는 학생들이 자신의 흥미와 열정을 탐구하도록 장려해야 하며, 교사의 역할은 이러한 탐구를 촉진하는 것이라고 믿었다(존 듀이, 2022). 또 다른 영향력 있는 진보주의 교육자인 파울로 프레이리는 교육이 사회변화를 위한 도구가 되어야 하며, 학생들이 지역사회에서 변화의 주체가 될 수 있도록 힘을 실어주어야 한다고 주장했다(파울로 프레이리, 2018; 2015). 그는 대화와 협력의 중요성을 강조하고 교육은 비판적 성찰과 탐구의 과정이어야 한다고 믿었다.

듀이와 프레이리의 사상은 언스쿨링뿐만 아니라 진보적 교육의 발전에도 영향을 미쳤다(Riley, 2020; Dewey, 2019). 언스쿨링은 자기 주도적 학습의 중요성을 강조하며 학생들이 자신의 흥미와 열정을 추구하도록 장려한다. 또한 사회화와 지역사회 참여의 중요성을 강조하여 학생들이 지역사회의 적극적인 구성원이 되도록 장려한다.

언스쿨링 철학에 대한 영향

언스쿨링에 대한 진보주의 교육 철학의 영향은 매우 크다. 언스쿨링은 아이들이 실제 경험을 통해 배우고 성장하도록 도와주는 진보적인 접근법을 채택한다. 학생 중심 학습, 체험 학습, 전인 학습의 중요성을 강조하는 것은 진보주의 교육과 언스쿨링 모두가 공유하는 원칙이다. 그러나 학습에 대한 구조와 접근 방식에서는 두 교육 철학 사이에 차이가 있다. 진보주의 교육은 구조화된 커리큘럼과 교사 주도의 수업을 중심으로 학교 환경에서 이루어진다. 반면 언스쿨링은 가정을 기반으로 하며 학습자가 스스로 학습을 주도하는 자유를 중시한다.

유연성과 개별화 측면에서 언스쿨링은 진보주의 교육보다 훨씬 더 유연하고 개별화되는 경향이 있다. 언스쿨링은 공식적인 커리큘럼이나 구조 없이도 아이들이 자신의 학습을 완전히 통제할 수 있도록 한다. 부모나 멘토가 지도와 지원을 제공할 수 있지만 궁극적으로 학습자가 자신의 학습을 통제하고 책임을 진다. 반면, 진보주의 교육은 전통적인 교육보다 유연한 학습 환경을 제공하지만, 언스쿨링에 비해 여전히 어느 정도의 구조와 계획을 갖추고 있어 상대적으로 덜 유연하고 개별화되는 경향이 있다.

평가 방식에서도 진보주의 교육과 언스쿨링 교육 사이에는 차이가 있다. 진보주의 교육에서는 공식적인 평가가 가능하며, 시험이나 성적과 같은 공식적인 평가 방법을 사용한다. 그러나 언스쿨링에서는 일반적으로 공식적인 평가나 성적이 없으며, 학습자 자신의 진도와 성취를 통해 학습을 측정한다.

진보주의 교육과 언스쿨링은 전통적인 교육 시스템에 반대하며, 맞춤형 교육, 학습자 중심의 수업, 체험 학습, 사회성 발달이라는 공통의 철학을 공유한다. 그러나 학습의 구조와 접근 방식, 유연성과 개별화, 평가 방법 등에서는 차이가 있으며, 이러한 차이점은 각 교육 철학이 학습자의 요구와 성장에 어떻게 가장 잘 대응하는지를 나타내는 중요한 지표이다.

현대 교육 철학

철학적 배경과 관점

현대 교육 철학은 포스트모더니즘과 비판 교육학의 주요 철학적 사조의 영향을 받으며 발전해 왔다. 포스트모더니즘은 서구 사회에서 문화, 예술, 사회 전반에서 모더니즘을 넘어서려는 시도를 나타낸다. 이 철학은 모더니즘의 핵심, 특히 합리주의에 대한 깊은 회의에서 비롯되었다. 포스트모더니즘은 절대적 진리와 보편적 원칙에 의문을 제기하며 다양한 관점과 해석이 형성되고 존재할 수 있다고 주장한다(Tesar, Gibbons, Arndt, & Hood, 2021).

포스트모던 교육은 학습의 다양성과 개인적 경험의 중요성에 초점을 맞추며, 객관적이고 보편적인 지식을 일관되게 거부하는 관점을 취한다. 이러한 관점에서 포스트모던 지지자들은 지식은 특정한 사회적, 역사적 맥락 속에서 형성되고 재구성될 수 있다고 믿으며, 따라서 다양한 커리큘럼의 필요성을 강조한다(Lynch, 2016). 또한 전통적인 교육 방식에 반대하고 학생의 흥미, 창의성, 탐구, 협동 학습을 장려하며 공교육을 비판하고 대안 학교, 홈스쿨링 등 다양한 교육 시스템을 제안한다.

한편 비판 교육학은 비판 이론과 관련된 철학적 전통을 바탕으로 교육과 문화 연구 분야에 적용하는 교육 및 사회 운동 기반의 철학이다. 이 철학은 사회 정의와 민주주의의 문제가 교육 행위와 별개로 존재하는 것이 아니며, 교육이 단순한 지식이나 정보의 전달을 넘어 사회 정의를 실현하고 민주주의를 실천하는 활동이라는 관점을 제시한다. 비판 교육학은 비판 의식을 일깨우고, 이를 통해 억압으로부터의 해방을 최종 목표로 삼는다(McLaren & Hammer, 1989). 특히 인종차별, 성차별, 억압에 맞서기 위한 교육 방법을 개발하고자 했던 미국에서 강력한 지지를 얻었다. 비판 교육학은 교육을 통한 비판적 사고와 사회 정의의 중요성을 강조하며 학습자의 다양성과 경험을 존중하는 공평한 교육 접근 방식을 추구한다. 이 철학은 학습자가 사회 비판과 정치적 행동을 통해 세상을 변화시키도록 장려한다.

포스트모더니즘의 주요 사상가인 미셸 푸코와 장 데리다는 언스쿨링 교육 철학에 큰 영향을 미쳤다. 푸코는 지식과 권력의 연관성을 강조하고 언어와 지식의 다양성을 인정하는 관점을 제시했다(Ball, 2019). 데리다는 해석과 문화적 다원주의를 주장하며 교육에서 다양성과 열린 대화의 중요성을 강조했다(이화도, 2020; Lynch, 2016). 푸코와 데리다는 각각 언스쿨링이 학습자가 자신의 학습을 통제하고, 개인과 사회를 연결하며, 언스쿨링에서 학습자의 생각과 경험의 다양성을 존중하는 방식에 영향을 미쳤다.

비판 교육학을 형성한 주요 사상가 중 파울로 프레이리와 헨리 지루는 언스쿨링의 발전에 큰 영향을 미쳤다. 프레이리는 교육을 사회변화의 도구로 보고, 교육자와 학습자 간의 협력 및 사회 정의 실현의 중요성을 강조했다(파울로 프레이리, 2022; 2018; 2015). 헨리 지루는 교육이 단순히 직업 훈련의 수단이 아닌, 비판적 사고, 민주적 참여, 사회 정의를 촉진하는 도구임을 강조하며, 학습자들이 교육을 평등과 정의를 촉진하는 해방의 수단으로 재구성하도록 촉구했다(헨리 지루, 2001; Giroux, 1988). 프레이리와 지루는 각각 학습자가 사회변화에 참여하고 주도하는 방식, 학습자의 개인적 가치와 경험을 존중하고 비판적으로 사고하는 방식이라는 측면에서 언스쿨링 개념의 확장에 공헌했다.

언스쿨링 철학에 대한 영향

현대 철학은 언스쿨링 교육에 깊은 영향을 미쳤다. 포스트모더니즘과 비판 교육학은 전통적인 교육 방식에 대한 반성적 비판을 통해, 언스쿨링의 철학과 실천에 중요한 기반을 제공했다.

첫째, 포스트모더니즘은 학습자의 다양한 경험과 관점을 인정하고 존중하는 학습자 중심의 교육을 강조함으로써 언스쿨링이 학생 중심의 학습을 촉진하는 데 도움을 주었다. 언스쿨링은 학생들이 자신의 흥미와 열정을 추구하고, 스스로 학습 과정을 주도할 기회를 제공함으로써 학생 중심의 교육을 실현한다.

둘째, 포스트모더니즘은 전통적인 교육이 추구하는 절대적이고 보편적인 진리의 개념에 도전하여 다양한 해석과 관점의 존재를 인정함으로써, 언스쿨링에서 학습의 다양성과 개인화를 중시하는 태도를 강화한다.

셋째, 비판 교육학은 교육이 사회적, 정치적 맥락에 뿌리를 두고 있으며, 교육을 통해 사회적 불평등을 재생산하는 방식을 비판적으로 분석한다. 언스쿨링은 이러한 비판적 관점을 받아들인다. 학습 과정에서 권력관계, 사회적 정의, 불평등 문제를 탐구하고 의문을 제기하며,

분석하는 과정을 강조함으로써 비판적 사고력을 촉진한다.

넷째, 비판 교육학은 사회변화를 위한 도구의 역할과 학습자가 사회의 권력 구조를 이해하며 사회 정의의 실현에 적극적으로 참여해야 한다는 점을 강조한다. 언스쿨링 교육은 지역사회 참여와 사회적 책임을 강조하며, 학습자들이 지역사회와 사회에 긍정적인 영향을 미치도록 장려한다.

다섯째, 비판 교육학은 언스쿨링에 영향을 주어 학습자가 다양한 시각에서 문제를 바라보고, 더욱 의미 깊고 사회적으로 의식 있는 학습자로 성장하는 데 도움을 주어 사회 정의를 추구하도록 독려한다.

현대 교육 철학은 학습자 중심의 교육, 비판적 사고, 그리고 사회 정의와 참여를 강조함으로써 언스쿨링 철학의 발전에 크게 공헌했다. 다양성, 개인의 권리, 자기 결정권의 중요성을 강조하는 현대 철학은 언스쿨링 교육이 이러한 가치들을 존중하며, 아이들이 스스로 학습 과정을 관리하고 다양한 생각과 문화를 탐구할 기회를 제공하도록 보장한다.

위에서 살펴본 것처럼 언스쿨링 철학은 고대에서 현대까지 오랜 철학적 뿌리를 바탕으로 형성되었다. 언스쿨링 철학은 자율적 학습의 강조, 개인화된 학습, 협력적 학습 환경, 비전통적 교육 방법의 수용, 학습의 맥락화, 그리고 창의성과 비판적 사고의 촉진 등 여러 측면에서 현대 교육에 큰 영향을 미쳤다. 이는 학습자들이 스스로 목표를 설정하고 흥미를 느끼며, 다양한 학습 스타일에 맞춘 맞춤형 교육을 통해 적극적으로 참여하도록 하고, AI 기반의 에듀테크를 적극적으로 활용하며, 팀 기반의 프로젝트나 그룹 학습을 통해 서로의 경험을 공유할 수 있는 환경을 조성한다. 또한, 실생활과 연결된 학습 과정을 통해 학습자가 배운 내용을 의미 있게 적용할 수 있도록 돕는다. 이러한 접근 방식은 주체적이며 창의적이고 비판적으로 사고할 수 있는 능력을 발전시키기 위한 진정한 학습자 중심의 교육 혁신에 크게 공헌하고 있다.

III. 언스쿨링 철학의 다섯 가지 기둥

언스쿨링 철학은 자연주의에서 현대 교육 철학에 이르기까지 다양한 교육 철학의 영향을 받아 성장하고 발전해 왔다. 이 철학은 인간의 본성을 '자연스러운 것'으로 정의하고 교육은 삶의 경험을 통해 이러한 본성을 자연스럽게 표현하는 것이라는 믿음에 기초한다. 언스쿨링 철학을 뒷받침하는 다섯 가지 기둥은 언스쿨링의 독특하고 독특한 특징을 이해하는 데 유용한 참조 틀을 제공한다.

▬ 기둥 1: 아이의 본성과 호기심 존중

언스쿨링 철학의 첫 번째 기둥은 아이의 본성과 호기심의 존중이다. 이 접근법은 아이를 자기 주도적인 학습자로 인식하며, 아이 스스로가 자신의 학습 경로를 설정하고, 자연스러운 경험을 통해 학습을 끌어나갈 수 있다고 믿는다. 이러한 철학은 아이들에게 스스로 결정을 내릴 수 있는 능력을 부여하고, 그들의 행동이 가져올 결과를 직접 마주하게 하며, 자신들의 관심사를 깊이 탐구할 수 있는 자유를 제공한다. 또한, 아이들이 자신만의 방식으로 학습하는 과정에서 독특한 학습 방식을 개발할 수 있도록 격려한다. 이러한 언스쿨링 접근법은 아이들의 학습 과정을 엄격하게 통제하거나 구체적인 지시를 내리기보다는, 아이들이 가지고 있는 자연스러운 호기심과 흥미를 적극적으로 지원하고 존중하는 데에 초점을 맞춘다.

언스쿨링은 아이들에게 자신의 교육에 대한 책임을 지고, 학습에 대한 열정을 자연스럽게 키워 나갈 기회를 제공한다. 이를 통해, 아이들은 자신의 관심 분야에서 깊이 있는 지식을 쌓아가는 동시에, 학습 과정을 통해 삶의 중요한 기술들을 배우게 된다. 언스쿨링은 아이들이 자신의 학습을 주도하면서도, 그 과정에서 자신의 본성과 호기심을 충분히 존중받을 수 있는 환경을 조성하는 데에 그 목표를 두고 있다.

기둥 2: 아동 중심 학습

언스쿨링 철학의 두 번째 기둥은 아동 중심 학습이다. 이 접근법은 교육과정 전반에 걸쳐 아이들의 흥미, 열정 및 자발적 탐구를 중심으로 설정되어야 한다는 원칙을 강조한다. 아동 중심 교육은 전통적인 교육 시스템의 경계를 넘어서, 학습자 개개인의 속도와 방식에 맞춰 학습이 이루어질 수 있도록 독려한다. 이는 아이들이 자신의 관심사를 탐색하며, 그 과정에서 스스로 학습의 주체가 되도록 지원하는 것을 목표로 한다.

언스쿨링은 교육을 평생 지속되는 학습과 개인적 성장의 과정으로 간주한다. 이는 개별 학습자의 필요와 관심에 맞춘 유연하고 총체적인 교육 접근 방식을 강조하며, 교육을 통해 아이들이 자신만의 독특한 학습 경로를 개발하고, 이를 통해 자기 잠재력을 최대한 발휘할 수 있도록 지원한다. 아동 중심 학습은 아이들에게 더 넓은 시야를 제공하고, 다양한 관점에서 세상을 바라볼 수 있는 능력을 키우며, 자신감과 독립심을 함양하는 데 중요한 역할을 한다.

기둥 3: 커리큘럼의 유연성

언스쿨링 철학의 세 번째 기둥은 커리큘럼의 유연성이다. 이 철학은 아이들이 자신의 관심사와 필요에 따라 학습 경로를 유연하게 조정할 수 있게 함으로써, 아이들이 자신만의 독특한 학습 방식을 발견하고 탐구할 수 있도록 지지한다. 언스쿨링은 고정된 커리큘럼이 아이들의 자연스러운 학습 욕구와 호기심을 방해할 수 있다고 보며, 모든 아이는 각자 독특한 특성이 있는 까닭에 미리 정해진 커리큘럼을 강요받으면 그들의 본성을 제대로 표현하고 발전시키는 데 제약을 받을 수 있다고 믿는다. 언스쿨링에서 커리큘럼의 유연성은 아이들의 관심사, 열정, 그리고 자연스러운 호기심에 기반하여 구성하거나 아예 커리큘럼을 사용하지 않는 경우가 많다.

이러한 학습 방식은 아이들에게 더 넓은 시야를 제공하고, 다양한 분야에 대한 호기심을 자극하여, 삶의 다양한 면에서 유용하고 의미 있는 지식을 습득하도록 돕는다. 또한, 유연한 커리큘럼을 통해 아이들은 실패와 시행착오를 통한 학습의 중요성을 이해하고, 자기 주도적 해결 방법을 개발하는 능력을 키울 수 있다. 언스쿨링에서 커리큘럼 유연성은 아이들이 자신의 학습 과정을 주도하고, 자신의 흥미와 열정을 따라 자유롭게 탐구하며, 그 과정에서 자신감과 독립심을 키울 기회를 제공한다.

▬ 기둥 4: 자기 주도 학습 방법

언스쿨링 철학의 네 번째 기둥은 자기 주도 학습이다. 이 접근법은 아이들이 자신의 학습 과정을 스스로 주도하고 자연스럽게 학습 경험을 관리할 수 있다는 믿음에 기반한다. 언스쿨링은 자기 주도 학습을 강조하여 학습은 아동의 발달과 즐거움과 일치해야 한다는 원칙을 강조한다. 언스쿨링의 핵심 측면 중 하나는 아이들이 스트레스나 불안의 압박 없이 학습 과정에 참여하고 관심을 가질 때 더 효율적이고 쉽게 배운다는 개념이다. 따라서 언스쿨링은 강의, 문제 해결, 시험과 같은 전통적인 교육 방법보다는 참여적이고 스트레스가 없는 교육 활동을 선호한다. 놀이, 게임, 흥미로운 이야기 읽기, 자연 탐험, 예술적 및 창의적 활동 참여와 같은 활동을 더 효과적인 학습 전략으로 강조한다.

언스쿨링의 자기 주도 학습 접근법은 학습자의 관심사와 열정에 기반한 일상생활의 교육과정을 장려하며, 다양한 학습 방법과 경험을 지원한다. 이 유연한 방법론은 아이들이 다양한 주제와 활동을 탐색할 수 있게 하여 포괄적이고 전체적인 교육 경험을 촉진한다. 자기 주도 학습을 통해 아이들은 자연스럽고 즐거운 방식으로 지속적으로 지식과 기술을 탐색하고 확장할 수 있는 도구를 갖출 수 있다.

기둥 5: 부모와 교사의 역할

언스쿨링 철학의 다섯 번째 기둥은 부모와 교사의 역할이다. 이 원칙은 교육자들이 필요할 때 필요한 지원과 안내를 제공하면서 아이들이 자신의 학습 여정을 이끌 수 있도록 돕는 의무를 중시한다. 언스쿨링 접근법에서 부모와 교사의 역할은 학습 및 성장 과정을 돕는 촉진자로서 역할을 하여 아이들이 독립적으로 학습하고 자기 주도적으로 성장할 수 있도록 하는 것이다. 성인들은 아이들이 무엇을 배워야 하거나 어떻게 배워야 하는지를 지시하지 않는다. 대신, 그들은 아이들이 자신의 관심사와 열정을 추구하고, 학습 여정을 탐색하며, 독립적으로 결정을 내릴 수 있도록 필요한 도구와 자원을 제공한다.

언스쿨링에서 부모와 교사의 역할은 촉진자로서, 아이들이 자신의 교육을 주도할 수 있도록 권한을 부여하는 방식으로 아이들의 학습 및 성장 경험을 향상하는 것이다. 이를 달성하기 위해, 부모와 교사는 아이들의 교육 경험을 풍부하게 하고 더 의미 있고 영향력 있게 만드는 지지적이고 자유로운 학습 환경을 조성한다. 이는 아이들의 개성을 인정하고, 그들의 학습 속도를 존중하며, 그들의 관심사와 호기심의 가치를 인식하는 것을 포함한다.

언스쿨링 교육 철학을 뒷받침하는 이 다섯 가지 기둥은 아이들이 스스로 학습을 주도하고 흥미와 호기심을 따라갈 수 있도록 현대 교육에 큰 영향을 미쳤다. 언스쿨링 교육 철학은 아이들이 학습을 즐기고 그 과정에서 필요한 기술과 지식을 습득할 수 있도록 함으로써 현대 교육에 혁명을 일으키고 있다.

IV. 위대한 언스쿨링 철학자

▬ 소크라테스: 언스쿨링의 선각자

고대 그리스 철학자 소크라테스는 그의 철학적 공헌으로 널리 알려져 있다. 비록 다른 시대와 문화 속에 살았으나 그의 철학과 교수 방법은 자기 주도적 학습과 비판적 사고를 장려하는 언스쿨링의 교육 철학과 잘 부합한다. 소크라테스는 독립적인 사고와 성찰을 자극하는 강력한 도구인 '소크라테스 방법'을 개발했다. 이 방법은 철학은 물론 교육과 일상생활에도 적용될 수 있다. 소크라테스의 주된 목표는 사람들이 무엇을 생각해야 하는지가 아니라 어떻게 생각해야 하는지에 있었다 (Mintz, 2014). 그는 사람들이 자신, 삶, 사회에 대해 도전하고 질문하는 것이 이해와 지식을 얻는 가장 중요한 수단이라고 생각했다.

소크라테스는 학습의 본질을 신뢰하며, 인간이 스스로 깨달음을 얻을 수 있다고 믿었다(Hedges, 2022). 그는 가르침보다는 질문을 통한 자기 발견을 촉진하는 대화식 교육을 선호했다. 그는 사람들의 호기심과 학습 능력을 깊이 존중하며, 학습자가 스스로 지식을 찾고 이해하도록 장려했다. 이런 의미에서 소크라테스는 아동 중심 교육의 선구자로 볼 수 있다. 그는 인간의 잠재력과 개인의 자기 주도적 학습 능력을 확신하고, 질문을 통해 학생들이 스스로 답을 찾도록 격려하는 방식으로 학습을 이끌었다. 이러한 접근 방식의 유명한 예는 플라톤의 『메논』에서 볼 수 있다. 『메논』에서는 제자였던 노예 소년이 스스로 피타고라스의 정리를 도출하여 많은 사람을 놀라게 했다. 소크라테스는 적절한 환경만 제공된다면 개인이 스스로 지식을 찾을 수 있다고 믿었기 때문에 자신을 전통적인 교사로 여기지 않았다(Mintz, 2014).

소크라테스는 노력이 천재성을 깨운다고 주장했다(Gilbert, 2009). 이는 '다이몬' 또는 내면의 멘토가 노력을 인정하고 개인에게 다가올 것이라는 믿음에 기반한다. 소크라테스는 모든 인간 내부에 발견되고 개발될 잠재적 천재성이 있다고 생각했다. 그의 이러한 생각은 모든 아이를 잠재적 천재로 보는 언스쿨링 철학과 일치한다. 이 개념은 개인이 자신의 흥미와 지식을 추구하며 열심히 노력할 때 잠재력이 드러나며, 학습 과정에서 내면에 있는 멘토의 지도를 받을 수 있다는 것을 의미한다.

소크라테스는 타고난 학습 능력, 인간의 잠재력, 그리고 질문과 독립적 탐구를 통한 지식 발견이라는 언스쿨링 교육의 기본 원칙을 마련했다. 그의 교육 철학은 아이들의 타고난 호기심과 학습 능력을 신뢰하는 언스쿨링의 교육 철학과 일치한다. 소크라테스의 유산은 그의 깊은 영향력, 즉 질문, 자기 주도적 학습, 인간의 잠재력 실현을 통해 입증된다. 소크라테스는 고대의 위대한 철학자일 뿐만 아니라, 평생 학습자와 비판적 사상가를 양성하는 현대 교육에 영감을 주는 언스쿨링 교육의 선구자이자 옹호자로 기억되고 있다!

▁ 루소: 언스쿨링의 선구자

고대 동양 철학자 노자가 『도덕경』을 집필한 것은 약 2,500년 전의 일이다. 18세기 프랑스의 철학자인 루소와 노자가 같은 시공간에서 대화를 나누었다면 어떤 모습이었을까? 두 사람의 시간과 공간은 멀리 떨어져 있었지만, 자연이라는 중요한 철학적 원칙을 공유했다. 노자는 자신의 철학에서 자연을 강조하며 강제성을 배제하는 철학을 전파했고, 루소 역시 "자연으로의 회귀"를 주장했다. 이는 언스쿨링의 핵심 원칙 중 하나이다.

18세기 후반과 19세기 초는 공교육 제도가 유럽 사회를 지배하던 시기로, 군주와 교회의 영향력 아래 위선과 냉소주의가 만연한 분위기였다. 이러한 상황에서 루소는 인간의 감정을 강조하고 인위적인 것들을 거부하며 자연의 원칙을 따를 것을 주장하며, 자연주의 운동을 이끌었다. 그는 모든 학문, 예술, 법률, 제도 등의 개혁을 촉구하며 인간이 문명화되기 이전의 자연 상태로 돌아가야 한다고 주장했다. 이러한 사상은 언스쿨링 철학의 기반을 형성했다.

자연 교육에 대한 루소의 생각은 그의 저서 『에밀』에서 가장 잘 드러난다. 그는 아이들이 본래 선하게 태어났으나 부정적인 환경으로 인해 나쁜 행동을 배운다고 주장했다. 루소는 아이들을 인위적으로 교육하는 것을 비판하며, 아이들의 자발성을 존중하고 장려할 것을 강조했다(Burch, 2017). 이러한 철학은 아동의 잠재력을 인식하고 계발하는 교육의 중요성을 강조한다. 루소는 교육을 외부에서의 강요가 아닌 내면의 발달과 자기 개선의 과정으로 보았다. 그의 자연주의 교육은 언어적 학습과 주입식 교육을 비판하며, 경험과 행동을 통한 학습을 강조했다. 그는 아이들이 책보다는 직접적인 경험을 통해 배우는 것이 중요하다고 주장하며, 자연을 최고의 교사로 여겼다.

루소는 아이들이 스스로 학습하고 성장할 수 있는 환경을 조성하는 것이 중요하다고 믿었다. 이것이 바로 아이의 자유를 존중하고 인위적인 간섭을 최소화하며 자연스러운 활동을 존중하는 소극적 교육의 본질이다. 루소는 아이들이 자유롭게 성장하고 배울 수 있도록 인간의 간섭을 최소화하여 아이들의 자연스러운 성장과 발달을 촉진하는 것을 목표로 했다. 이는 언스쿨링의 핵심 원칙과 일치하며, 그의 아동 중심 교육은 언스쿨링의 철학과 목표를 더욱 강조한다(Dr. Shyama Prasad Mukherjee University, n.d). 그는 아이들을 사랑했고, 아이들의 행복과 자유를 우선시하며 아이들이 자연스럽게 성장하고 발달할 수 있도록 도왔다.

루소는 아동 중심 교육과 언스쿨링의 선구자이며, 그의 철학은 언스쿨링의 원칙과 가치에 대한 깊은 이해와 실제 교육에 영감을 주었다. 그는 언스쿨링 이념을 더욱 강화하는 데 중요한 역할을 했으며, 아동의 미래와 학습 방법에 대한 새로운 관점을 제시했다. 루소는 언스쿨링의 선구자이다!

__ 존 홀트: 언스쿨링의 아버지

존 홀트는 작가이자 교육자, 교육 개혁가, 그리고 사회 개혁가로서 언스쿨링이라는 용어를 처음 사용했으며 언스쿨링의 아버지라고도 불린다. 그는 1970년대 미국에서 홈스쿨링과 언스쿨링 운동을 주도하며 교육과 사회에 혁명을 일으켰다. 그의 역할과 영향력은 미국 사회에 큰 반향을 불러왔다.

당시 미국 대법원은 교육의 자유를 부모의 헌법적 권리로 인정했지만, 강제출석법은 홈스쿨링을 불법으로 간주하고 부모를 처벌하고 있었다. 이러한 어려운 환경에서 존 홀트는 의무교육을 비판하며 국가가 아이들의 교육을 부모에게 돌려줘야 한다고 강력하게 주장했다. 홀트는 저술과 강연을 통해 홈스쿨링 운동을 이끌며 대중의 지지를 얻고 법정 투쟁을 주도했다. 결국 그의 노력 덕분에 1993년 미국 전역에서 홈스쿨링이 법적으로 인정받게 되었다.

홀트는 처음부터 교육이나 사회개혁을 위해 투쟁하는 사회 운동가는 아니었다. 그는 교실에서 아이들을 가르치면서 의무교육의 모순을 깨닫고 이에 반기를 들게 되었다. 홀트는 저서 『아이는 어떻게 실패하는가』에서 학교 교육이 아이들의 자존감과 인성을 해치는 '총체적 실패'라고 강력하게 비판했다(Holt, 2007). 이후 홀트는 아이들이 능동적이고 자율적인 학습자가 될 수 있도록 교육을 개혁하고자 했다. 그는 학교 교육과 자신이 생각하는 교육의 의미를 구분하여 학교 교육은 유혹, 위협, 욕망, 공포의 분위기 속에서 이루어지는 강압이라고 강하게 비난했다(Holt, 2007). 대신 그는 진정한 교육은 아이의 자율성과 능동성을 존중하고 스스로 배우고 성장할 수 있도록 하는 것이라고 주장했다.

홀트는 언스쿨링의 개념을 세상에 처음 소개했다. 이 개념은 아이들이 스스로 교육의 주체가 되어 부모의 도움을 받아 자신의 흥미와 호기심에 따라 학습하는 방식을 말한다. 홀트의 언스쿨링 철학은 아이들을 전통적인 학교 교육의 틀에서 벗어나 자유롭게 학습하고 탐구하도록 장려하는 데 중점을 두었다. 홀트는 기대했던 교육 개혁에 낙담한 후 학교 교육의 종식을 주장하는 투사로 변했으며, 언스쿨링을 통해 아이들이 스스로 배우고 성장할 수 있도록 하는 데 전념했다. 그는 학교 교육이 아이들을 위한 것이 아니라 아이들을 통제하고 관리하는 수단이라고 생각했으며, 아이들이 자기 삶을 스스로 개척하고 스스로 배울 수 있도록 해야 한다고 주장했다.

존 홀트의 업적은 현대 사회의 교육에 혁명을 일으켰다. 그의 언스쿨링 철학은 아동의 자유로운 학습과 발달을 지지하고 지원하는 핵심 원칙으로 남아 있다. 그의 업적은 현대 교육의 철학과 접근 방식을 혁신하고 개선하는 데 큰 영감을 주었다. 그는 언스쿨링의 아버지로 영원히 기억될 것이다!

••••••

언스쿨링 철학의 탐구는 교육은 단순한 지식 전달의 수단이 아니라 아이들의 타고난 호기심과 창의력을 끌어내는 과정이라는 사실을 깨닫게 한다. 언스쿨링 철학은 아이들이 자신의 속도와 방식대로 세상을 배우고 탐구할 수 있는 자유를 제공함으로써 교육이 아이의 독특한 잠재력을 발견하고 키우는 여정이라는 점을 보여준다. 언스쿨링 철학의 목표는 교육을 통해 아이들이 자신의 가능성을 최대한으로 탐색하고, 세상과 더 깊이 연결되며, 결국 자신만의 독특한 길을 걸어갈 수 있도록 격려하는 데 있다.

● ● ●

수렵 채집 생활을 하는 아이들의 자유로운 삶은 오늘날 언스쿨링의 원형을 생생하게 보여준다. 퀴 (Kwi)는 아프리카 칼라하리 사막에서 수렵 채집 부족의 일원으로 살아가는 일곱 살 소년이다. 그는 주호안시라는 문화집단에 속해 있다. 퀴에게는 학교도 시간표도 없다.

그는 원하는 시간에 일어나 다양한 연령대의 친구들과 함께 캠프에서 놀고, 탐험하며 하루를 보낸다. 때로는 성인의 감독 없이 캠프를 벗어나 자유롭게 시간을 보내기도 한다. 퀴는 네 살 때부터 이러한 생활을 해왔다. 주호안시 부족의 원로들에 따르면, 4세가 되면 아이들은 논리적으로 사고할 수 있고 자신을 스스로 통제할 수 있어서 더 이상 성인들과 함께 지낼 이유가 없다고 한다. 주호안시 부족의 아이들은 자유로운 놀이와 체험 활동을 통해 자연스럽게 배운다. 매일매일은 새로운 배움과 모험의 연속이다.

주도권을 가진 유능한 성인으로 성장하고 싶어 하는 퀴와 친구들은 단체 생활에서 중요한 활동을 모두 놀이를 통해 익힌다. 이들은 이곳저곳을 돌아다니며 사냥하기를 좋아한다. 활과 화살을 들고 몰래 다가가 나비, 새, 설치류, 때로는 큰 동물을 사냥하기도 한다. 또 성인들이 만든 것과 비슷한 도구를 만들고 오두막을 짓기도 하며, 누우, 영양, 사자, 기타 포식자에 맞서 유능한 사냥꾼과 방어자가 되는 데 중요한 여러 동물의 습성을 흉내 내며 재미있는 놀이를 한다. 또래들과 함께 서로 다른 동물 역할 놀이를 하면서 흥겨운 시간을 보낸다.

사냥, 도구 만들기, 오두막 짓기 등을 통해 실용적인 기술과 창의력을 키운다.

이들은 종종 몸을 숨기기에 좋은 비밀 장소를 찾아 먼 숲속으로 모험을 떠난다. 달리고, 쫓고, 오르고, 점프하고, 던지고, 춤을 추면서 강하고 조화로운 신체를 발달시킨다. 악기를 만들어 익숙한 주호안시 노래를 연주하고 새로운 노래를 작곡하기도 한다. 이것은 모두 아이들이 하고 싶어서 하는 일이다. 아무도 이렇게 하라고 지시하지 않으며, 그들을 판단하는 사람도 없다. 가끔 성인, 특히 젊은이들이 함께 연주에 참여하기도 하지만, 그들의 연주를 지도하는 성인은 없다. 퀴와 그의 친구들은 종종 성인들이 이끄는 게임과 춤잔치에 참여하여 함께 어울린다. 그들의 안내자는 바로 그들 자신의 자유의지이다. 이것이 원시 교육의 원형인 언스쿨링의 모습이다!(피터 그레이, 2015)

CHAPTER 03

언스쿨링의 역사와 발전 전망

I. 언스쿨링의 기원: 고대에서 중세까지

언스쿨링의 기원은 인류의 시작으로 거슬러 올라간다. 인류와 교육의 역사는 동시에 시작되었기 때문에 교육의 역사는 곧 인류의 역사이다. 문자 발명 이전부터 교육은 인간 존재의 일부였다. 이런 의미에서 언스쿨링은 교육의 기원이라고 할 수 있다. 약 12,000년 전까지 인류는 수렵 채집 생활을 했다. 피터 그레이는 수렵 채집 시대의 교육은 자기 주도적 교육, 즉 언스쿨링이었다고 주장한다. 그는 아이들의 놀이와 탐험에 대한 강한 욕구를 자기 주도 교육의 인류학적 증거로 제시했다. 인류의 초기 교육은 자기 주도적이었으며, 이는 인간의 타고난 학습 본성에서 비롯한 것이다(피터 그레이, 2015).

언스쿨링의 발전은 다양한 역사적, 철학적 맥락에 뿌리를 두고 있다. 고대 중국의 철학자 노자는 교육에 대해 직접적으로 언급한 적은 없지만, 그의 핵심 사상인 '무위자연'을 통해 교육에 대한 그의 생각을 엿볼 수 있다. 노자는 교육이 인간의 본성에 충실해야 하며, 아이들이 외부에서 강요된 지식이 아닌 자신의 자연스러운 성향에 따라 배워야 한다고 믿었다. 그의 사상은 언스쿨링 교육에 크게 반영되어 있다. 고대 그리스 철학자 소크라테스는 교육을 단순히 목적을 위한 수단이 아니라 그 자체를 목적으로 생각했다. 그는 교육의 목적은 인간을 자연 상태에서 해방하는 것이라고 주장했다. 소크라테스는 아이를 타고난 학습자로 보았으며 아이가 교육의 중심에 있어야 하고 스스로 배워야 한다고 믿었다.

중세 시대의 교육은 귀족층의 자녀에게만 한정되었고, 대다수 아이는 교육받을 기회조차 없었다. 아이들은 대부분 학교에 다니지 않고 집

안일을 돕거나 들판이나 귀족, 수도원의 저택에서 하인으로 일했다. 학교에 다니는 아이들은 소수에 불과했으며, 그들조차도 제한된 교육을 받았다. 교육 방법은 주로 암기와 체벌 중심으로 이루어졌으며, 학교 밖에서는 체벌로 고통받는 아이들의 울음소리가 그치지 않았다.

14~16세기에 일어난 르네상스는 새로운 시대의 문을 열었다. 르네상스 시대의 중요한 학자 중 한 사람인 에라스무스는 교육이 사회적 규범에 대한 순응보다는 개인의 발달에 초점을 맞춰야 한다고 주장했다. 그는 체벌 없는 자유교육과 도덕교육, 개별화 교육을 주장하며, 인간의 성장과 발달을 위한 교육, 즉 인간의 본성과 적성에 맞는 교육을 강조했다(데시데리위스 에라스무스, 2017). 에라스무스의 사상은 후에 현대 교육의 기초를 형성하게 되었으며, 개인의 잠재력을 최대한 발휘할 수 있는 교육의 중요성을 일깨웠다.

17세기에 들어서면서 교육은 새로운 전환기를 맞이했다. 이 시기는 종교개혁 등 사회적, 정치적으로 큰 변화가 일어났으며 교육적 사고의 진화에 영향을 미쳤다. 개인주의의 부상과 종교적 권위의 쇠퇴는 학교를 비롯한 전통적인 기관에 대한 의문을 불러일으켰다. 이는 대안 교육 철학이 발전할 수 있는 비옥한 토양을 제공했다.

17세기 몇몇 주요 인물들은 변화하는 사회 분위기에 대응해 아동 중심 학습의 기반을 마련하며 당시 전통적인 학교 교육에 도전했다. 아모스 코메니우스와 존 로크와 같은 교육 사상가들은 아이들의 타고난 호기심을 강조하고 개인의 흥미와 필요에 기반한 학습을 옹호했다. 체코의 교육자 요한 아모스 코메니우스는 일찍이 체험 학습을 강조하고 아이들의 개별적인 필요를 충족시키는 혁신적인 교수 방법을 개발했다. 그는 암기보다는 배움에 대한 사랑을 키우는 데 중점을 두고, 인간적이고 즐거운 교육 방식을 옹호했다(요한 아모스 코메니우스, 2021). 영국의 철학자 존 로크는 아동 중심 교육의 초기 지지자 중 한 명으로 꼽힌다. 그는 영향력 있는 저서인 『교육론』에서 아이들의 자연스러운 호기심의 중요성을 강조하고 학습에 대한 개별화된 접근 방식을 옹호했다(존 로크, 2011). 그는 아이들이 자신의 관심사를 탐구하고 기술과 재능을 계발하도록 장려해야 한다고 믿었다.

언스쿨링의 뿌리는 중세 유럽의 길드 시스템에서 찾을 수 있다. 도제들은 정규 학교에 다니는 대신 숙련된 장인의 지도를 받으며 기술을 배웠다. 이는 학습자의 개인적인 경험을 중시하고 학습자가 선택한 직업에 필요한 기술을 강조하는 언스쿨링의 핵심 개념과 일치한다.

비록 17세기 이전의 사상가들이 명시적으로 언스쿨링을 옹호하지 않았지만, 그들은 아동 중심의 교육 철학을 발전시킬 기초를 닦았다. 자연스러운 호기심, 개인의 필요, 경험을 통한 학습을 강조한 이들의 주장은 훗날 언스쿨링이 뚜렷한 교육 철학으로 자리 잡을 수 있는 토대를 마련했다. 에라스무스, 코메니우스, 로크와 같은 사상가들의 생각은 오늘날에도 아이를 위해 언스쿨링을 선택하는 교육자와 가족에게 영감을 주고 있다.

II. 언스쿨링의 서막: 18세기와 19세기

18세기와 19세기 유럽은 자연주의 교육 사상과 낭만주의 운동이 부상하며 과학과 예술을 포함한 사회의 여러 분야에서 큰 변화를 겪었다. 이 시기에 형성된 낭만주의 교육 사상은 계몽주의의 합리주의적 접근 방식에 반발하여 인간의 감정과 창의성을 강조했다. 특히 19세기 후반에는 전통적인 학교 교육의 한계에 대한 인식이 커지고 아동 심리학이 부상하면서 아동 발달과 학습 요구에 대한 새로운 통찰력을 제공했다. 이는 전통적인 교육 방법과 모델의 단점을 부각하며 새로운 도전을 제기했다. 19세기의 아동교육에 대한 아이디어는 20세기와 21세기에도 계속 성장하고 발전했으며, 언스쿨링과 같은 대안 교육은 실행이 가능한 교육 선택으로 널리 인식되고 받아들여졌다.

루소의 아동 중심 교육: 자연주의 학습 탐구

이 시대의 교육 사상가들은 전통적인 교육을 비판하고 혁신적인 교육 방법을 제안했다. 이들의 아이디어는 19세기 새로운 교육의 토대를 구축하고 언스쿨링 교육이 실현될 수 있는 환경을 조성했다. 스위스 철학자 장 자크 루소(1712~1778)는 그의 대표작 『에밀』에서 전통적인 교육에 도전했다. 그는 이 책에서 아이들이 단순히 사실과 수치를 암기하기보다는 놀이와 탐구를 통해 자연스럽게 배워야 한다고 주장했다. 그는 아이는 본질적으로 선하며 스스로 도덕적 나침반을 개발할 수 있는 자유가 주어져야 한다고 믿었다.

아동 중심 교육은 18세기 유럽에서 사회변화와 도시화가 가속화되는 상황에서 혁신적인 아이디어로 인정받았다. 루소는 아동의 본성과 자율성을 강조하고 호기심과 탐구를 존중하는 교육 방식을 옹호했다. 그는 아동의 학습이 자연스러운 호기심과 탐구에서 시작되어야 하며, 이를 통해 아동이 성장하고 세상을 이해할 수 있다고 믿었다(Gianoutsos, n.d).

루소의 교육 사상은 교육 방법론에서 아동 중심, 개성 존중, 생활 중심, 활동 중심을 강조함으로써 교육 방법과 개혁에 큰 변화를 가져왔다. 교육은 아동의 관찰과 경험에 기반하여 자발적으로 이루어져야 하며, 아동의 흥미와 호기심이 학습 방향을 결정해야 한다고 그는 주장했다.

루소는 아동의 개인적 욕구에 맞춘 교육을 강조했다. 그는 아동의 자연스러운 호기심과 욕구를 억압하지 않고 존중해야 하며, 아동이 성취감을 느끼고 독립적인 개인이 될 수 있도록 도와야 한다고 주장했다. 또한 이를 위한 가장 자연스러운 장소는 가정이며, 부모가 아이의 첫 번째 교사가 되어야 한다고 주장했다(Pathak, 2007). 루소의 교육 사상은 현대 언스쿨링 철학의 기초를 형성했다. 루소의 사상은 독일의 페스탈로치와 프뢰벨에게 전해져 아동 중심 교육을 더욱 발전시켰다.

▬ 페스탈로치의 교육 혁명: 전인 교육의 첫걸음

페스탈로치는 19세기 중반의 교육 개혁 운동에서 중요한 인물이다. 교성(敎聖)으로 칭송받는 페스탈로치는 교육은 아이의 정서적, 지적 발달에 초점을 맞춰야 한다고 주장했다(Silber, 2024). 그의 교육 철학은 혁신적이고 진보적이었으며, 아이의 경험과 감성의 중요성을 강조하고 각 아이의 개별적인 학습 속도와 방식에 맞게 가르칠 것을 주장했다 (Smith, n.d; Gana, n.d). 그는 교육이 아동을 주변 세계와 분리하려는 시도보다는 아동의 생활 환경을 고려하고 개별 아동의 필요에 맞게 조정되어야 한다고 제안했으며, 이러한 접근 방식이 각 아동이 잠재력을 최대한 발휘하는 데 도움이 될 것이라고 믿었다.

페스탈로치는 교육의 원칙으로 사랑, 인내, 지원을 주장했다. 그는 아이들이 직접 체험하고 자기 주도적인 학습을 통해 가장 잘 배울 수 있다고 믿었으며, 아이들의 신체적, 정서적, 인지적 능력 개발의 중요성을 강조했다. 페스탈로치는 일찍이 아동 중심 교육을 지지했으며 로크와 루소의 주장을 받아들여 어머니들에게 가정 교육을 실천할 것을 촉구했다(Gutek, 1999).

페스탈로치는 그의 저서 『은둔자의 황혼』에서 "모든 교육의 목적은 개인을 지금보다 더 나은 사람으로 만들고, 그의 힘을 키우고, 새롭고 더 높은 능력으로 그의 본성을 풍부하게 하는 것이다"라고 썼다 (Pestalozzi, 1998). 페스탈로치의 사상은 당시로서는 혁명적이었으며 학교 밖 교육 발전의 토대를 제공했다. 그의 사상은 스위스 교육 시스템에 큰 영향을 미쳤고 그의 방법은 유럽 전역에 널리 전파되었다.

▬ 프뢰벨의 유치원 혁명: 놀이학습의 시작

프뢰벨은 현대 유아 교육의 선구자로서 아동의 본성과 자연스러운 발달을 존중하고 아동의 호기심과 탐구심을 강조하는 교육 철학을 제시했다(James, 2023). 그는 페스탈로치의 교육 사상에 큰 영향을 받아 아이가 놀이와 탐구를 통해 배울 수 있는 아동 중심의 교육 접근 방식을 장려했다. 그는 아이들이 자신의 속도와 방식대로 학습해야 하며, 교사의 역할은 이러한 자연스러운 학습 과정을 촉진하는 것이라고 믿었다. 그는 놀이 기반 학습의 중요성과 아이가 주변 세계를 탐색하고 발견할 수 있도록 교육용 장난감과 자료를 사용하는 것이 중요하다고 강조했다(FRÖBEL Competence for Children, n.d).

프뢰벨은 유치원(Kindergarten)을 설립하여 유아 교육에 혁명을 일으켰다. 그는 놀이와 창작을 통해 아이들의 창의력, 상호작용, 사회성을 증진했다(LeBlanc, 2012). 프뢰벨의 사상은 현대 유아 교육에 큰 영향을 미쳤으며, 현재 유아 교육 시스템의 토대를 마련했다. 프뢰벨은 그의 저서 『인간 교육』에서 "심신과 정신의 조화로운 발달"이 교육의 중심 목표라고 주장했다(Fröbel, 2005). 그는 교육이 신체적, 지적, 정서적 웰빙을 포함한 아동 전체의 발달에 초점을 맞춰야 한다고 믿었다.

페스탈로치와 프뢰벨의 교육 사상은 후대의 교육 개혁가들에게 큰 영향을 미쳤으며 유럽 전역의 교육 개혁을 촉진하는 데 큰 도움이 되었다. 자기 주도적 학습에 대한 강조와 아이들이 자신의 흥미와 적성을 탐구할 수 있어야 한다는 믿음은 전통적인 학교 환경 밖에서 아이들이 효과적이고 즐겁게 학습하는 방법에 대한 틀을 제공한 점에서 언스쿨링의 맥락과 관련이 있다.

III. 언스쿨링의 태동: 20세기 전반

20세기 전반에는 유럽과 미국에서 다양한 실험학교가 설립되고 진보적 교육이 부흥하면서 교육 개혁이 활발히 이루어졌다. 유럽에서는 신교육 운동의 일환으로 다수의 실험학교가 설립되며 과감한 교육 개혁이 진행되었다(Béatrice HAENGGELI-JENNI, n.d). 신교육 운동은 19세기 말부터 20세기 초에 걸쳐 유럽에서 시작해서 미국을 비롯한 전 세계에 걸쳐 일어난 교육 개혁 운동으로서, 실질적인 교육의 민주화를 요구하고 종래의 지식교육 중심, 암기 위주의 학습을 비판하며 아동 중심 교육을 강하게 주장했다. 신교육 운동은 현대 교육으로 넘어가는 일종의 과도기적 현상이며 듀이, 몬테소리, 케르센슈타이너, 슈타이너, 니일 등의 실험학교가 대표적이다.

미국 역시 유럽의 영향을 받아 진보주의 교육이 등장했다. 존 듀이가 주도한 진보주의 교육은 전통 교육의 형식주의를 비판하고 아동의 자유, 경험, 삶, 창의성을 강조하는 주요 교육 개혁을 이끌었다. 권위주의에 대한 저항, 아동 중심 교육, 체험 학습, 촉진자로서 교사의 역할, 진정한 민주주의에 중점을 둔 진보주의 교육 운동은 20세기 중반에 등장한 언스쿨링 운동에 큰 영향을 주었다.

이 시기의 교육 개혁은 교육 방법론의 변화를 넘어섰다. 사회적, 경제적 변화는 교육의 목적과 교육 방식을 근본적으로 다시 생각하게 했다. 기술 발전과 산업화는 새로운 유형의 인력을 요구했고, 이는 교육 시스템에도 변화의 압력을 가했다. 또한 여성과 소수 민족의 교육 접근성을 강조한 것은 사회적 평등을 향한 중요한 발걸음이었다. 이러한 변화는 교육이 단순히 지식을 전달하는 것이 아니라, 사회적 및 경제적 변화에 대비할 수 있게 하는 중요한 수단임을 다시 한번 확인시켜 주었다.

이처럼 20세기 전반의 교육 개혁은 오늘날 우리가 누리고 있는 교육의 다양성과 포용성을 위한 토대가 마련되었다. 아동 중심 교육, 체험 학습, 창의성 함양에 중점을 둔 진보주의 교육은 현재 교육 철학과 방법론에 큰 영향을 미치고 있다. 이러한 역사적 맥락을 이해하면 현재의 교육 문제를 해결하는 데 중요한 통찰력을 얻을 수 있다. 이 시기는 언스쿨링 교육이 세계로 나아갈 준비를 하던 태동기라고 볼 수 있다.

듀이의 진보주의 교육: 경험 학습

존 듀이는 몬테소리, 슈타이너, 페레 등 수많은 진보주의 교육자에게 영향을 주며 진보주의 교육 운동을 이끈 주요 인물이다. 그는 전통적인 학교 교육의 형식주의를 비판하고 아동 중심의 학습과 체험 교육을 강조했다. 듀이는 전통적인 학교 교육이 암기와 주입식 교육에 중점을 두어 학생들의 삶과의 연결성이 부족하다고 지적했다. 그는 학생의 자율성과 실제 문제 해결에의 참여를 중시하는 진보적인 교육 방식을 제안했다(존 듀이, 2019).

듀이의 교육 및 교육 개혁에 관한 주장은 아동 중심 교육에 큰 영향을 미쳤다. 그는 전통적인 교육 방식이 지식과 기술 전달에만 치중하며 학습에 대한 열정과 비판적 사고 능력을 발달시키지 못한다고 비판했다. 듀이(1897)는 『나의 교육 신조』에서 "아동은 교육의 시작이자 중심, 그리고 끝이다."라고 언급했다. 또한, 그는 『민주주의와 교육』에서 "교육은 삶을 위한 준비가 아니라 삶 그 자체이다."라고 주장했다(존 듀이, 2007). 듀이의 사상은 경험 학습, 문제 해결, 비판적 사고의 중요성을 강조하며 진보주의 교육 발전에 큰 영향을 미쳤다. 이러한 교육 접근법은 미래의 교육 개혁가들에게 급진적인 방법을 개발할 영감을 주었다. 일부 교육자들은 듀이의 이론을 수용하여 학생 중심의 교육 방식을 실험하기도 했다.

20세기 초, 전 세계를 강타한 듀이의 교육 철학은 언스쿨링의 발전에도 큰 영향을 미쳤다. 아동 중심 교육과 개별화된 학습을 포함한 진보주의 교육 원칙 중 일부는 언스쿨링 교육으로 통합되었다. 활동적이고 체험적인 학습, 사회적 학습, 실습 경험, 실제 문제 해결의 중요성을 강조하는 그의 아이디어는 언스쿨링 가정에서 교육 접근 방식의 모델이 되었다.

▬ 몬테소리의 몬테소리 교육: 아동 주도 학습의 실현

20세기 초, 언스쿨링 교육의 발전에 영향을 미친 주요 인물 중 한 명은 이탈리아의 의사이자 교육자인 마리아 몬테소리였다. 몬테소리는 아동의 자율성, 자발성, 경험에 기반한 교육을 옹호하며 아동이 자기 잠재력을 최대한 발휘할 수 있도록 도왔다. 몬테소리는 아동의 발달 단계를 5단계로 나누어 설명하고 아동은 성인의 축소판이 아니며 개별적인 생명을 지닌 존재로 인식되어야 한다고 주장했다. 몬테소리 방법은 각 아동의 특성과 속도에 맞는 개별화된 학습 환경을 제공하며, 아동이 스스로 학습을 주도하고 자신의 속도에 맞춰 자유롭게 학습할 수 있는 환경을 강조한다(유재봉, 2005).

몬테소리는 아이들은 환경을 탐색하고 독립적으로 활동할 기회가 주어질 때 가장 잘 배울 수 있다고 믿으며, 자신의 방법론을 개발했다. 그녀의 접근 방식은 체험 학습을 강조하고, 감각 경험을 통합하며, 다양한 교구와 자료를 활용한다. 아이들은 교사의 지도하에 교구를 사용하여 시각, 청각, 운동 등의 감각을 활용하며 학습한다. 몬테소리는 자기 주도적 학습을 도입하여 아이들이 스스로 학습 목표를 설정하고 그에 따라 학습을 계획하고 수행하도록 장려했다(Montessori education, n.d).

1906년, 몬테소리는 자신의 교육 철학을 바탕으로 로마에 최초의 몬테소리 학교를 설립했다. 전인적 발달을 강조하고 독립성과 자기 동기 부여를 위한 환경 조성을 목표로 한 이 학교는 빠르게 성장하여 혁신적인 교육 방식으로 명성을 얻었다. 몬테소리 교육이 강조하는 자기 주도 학습, 실용적인 생활 기술 개발, 환경의 중요성, 아동의 전인적 발달은 언스쿨링 접근법과 일치하는 핵심 철학이다.

▬ 닐의 자유 교육: 학습의 자유와 자기 선택

알렉산더 닐은 언스쿨링을 포함해 대안 교육 발전에 큰 영향을 미친 교육자이자 사상가이다. 닐은 전통적인 학교 교육이 너무 권위주의적이고 경직되어 아이들이 자신의 흥미와 열정을 추구할 수 없다고 주장했다. 그는 아이들이 자신의 관심사를 마음껏 추구할 수 있어야 한다는 신념 아래, 1921년 서머힐 학교를 설립했다(Oxford Reference, n.d).

"면허가 아닌 자유"라는 닐의 원칙에 따라 서머힐 학생들은 자기 행동이 다른 사람에게 해를 끼치지 않는 한, 원하는 대로 자유롭게 행동할 수 있다. 이는 수업 선택의 자유로까지 확장했다. 학생들은 수업에 의무적으로 출석하지 않고도 자신의 관심사와 활동을 자유롭게 추구할 수 있었다(Britannica, Editors of Encyclopaedia, 2013). 많은 교육자가 새로운 학교를 설립하거나 기존 학교를 더 자유롭고 아동 친화적으로 바꾸려는 시도가 증가하는 가운데, 서머힐 학교는 이상적인 민주적 대안 교육의 모델이 되었다. 닐의 교육 사상은 미국과 유럽에서 언스쿨링 운동이 발전하는 데 영향을 미쳤다(Summerhill School, n.d).

닐은 자신의 저서인 『서머힐 학교: 아동기에 대한 새로운 관점』에서 학교 지도자로서 자기 경험을 되돌아보고 교육이 어떠해야 하는지에 대한 비전을 공유했다. 그는 다음과 같이 썼다(Neill, 1995).

> "아이가 해야 할 일은 부모가 걱정하는 삶이 아니라 자신의
> 삶을 사는 것이다. 자신을 가장 잘 안다고 생각하는 교육자의
> 목적에 따른 삶이 아니다. 이러한 간섭과 성인의 지침은 단지
> 로봇 같은 세대를 만들 뿐이다."

닐의 메시지는 공감을 불러일으켰고 교육자들은 아이들에게 더 많은 자유와 자율성을 부여하고자 노력했다. 교육 개혁의 초기 선구자들은 전통적인 학교 교육 모델에 도전하고 교육에 대한 대안적 접근 방식을 옹호하며 현대 언스쿨링 교육이 발전하는 기반을 제공했다.

20세기 교육 사상가들은 모두 학습자의 자유, 자기 주도적 학습, 체험 활동의 중요성에 대해 공감했다. 그들은 교육이 더 민주적이고 학

생 중심적이며 체험적이어야 하며, 학생들이 자신의 흥미와 열정을 추구하도록 장려해야 한다고 믿었다. 이러한 아이디어는 자기 주도 학습, 개별화된 교육, 학생 자율성을 강조하는 오늘날의 언스쿨링 교육의 발전에 계속 영감을 주고 있다.

IV. 언스쿨링의 출현과 성장: 20세기 후반

20세기 중후반은 미국에서 격변의 시기였다. 민권 운동, 여성 해방 운동, 반전 운동, 반문화 운동 등 다양한 사회 운동이 폭발적으로 일어나 기존의 정치, 문화적 규범에 도전하며 엄청난 변화를 몰고 왔다. 개인의 자유와 평등에 대한 열망, 사회에 대한 새로운 비전이 당시 문화와 사회변화의 중심에 있었다. 이러한 변화는 기존의 가치와 질서에 대한 도전으로 이어져 반문화 운동과 반교육 운동이 일어났다. 반문화 운동은 자유, 평등, 개인주의를 강조하며 기존의 가치와 질서에 도전했다. 반교육 운동은 기존 학교 교육에 대한 비판으로, 입시 위주의 교육, 경쟁적인 분위기, 창의성의 저하를 지적했다.

리처드 노이만(2003)은 "1960년대는 해방과 가능성의 시기로, 사회 및 경제 제도와 미국 문화를 지배하는 의미, 신념, 가치 체계에 대한 광범위한 비판적 검토 등으로 특징지을 수 있다"라고 설명한다(Neumann, 2003). 이러한 변화의 바람 속에서 1960년대와 70년대에 자유 학교, 홈스쿨링, 언스쿨링 등의 교육 운동이 대안 교육으로 등장했다. 이 운동들은 모두 60년대와 70년대 미국에서 일어난 광범위한 문화적 변화의 일부로, 전통적인 교육 기관에 대한 회의론과 교육 및 학습에 대한 대안적 접근 방식에 대한 열망을 반영한다(Kaya, 2015). 이것이 바로 전통 학교에 대한 대안으로 언스쿨링의 탄생과 성장을 가능하게 했다.

_ 반문화 운동: 전통 교육에 대한 도전

1960년대 중반에 시작되어 1970년대 초까지 이어진 반문화 운동은 반기득권 문화 현상의 일부였다. 이 운동의 영향은 오늘날까지도 계속되고 있으며, 1965년 베트남 전쟁이 격화되면서 혁명적인 운동으로 인식되기 시작했다. 반문화 운동은 사회 전체를 뒤흔드는 운동으로 발전했으며, 이 때문에 사회 전반에서 긴장이 고조되었다(Counterculture Of The 1960s, n.d).

반문화 운동은 대중문화와 교육 시스템에 영향을 미쳐 반교육 운동을 촉발했다. 반문화의 우파와 좌파 구성원들은 각각의 이유로 공교육의 보편적 경험 확대에 강력히 반대했다(Gaither, 2008). 이 교육 운동은 질서와 규범, 그리고 학교 교육을 중시하는 전통 교육을 비판하며, 사회적 가치와 기존 교육 시스템에 도전했다(케리 맥도날드, 2021).

1960년대의 사회적, 정치적 변화는 교육의 방향과 우선순위에 큰 영향을 미쳤다. 학생 중심의 학습 환경, 대안적 평가 방법, 개성에 관한 관심 증대 등 진보적인 아이디어가 전통적인 교육 방식에 도전했다. 이러한 사회적 분위기 속에서 진보주의 교육은 1960년대와 70년대를 휩쓸며 엄청난 변화를 초래했다. 이러한 교육은 공립학교에 더 많은 자유와 자기 주도성을 도입하여 아이들에게 더 많은 자유를 허용하고 더 상호작용하는 수업 방식을 추구했다. 당시 반문화적 분위기에 동조했던 사람들은 진보주의 교육 사상과 관행을 적극적으로 받아들였다(Progressive education, n.d).

언스쿨링과 반문화, 반교육 운동은 모두 주류 규범과 관습에 도전한다는 공통점을 가지고 있다. 반문화 운동은 지배 문화의 가치와 규범에 반대하고 대안적인 라이프스타일, 신념, 관행을 받아들였다. 언스쿨링 운동은 학교 교육이 지식을 배우고 습득하는 최적의 유일한 방법이라는 기존의 통념에 도전했다. 두 경우 모두 주류 규범에 대한 거부는 일종의 저항이며, 새롭고 대안적인 생활과 학습 방식을 위한 공간을 창출하려는 시도였다.

이러한 의미에서 언스쿨링은 사람들이 주류 교육 방식을 거부하고 더 개인화된 학습자 중심의 접근 방식을 선호하는 반문화 교육의 한 형태로 볼 수 있다. 60년대와 70년대의 반교육 운동, 반전통적 가치에 대한 반발, 교육 시스템에 대한 비판이 언스쿨링의 출현에 결정적인 영향을 미쳤다.

▬ 진보주의 돌풍과 자유 학교: 학습에 대한 혁신적인 접근

20세기 중반, 진보주의 교육은 미국 교육계에 새로운 변화의 물결을 가져왔다. 진보주의는 교사 중심에서 학생 중심의 참여형 교육으로 교육 개혁의 방향을 전환할 것을 주장했다. 학생의 경험을 중시하며 학습 과정에서 학생의 직접적인 참여와 상호작용을 강조했다. 진보주의 교육의 영향력이 커지면서 자기 주도, 참여적 자치, 비강제성의 원칙을 기반으로 하는 수백 개의 '자유 학교(free school)'가 설립되었다.

자유 학교 운동은 1960년대 말과 1970년대 초에 미국과 캐나다 전역에서 활발하게 전개된 교육 운동이다. 이 운동은 A.S. 닐, 조지 데니슨, 프란시스코 페레, 존 홀트, 조나단 코졸 등의 영향을 받았다. 이들은 학생들에게 더 많은 자유를 줄 것을 옹호하는 인간 중심의 교육을 장려했다. 자유 학교는 개인의 자율성과 창의성을 중시하는 반문화 운동과 밀접한 관련이 있으며, 사회 정의, 반인종주의, 반위계적 구조를 추구하고, 교육과정을 사용하지 않고 학생 개개인의 필요에 초점을 맞춘 점이 특징이다. 자유 학교의 교육 원칙은 민주주의, 자치, 개인의 자유를 기반으로 한다(From Free Schools to Alternative Schools, n.d).

20세기 초, 알렉산더 닐과 프란시스코 페레는 현대 학교 운동의 발전을 가속화했다. 닐의 서머힐과 페레의 근대 학교(modern school)는 1960년대와 70년대에 미국에서 성장한 '자유 학교'의 모델이 되었다(케리 맥도날드, 2021). 자유 학교는 학부모, 교사, 학생에 의해 운영되며, 자기 주도적 학습과 민주적 의사 결정 과정을 강조한다. 자유 학교는 기존의 경직되고 순응적인 학교들에 대한 대안으로 인식되었다.

그러나 1970년대에 반문화 운동의 힘이 약해지면서 많은 진보주의 교육 프로그램이 점차 쇠퇴했다(Free School Movement, n.d). 홀트는 미국의 많은 자유 학교를 방문하며 학생 주도 학습을 강조하는 대화에 적극적으로 참여했다. 그러나 자유 학교 운동이 자유의 이상에 부응하지 못한다는 사실을 깨닫고 홀트는 실망감을 나타냈다(Holt, 1971; 1981). 베트남 전쟁이 끝나고 반문화 운동이 약화하면서 대부분의 자유 학교는 문을 닫았다.

현재 알바니 자유 학교와 서드베리 밸리 학교 등 소수의 자유 학교만이 남아 있다. 자유 학교 운동은 70년대 후반 홈스쿨링 운동에 큰 영향을 미쳤다. 지금은 쇠퇴했지만, 자유 학교의 교육 철학과 관행은 오늘날에도 여전히 유효하며, 언스쿨링의 출현에 결정적인 역할을 했다(케리 맥도날드, 2021).

홈스쿨링 운동: 친권으로서 교육

존 홀트의 홈스쿨링 운동

미국에서 홈스쿨링 운동의 시작은 사회변화와 불안의 시기인 1960년대와 1970년대로 거슬러 올라간다. 가이더(Gaither, 2008)에 따르면, 이 시기 미국 교육 시스템은 반교육 운동으로 인해 중대한 전환점에 있었다. 60년대와 70년대, 미국 사회는 전통적인 교육 방식을 재검토하며 새로운 형태의 교육 필요성을 절실히 인식하기 시작했다. 이에 따라, 교육은 단순한 지식 전달을 넘어서 학생 각자의 자유, 창의성, 그리고 개성을 존중하고 발전시켜야 한다는 인식이 널리 퍼지게 되었다.

홈스쿨링 운동은 교육에 대한 근본적인 질문을 던지는 사회적 분위기에서 등장했다. 당시 많은 사람은 전통적인 교육 시스템이 아이들이 스스로 생각하고 탐구하는 능력을 억압한다고 비판했다. 그들은 교육 시스템이 아이들에게 지식만 주입하고 창의적 사고와 지적 호기심을 억압한다고 보았다. 이러한 비평가들은 아이들이 각자의 방식과 속도에 맞추어 스스로 학습할 수 있는 환경의 필요성을 강조했다. 이는 홈스쿨링이라는 교육에 대한 대안적 접근 방식으로 이어지는 중요한 발걸음이었다.

이러한 배경에서 홀트는 새로운 교육 방식을 제안하며 홈스쿨링 운동의 선도적인 인물로 떠올랐다. 홀트는 1970년대 미국에서 홈스쿨링 운동을 주도한 작가이자 교육자, 사회 개혁가로서 교육 혁신에 크게 공헌한 지도자였다. 그의 영향력은 미국 사회 전반에 걸쳐 막강했다. 홀트는 처음부터 교육이나 사회개혁을 위한 체계적인 계획을 세우고 시작한 것이 아니었다. 그는 교실에서 아이들을 관찰하고 책을 쓰며 의무교육의 모순을 깨닫게 되면서 교육 및 사회개혁 운동에 참여하게 되었다 (Riegel, 2001).

홀트의 홈스쿨링 운동은 1960년대 말과 1970년대 초 전통 교육에 대한 도전으로 시작했다. 이 운동은 그가 출간한 두 권의 책, 『아이는 왜 실패하는가』와 『아이는 어떻게 배우는가』에서 촉발되었다(Ray, 1990). 이 책들은 즉시 베스트셀러가 되었고 1960년대 중반 급진적인 학교 개혁 운동의 시발점이 되었다. 홀트는 전통적인 학교 교육이 학생 개개인의 요구를 충족시키지 못하고 경직된 커리큘럼과 권위주의적인 교수 방법으로 아이들의 창의성과 지적 호기심을 억압한다고 주장했다. 그는 성인들이 최적의 학습 방식, 조건, 정신 상태를 이해하고 아이들에게 획일적인 교육 전략을 강요해서는 안 된다고 주장했다.

홀트는 "아이는 타고난 학습자"라는 믿음을 강조하며, 부모가 아이의 교육에 대한 통제권을 되찾아 학교 교육의 제약에서 벗어날 것을 촉구했다(Ray, 2014). 이 홈스쿨링 운동은 미국 전역에서 열렬한 지지와 관심을 받았다. 홀트의 주장은 홈스쿨링의 물결이 계속 확산하는 데 영감을 주었다. 교사, 학부모, 아이에게 더 많은 자유를 달라는 그의 메시지는 대중의 공감을 끌어냈다.

당시 저명한 기독교 우파의 홈스쿨링 지도자였던 레이몬드 무어는 홀트에게서 영감을 받아 그를 지지하며 홈스쿨링 운동에 새로운 활력을 불어넣었다(Ray, 2014). 무어는 학교 교육이 아이들에게 해롭다고 믿었고, 아이들에게 탄탄한 교육적, 심리적, 도덕적 기초를 제공하기 위해 8~9세까지 홈스쿨링을 해야 한다고 주장했다. 무어의 저서 『가정에서 자란 아이들』은 홈스쿨링 아이들이 가장 먼저 읽는 책으로 유명해졌다(The brief history of homeschooling, n.d).

홀트는 1978년 12월호 타임지에 홈스쿨링의 기사를 게재하고 홈스쿨링 가족과 함께 필 도나휴 쇼에 출연하여 대중의 주목을 받으면서 홈스쿨링 운동을 새로운 차원으로 끌어올렸다(Gaither, 2023; Dwyer & Peters, 2019). 그는 홈스쿨링의 법적 지위를 확립하기 위해 온 힘을 쏟아 투쟁했다. 그는 법원과 의회에 자주 출석하고 미국 전역에서 열리는 집회에 참여하여 홈스쿨링의 정당성을 알리기 위해 노력했다.

존 홀트가 미국을 여행하며 부모와 교사들을 대상으로 홈스쿨링 운동에 대해 글을 쓰는 동안 캐나다의 웬디 프리스니츠도 자기 주도 학습을 장려하며 이 운동에 동참했다(ROLSTAD & KESSON, 2013). 학부모, 작가, 편집자로 활동한 그녀는 1976년 남편과 함께 대안 교육 출판사를 설립했다. 1979년에는 캐나다 홈스쿨링 연합을 설립하여 캐나다의 홈스쿨링 운동에 활기를 불어넣었다.

이후 홈스쿨링 운동은 미국과 캐나다뿐만 아니라 전 세계에 큰 영향을 미쳤다. 존 홀트, 레이몬드 무어, 웬디 프리스니츠의 노력 덕분에 아이들의 창의성과 개성을 존중하는 자기 주도적 학습을 장려하는 방법으로서 홈스쿨링의 중요성이 널리 인식되었다. 이들의 연구는 교육에 대한 새로운 관점을 제시하고 학교 교육에 국한되지 않는 교육의 가능성을 보여주었다.

언스쿨링의 탄생과 성장: 자기 주도 학습의 혁명

존 홀트와 이반 일리치의 교류

언스쿨링 운동은 존 홀트의 혁신적인 홈스쿨링 철학에서 비롯되었다. 홀트는 1970년대 중반, 전통적인 학교 교육 시스템의 한계와 구조적 문제점을 인식하고, 아동 중심의 교육 방식을 강조하며 '언스쿨링'이라는 용어를 처음 도입했다. 이 용어는 그의 저서 『존 홀트의 학교를 넘어서(Instead of Education)』에서 처음 소개되어 언스쿨링이라는 개념을 세상에 알렸다. 홀트는 이 책에서 전통적인 학교 교육의 대안으로 언스쿨링을 제안했다. 언스쿨링 운동은 홀트의 주도 아래 이반 일리치의 사상적 영향, 홈스쿨링에 대한 실망, 전통적인 교육에 대한 비판, 그리고 교육 개혁에 대한 깊은 좌절감 등 복합적인 요인들로부터 영향을 받았다. 이러한 영향들로 인해 1980년대와 1990년대에 점차 대중화되면서 언스쿨링은 구체적인 교육 운동으로 성장하게 되었다.

존 홀트와 이반 일리치의 교류는 홀트가 교육에 대한 전통적인 관점에 의문을 제기하는 중요한 순간이었다. 멕시코 쿠에르나바카의 국제문화문서센터(CIDOC)에서 열린 이 회의에서 홀트는 일리치에게서 학교 교육에 대한 비판적 접근과 대안 모색에 깊은 영감을 받았다(Uceda & Zaldívar, 2020). 1970년대 초, 홀트는 일리치의 연구를 처음 접하고 제도권 교육에 대한 비판과 지역사회 기반의 탈중앙화된 학습 형태에 대한 일리치의 주장에 공감했다. 일리치는 제도화된 교육 시스템이 학습자의 자유로운 학습을 규제하고 통제함으로써 개인의 잠재력을 제한한다며 이를 억압적이라고 비판했다. 그는 교육의 진정한 목적은 학습자를 순응적인 시민으로 만드는 것이 아니라 학습자가 자기 잠재력을 최대한 발휘할 수 있도록 힘을 실어주는 것이라고 주장했다(이반 일리치, 2023).

일리치의 저서 『학교 없는 사회(1970)』는 홀트에게 큰 영향을 주었다. 홀트는 일리치의 책을 통해 기존 학교의 문제점을 정확히 지적하고 아동 중심의 자기 주도적 학습의 중요성을 강조하는 방식에 깊은 인상을 받았다. "그의 아이디어를 통해 언스쿨링에 대한 나의 관점을 더욱 명확히 하게 되었다."라고 홀트는 말했다(Uceda & Zaldívar, 2020).

홀트와 일리치는 교육에 대한 공통된 견해를 공유했지만, 그들의 접근 방식에는 분명한 차이가 있었다. 홀트는 기존 교육 시스템의 개혁을 강조했지만, 일리치는 학교 시스템을 완전히 해체하고, 이를 탈중앙화된 학습자 중심 모델로 대체할 것을 주장하며 더욱 급진적인 비전을 제시했다. 홀트는 학교의 문제가 교육의 기본 구조 자체에 있지 않다고 믿었기 때문에, 일리치의 언스쿨링 개념을 완전히 수용하지 않았다(Bartlett & Schugurensky, 2020). 이러한 논의를 통해 홀트는 '언스쿨링'이라는 더욱 온건한 개념을 선호하게 되었다. 이들의 만남과 후속 논의는 교육 분야에 중요한 이념적 공헌을 했으며, 전통적인 학교 교육에 대한 대안적 접근 방식을 모색하는 데 여전히 강력한 영향을 미치고 있다.

교육 개혁에 대한 좌절과 언스쿨링으로의 전환

홀트가 언스쿨링을 결심하게 된 계기 중 하나는 홈스쿨링에 대한 실망이었다. 홈스쿨링 운동을 주도하면서 홀트는 많은 부모가 여전히 전통적인 학교 교육 방식을 따르고 아이의 자율적인 학습을 제한하는 것을 목격했다(Meighan, 2014). 홀트의 목표는 단순히 학교 교실을 가정으로, 교사를 부모로 대체하는 것이 아니었다. 학교식 교육과 엄격한 교육 구조를 따르는 홈스쿨링은 그의 비전과 전혀 일치하지 않았다.

홀트가 언스쿨링으로 전환한 가장 중요한 이유는 교육 개혁에 대한 깊은 좌절감 때문이었다. 그는 아이들이 원하는 것을 할 수 있고 그 과정에서 아이들을 지원할 수 있는 자율적인 학교 개혁을 요구했다. 그러나 시간이 지나면서 그는 교육 시스템이 본질상 개혁이 불가능한 체제라는 사실을 깨닫고 좌절감에 빠졌다. 홀트는 학교가 본질적으로 아이들을 통제하고 길들여 성인들에게 방해가 되지 않도록 하는 수단이라고 생각했다. 학교의 진정한 목적은 아이들을 전인적 인간으로 성장시키고 배움의 기쁨을 누리게 하는 것이 아니라고 주장했다. 그는 학교가 사회 구조 속에서 모든 사람을 서로 대립시키고 권위에 대한 복종을 가르치는 곳이라고 비판했다. 그의 저서 『존 홀트의 학교를 넘어서』에서 홀트는 다음과 같은 질문을 던졌다(Meighan, 2014; 존 홀트, 2007).

> "학교의 진정한 목적은 아이들을 경쟁시키고 등급을 매겨 사회가 필요로 하는 성인이 될 수 있도록 준비시키는 것이지, 전인적인 인간으로 성장시키고 배움의 기쁨을 주는 것이 아니다. 오히려 학교는 최고의 대학, 최고의 직업, 최고의 삶으로 이어지는 사회 구조 속에서 모든 사람을 경쟁시켜 승자를 배출하고 권위에 대한 복종을 가르치도록 설계되어 있다. 학교의 목적 자체가 부적절하다면 그 안에서 어떤 변화가 이뤄진다고 해도 얼마나 오래 지속될 수 있겠는가?"

1970년대 초, 홀트는 일리치와 같은 견해를 공유하며 아이들을 학교에서 완전히 데리고 나와야 한다고 주장하는 급진적인 입장을 지지했다(Ray, 1999). 홀트에 따르면, 홈스쿨링은 학습의 통제권을 부모에게 돌려주는 과정이며, 언스쿨링은 이 과정을 통해 최종적으로 달성하고자 하는 목표, 즉 자율적인 학습을 실현하는 방법이다. 그는 홈스쿨링이 아이를 억압적인 상황에서 벗어나게 하기 위한 전술적 결정이라면, 언스쿨링은 아이의 타고난 호기심과 추진력을 활용하여 독립적인 학습을 장려하는 적극적인 선택이라고 주장했다.

그는 이제 한 걸음 더 나아가 학교 개혁가에서 사회 개혁가로 자신의 역할을 재정의하고 교육 시스템의 근본적인 변화를 촉구했다. 홀트는 "나의 관심사는 단순히 '교육'을 개선하는 것이 아니라, 교육을 통해 인간을 만들어 내는 추악하고 반인간적인 과정을 종식하고, 사람들이 스스로를 발전시킬 수 있게 하는 것이다."라고 선언했다(존 홀트, 2007).

이 말은 교육에 대한 그의 깊은 회의와 당시 사회에 대한 비판적 시각을 반영한다. 홀트는 의무교육과 강압적인 학습 방법이 인간의 정신과 영혼에 미치는 해로운 영향을 강조하며 부모들에게 아이를 학교에서 중퇴시키라고 강력히 촉구했다. 그는 "학교에서 탈출할 수 있는 사람들이 모두 가능한 모든 방법을 동원하여 탈출할 수 있도록 도와야 한다"라고 주장했다. 그는 학교 시스템 내에서 대안을 찾기보다는 학교 교육의 종말을 선언했다. 교육의 본질을 재고하고, 아이들이 스스로 학습 경로를 결정할 수 있도록 권한을 부여하며, 호기심에 기반한 학습을 장려하는 혁신적인 접근 방식을 통해 전통적인 교육의 틀 밖에서 학교를 개혁하려고 했다(존 홀트, 2007).

홀트의 언스쿨링에 관한 주장과 실천은 당시 교육계에 큰 파장을 일으켰으며 오늘날까지도 많은 사람에게 영향을 미치고 있다. 그의 교육 사상은 자율성, 자기 주도적 학습, 탐구 기반 학습의 중요성을 강조하며 교육의 본질적인 목적과 가치에 대해 생각해 볼 기회를 제공한다. 홀트의 언스쿨링은 단순히 학교를 떠나는 것 이상의 의미를 지니며, 학습이란 무엇이고 어떻게 이루어져야 하는지에 대한 근본적인 질문을 던진다.

존 홀트의 비전은 교육을 통해 인간의 잠재력을 실현할 수 있는 환경을 조성하는 것이었다. 그는 학습은 개인의 내면에서 나오는 자연스러운 과정이어야 하며, 자신의 속도와 흥미에 맞게 이루어져야 한다고 믿었다. 이러한 관점은 현재의 교육 시스템을 재고하고 아이들이 더 자율적이고 창의적인 방식으로 학습할 수 있는 새로운 방향을 제시하는 계기가 되었다.

학교 교육 없이 성장하기

홀트는 학부모들과의 서신에서 영감을 받아 1977년 8월, 미국에서 처음으로 언스쿨링 뉴스레터인 '학교 교육 없이 성장하기(GWS)'를 창간

했다(Ray, 1999). 이 뉴스레터는 단순한 정보 제공을 넘어서 언스쿨링 커뮤니티와 홈스쿨링 커뮤니티의 연결고리 역할을 했다. 홀트는 이 뉴스레터를 통해 전통적인 학교 시스템에 의문을 가진 부모와 아이들에게 실질적인 지원과 격려를 제공했다. GWS는 언스쿨링을 선택한 가족들이 서로의 경험을 공유하고 교육에 대한 다양한 접근 방식을 모색하는 데 귀중한 자료가 되었다(Sheffer, 1990).

이 뉴스레터에는 부모들이 아이를 가르치는 과정에서 발견한 창의적인 학습 방법, 자유로운 탐구, 일상에서의 교육 기회에 관한 이야기가 수록되었다. GWS를 통해 학교 밖에서도 학습이 가능하다는 사례가 입증되었다. 또한 법적 문제, 사회적 도전, 학습 자료 선택 등 학교 밖 교육과 관련된 실질적인 문제에 대한 조언과 해결책을 제공했다.

GWS 뉴스레터는 가정 교육자들이 직면하는 독특한 문제를 토론할 수 있는 장을 제공함으로써 독자 간의 공동체 의식을 강화했다(Sheffer, 1990). 이런 대화를 통해 부모들은 자기 경험을 공유하고 서로의 성공과 도전을 배울 기회를 얻었다. 이를 통해 많은 부모가 혼자가 아니라는 것을 깨닫고 언스쿨링 및 홈스쿨링 여정을 이어갈 수 있는 용기와 동기를 얻게 되었다.

시간이 흐르면서 GWS는 국제적인 독자층을 확보하게 되었고, 학교 교육에 대한 대안적인 접근법을 찾고 있던 전 세계 가족들에게 영향을 미쳤다. 홀트와 GWS가 시작한 대화는 오늘날에도 계속되고 있으며 교육의 미래에 대한 논의에서 중요하게 다루어지고 있다. 언스쿨링 및 홈스쿨링 커뮤니티는 계속해서 성장하고 있으며, 새로운 세대의 학습자와 교육자 사이에서 GWS의 정신이 살아 숨 쉬고 있다.

홀트의 아이디어와 노력은 언스쿨링 운동의 강력한 기반이 되었으며, 그가 세상을 떠난 후에도 계속해서 번창하고 있다. 홀트의 리더십 아래 시작된 이 운동은 1980년대 이후 새로운 지도자들에게 이어졌다. 그의 철학은 오늘날에도 많은 부모와 아이들에게 영감을 주고 있다. 자기 주도적 학습이라는 홀트의 혁명적인 비전을 바탕으로 언스쿨링 운동은 앞으로도 계속 성장할 것으로 예상된다.

_ 언스쿨링의 합법화: 인식과 수용의 확산

1990년대에 들어서면서 언스쿨링의 발전이 탄력을 받기 시작하면서 전통적인 학교 교육의 대안으로서 입지를 굳혔다. 1993년 홈스쿨링이 합법화되면서 수십 년에 걸친 홀트의 홈스쿨링 투쟁이 마침내 결실을 거두었다. 홈스쿨링은 이제 미국의 50개 주에서 합법적인 교육 선택으로 공식적인 인정을 받고 있다. 일부 주에서는 홈스쿨링 가정의 교육비를 보조하는 정책을 시행하여 홈스쿨링에 대한 제도적 지원을 늘리고 있다. 이러한 변화와 함께 홈스쿨링 학생 수가 급증하면서 언스쿨링은 빠르게 성장하고 있다.

언스쿨링의 합법화는 언스쿨링의 장점과 사례를 다룬 다큐멘터리, 기사, 책 등을 통해 널리 알려졌다. 그레이스 르웰린의 『10대 해방 핸드북(1991)』과 존 테일러 가토의 『바보 만들기(1992)』의 출간으로 언스쿨링에 대한 인식이 크게 바뀌었다. 이 책들은 전통적인 학교 시스템에 도전하고 자기 주도 학습을 장려했다. 또한 인터넷의 급속한 보급으로 언스쿨링 가족들이 다양한 교육 자료를 쉽게 접하고 정보를 교환하고 지원을 찾을 수 있게 되었다.

90년대 후반에는 전통적인 학교에 대한 비판이 특히 거세고 격렬한 시기였다. 비평가들은 전통적인 학교가 아이들의 창의성과 자율성을 억압하고 경쟁과 스트레스를 조장한다고 주장했다. 이러한 비판 속에서 언스쿨링이 전통 학교의 대안으로 주목받기 시작했다. 언스쿨링이 학생들의 창의성과 자율성을 키우고 더 행복한 삶을 살 수 있도록 도와준다는 주장이 설득력을 얻기 시작했다. 이러한 주장은 언스쿨링의 확산에 공헌했으며, 전통적인 학교의 대안으로서 언스쿨링의 가능성을 더욱 명확히 했다.

20세기는 언스쿨링의 발전에서 중요한 전환점이었다. 20세기 초만 해도 언스쿨링은 아직 생소한 개념이었으며 소수 사람만 선택할 수 있었다. 그러나 세기말에 이르러 언스쿨링은 기존 학교의 대안으로 주목받기 시작했고, 그 규모와 영향력이 커지면서 언스쿨링의 기반이 더욱 강화되었다. 언스쿨링의 합법화와 그에 따른 인식의 확산은 많은 가정에서 교육에 대한 새로운 접근 방식을 모색하도록 영감을 주었다. 이는 전통적인 교육 시스템이 모든 아동에게 적합하지 않을 수 있음을 인식하고 학습의 다양성과 개성을 인정하는 교육 패러다임으로의 전환을 알리는 신호탄이 되었다.

V. 언스쿨링의 도약: 21세기

21세기 초반은 새로운 기술의 발전이 개인의 일상과 사회 문화에 지대한 영향을 미친 시기이다. 특히, 코로나19 팬데믹으로 인해 대부분의 학교가 문을 닫고 온라인 학습으로 전환하면서 교육에 대한 인식에 큰 변화가 일어났다. 이제 교육은 학교만의 영역이 아니라, 새로운 기술을 통해 가정과 학교 밖에서도 양질의 교육을 제공할 수 있다는 인식이 널리 퍼지게 되었다.

새로운 기술의 발달은 사회 운동의 성격을 크게 변화시켰고, 언스쿨링 운동 역시 큰 변화를 겪었다. 인터넷과 소셜 미디어는 사람들이 서로 연결하고 정보를 공유하는 것을 더욱 편리하게 만들었다. 이는 지도자 중심의 언스쿨링 운동에서 탈중앙화되고 네트워크화된 운동으로의 전환을 가능하게 했다(Carty, 2018). 소셜 미디어의 사용은 대규모 모임보다는 훨씬 더 효율적인 소규모 모임과 시위를 조직하는 데 공헌했다.

이러한 변화 덕분에 전 세계 어디에서나 사회 운동에 쉽게 참여할 수 있게 되었고, 언스쿨링 운동은 전 세계적인 운동으로 자리 잡았다. 새로운 기술의 발전은 언스쿨링 운동의 성장에 매우 긍정적인 영향을 미쳤다. 아이를 위한 유연하고 개인화된 교육을 찾는 부모들이 늘어나면서 언스쿨링에 대한 대중의 관심도 빠르게 증가하고 있다. 미국 국립교육통계센터의 보고서에 따르면, 미국에서의 홈스쿨링 및 언스쿨링 학생 수는 1999년 1.7%에서 2021년 3.4%로 거의 두 배 가까이 증가했다. 언스쿨링 운동은 기술 발전에 힘입어 전 세계적으로 빠르게 확산하고 있다. 이러한 추세는 21세기 언스쿨링 발전의 주요 동력으로 작용할 것으로 예상된다.

현대 언스쿨링을 이끄는 핵심 인물들

21세기의 언스쿨링 운동은 20세기의 언스쿨링 운동과는 조금 다르다. 주요 지도자 중심의 운동에서 개인과 소규모 그룹 중심의 운동으로 변화했다. 다양한 개인과 단체들이 언스쿨링 운동에 참여하고 있으며, 각 단체는 자체적으로 교육에 접근하는 독특한 방식을 가지고 있다. 20세기의 존 홀트만큼 유명하지는 않지만, 산드라 도드, 존 테일러 가토, 피터 그레이, 아킬라 라치드와 같은 많은 언스쿨링 운동가들은 블로그, YouTube, 팟캐스트, 소셜 미디어 등의 새로운 기술과 글쓰기, 연설, 미디어 활용을 통해 언스쿨링을 전 세계적인 운동으로 발전시키고 있다.

산드라 도드: 일상 속 학습의 변화

산드라 도드(Sandra Dodd)는 언스쿨링의 원칙과 이점을 폭넓게 저술한 유명한 작가이며 언스쿨링 옹호자이다. 전직 교사였던 도드는 1980년대에 모유 수유 지원 단체인 La Leche League에서 만난 언스쿨링 가정의 도움을 받아 자신의 아이들과 언스쿨링을 시작했다. 그녀는 언스쿨링에 대한 아이디어가 자연스러운 학습과 자율성에 대한 자신의 신념과 일치한다는 것을 알게 되었다. 도드는 아이들이 좋아할 만한 물건, 책, 게임, 활동 등을 수집하여 집안 곳곳에 배치, 아이들의 자율적인 학습을 촉진하는 '흩어놓기' 방식을 대중화했다(Dodd, 2011).

도드에 따르면 언스쿨링은 방법이 아니라 철학 또는 라이프스타일이다. 언스쿨링은 아이들이 배우고 성장하려는 타고난 성향이 있으며, 스스로 교육을 책임질 수 있다는 믿음에 기초한다. 언스쿨링 부모는 아이들이 자신의 흥미와 열정을 추구할 수 있도록 지원 환경과 기회를 제공하며, 아이들이 실제 경험, 실험, 탐험을 통해 필요한 것을 배운다고 믿는다(Sandra Dodd on Life and Learning, n.d).

도드는 급진적 언스쿨링 운동의 주요 인물로 여겨진다. 급진적 언스쿨링 운동은 아이의 자율성을 강조하며 아이들이 놀이와 탐구를 통해 학습하도록 보장하기 위해 공식적인 커리큘럼과 구조를 거부한다. 도드는 언스쿨링에 관한 여러 권의 책을 저술했으며, 그중 『언스쿨링의 빅북』이 대표작이다. 그녀의 웹사이트(https://sandradodd.com)는 언스쿨링에 관심이 있는 가족을 위한 정보와 조언을 제공하며, 콘퍼런스에서 연설을 하고 언스쿨링 관련 리스트 서브와 블로그 등을 운영한다. 이 웹사이트들을 통해 도드는 언스쿨링에 관심이 있는 가족에게 정보, 자료, 지원을 제공한다.

산드라 도드는 언스쿨링의 원칙을 알리고 아동 주도 학습의 장점을 강조하는 데 중요한 역할을 해왔다. 그녀의 연구는 언스쿨링이 실행이 가능한 교육 선택임을 인식시키는 데 공헌했으며, 전통적인 학교 교육의 대안을 찾는 부모들에게 영감과 지지를 제공하고 있다.

존 테일러 가토: 기존 교육 시스템에 대한 비판적 시각

존 테일러 가토(John Taylor Gatto)는 미국의 교사이자 작가로서, 전통적인 교육 시스템에 대한 비판과 언스쿨링 등 대안적 학습 방식을 옹호하며 유명해졌다(Gatto, n.d). 그는 전통적인 학교가 순종적인 노동자를 배출하도록 설계되었다고 주장하며, 학교가 젊은이들에게 이익보다 더 많은 해를 준다고 주장했다. 가토에 따르면, 전통적인 학교의 가장 큰 문제점은 아이들의 타고난 창의성과 호기심을 존중하기보다는 산업의 효율성과 통제에 초점을 맞춘다는 점이다. 그는 학교가 아이들에게 규칙을 따르고 순응하도록 가르치도록 설계되어 있다고 주장했다. 이에 대한 대안으로, 가토는 아이들이 자신의 관심사를 추구하고 자신의 속도에 맞춰 학습할 수 있는 언스쿨링 모델을 지지했다(존 테일러 가토, 2017).

가토는 언스쿨링 통해 아이들이 자신의 고유한 재능과 열정을 발휘하고 학습에 대한 주인의식을 가질 수 있다고 믿었다. 그는 또한 언스쿨링이 기존 학교의 학년 구분, 과목별 학습 구분 등을 허무는 데 도움이 될 수 있다고 보았다. 가토는 언스쿨링 교육이 개별 아동의 필요에 더 적합한 전체적이고 통합적인 접근 방식이 될 수 있다는 점을 강조했다. 가토는 언스쿨링 운동의 핵심 인물로서, 전통적인 학교는 결함이 있는 교육 모델이며, 정의롭고 공평한 사회를 만들기 위해서는 학습에 대한 대안적 접근 방식이 필요하다는 주장을 대중화하는 데 공헌했다.

피터 그레이: 자기 주도 학습

피터 그레이(Peter Gray)는 자기 주도적 학습을 강조하는 언스쿨링 운동의 선두 주자로서 미국의 저명한 발달 심리학자이다. 그는 진정한 언스쿨링 교육 모델의 탐구자이며, 교육과 놀이에 관한 연구자, 그리고 영감을 주는 언스쿨링 부모이자 활동가이다. 그레이는 자기 주도 학습을 지지하며, 이는 아이의 자율성을 중심으로 학습 과정에 어느 정도 구조와 지침을 허용한다. 그는 형식적인 커리큘럼을 따르기보다는 책, 온라인 자료, 멘토 등 다양한 자원을 활용하여 아이들이 자신의 관심사를 추구하도록 장려한다.

그레이는 『언스쿨링(2015)』, 『자연의 교육학(2020)』, 『강압적 학교 교육의 해악(2020)』 등 언스쿨링에 관한 여러 책과 블로그를 통해 널리 알려졌다. 그는 전통적인 학교 시스템이 해로운 교육 모델이라고 주장한다. 그는 학교 교육이 창의성과 비판적 사고를 억압하고, 영재, 학습 장애아, 그리고 비전통적인 방식으로 학습하는 학생들의 요구를 충족시키지 못한다고 비판했다.

이에 대한 대안으로 그레이는 아이들이 자유롭게 학습하고 자신의 관심사를 추구할 수 있는 언스쿨링(자기 주도적 학습) 모델을 제시한다. 그레이는 아이들은 타고난 호기심과 학습 동기를 가지고 있으며, 교육자의 역할은 이러한 내재적 동기를 장려하고 지원하는 환경을 조성하는 것이라고 주장한다. 그는 아이들은 주변 세계를 탐구하고 배우려는 본능적인 욕구를 가지고 태어났다는 근거로 생물학적 이론을 내세워 주목을 받았다(피터 그레이, 2015).

그레이는 특히 놀이가 학습의 필수 요소이며, 아이들은 개인적으로 의미 있고 즐거운 활동에 참여할 때 가장 잘 학습한다고 믿는다. 그에 따르면 놀이는 아이들에게 실험하고, 위험을 감수하고, 실수할 수 있는 자유를 주며, 이것은 모두 창의력, 문제 해결 능력, 회복탄력성을 개발하는 데 필수적이다(피터 그레이, 2015). 그레이의 연구는 많은 사람이 교육과 학습에 대해 다르게 생각하는 방식을 형성하는 데 도움을 주고 있으며, ASDE의 창립자로서 영향력을 발휘하고 있다.

아킬라 S. 리차드: 다양성과 포용을 위한 언스쿨링 교육

리차드(Richards)는 언스쿨링 운동 안팎에서 활동하는 작가, 연사, 코치로 널리 알려져 있다. 그녀는 사회 정의를 위한 언스쿨링 운동 단체의 영향력 있는 목소리로 인정받고 있다. 이 단체는 정의롭고 공평한 사회를 만드는 것의 중요성을 강조하며, 언스쿨링을 그 목표를 달성하기 위한 수단으로 여긴다. 리차드는 마음 챙김 파트너십과 탈식민주의 육아에 관심이 있으며(Pimenta, 2022), 특히 전 세계 흑인, 비흑인 원주민, 유색인종 커뮤니티를 위한 치유의 공간이자 해방 운동으로서 언스쿨링에 열정을 쏟고 있다.

리차드는 『자유로운 사람 키우기: 해방과 치유의 작업으로서의 언스쿨링(2020)』의 저자이다. 그녀는 언스쿨링을 단순한 교육 방법이 아닌, 각 아이의 고유한 필요와 관심사를 존중하는 생활 방식이라고 주장한다. 리차드는 전통적인 학교가 불평등을 영속화하고, 특히 소외된 지역에서 생활하는 아이들의 잠재력을 제한하는 억압적인 기관이라고 비판한다.

리차드는 아이들에게 내재한 고유의 창의성, 호기심, 지능을 존중하고, 스스로 학습에 대한 주인의식을 갖도록 장려하는 언스쿨링 모델을 대안으로 제시한다. 그녀는 언스쿨링을 통해 아이들이 자신만의 속도와 방식으로, 그리고 개인적으로 의미 있는 방식으로 학습할 수 있다고 믿는다. 또한, 리차드는 전통적인 학교 교육의 한계를 벗어나 언스쿨링의 중요성을 강조하며, 주류 교육에 깊이 뿌리내린 많은 가정과 가치에 의문을 제기한다(Richards, 2020).

리차드는 언스쿨링은 아이들이 개인으로서, 그리고 지역사회의 일원으로서 잠재력을 최대한 발휘할 수 있도록 자유를 주고 권한을 부여하는 교육 모델을 제공해야 한다고 주장한다. 리차드는 다양성과 포용에 초점을 맞춘 언스쿨링 운동의 선도적인 지지자로서, 많은 사람이 교육과 육아에 대해 생각하는 방식을 형성하는 데 도움을 주고 있다.

언스쿨링을 지원하는 주요 단체

자기 주도 교육 연합(ASDE): 자기 주도적 학습 장려 및 지원

21세기에 기술이 발전함에 따라 언스쿨링 운동은 다양한 단체의 출현을 가져왔다. 이러한 단체들은 각자의 독특한 주장을 내세우며 언스쿨링 운동의 성격을 다양화하고 언스쿨링의 범위를 확장하고 있다. 이러한 단체는 언스쿨링 가족을 위한 정보와 자료를 제공하고 연구와 콘퍼런스를 통해 언스쿨링의 발전을 이끌고 있다.

자기 주도 교육 연합은 2016년에 설립된 비영리 단체로, 자기 주도 교육(언스쿨링)을 정상화하고 합법화하여 원하는 모든 사람이 이용할 수 있도록 하는 데 전념하는 단체이다. 이 단체는 청소년과 성인을 위한 실행 가능한 선택으로서 자기 주도 교육을 촉진한다. ASDE는 "자신의 삶을 살고 교육받을 자유를 포함한 청소년의 인권을 존중하고 옹호하며, 지위, 인종, 소득에 관계 없이 모든 가정에서 자기 주도 교육이 널리 수용되는 세상"을 꿈꾼다(Alliance for Self-Directed Education Homepage, n.d).

ASDE는 학교 안팎에서 자기 주도 교육의 확대를 옹호하고 자기주도 학습에 관심이 있는 사람들을 위한 자원, 연구 및 지원을 제공한다. 자기 주도 교육의 많은 원칙과 실천은 언스쿨링의 원칙을 공유한다. 이 단체는 콘퍼런스, 연구, 미디어 홍보 등 다양한 수단을 통해 자기 주도 교육을 적극적으로 홍보하고 있다.

대안 교육 자원 기구(AERO): 대안 교육 모델 탐색 및 발전

대안 교육 자원 기구는 1989년 제리 민츠에 의해 설립되었다. AERO의 목표는 학습자 중심의 교육 접근 방식을 발전시키는 것이다. 대안 교육 분야의 책, 잡지, 콘퍼런스, 온라인 강좌, 상담, 지원 그룹, 무료 동영상, 조직 정보, 세미나 등을 제공함으로써 교육 변화의 촉매제 역할을 한다. AERO의 사명은 학생 중심의 대안을 모든 사람이 이용할 수 있도록 교육 혁명을 일으키는 것이다. 이를 위해 언스쿨링, 홈스쿨링, 민주적 학교, 몬테소리 교육 등을 포함한 대안 교육의 글로벌 네트워크를 만들고 지원한다(AERO Homepage, n.d).

AERO는 학습자 중심의 민주적이고 전인적인 교육을 장려하고 교육 이해관계자들이 비전통적인 교육 선택에 접근할 수 있도록 지원하기 위해 노력한다. AERO는 연례 콘퍼런스를 개최하여 아이디어를 지원하고 공유하며, 전 세계 대안 교육 아이디어와 이니셔티브의 허브 역할을 하고 있다.

학교로 돌아가지 않기 캠프: 비전통적 교육 경험의 제공

학교로 돌아가지 않기 캠프(NBtSC)는 언스쿨링, 홈스쿨링, 대안 교육에 초점을 맞춘 여름 캠프이다. 언스쿨링 옹호자인 그레이스 리웰린이 설립한 이 캠프의 목적은 청소년들이 안전하고 지원적인 환경에서 많은 홈스쿨링 학생과 교류하고, 개인적인 관심사를 탐구하며, 열정을 추구할 수 있는 커뮤니티를 구축하는 것이다(Not Back to School Camp homepage, n.d). NBtSC는 1996년에 학교를 다니지 않는 10대들의 연결을 촉진하는 커뮤니티로 등장했다. 20년이 지난 지금, 캠프는 계속해서 번창하고 있으며 더 많은 지역으로 확장되어 많은 청소년이 함께 모이고 있다. 언스쿨링 교육의 원칙에 초점을 맞춘 구조와 콘텐츠는 긴밀한 커뮤니티 내에서 관심 중심의 자기 주도적 학습을 지원한다. 이 캠프는 청소년과 함께 일한 경험이 풍부한 홈스쿨링 및 대안 교육 전문가들이 운영한다. 이 캠프는 청소년들이 새로운 기술을 개발하고, 관심사를 추구하며, 같은 생각을 가진 다른 사람들과 교류할 수 있는 워크숍, 수업, 멘토링 기회를 제공한다(McDonald, 2021).

NBtSC는 언스쿨링에만 초점을 맞추고 있지는 않으나 언스쿨링의 핵심 요소인 자기 주도 학습에 중점을 두고 있다. 이 캠프는 참가자들에게 자기 주도성과 자율성을 강조하여 학생들이 자신의 교육을 주도하고 자신의 흥미와 열정에 맞는 학습 기회를 찾는 데 필요한 자신감과 기술을 개발할 수 있도록 돕는다. 이를 통해 학생들은 스스로 학습 방향을 설정하고 이를 따르는 데 필요한 기술을 쌓을 수 있다. 이러한 경험은 학생들이 더 효과적이고 효율적인 학습 방법을 찾는 데 도움이 된다.

이처럼 다양한 언스쿨링 단체들은 각자의 방식으로 언스쿨링 운동을 주도하고 발전시키고 있다. 각자의 분야에서 다양한 목적을 가지고 독특한 주장을 펼치며 언스쿨링의 성격을 다양화하고 있다. 이러한 단체들은 언스쿨링 가족을 위한 정보와 자료를 제공하고, 연구와 콘퍼런스를 통해 언스쿨링의 발전을 이끌고 있다. 또한 언스쿨링의 범위를 크게 확장하고 더 많은 사람이 언스쿨링의 다양성과 기본 원칙을 이해하도록 돕고 있다.

VI. 언스쿨링의 발전 전망

▬ AI 시대의 언스쿨링 트렌드

21세기의 언스쿨링 운동은 20세기와는 다른 방향으로 진행되고 있다. 21세기 언스쿨링 운동은 1990년대 말과 2000년대 초, 인터넷과 디지털 기술이 대중화되면서 큰 발전을 이루었다. 이 새로운 기술과 미디어는 언스쿨링 커뮤니티의 확산을 촉진했으며, 온라인 포럼, 블로그, 소셜 미디어 플랫폼과 같은 새로운 커뮤니케이션 도구가 21세기 언스쿨링 운동의 성장과 발전에 중요한 역할을 했다(Gray & Riley, 2013).

이러한 운동의 주요 특징 중 하나는 기술과 소셜 미디어를 활용해 언스쿨링 가족과 커뮤니티를 연결한다는 점이다. 가족들은 온라인 플랫폼을 통해 생각이 같은 사람들을 찾고, 리소스, 아이디어, 지원을 공유하며 끈끈한 커뮤니티를 구축한다(Tutor House Ltd, 2023). 이는 언스쿨링 가정이 겪는 사회적 고립을 완화하는 데 도움이 된다. 또한, 이 운동은 언스쿨링의 범위를 확장하고 새로운 형태의 언스쿨링을 개발하는 데 중점을 두고 있다. 월드스쿨링과 하이브리드 언스쿨링과 같은 접근 방식은 언스쿨링의 원칙을 여행 및 문화 몰입 경험과 결합하여 아이들에게 실제 경험을 바탕으로 한 맞춤식 학습 기회를 제공한다. 이러한 모델은 전통적인 학교 교육의 대안으로 개별화되고 유연한 학습 접근 방식을 제시한다.

기술 변화가 가져온 가장 중요한 변화 가운데 하나는 언스쿨링 운동의 구조와 성격이 변화하고 있다는 것이다. 과거에는 대안 교육 목표를 옹호하는 소수의 지도자에 의해 주도되었던 언스쿨링 운동이, 오늘날에는 개인과 커뮤니티가 주도하는 운동으로 변모했다. 언스쿨링을 선택한 많은 부모가 개인 블로그, YouTube, 팟캐스트, 소셜 미디어 등을 통해 자신의 신념, 경험, 일상을 공유하고 있다. 이러한 개인 중심의 언스쿨링 운동은 사회적 실현을 위해 함께 참여하고 힘을 모으는 풀뿌리 언스쿨링 운동으로 진화하고 있다.

▬ 언스쿨링의 무한한 가능성

언스쿨링 운동은 여전히 기존 교육 시스템의 영향을 받고 있지만, 성장하고 확장할 수 있는 큰 잠재력을 가지고 있다. 이러한 잠재력은 언스쿨링이 주류 교육의 대안으로 자리 잡을 가능성을 잘 보여준다. 언스쿨링의 개념이 널리 알려지고 그 잠재적 이점에 대한 인식이 높아짐에 따라, 더 많은 가정이 언스쿨링을 선택하게 될 것이다. 이러한 변화는 언스쿨링이 교육의 한 방법으로 폭넓게 인식되어 기존 교육 시스템에 큰 변화를 초래할 수 있다.

또 다른 가능성으로는 전통적인 교육 요소를 통합한 새로운 형태의 언스쿨링이 등장할 수 있다는 점이다. 언스쿨링이 라이프스타일로 널리 인식됨에 따라, 언스쿨링 커뮤니티와 기존 교육 기관 간의 협력과 파트너십이 더욱 활발해질 수 있다. 이는 두 접근법의 장점을 결합한 새로운 하이브리드 교육 모델을 개발할 기회로 이어질 수 있다.

언스쿨링 교육에서 기술 활용이 증가하고 있다는 점도 현재 진행 중인 변화 중 하나이다. 언스쿨링을 선택하는 가정이 늘어나면서, 디지털 자료와 온라인 학습 커뮤니티에 대한 수요도 증가하고 있다. 실제로 많은 언스쿨링 가정에서 이미 교육용 애플리케이션, 온라인 수업, YouTube 동영상 등의 온라인 리소스를 활용하여 학습 방식을 개선하고 있다(O'Shaughnessy, 2023).

더욱이, AI의 발달로 세계가 글로벌 네트워크화되면서, 전 세계 사람들과 소통하고 협력할 기회도 역시 증가하고 있다. 이러한 글로벌 네트워크는 언스쿨링 교육에도 긍정적인 영향을 미칠 것이다. 또한 학생들은 다양한 문화와 사상을 접할 수 있으며, 세계 각국의 전문가와 직접 소통하며 배울 기회가 더욱 확대될 것이다. 예를 들어, 언스쿨링을 하는 아이가 코딩에 관심이 있다면, 전 세계의 코딩 전문가와 함께 온라인 프로젝트에 참여하거나, 실시간으로 코딩 수업에 참여할 수 있다. 이는 학생들이 자신의 관심사에 따라 맞춤형 학습 경로를 탐색할 수 있게 해준다.

학교 교육의 한계와 문제점이 드러나면서, 교육에 대한 학부모의 불만이 커지고 있으며, 교육 개혁에 대한 희망은 희미해지고 있다. 기술 발전과 AI의 부상은 교육 패러다임의 변화를 촉진하고 있으며, 학교 교육에 대한 수요는 감소하고 언스쿨링 교육에 대한 수요는 증가하고 있다. 이러한 변화의 결과로, 아이에게 개인화된 자기 주도 학습을 제공하기 위해 학교 교육을 거부하고 언스쿨링을 선택하는 부모들이 늘어나는 추세이다.

언스쿨링이 전통적인 교육에 도전하면서, 많은 학자와 교육자들은 맞춤식 학습, 학생 중심 학습, 학습자의 주체성, 자기 주도 학습, 창의적 탐구를 옹호하고 있다. 이들은 언스쿨링이 21세기 교육에 대한 자신들의 비전과 일치한다고 인식하고 있으며, 언스쿨링이 기존 교육에 파괴적인 영향을 미칠 수 있다고 주장한다. 언스쿨링과 관련된 도전과 한계는 분명히 존재하지만, 언스쿨링이 아이들의 학습과 발달을 지원하는 효과적인 방법이라는 점을 점점 더 많은 가정에서 인식함에 따라 언스쿨링은 계속 성장하고 발전할 것이다.

• • • • • •

21세기 언스쿨링의 미래는 빛난다. 17세기 아동 중심 교육을 주창한 이래로, 21세기 현대 사회에 적합하게 재구성된 언스쿨링은 지속적인 변화와 성장의 과정을 거쳐왔다. 이러한 역사적 흐름은 언스쿨링이 단순히 일시적인 교육 혁신이 아니라, 교육의 본질을 재정의하고 개별 학습자의 필요와 관심사에 기반한 맞춤형 교육을 실현하는 중요한 교육 운동임을 보여준다. 언스쿨링을 수용하고 실천하는 가정이 증가하고, 기술의 발전이 학습 방식을 지속적으로 혁신하면서 언스쿨링의 가능성은 더욱 확대되고 있다.

"깼니? 또 자니?" 교실이 잠을 자는 장소가 되어 버렸다. 팔짱을 끼고, 턱을 괴고, 뺨을 교과서에 대고, 이어폰을 꽂고, 엎드려 자는 학생들. 잠자는 교실은 현재 교실 학습의 현실을 상징한다. '잠 자는 교실', '산만한 교실', '멍때리는 교실'은 우리 교육 환경을 설명하는 익숙한 단어가 되어가고 있다.

한 방송 프로그램 조사에 따르면, 실제 수업에 참여하는 학생은 10~20% 정도에 불과하며, 절반 의 학생은 무관심하고 나머지는 잠을 잔다고 한다(EBS 다큐프라임, 2020). 이러한 상황은 개선될 기미가 보이지 않는다. 2023년 교육부가 교실 수업 개선 방안을 모색하기 위해 고등학교 교실의 학생 참여도를 분석한 결과, 고등학생 4명 중 1명 이상이 반 친구들이 수업 시간에 잠을 자는 경 향이 있다고 느낀다고 답했다. 교사 4명 중 1명은 학생들이 수업 시간에 자거나 다른 일을 한다고 생각한다는 데 동의했다(한국일보, 2024. 01. 17).

아이들이 수업 시간에 수동적이고 무기력하며 침묵하는 이유에는 여러 가지 설명이 있을 수 있다. 여러 연구 결과를 종합해 보면 학원 등록, 선행학습, 학생의 태도와 의지, 입시 위주의 교육 시스 템, 교사의 의지와 역량 등으로 요약할 수 있다. 이는 2019년 한국리서치와 EBS 다큐프라임 (2020)에서 실시한 설문조사에서도 확인된 바 있다. 하지만 이러한 요인만으로는 근본적인 문제를 해결하기에는 역부족이다. 가장 근본적인 문제 는 학생들에게 학습의 자유와 자기 주도 학습 에 대한 책임을 부여하지 않는 교실 수업 구조 에 있다.

교실 수업은 학생 개개인의 욕구, 관심사, 학 습 스타일을 반영하기 힘든 구조여서 학생들의 학습을 불편하게 만든다. 학생들은 교실에서 몇 시간 동안 딱딱한 의자에 앉아 관심 없는 정보를 흡수하고 반복해야 한다. 이러한 상황 은 학생들이 수업 시간을 지루하고 고통스럽게 느끼게 한다. 이는 단조롭고 지루한 작업장에 서 일하는 노동자의 고통과 비슷하다. 학생들 의 개성과 창의성을 존중하지 않는 교실 구조 와 수업 방식은 잠자는 교실과 비효율적인 학 습의 주요 원인이다.

CHAPTER 04
언스쿨링의 진화: 휴타고지

I. 언스쿨링과 학습 동기

▬ 학습 동기와 언스쿨링의 접근

동기 부여는 인간의 행동을 주도하고 지속시키는 과정, 즉 "무언가에 대한 열정"으로 정의할 수 있다(Driscoll, 2005). 모든 행동의 배경에는 이유가 있으며, 이는 우리를 어떤 일을 하도록 동기를 부여하는 원동력이다. 동기는 사람들이 목표를 설정하고 달성하도록 도움을 줄 뿐만 아니라, 더 긍정적인 방향으로 나아가는 데 필요한 만족감을 제공한다. 학습 동기는 학습하고자 하는 개인의 이유나 열정을 의미하며, 학습자가 학습 활동에 계속 참여하도록 이끄는 원천이다(Learning Motivation, n.d). 학습 과정에서의 동기 부여는 매우 중요한 역할을 하며, 동기를 부여받은 사람은 자기 잠재력을 최대한 발휘하여 성공의 가능성을 높인다. 이런 면에서 동기 부여는 성공적인 학습에 필수적인 요소로 간주한다.

일반적으로 학습 동기는 내재적 동기와 외재적 동기로 구분된다. 내재적 동기는 호기심과 같이 외부 보상 없이 학습을 이끄는 동기이며, 외재적 동기는 외부 보상을 통해 학습을 유도하는 동기이다. 내재적 동기는 개인이 어떤 활동을 즐거움으로 여겨 그 자체가 보상인 것처럼 생각하며 참여하는 경우를 말한다. 따라서, 내재적 동기는 개인이 외부 보상을 고려하지 않고 자발적으로 참여할 때 내부에서 자연스럽게 발생한다. 내재적 동기는 학습을 위한 환경을 조성하며, 학습자가 해야 하기 때문이 아니라 하고 싶어서 학습하도록 이끄는 동기이다(Riley, 2018). 이는 바로 언스쿨링 환경에서 일어나는 현상이다. 내재적 동기는 개인이 자신의 학습과 환경에 대한 주도권을 갖게 하며 언스쿨링 학습의 핵심 요소를 이룬다.

외재적 동기는 보상이나 처벌과 같은 외부 요인에 의해 촉발되며, 목적을 위한 수단으로 활동에 참여하게 한다. 외재적 동기를 부여받은 개인은 보상이 있을 것이라는 기대 때문에 과제를 완수한다(Lei, 2010). 이들은 자신의 참여가 보상, 교사의 칭찬, 처벌 회피 등의 결과를 보장할 것이라고 믿는다. 전통적인 교육 환경에서는 외재적 동기가 우세하며, 성적, 시험, 정시 등록, 처벌과 같은 보상 시스템을 통해 동기를 부여한다.

현재 학교 시스템은 아이들이 강제로 배우지 않으면 학습 동기를 갖지 않을 것이라는 전제에 기반한다. 이 전제는 아이들에게 학습할 내용을 지시하고 정해진 시간 동안 앉혀서 과제를 주지 않으면 아이들이 방황하게 될 것이라는 가정에서 출발한다. 학습 동기를 방해하는 가장 빠른 방법은 요구, 압박, 강요, 비교, 기준 설정이다. 우리는 아이들이 열정을 추구할 수 있는 시간을 제한하고, 대신 언제, 얼마나 오래, 얼마나 깊이 배워야 하는지 지시하고 간섭한다. 존 홀트는 이러한 외재적 동기 중심의 학교 교육 방식을 다음과 같이 비판했다(John Holt, 2007).

> "그렇게 많은 사람이 '동기 부여'를 걱정한다면, 학교에서 하는 많은 일에 문제가 있음이 분명하다. 아이에게는 세상을 이해하고, 그 속에서 자유롭게 움직이며, 성인들이 하는 일을 보고 따라 하고 싶은 욕구만큼 강한 것은 없다."

언스쿨링을 하는 아이들은 외부에서 부과된 과제를 수행할 필요가 없는 까닭에 동기 부여가 큰 문제가 되지 않는다. 삶 자체가 교육이므로 아이들이 일상에서 하는 모든 행동을 의식하지 못한 채 지식 기반을 끊임없이 확장한다. 아이들에게 학습 동기를 부여하려면 아이들이 자기 삶과 학습에 대한 주도권을 가질 수 있도록 권한을 부여해야 한다. 언스쿨링은 학습과 삶을 분리하지 않으며, 아이들이 자신의 학습에 대한 주도권을 가질 수 있도록 지원한다(아눌, 2024). 언스쿨링 아이들이 보이는 '동기'는 학습의 즐거움(Desmarais, 2020)으로, 학교에 다니는 아이에게서는 거의 찾을 수 없는 모습이다.

학습에서 동기가 작동하는 방식은 언스쿨링의 철학과 실천과 깊게 연결되어 있다는 점에 주목할 필요가 있다. 동기 부여와 관련된 언스쿨링의 학술 연구는 제한적이지만, 언스쿨링에 내재된 높은 수준의 자율성이 동기 부여에 중요한 역할을 한다는 것은 명확하다.

▬ 언스쿨링 접근 방법의 특징

언스쿨링은 전통적인 학교 교육 시스템과 대조되는 독특한 교육 접근 방식이다. 언스쿨링의 핵심은 아이들이 구조화된 커리큘럼이나 정규 교육을 따르는 대신, 자신의 흥미와 경험을 통해 학습하는 것이다. 언스쿨링은 아이들이 자신의 열정을 탐구하고, 발견하며, 추구하도록 장려한다. 이러한 접근 방식은 더 진정성 있고 의미 있는 교육 형태로 이어진다(Main, 2023).

언스쿨링 학습 방법은 학습자에게 학습 내용과 방법을 선택할 기회를 제공하므로, 학습자가 자신의 학습을 더 잘 통제할 수 있다. 따라서 언스쿨링 학습은 본질적으로 학습자가 스스로 결정하고 스스로 동기를 부여하여 학습하는 궁극적인 형태의 자기 주도 학습이다(Riley, 2020). 이는 전통적인 행동주의 학습이나 교사 중심의 접근 방식과는 크게 다른 완전한 아동 중심의 학습에 대한 새로운 접근 방식이다. 전통적인 교실 교육과 달리 언스쿨링은 학습 과정에 새롭고 혁신적인 접근 방식을 도입한다. 학습자의 내재적 동기, 개인의 특별한 관심사, 적극적인 참여, 실제 경험의 통합에 초점을 맞추고 학습의 본질에 주목한다. 언스쿨링 학습은 기존의 교실 기반 학습과 비교할 때 다음과 같은 특징이 있다.

첫째, 언스쿨링 학습은 학습자의 내재적 동기를 인정하고 강조한다. 학습자가 자신의 열정과 흥미를 따르도록 장려함으로써, 외부의 보상이나 처벌에 의존하지 않는 깊은 학습 경험을 가능하게 하고, 이는 학습에 대한 사랑과 열정을 더욱 고취한다.

둘째, 언스쿨링 학습은 각 학습자의 구체적인 학습 요구와 관심사의 중요성을 강조한다. 이를 통해 학습자는 자신에게 의미 있고 관련성이 있는 방식으로 주제와 문제를 탐구할 수 있으며, 이는 매력적이고 효과적인 학습으로 이어진다.

셋째, 언스쿨링은 학습자의 적극적인 참여를 강조한다. 학습 과정에서 학습자의 자율성과 자기 주도성을 인정하고 학습자가 스스로 학습에 대한 책임을 지도록 장려한다. 학습자가 무엇을, 어떻게, 언제 배울지 스스로 선택하도록 장려함으로써 학습자의 주도권을 존중한다.

넷째, 언스쿨링은 학습이 언제 어디서나, 심지어 교실 밖과 일상생활에서도 일어날 수 있는 점을 인정한다. 학습자는 주변 세계를 탐구하고 참여하며 실제 경험을 학습과 통합하도록 권장한다.

언스쿨링 학습 방법은 이를 실천하는 교육자와 학부모에게 매우 중요한 개념이다. 언스쿨링 학습 방법의 특성은 내재적 동기, 자율성, 자기 결정권을 키우는 지원적인 학습 환경을 조성하기 위한 토대를 제공하는 데 있다. 이러한 특성을 이해함으로써, 부모와 교육자는 아이들이 자기 주도적이고 동기 부여가 있는 학습자로 성장하여, 자신의 흥미와 열정을 추구하고 목표를 달성하는 평생 학습자가 될 수 있도록 지원할 수 있다.

II. 전통적인 교실 학습의 한계

▬ 작업 공정 기반의 학습 방식

현대 학교는 산업혁명 시대에 등장한 공장식 학교 모델을 기반으로 한다. 이 공장식 교육 모델은 19세기에 산업 경제 발전에 필요한 단순 노동자를 대량으로 양성하기 위한 목적으로 시작되었다. 학교 경영에 관한 여러 지침서와 역사서를 저술한 커버리는 공장식 학교 모델을 다음과 같이 설명한다(Cubberley, 2012).

> "학교는 어떤 의미에서 원자재(학생)를 가공하여 삶의 다양한 요구를 충족시키는 제품으로 변환하는 공장과 같다. 제조업의 사양은 20세기 문명의 요구에서 비롯되었으며, 이 사양에 맞추어 학생을 '제조'하는 것이 학교의 역할이다."

이러한 공장식 교육 모델에 따른 전통적인 교실 수업은 처음부터 학생 중심이 아니었다. 교육의 목표는 학생들을 위한 것이 아닌, 대량의 공장 노동자를 생산하는 것이었다. 따라서 교실 수업을 설계할 때 학생의 관점을 고려할 필요성은 거의 없었다. 교실은 테일러의 과학적 관리 방법(Taylorism)을 기반으로 표준화, 효율성, 통제를 중심으로 설계되었다(Factory model school, n.d). 교실 수업은 공장의 작업 과정과 마찬가지로 각 과목에 할당된 시간과 일수에 따라 엄격하게 진행되는 일일, 주간, 월간 및 연간 계획에 따라 이루어진다. 이러한 구조에서 학생의 자유, 책임, 참여를 고려하는 것은 거의 불가능하다.

이 공장식 수업 방식은 교사 중심이다. 교사는 정보의 제공자이자 훈육자로서 학생을 통제하는 권위자의 역할을 한다. 학생들은 교사가 지시하는 대로 수동적으로 정보를 받아들이며, 자신의 의견이나 아이디어를 표현하거나 창의적으로 생각할 기회는 제한적이다. 학생들은 교사의 교수 스타일에 순응하고, 교사의 접근 방식에 자신의 학습 스타일을 맞추어야 한다(Bashore, 2022). 이러한 공장식 교실 모델의 한계는 다음과 같다.

첫째, 모든 학생이 동일한 방식으로 학습한다는 점을 강조하며 개별 학습 스타일, 관심사, 능력을 고려하지 않는다.

둘째, 학생들은 자신의 의견이나 아이디어를 표현하거나 창의적으로 생각할 기회가 제한된 단순한 정보 수용자로 여겨진다.

셋째, 학생들은 교사 중심의 교수법을 따라야 하며, 자신만의 학습 스타일이나 독립적으로 학습할 수 있는 능력을 개발할 기회가 제한된다.

넷째, 학생들의 실제 이해와 학습은 정량적인 시험과 성적으로만 평가된다.

다섯째, 학생들을 단순한 노동자로 대하며, 학습을 공장에서 제품을 제조하는 과정처럼 취급한다.

이러한 공장식 수업 방식은 모든 학생이 동일한 능력과 흥미를 가졌다고 가정하며, 학생들을 생산 라인의 제품처럼 여긴다. 수업 계획은 미리 정해져 있으며 다양성이나 창의성을 발휘할 여지가 거의 없다. 공장식 교육 모델은 학생들의 창의성, 비판적 사고, 자기표현을 억압하고 순응과 규율에 초점을 맞춘다. 이러한 교육 환경에서 학생들은 자신의 선택을 어떻게 할 수 있을까? 이 문제를 해결하기 위해서는 교육의 본질을 깊이 이해하고 변화가 필요하다는 것을 인식하는 것이 중요하다.

▬ 행동주의 학습 접근법의 지속적인 영향력

지난 30년 동안 인간의 학습에 대한 이해는 크게 발전했다. 행동주의 심리학은 반세기가 넘는 기간 동안 교육 분야를 지배했지만, 1970년대 후반부터 쇠퇴하기 시작해 1980년대에는 학계에서 그 영향력을 거의 잃었다. 이 시기에 대다수 교육 심리학자는 행동주의에서 인지주의 모델로 전환했다(Novak, 2011). 이리하여 20세기 초까지 주류였던 행동주의는 자신의 한계를 인식하고 종말을 선언했다(Zuriff, 1979). 그러나 이상하게도 행동주의 기반의 교수−학습 전략은 여전히 교실 수업을 장악하고 있다(Greenwood, 2020). 이는 행동주의 학습 이론이 공장식 학교 시스템과 불가분의 관계가 있기 때문이다.

행동주의는 관찰이 가능한 행동을 통해 인간이나 동물의 심리를 객관적으로 연구할 수 있다는 주장을 내세운다(Behaviorism, n.d). 이 이론은 모든 행동이 내부가 아닌 외부 요인에 의해 형성된다고 가정한다. 행동주의 학습 이론은 외부 자극이 특정 행동을 유발하고, 그 결과에 따라 강화나 처벌을 제공함으로써 학습이 발생한다고 본다. 행동주의 학습의 핵심은 왓슨의 다음과 같은 말에서 잘 드러난다(Watson, 1930).

"나에게 열두 명의 아이를 주면, 나는 그들을 의사, 변호사, 예술가, 상인, 거지, 도둑 등 원하는 직업으로 만들 수 있다."

행동주의는 특정 행동의 조작과 조정을 강조한다. 이는 공장식 학교 모델과 잘 어울리며, 교실 학습에 큰 영향을 미쳤다(Anderson, n.d). 교실에서는 특정 기술이나 지식 습득을 위해 암기와 반복 연습을 강조한다. 학생의 행동을 유도하거나 억제하기 위해 칭찬이나 보상 같은 긍정적 강화와 처벌이나 비판 같은 부정적 강화를 사용한다. 모든 학생이 개인의 필요, 흥미, 재능과 상관없이 동일한 내용을 동일한 방식으로 학습하도록 표준화된 커리큘럼, 평가 및 교육 자료를 강조한다. 또한, 대규모 학교, 다인수 학급, 획일화된 교수법, 학습 과정의 자동화 및 간소화를 통해 효율성과 생산성을 중시한다.

행동주의 교실에서는 교사가 학습의 원천으로서 핵심적인 역할을 한다(Greenwood, 2020). 교사는 주입식 방식으로 가르치며, 명령과 지시를 사용하여 학생의 행동을 유도한다. 실버먼은 그의 저서 『교실의 위기』에서 한 장학사와 신임 교사의 대화를 인용하여 행동주의 학습에 기반한 교사 중심 교육이 교실에서 얼마나 지배적인지 잘 설명한다 (Charles Silverman, 1990).

"내 경험상 신임 교사에게 해줄 수 있는 가장 좋은 조언은 아이들의 눈앞에 '당근'을 놓는 것입니다. 당근이 아니라면 설탕한 조각도 괜찮습니다. 말에게 수레를 끌게 하려고 하는데 말이 말을 듣지 않는다면, 그 말의 눈앞에 당근을 놓는 것과 같은 이치입니다. 말이 당근을 좋아하기 때문에, 당근을 먹기 위해 앞으로 나아가면서 수레를 끌게 됩니다. 아이를 가르치는 것도 동물 훈련과 같습니다. 아이가 원하는 행동을 할 때마다 '당근'을 줘야 합니다. 물론, 보상은 다양해야 합니다. 아시다시피, 어떤 아이에게는 당근을, 어떤 아이에게는 설탕을 주는 것처럼, 아이마다 개인차가 있기 때문입니다."

토드 로즈가 그의 저서『평균의 종말』에서 언급했듯이, 행동주의에 기반한 전통적인 교실 학습 방식은 오늘날까지도 교육에 영향을 미치고 있다(Todd Rose, 2021). 이 시스템은 창의성보다는 순응 문화를 촉진하고, 존재하지 않는 '평균 학생'의 신화를 영속화한다. 켄 로빈슨은 공장식 학교의 교실 수업이 표준화와 효율성에 초점을 맞추고 시험, 성적, 암기를 지나치게 강조하여 비판적 사고, 문제 해결, 창의성을 억압하는 결과를 냈다고 주장한다(켄 로빈슨 & 루 애로니카, 2015). 이러한 한계를 극복하기 위해서는 교육 방식의 변화가 필수적이다.

Ⅲ. 언스쿨링 학습 방법의 이론적 토대

언스쿨링 학습 방법은 구성주의, 자기 결정론, 자기 주도적 학습, 그리고 휴타고지 등 다양한 학습 이론으로부터 영향을 받아 발전했다. 이러한 이론들은 학습자의 자율성과 주체성, 선택, 책임감, 그리고 통제 능력을 강조하는데, 이는 언스쿨링이 지향하는 것과 많은 공통점을 가지고 있다. 특히, 자기 결정 학습인 휴타고지는 언스쿨링과 밀접한 관련성을 가지고 있다.

__ 구성주의 학습론과 언스쿨링: 지식의 자기 구성

구성주의 학습론의 주요 개념

구성주의는 1950년대 인지 혁명의 결과로 탄생했으며, 관찰이 가능한 행동만을 중시하는 행동주의에 대한 반응으로 등장했다(Constructivism in Education: What Is Constructivism?, n.d). 구성주의는 학습자가 자신의 이해를 스스로 구성하는 것으로, 학습자의 능동적인 역할을 강조하는 학습 이론이다. 학습자는 정보를 수동적으로 수용하는 것이 아니라, 자기 경험을 반영하고 정신적 표상을 형성하며, 새로운 지식을 자신의 스키마에 통합한다(Mcleod, 2024). 이는 사람들이 자신의 지식을 능동적으로 구성하며, 현실이 학습자의 경험을 통해 형성된다는 주장을 뒷받침한다(Elliott, Kratochwill, Littlefield, & Travers, 2000).

구성주의는 지식의 객관성을 부정하고, '학습자가 구성하는' 지식이라는 주관적인 개념에 기반을 둔다(Olssen, 1995). 이러한 패러다임에서 지식은 역동적이고, 일시적이며, 접근이 가능하고, 혼란스러우며, 통합적이고, 모든 사람에게 속하는 것으로 여겨진다. 전통적인 학습 방식에서는 학습 과정이 학습자에게 '주어지는' 반면, 구성주의 학습에서는 개인이 기존의 지식과 새로운 경험을 습득하고 처리하고 구조화하여 새로운 지식을 창출한다(Brooks & Brooks, 1993). 이러한 관점에서 지식은 학습 과정 중에 기존 지식과 새로운 지식이 의미 있게 연결되기 때문에 개인적이고 일시적이며 맥락에 따라 변화하는 것으로 간주한다.

구성주의 학습은 스위스 심리학자 피아제와 러시아 심리학자 비고츠키의 연구를 바탕으로 발전했다(Brau, 2018). 피아제는 아동이 능동적인 참여를 통해 자신의 지식을 구성하는 데 중요한 역할을 한다고 보는 인지 발달 이론을 제안했다. 이 이론은 아이들이 점차 더 정교한 사고 방식을 발전시키며 주변 세계를 이해하는 과정을 강조한다. 반면에 레프 비고츠키는 학습 과정에서 사회적 상호작용의 중요성을 강조했다.

비고츠키는 학습을 사회적 상호작용과 대화를 통한 협력적 과정으로 보고, 학습자가 사회적, 문화적 맥락을 제공하는 커뮤니티의 일원이라는 점을 강조했다. 따라서 모든 학습은 사회적으로 구성된 지식을 공유하고 협상하는 과정에서 이루어진다고 보았다. 비고츠키는 인지 발달이 아동과 파트너가 지식을 공동으로 구성하는 근접 발달 영역(Zone of Proximal Development) 내에서 사회적 상호작용을 통해 이루어진다고 말했다.

구성주의 학습 이론은 학습자가 자기 경험과 사전 지식을 활용하여 새로운 정보를 해석하고 자신의 이해에 적용하는 과정을 강조한다. 학습자가 단순히 정보를 수용하는 것이 아니라, 자신의 지식을 능동적으로 구성하도록 장려하는 학습 경험을 제공한다. 구성주의는 몇 가지 핵심 원칙에 기반한다.

첫째, 지식은 타고난 것이 아니며, 단순히 흡수되는 것도 아니다. 이는 구성주의의 핵심 원칙으로, 인간의 학습은 본질적으로 구성하는 행위이다. 학습자는 기존의 학습을 바탕으로 새로운 지식을 구축한다. 선행 지식은 개인이 새로운 학습 경험에서 어떤 지식을 구성하거나 수정할 것인지에 큰 영향을 미친다(Phillips, 1995).

둘째, 학습은 능동적인 과정이다. 구성주의에서는 학습자를 지식으로 채울 '빈 서판'으로 보지 않는다. 오히려 학습자는 실험 혹은 실제 문제 해결과 같은 활동을 통해 의미를 구성한다.

셋째, 모든 지식은 사회적으로 구성된다. 학습은 추상적인 개념이 아니라, 상호작용을 통해 이루어지는 사회적 활동이다(Dewey, 1938). 레프 비고츠키(1938)는 인지 발달이 아동과 파트너가 함께 지식을 구성하는 사회적 상호작용에서 시작된다고 강조했다.

넷째, 모든 지식은 개인적이다. 학습자마다 각자의 지식과 가치관에 따라 고유한 관점을 가진다. 따라서 같은 수업, 교수 방법, 또는 활동이라도 학습자마다 다르게 해석할 수 있으며, 그 결과 학습 결과도 달라질 수 있다(Fox, 2001).

다섯째, 학습은 마음속에서 일어난다. 성공적인 학습에는 직접적인 경험과 신체적 행동뿐만 아니라 정신의 참여도 포함된다. 정신적 경험은 지식을 유지하는 데 필수적이다(Driscoll, 2000).

여섯째, 학습은 맥락에 따라 달라진다. 학습자는 삶과 단절된 고립된 사실이나 이론을 배우는 것이 아니라, 자신이 이미 알고 있고 믿는 것과 연결되는 방식으로 학습한다. 학습자가 배우고 기억하는 것은 주변에서 일어나는 일과 밀접하게 연결되어 있다(What Is Constructivism?, 2020).

구성주의와 언스쿨링의 연관성

구성주의 학습 이론과 언스쿨링의 연관성은 자기 주도적 학습과 경험을 통한 지식의 구성에 있다. 이 두 교육 방법은 학습자가 자신의 학습 과정을 주도하고 통제하는 능동적인 역할을 한다는 공통점을 인정한다. 특히, 언스쿨링은 구성주의 학습 이론의 근본을 이루는, 개인 경험을 통한 지식 구성을 강조한다. 언스쿨링 학습자는 자기 경험을 통해 지식을 구성하며, 이 과정에서 주도적이고 능동적인 학습자로서의 역할이 중요하게 여겨진다. 구성주의와 언스쿨링이 공유하는 주요 원칙은 다음과 같다.

첫째, 언스쿨링은 아동 중심의 학습과 개인 맞춤형 교육을 강조한다. 이는 능동적 학습, 직접 경험, 사회적 상호작용의 중요성을 강조하는 구성주의와 일맥상통한다.

둘째, 언스쿨링은 학습자를 스스로 학습을 관리하고 통제할 수 있는 능력을 갖춘 자연스러운 학습자로 간주한다. 이는 구성주의가 강조하는 능동적 학습자 개념과 일치한다.

셋째, 언스쿨링은 구성주의와 마찬가지로 학습자의 기존 지식과 신념을 존중하며, 적극적인 참여, 탐구, 성찰을 지원하고 장려하는 학습 환경을 조성한다.

넷째, 언스쿨링과 구성주의는 학습 과정에서의 오류를 학습의 중요한 부분으로 인식한다. 이들은 실패와 시행착오를 통한 학습이 학습자의 이해를 심화시키고 문제 해결 능력을 개발하는 데 공헌한다고 본다. 이는 학습 과정에서 반성적 사고를 촉진하고 학습자에게 더 의미 있는 학습 경험을 제공한다.

다섯째, 언스쿨링과 구성주의는 모두 학습자의 호기심과 질문을 학습의 출발점으로 삼는다. 학습자가 스스로 질문을 던지고 답을 찾는 과정이 학습을 더욱 흥미롭고 의미 있게 만든다. 이는 학습자가 자기 주도적으로 학습하도록 장려하고 탐구적인 학습 환경을 조성하는 데 공헌한다.

여섯째, 언스쿨링과 구성주의는 다양한 학습 맥락과 환경의 중요성을 강조한다. 학습은 교실뿐 아니라 일상생활, 자연환경, 지역사회에서도 일어난다고 인식한다. 이러한 다양한 학습 환경은 학습자가 다양한 관점을 경험하고 실제 세계와의 연결을 강화하는 데 도움이 된다.

이처럼, 언스쿨링은 구성주의 학습 이론과 함께 학습자 중심의 능동적이고 의미 있는 학습 경험을 강조하는 교육 방법론으로, 학습자의 성장과 발달을 지원하는 많은 원칙을 공유한다.

▬ 자기 결정론과 언스쿨링: 내재적 동기의 힘

자기 결정론의 주요 개념

자기 결정론은 1970년대에 심리학자 리처드 라이언과 에드워드 데시가 처음 제안했으며, 1985년 그들의 저서 『인간 행동의 내재적 동기와 자기 결정』에서 이 이론을 더욱 발전시켰다(Deci & Ryan, 1985). 특히 데시는 행동주의 동기이론이 자율성 및 내재적 동기 등 내적 요인의 중요성을 간과한다는 점을 지적하며, 자기 결정의 중요성을 강조했다(Deci, 1971). 이후 많은 연구자가 인간의 행동 동기를 설명하기 위해 광범위한 연구를 수행했다. 1980년대 중반에 자기 결정론이 공식적으로 도입되어 건전한 경험적 이론으로 인정받았고, 2000년대 이후에는 사회 심리학의 여러 분야에서 적용되고 있다.

자기 결정론은 개인이 자기 행동과 결정에 대한 통제권을 가질 때 더 높은 수준의 동기 부여와 만족을 경험한다고 본다. 이 이론은 개인의 자율성과 내재적 동기를 중시하며, 개인이 자기 행동과 결정을 스스로 결정할 수 있는 능력을 강조한다. 자기 결정론은 사회적 맥락과 개인차가 어떻게 다양한 유형의 동기, 특히 자율적 동기와 통제적 동기를 촉진하고 학습, 성과, 경험 및 심리적 건강을 예측하는지에 초점을 맞춘다. 또한 이 이론은 내재적 동기와 다양한 유형의 외재적 동기를 정의하고 이러한 동기가 다양한 영역에서 사회적 및 인지적 발달, 성격, 상황 반응에 어떤 영향을 미치는지 설명한다.

자기 결정론에서 '자기 결정'은 자기 삶과 선택을 통제하고, 동기를 부여받으며, 자기 잠재력을 실현할 수 있는 것을 의미한다. 이러한 관점에서, 리안, 도메니코, 데치는 개인이 건강한 발달을 위해 기본적인 심리적 욕구를 지원받아야 한다고 주장했다. 이들은 여기서 자율성, 역량, 관계성이라는 세 가지 핵심 욕구를 가장 중요하게 여겼다(Ryan, Domenico, & Deci, 2019).

- **자율성**(Autonomy): 자율성은 개인이 자기 행동을 스스로 결정하고 자기 행동이 자신의 진정한 가치와 일치한다고 느끼는 능력이다. 자율성이 높은 사람은 외부의 압력이나 강요가 아닌 자신의 의지와 가치에 따라 행동한다.

- **역량**(Competence): 역량은 개인이 어떤 활동에 유능하다고 느끼며, 그 활동을 통해 목표를 달성할 수 있는 능력을 말한다. 역량이 높은 사람은 자기 능력에 자신을 갖고 목표를 성공적으로 달성할 수 있다고 믿는다.

- **관계성(Relatedness)**: 관계성은 다른 사람과의 연결을 통해 소속 감을 느끼는 능력이다. 관계성이 높은 사람은 타인과의 관계를 소중히 여기며, 그 관계에서 의미와 만족을 찾는다.

이 세 가지 핵심 심리적 욕구의 충족은 개인이 자기 삶을 건강하게 변화시키는 데 중요한 역할을 한다. 자율성을 부여하고, 역량을 강화하고, 관계를 증진함으로써 개인은 동기를 부여받고, 힘을 얻고, 연결됨으로써 삶에 긍정적인 변화를 지속적으로 만들어 낼 수 있다.

자기 결정론과 언스쿨링의 연관성

언스쿨링과 자기 결정론은 많은 유사점을 공유한다. 자기 결정의 원칙을 교육에 적용할 때, 학습자에게 스스로 학습 과정과 활동을 결정할 기회를 주면 학습에 대한 책임감과 내재적 동기를 촉진할 수 있다. 언스쿨링은 학습자가 스스로 학습 내용과 경로를 결정한다는 점에서 자기 결정론의 모범을 보여준다. 이런 점들로 인해 자기 결정론은 언스쿨링 교육의 핵심적인 요소가 된다. 자기 결정론이 언스쿨링 교육에 중요한 역할을 하는 이유는 다음과 같이 크게 다섯 가지로 요약할 수 있다.

첫째, 언스쿨링은 학습자의 주체성을 강화하여 학습자가 자신의 학습 경험과 방법에 책임을 지고 주도적으로 학습할 수 있는 학습 환경을 조성한다. 이는 자기 결정론에서 강조하는 자기 결정과 일치한다.

둘째, 언스쿨링은 개인의 자유의지와 자기 결정에 기반한 교육 철학이자 학습 방법이다. 언스쿨링에서 아이들은 일상생활을 통해 자유롭게 학습하고, 무엇을 배우고 싶은지, 어떻게 배우고 싶은지, 언제 배우고 싶은지 스스로 결정한다(Gray & Riley, 2015). 이는 자기 결정적이며 내재적 동기가 부여된 궁극적인 형태의 학습으로, 자기 결정론에서 정의하는 내재적 동기와 완전히 일치한다.

셋째, 언스쿨링은 자기 결정론의 핵심인 세 가지 기본적인 심리적 욕구를 충족시킨다. 학습자 중심의 능동적인 교육에 중점을 둔 언스쿨링은 학습자가 자신의 흥미와 열정을 탐구하고 자기 주도적으로 학습할 수 있는 능력을 존중한다. 이는 자기 결정론의 자율성 개념과도 일치한다. 또한 언스쿨링은 학습자가 기술을 개발하고 열정적인 관심사를 추구할 수 있도록 도와준다. 이는 자기 결정론의 역량 개념과도 일치한다. 또한 언스쿨링은 학습자와 가족 및 또래, 그리고 커뮤니티와의 관계를 강화하는 환경을 조성하는데, 이는 자기 결정론에서 말하는 관계의 필요성과도 일치한다(Riley, 2016).

넷째, 언스쿨링은 학습자가 자신의 속도와 스타일에 맞춰 학습할 수 있도록 한다. 전통적인 학교 시스템은 모든 학생이 동일한 속도로 동일한 커리큘럼을 따라야 하는 데 비해 언스쿨링은 개별 학습자의 필요와 선호에 따라 학습을 맞춤화한다. 이러한 접근 방식은 학습자의 자율성을 존중하고 자기 결정권이 강조되는 학습자의 고유한 역량과 성장을 지원한다.

다섯째, 언스쿨링은 학습자에게 다양한 학습 자원과 환경에 대한 접근성을 제공한다. 학습자는 학교 밖 학습, 실제 경험, 다양한 사람들과의 상호작용을 통해 자신만의 지식을 쌓고 이를 적용하는 방법을 배운다. 자기 결정론의 관점에서 볼 때, 이는 학습자가 자신의 학습에 적극적으로 참여하고 그 과정에서 의미 있는 관계를 형성하며 자신의 역량을 개발할 중요한 기회이다.

이러한 다섯 가지 요소는 내재적 동기를 키우고, 학습 과정에 대한 책임감을 높이며, 자기 결정 역량을 강화하는 데 큰 영향을 미친다. 언스쿨링은 학습자가 스스로 학습을 주도하고 내재적 동기에 따라 학습을 탐색하는 교육적 접근 방식이다. 자기 결정론에서 강조하는 내재적 동기는 학습자가 자신의 흥미와 호기심을 바탕으로 학습 과정을 주도할 수 있도록 하는 언스쿨링 학습에서 핵심적인 역할을 한다.

IV. 휴타고지로서 언스쿨링: 자기 주도 학습의 확장

___ 자기 주도 학습으로서 언스쿨링: 학습의 자유

자기 주도 학습의 주요 개념

자기 주도 학습은 고대 그리스 시대부터 존재해 왔다. 소크라테스, 플라톤, 아리스토텔레스와 같은 그리스 철학자들은 자기 주도 학습을 중요한 요소로 여겼다(Hiemstra, 1994). 공식적인 교육 기관이 설립되기 전에는 대부분 독학을 통해 학습했다. 자기 주도 학습은 20세기 후반에 평생 학습의 개념으로 발전했다. 칼 로저스와 같은 이론가들은 인본주의적 관점에서 인간은 본능적으로 배우고자 하는 욕구가 있으며, 이러한 욕구는 지원적인 학습 환경에서 장려되어야 한다고 주장했다.

캐나다의 앨런 터프는 학습 지향적인 인간의 본질을 더 깊이 이해하기 위한 연구를 처음 시도했다(Tough, 1979). 그는 자기 주도적 학습을 인간의 개인적 주체성의 표현으로 보고 인간을 권한이 있고, 활동적이며, 자유롭고, 자각하는 존재로 보았다. 이후 자기 주도적 학습의 개념은 칼 로저스, 앨런 터프, 말콤 놀스 등에 의해 발전했다. 놀스는 자기 주도 학습을 학습에 대한 개인의 자율성과 책임을 강조하는 교육 방법으로 보았으며 자신의 저서 『자기 주도적 학습』에서 자기 주도 학습을 다음과 같이 정의했다(Knowles, 1975).

> "개인이 타인의 도움을 받거나 받지 않고, 스스로 자신의 학습 요구를 진단하고 학습 목표를 설정하며, 인적 및 물적 자원을 파악하고 적절한 학습 전략을 선택하여 실행한 후 학습 결과를 평가하는 과정이다."

간단히 말하면, 자기 주도 학습은 내적 동기 부여로 시작하여 스스로 계획하고 주도하는 능동적 학습 과정이다. 자기 주도 학습에서 학습자는 자기 능력, 상황, 목표에 맞게 학습 기회, 방법, 자료를 선택하고, 스스로 학습 속도를 조절하며 학습하고 평가한다. 이러한 학습을 위해서는 학습에 대한 동기와 흥미가 필수적이며, 학습자가 학습의 필요성을 인식하고 주체적이며 책임감 있게 학습할 수 있는 교육 환경이 중요하다(이성호, 1997).

자기 주도적 학습은 모든 사람이 학습에 대한 내재적 욕구와 능력이 있다는 가정에 기초한다. 이러한 능력은 학습자가 자신의 관심사, 호기심, 열정을 따를 때 가장 잘 발달한다. 이 접근 방식은 학습자가 자신의 흥미와 열정을 추구하고, 관심 있는 주제를 탐구하고 참여하도록 장려한다. 또한, 학습자의 자율성과 주체성을 강조하며, 학습자 고유의 강점과 능력을 중시한다.

자기 주도 학습 이론의 핵심 원칙은, 학습자가 중심이 되고 교육자는 안내자와 촉진자 역할을 한다는 것이다. 이 이론은 학습자가 독특한 요구와 관심사를 가지고 있으며, 이를 자신만의 방식과 속도로 추구할 수 있어야 한다는 생각에 기반한다. 따라서, 학습자는 자신의 흥미와 열정을 추구할 수 있도록 최대한의 자유를 갖고, 구조에 구애받지 않는다.

자기 주도 학습과 언스쿨링의 연관성

자기 주도 학습은 언스쿨링의 중요한 이론적 근거를 제공한다. 이 이론은 아이들이 스스로 학습 과정을 계획, 실행, 평가할 수 있는 내재적 능력을 갖추고 있는 까닭에, 학교 교육에 의존하지 않고 스스로 학습할 수 있다고 가정한다. 피터 그레이는 아이들의 타고난 호기심과 학습 욕구가 자기 주도 학습의 주요 특성이며, 이는 아이들의 자연스러운 학습 방식이자 지적, 정서적, 사회적 성장에 필수적인 요인이라고 주장한다(Gray, 2017).

자기 주도 학습과 언스쿨링은 동일한 개념으로 볼 수 있는 경우가 많다. 실제로 많은 사람이 이 두 개념을 서로 바꿔가며 사용하고 있다.

예를 들어, 피터 그레이는 언스쿨링 대신 자기 주도 학습이라는 용어를 선호한다. 언스쿨링 학습 이론은 주로 자기 주도 학습 이론을 기반으로 구성되어 있다. 자기 주도 학습과 언스쿨링을 같은 의미로 간주하는 이유는 다음과 같다(주디 아놀, 2024; Fisher, 2022; Riley, 2020; Kerry McDonald, 2019; Peter Gray, 2015).

첫째, 두 이론 모두 학습자의 선택과 호기심을 중요시한다. 학습자의 다양성을 인정하고, 학습자의 선택과 호기심을 존중하는 것이 공통점이다.

둘째, 학습자의 자율성을 강조한다. 학습자가 무엇을, 어떻게, 언제 배울지 스스로 결정하는 것이 중요하며, 언스쿨링은 아이들이 독립적으로 학습하고 자신의 관심사를 따르도록 장려한다.

셋째, 맞춤형 학습을 촉진하여 개인의 필요와 관심사에 맞게 학습 경험을 조정하고, 더 유연하고 적응력 있는 학습 환경을 제공한다.

넷째, 높은 수준의 자기 동기 부여가 필요하다. 학습자는 학습 목표를 달성하기 위해 스스로 동기를 부여하고 노력해야 하며, 언스쿨링은 아이들이 자신의 흥미와 열정을 추구하도록 동기를 부여하는 자유로운 환경을 조성한다.

다섯째, 평생 학습을 강조한다. 두 이론은 정규 교육을 넘어선 학습에 대한 애정을 키우고, 학습자가 계속 학습하고 성장하도록 장려한다.

여섯째, 학습자가 실제 상황에서 지식과 기술을 적용할 수 있는 체험 학습을 중시한다.

언스쿨링은 자기 주도적 학습의 원리를 적용하며, 두 이론은 밀접한 관련성을 가진다. 두 이론에 따르면, 학습자는 자신의 흥미와 열정을 따르고, 그 과정에서 개인적인 성장과 발전을 경험한다. 이 접근 방식은 학습자에게 최대한의 자유와 책임을 부여하며, 학습자가 스스로 학습을 통제하고 그 과정에서 자기 잠재력을 최대한 발휘할 수 있도록 돕는다.

언스쿨링의 진화: 자기 주도 학습에서 휴타고지로

휴타고지의 주요 개념

휴타고지(heutagogy)는 '자기 결정 학습'을 의미하는 그리스어에서 유래한 단어이다. 학습자가 학습의 과정과 내용을 스스로 결정하고 자신의 진도를 관리 및 평가하는 학습 방식을 말한다. 휴타고지의 개념은 20세기 후반에 구체화되었으나 그 기본 원리는 루소의 교육 철학에서 찾을 수 있다. 18세기 초 루소는 교육이 학습자의 자연스러운 발달을 따르고 학습자가 스스로 세상을 경험하고 이해하는 과정을 강조하는 학습자 중심의 교육 철학을 주장했다.

휴타고지의 개념은 하스와 케니언에 의해 처음 개발되었다. 이들은 2000년대 초, "학습자가 학습 방법뿐만 아니라 학습 내용에 대해서도 책임을 진다"라고 설명하여 이 개념을 구체화했다(Agonács & Matos, 2019). 다른 한편으로, 블라쉬케는 "학습자가 자신의 학습 요구를 주도적으로 파악하고, 학습 목표를 설정하며, 학습 자원을 찾아내고, 문제 해결 전략을 실행하며, 학습 과정을 성찰함으로써 기존의 가정에 도전하고 학습을 개선하는 과정"이라고 휴타고지의 개념을 더욱 구체적으로 정의했다(Blaschke, 2012). 요컨대, 휴타고지는 학습의 A부터 Z까지를 학습자가 주도하고 스스로 결정하는 과정이다.

휴타고지는 자기 주도 학습, 즉 학습자의 자기 주도성을 극대화하는 교육 방법을 한층 더 발전시킨, 안드라고지의 확장 개념이다. 전통적인 자기 주도 학습의 개념을 넘어 학습자가 학습의 목적, 내용, 과정, 방향을 스스로 결정하는 것을 목표로 한다. 학습자는 자기 경험을 바탕으로 지식을 구성하고, 스스로 학습 경로를 탐색하며, 학습 과정 중 다양한 상황에 능동적으로 대응할 수 있는 능력 개발에 중점을 둔다.

휴타고지의 핵심은 학습 과정에서 학습자를 중심에 두는 것이다. 학습자는 정해진 강의 계획서나 커리큘럼의 제약을 받지 않고 교사와 협력하여 자신이 배우고 싶은 내용을 주도적으로 결정한다(Halsall, Powell, & Snowden, 2016). 휴타고지에서는 학습자가 교수학습 과정의 중심이 되며, 학습 계획과 실행, 평가에 이르기까지 전체 학습 경험에서 능동적인 역할을 한다. 이러한 점에서 휴타고지는 페다고지와 안드라고지를 넘어서, 학습자가 전 학습 과정을 완전히 주도하는 학습 방식을 의미한다(Agonács & Matos, 2019). 휴타고지는 그 출발부터 많은 교육자가 연구하고 실험해 왔으며, 그 결과 다음과 같은 핵심 원칙을 도출했다.

첫째, 학습자의 주체성이다. 학습자는 자신의 학습에 대한 주인의식을 갖고 무엇을 배울지, 어떻게 배울지, 성취 여부를 포함한 학습 경로를 결정한다. 학습자는 무엇을 어떻게 배울지부터 학습 결과의 평가에 이르기까지 학습에 관한 것을 모두 결정한다.

둘째, 역량과 자기 효능감이다(Stephenson, 1992; Bandura, 1977). 역량은 학습자가 새로운 환경에서 습득한 능력이나 기술을 사용할 수 있는 능력을 말하며, 자기 효능감은 학습자가 자기 능력에 대한 믿음과 요구되는 행동을 성공적으로 수행할 수 있다는 자신감을 말한다. 두 가지 모두 성공적인 결과에 대한 반복적인 경험을 통해 형성된다. 유능한 사람은 학습 방법을 알고, 창의적이며, 자기 효능감이 높고, 익숙한 상황뿐만 아니라 새로운 상황에서도 역량을 적용할 수 있으며, 다른 사람들과 잘 협력할 수 있다. 이 두 가지 요소를 경험한 학습자는 자신의 학습을 변화시킬 수 있는 잠재력을 갖게 된다.

셋째, 성찰과 메타인지이다. 학습자는 무엇을 어떻게 배웠는지, 새로운 지식과 기술이 자신의 가치와 신념에 미치는 영향에 대해 성찰하는 이중 루프 학습 과정에 참여하게 된다(Schön, 1983). 이중 루프 학습은 학습자가 학습의 내용과 과정에 대해 반성하고 비판적으로 사고하는 반복적인 과정을 포함하며, 이를 통해 메타인지 능력이 발달하게 된다. 이러한 성찰 과정을 통해 학습자는 자신의 지식과 사고를 비판적으로 평가하는 법을 배우게 되고, 이는 학습 경험을 변화시킨다(Mezirow & Associates, 1990).

넷째, '비선형 학습'이다(Blaschke, 2012). 하이브리드 학습 환경에서는 학습자가 무엇을 어떻게 배울지 스스로 결정하기 때문에 미리 정의된 선형적 학습 경로를 따르지 않는다. 그 결과, 비선형적 학습 경로는 연결 학습이나 뿌리줄기 학습 환경에서의 학습과 같이 혼란스럽고 다양한 양상을 보일 수 있다. 휴타고지를 위해 설계된 학습 환경은 탐구, 창조, 협업, 연결, 공유, 그리고 성찰을 포함한다(Blaschke, 2015).

휴타고지의 모든 개념을 고려할 때 학습자는 전체 학습 과정을 결정하는 독립적인 주체이다(Blaschke & Hase, 2019). 휴타고지의 개념은 20세기 후반에 학습자 중심의 접근 방식을 수용한 웹 2.0 기술이 등장하면서 주목받기 시작했다. 웹 2.0 기술은 학습자가 단순한 정보 소비자가 아닌 창조자가 될 수 있는 환경을 제공한다. 이는 전통적인 교수 방법이 학습자의 주관성과 창의성을 제한한다는 문제 인식의 확산과 함께 학습자의 주체성과 자기 주도성을 강조하는 새로운 학습 방식에 대한 요구로 이어졌다.

언스쿨링은 휴타고지이다!

언스쿨링과 휴타고지는 모두 자기 결정 학습을 의미하며, 21세기 초부터 AI 기술의 발전과 함께 주목받는 교육 철학 및 방법론이다. 이 둘은 교육과정에서 학습자의 자기 결정권과 주체성을 강조하며, 전통적인 교육 시스템의 한계를 넘어서려는 시도로 볼 수 있다. 언스쿨링은 휴타고지의 관점에서 자기 결정 학습으로의 진화를 의미한다. 이러한 변화는 AI 기술을 적극적으로 사용하여 학습의 깊이와 범위를 확장하고 자기 주도 학습의 한계를 극복하려는 노력으로 볼 수 있다.

기존의 자기 주도 학습으로서 언스쿨링은 새로운 기술이 요구하는 학습자의 자율성과 자기 결정에 대응하는 데 한계가 있었다. 하지만 AI

기술의 발전은 이러한 교육 철학의 실현 가능성을 크게 높였다. 특히, 학습자 중심의 교육 환경을 조성하고, 개별 학습자의 요구와 선호도에 맞춘 맞춤형 학습 경험을 제공함으로써, 학습자가 스스로 학습 과정을 더욱 통제하고 자신만의 학습 경로를 탐색할 수 있게 되었다. 이는 학습자가 주체적으로 지식을 탐구하고 확장하는 데 중요한 역할을 한다.

자기 결정 학습으로서 언스쿨링은 이러한 변화를 반영하여, 학습자가 자신의 학습 경로와 과정을 스스로 결정하고 통제할 수 있는 충분한 환경을 보장한다. 이는 전통적인 교육 시스템에서 교사나 커리큘럼이 중심이 되는 대신, 학습자 자신이 학습의 주체가 되어 자신의 목표와 관심에 따라 진행하는 완전한 자기 학습을 의미한다. 휴타고지는 이러한 언스쿨링과 밀접하게 연관되어 있으며, 학습자의 자기 결정권과 주체성을 핵심 가치로 삼는다. 학습자의 역량과 자기 효능감, 성찰과 메타인지, 그리고 비선형 학습은 휴타고지가 강조하는 주요 원칙으로, 이는 언스쿨링의 교육 방식에 깊이 내재해 있다.

언스쿨링과 휴타고지는 학습자가 자신의 학습 경로와 과정을 스스로 결정하고 통제할 수 있는 환경 조성에 중점을 둔다. 이는 개인화된 학습, 자유로운 학습, 전인적 발달을 우선시하는 새로운 교육의 대안으로 제시되며, 인공지능 기술의 발전은 이러한 교육 철학의 실현을 더욱 원활하게 한다. 언스쿨링의 원칙이 여러 가지 면에서 휴타고지의 원리와 유사한 점은 다음과 같다.

첫째, 학습자의 주체성을 중시한다는 공통된 핵심 원칙을 공유한다. 언스쿨링에서는 학습자가 스스로 학습의 목표와 방향을 결정하고 그 과정을 통제한다. 이는 학습자의 주체성을 강조하는 휴타고지의 핵심 원칙에 완전히 일치한다.

둘째, 학습자의 자율성을 중시한다. 언스쿨링은 학습자에게 자신의 학습에 대한 완전한 자율성을 부여하며, 이는 휴타고지의 학습자 주체성 원칙과 일치한다. 학습자는 스스로 필요한 지식을 찾고 학습하며, 그 과정에서 자기 능력을 발휘하고 학습과 실제 생활의 연관성을 깨닫게 된다.

셋째, 학습 경험과 환경에 대한 학습자의 주체성을 강조하며 창의 적인 문제 해결 능력의 개발을 강조한다. 언스쿨링에서는 학습자가 자 신의 학습 경험을 통제하며, 성찰과 비판적 과정을 통해 창의적 문제 해결 능력을 향상한다. 이는 성찰과 메타인지 과정을 통한 창의적 문제 해결을 강조하는 휴타고지의 핵심 원칙과 일치한다.

넷째, 언스쿨링은 전통적인 학교 교육의 선형적 학습 방식에서 벗 어나 학습자의 자연스러운 호기심과 흥미를 따르는 비선형적 학습 방식 을 채택한다. 학습자는 정해진 학습 경로를 따르는 것이 아니라 스스로 학습의 목표와 방향을 결정하고 그 과정을 주도하는 자기 결정적 학습 경로를 따라간다. 이는 비선형 학습과 연결된 학습 환경을 강조하는 휴 타고지의 핵심 원칙에 부합한다.

언스쿨링과 휴타고지는 전통적인 교육의 위계질서에 저항하는 학 습의 형태로, 학습자를 수동적 수용자에서 분석가이자 설계자로의 진화 를 의미한다(Kizel, 2019). 이러한 접근 방식은 오늘날의 복잡한 작업에 서 요구되는 최적의 기술과 역량을 개발한다는 공통된 목표를 가지고 고도로 자율적이고 자기 결정적인 학습자를 중심으로 이루어진다. 언스 쿨링과 휴타고지는 교육에 대한 전통적인 관념에 도전하며 개인화되고 의미 있는 학습 경험을 위한 새로운 길을 닦는다.

V. 언스쿨링의 접근 방식

언스쿨링은 아이들의 자연스러운 호기심과 흥미를 중심으로 한 학 습 방법으로, 자기 주도적이고 자유로운 학습을 강조한다. 언스쿨링은 단순히 교실에서 벗어나는 것을 넘어, 학습이 일상생활의 모든 순간에서 이루어질 수 있음을 보여준다. 이 접근 방식은 전통적인 학습 방법과 달리, 자신의 관심사에 따라 배우고 삶의 경험을 통해 자연스럽게 학습하는 방식을 지향한다.

일상 학습

일상적인 활동 학습은 아이들이 자연스럽게 지식을 습득하고 경험을 쌓는 과정으로, 학습이 교실에 국한되지 않음을 강조한다. 아이들은 일상에서 문제 해결 능력과 사회적 기술을 개발할 수 있다.

- **요리와 수학적 사고:** 가족과 함께 요리하며 레시피를 보고 재료를 측정하고 시간과 온도를 조절하는 과정은 수학적 사고를 기르는 기회가 된다. 또한, 영양소와 음식의 과학적 원리에 대한 이해도 높일 수 있다.

- **쇼핑과 경제 이해:** 부모와 슈퍼마켓에 가는 경험을 통해 아이들은 쇼핑 목록 작성, 가격 비교, 예산 관리 등을 배우며 결정 능력과 책임감도 기른다.

- **정원 가꾸기와 생태학:** 식물을 심고 기르며 생태계의 원리와 자연의 순환을 배우는 정원 가꾸기는 과학적 탐구와 인내심, 책임감을 기르는 데 도움이 된다.

실제 상황 학습

실제 상황 학습은 아이들이 현실 세계의 문제를 해결하며 지식을 습득하는 방법이다. 이 접근 방식은 이론적 지식이 아닌 실제 경험을 통해 배운 내용을 적용하고 이해하는 데 중점을 둔다.

- **프로젝트 기반 학습:** 지역사회의 환경 문제를 해결하는 프로젝트

를 통해 아이들은 쓰레기 분리배출과 재활용을 배우고, 문제 해결 능력과 팀워크를 기를 수 있다.

- **개인적 흥미를 통한 학습:** 흥미 있는 주제를 선택해 관련 자료를 읽는 것도 실제 상황을 통한 학습이다. 만화나 과학 서적을 통해 독서 능력을 개발할 수 있다.

- **여행과 체험을 통한 역사 및 문화 학습:** 역사적 유적지 방문이나 다양한 문화적 경험은 아이들에게 역사와 전통을 직접 체험하게 하여, 역사적 사건의 맥락을 이해하는 데 큰 도움이 된다.

- **자연 탐험과 실험을 통한 과학 학습:** 자연 탐험이나 과학 실험은 아이들이 과학적 원리를 직접 경험하며 배우는 좋은 방법이다. 식물 관찰이나 곤충 연구를 통해 생명 과학에 대한 이해를 높이고, 실험을 통해 과학적 사고를 발전시킬 수 있다.

▬ 놀이 학습

놀이 학습은 아이들이 놀이 활동을 통해 자연스럽게 다양한 기술과 개념을 배우는 접근 방식이다. 이 방법은 학습을 즐거운 경험으로 만들어 아이들의 호기심과 창의성을 자극하며, 사회적, 정서적, 인지적 기술을 발전시키는 데 중요한 역할을 한다.

- **창의적 표현과 문제 해결:** 놀이를 통해 아이들은 상상력을 발휘하고 문제를 창의적으로 해결하는 경험을 한다. 예를 들어, 블록 쌓기 놀이에서 구조물의 안정성을 고려하며 공간 지각 능력을 키울 수 있다.

- **사회적 기술과 협동:** 그룹 놀이를 통해 아이들은 상호작용을 통해 사회적 기술을 개발한다. 팀 게임이나 역할극을 통해 의사소

통, 협력, 갈등 해결 능력을 배우며, 이는 건강한 관계 형성에 기초가 된다.

- **언어 능력 향상:** 역할극이나 이야기 만들기와 같은 놀이 활동은 언어 능력을 발전시키는 데 도움이 된다. 아이들은 대화를 통해 어휘력을 확장하고 감정을 표현하는 방법을 배운다.

- **신체적 발달:** 신체 놀이, 예를 들어 달리기나 점프하기는 아이들의 신체적 발달에 공헌한다. 이러한 활동은 운동 능력과 신체 조절 능력을 발전시키고, 기분을 좋게 하며 스트레스를 해소하는 데 도움을 준다.

- **학습의 즐거움:** 놀이를 통한 학습은 아이들에게 학습이 즐겁고 흥미로운 경험임을 알려준다. 놀이를 통해 배운 내용은 기억에 오래 남고, 아이들은 자발적으로 학습에 참여하게 된다. 이러한 경험은 아이들의 전인적 발달에 기여한다.

▬ 관심과 열정 추구 학습

관심과 열정 추구 학습은 아이들이 자신의 흥미와 열정을 바탕으로 자발적으로 학습하는 접근 방식이다. 이 방법은 아이들이 선택한 주제를 깊이 탐구하고, 그 과정에서 자연스럽게 지식을 습득하며 개인적인 성장과 자기 계발을 이루도록 돕는다. 이러한 학습 방식은 의미 있는 경험을 제공하고 동기 부여를 증진한다.

- **자기 주도적 학습:** 이 학습의 핵심은 자기 주도성이다. 아이들은 흥미를 느끼는 주제를 선택하고 학습 목표를 설정한다. 예를 들어, 별자리에 관심이 있는 아이가 천문학을 배우기로 결심하면, 스스로 자료를 찾고 학습 계획을 세우며 책임감을 기른다.

- **심층 탐구:** 아이들이 관심사를 깊이 탐구하는 것은 중요하다. 과학에 관심이 많은 아이가 환경 문제를 연구하면, 관련 서적을 읽고 실험을 진행하며 지식을 확장한다. 이러한 탐구는 비판적 사고와 문제 해결 능력을 발전시키는 데 도움을 준다.

- **성취감과 동기 부여:** 관심과 열정을 추구하는 학습은 개인적인 성취감을 제공한다. 좋아하는 주제에 대해 배우고 성과를 이루는 경험은 자존감을 높이고 긍정적인 학습 태도를 형성한다.

- **창의성과 혁신:** 자신의 관심사에 따라 학습하는 과정에서 아이들은 창의성과 혁신적인 사고를 기른다. 예를 들어, 예술에 열정을 가진 아이가 다양한 재료와 기법을 실험하며 독창적인 아이디어를 발전시킨다.

- **사회적 연결과 협력:** 비슷한 관심을 가진 친구들과의 상호작용은 협력의 중요성을 배우게 한다. 동아리 활동이나 프로젝트를 통해 아이들은 아이디어를 공유하고 공동으로 문제를 해결하며 사회적 기술과 공동체 의식을 키운다.

온라인 커뮤니티 및 가상 학습

온라인 커뮤니티 및 가상 학습은 디지털 플랫폼을 통해 이루어지는 학습 방식으로, 아이들이 다양한 자원과 사람들과 연결되어 학습할 기회를 제공한다. 이 접근 방식은 시간과 장소의 제약을 넘어 유연하고 접근이 가능한 학습 환경을 제공한다.

- **다양한 학습 자원 접근:** 온라인 커뮤니티는 아이들이 웹사이트, 동영상 강의, 포럼 등 다양한 디지털 자료에 쉽게 접근할 수 있게 한다. 이를 통해 아이들은 관심사에 맞는 주제를 자유롭게 탐

구할 수 있다.

- **글로벌 네트워크 형성:** 가상 학습 환경은 전 세계의 다양한 사람들과 연결될 기회를 제공한다. 아이들은 다른 국가의 친구들과 협력하거나 다양한 문화적 배경을 가진 사람들과 소통하면서 글로벌 감각을 키울 수 있다.

- **자기 주도적 학습 촉진:** 온라인 학습은 아이들에게 자기 주도적인 학습을 촉진한다. 원하는 시간과 장소에서 학습하고 필요한 자료를 스스로 선택하여 탐구함으로써 자기 관리 능력과 책임감을 육성한다.

- **협력적 학습 환경:** 온라인 플랫폼은 그룹 프로젝트와 토론 포럼을 통해 협력적 학습을 지원한다. 아이들은 서로의 생각을 공유하며 팀워크와 의사소통 능력을 발전시킨다.

- **피드백과 평가의 용이성:** 온라인 학습 환경에서는 즉각적인 피드백을 받을 수 있다. 온라인 퀴즈나 과제를 통해 자신의 이해도를 확인하고 보완할 수 있으며, 교사나 동료의 피드백은 지속적인 성장에 도움을 준다.

- **다양한 학습 스타일 수용:** 온라인 커뮤니티는 시각적 자료, 오디오 강의, 실습 활동 등 다양한 형식의 자료를 통해 다양한 학습 스타일을 수용한다. 아이들은 각자의 학습 속도에 맞춰 효과적으로 학습할 수 있다.

언스쿨링은 일상적인 활동, 놀이, 커뮤니티 참여 등 다양한 방법으로 이루어지며, 창의성과 문제 해결 능력을 키우는 중요한 기회를 제공한다.

VI. 언스쿨링의 하루: 자기 결정 학습의 스케치

대부분 사람은 학교 교육에 너무 익숙해져서 학습은 학교에서만 이루어진다는 고정관념에 갇혀 있다. 심지어 언스쿨링을 하는 아이들에 대해서는 아무것도 배우지 못한다는 오해도 있다. 하지만 학교에 다니지 않는다는 것이 실제로 배움이 전혀 없다는 것을 의미할까?

다음은 호주에서 세라 가족의 일상생활과 언스쿨링 라이프스타일에 대한 예시로, 세라의 블로그(Sara, 2021)에서 공유한 내용이다. 세라는 네 딸과 함께 언스쿨링을 실천하며, 아이들이 세상을 배울 수 있게 돕는 것을 가장 큰 성취이자 기쁨과 자랑으로 여긴다. 세라네 가정에서는 5세, 7세, 10세, 12세의 네 자매가 학교에 다니지 않고 언스쿨링을 하고 있다. 정해진 커리큘럼이나 강제된 일정 없이, 일과 놀이의 구분 없이 학습한다. 자매들의 하루는 관심사를 자유롭게 추구하며, 웃고 놀고, 좋은 책을 읽고, 흥미로운 대화와 질문을 하며, 친구들과 소통하고 관계를 맺으며, 함께 생활하면서 배우는 일로 가득 차 있다. 이 가족의 하루를 소개한다.

▁ 아침 시작

아침 식사 후에는 활기차고 학습할 준비가 된 기분으로 하루를 시작한다. 아이들은 책을 읽거나 음악을 듣거나 신체 활동을 한다. 아이들은 각자 책을 들고 편안한 장소를 찾아 30분 동안 책을 읽는다. 30분의 독서 시간이 끝나면 아이들은 미술 활동을 준비한다. 오전 10시경에는 티 타임을 가지며 과일을 나누고 다양한 책을 몇 페이지씩 읽는다. 이 시간은 아이들이 프로젝트를 공유하고 팟캐스트를 들으며 토론과 연구를 위한 토대를 마련하는 시간이다.

아이들은 잠시 밖에서 놀다가 오전 중반쯤 되면 자신의 관심사나 열정을 바탕으로 프로젝트를 진행한다. 호기심이 많은 주제를 탐구하거나, 개발하고 싶은 기술을 연습하거나, 창의적인 프로젝트를 진행할 수 있다. 12살인 첫째는 동아리 행사를 계획하고, 10살인 둘째는 보습제를 직접 만들고, 7살인 셋째는 락 텀블러를 점검하고, 5살인 막내는 컴퓨터로 달걀 그림을 그리기 시작한다. 때로는 자연을 탐구하고 배우기 위해 인근 자연 보호 구역으로 현장 학습을 떠나 하이킹하고 동식물을 관찰하며 자연 일기를 쓰기도 한다.

__ 오후 시작

점심 식사 후 가족이 모두 프로젝트 시간으로 돌아온다. 첫째는 장애물 코스를 위한 장비를 제작한다. 찰흙으로 메달을 만들고 코스를 표시하는 표지판을 그린다. 둘째는 아이들이 흥미로워하는 새로운 온라인 게임을 시작한다. 이후 몇 시간 동안 게임을 하고 온라인에서 친구들과 전략을 논의한다. 친구들에게 메시지를 보내고 이벤트에 대한 아이디어를 떠올리기도 한다. 셋째는 새로운 주제를 탐구하거나 책을 읽고, 막내는 엄마와 함께 그림을 그린다. 어떤 날은 커뮤니티 이벤트에 참여하거나 또래 친구들과 어울리기도 한다. 이 활동들은 수업, 워크숍, 그룹 활동 등, 각자의 관심사에 맞춰 진행된다. 여가 시간에는 유튜브 동영상을 보거나 오디오북을 듣거나 자유롭게 놀기도 한다. 일과가 끝나면 보통 오후 티 타임을 갖고 독서 시간을 더 갖는다.

__ 저녁 시작

엄마와 아이들은 집 안을 정리하고 청소한다. 집 청소가 끝나면 첫째는 수학 문제를 풀고 둘째는 저녁 준비를 맡아 치킨 요리를 한다. 나머지 아이들은 밖에서 계속 놀고 있다. 저녁 식사 후에는 가족들이 모여 책을 읽거나 영화를 감상한다. 잠자리에 들기 전에는 며칠 전부터 시작한 글쓰기나 그림 그리기 등 개인 프로젝트를 하는 시간을 갖기도 한다. 샤워와 오디오북으로 하루를 마무리한다.

세라 가족의 언스쿨링 하루는 배움이 학교 교육에만 국한되지 않고 어디에서나 일어날 수 있다는 것을 분명히 보여준다. 이 자유로운 학습 환경은 아이들이 자신의 관심사를 탐구하고 따라길 수 있게 해준다. 세라네 가족은 각자의 관심사와 능력에 맞춰 속도와 필요에 따라 학습하며, 학습은 강요되거나 정해진 커리큘럼을 따르는 것이 아니라 자유로운 탐구와 발견의 과정이다. 이는 학습자가 자기 주도적으로 학습할 수 있도록 돕는 것으로 언스쿨링의 궁극적인 목표의 실현이다.

평범하지만 비범하고, 여유롭지만 바쁘고, 중요하지 않은 것 같지만 누구에게나 중요하며, 아무것도 하지 않는 것처럼 보일 때도 계속되는 학습, 이것이 바로 자기 결정 학습으로서 언스쿨링의 핵심이다. 학교 교육과 달리 언스쿨링은 일상생활에 통합해 있어 눈에 띄지 않는 진정한 평생 학습이다. 언스쿨링 라이프스타일은 가족 간의 깊은 유대감과 함께 창의력과 학습을 위한 환경을 제공한다. 아이들이 자신에게 가장 잘 맞는 방식으로 자신의 흥미와 열정을 자유롭게 탐구하기 때문에 하루도 같은 날이 없다. 나날이 새로운 도전과 모험이다!

• • • • • •

언스쿨링은 구성주의 학습 이론, 자기 결정론, 자기 주도 학습, 그리고 휴타고지와 같은 인본주의 철학을 기반으로 하는 혁신적인 학습 방식이다. 언스쿨링은 AI 기술과 휴타고지의 영향을 받아 기존의 자기 주도 학습에서 자기 결정 학습으로 진화했다. 자기 결정 학습으로서 언스쿨링은 전통적인 교실 학습의 한계를 넘어, 학습자가 완전한 주체가 되는 더 독립적이고 창의적인 학습 방법을 제공한다.

여행은 우리 가족의 언스쿨링 여정에서 중추적인 역할을 했다. 우리는 학교 교육만으로는 아이들이 자신감 있는 성인으로 성장하고, 정서적으로 지속 가능한 삶의 토대를 마련하는 것이 충분하지 않다는 것을 깨달았다. 그래서 언스쿨링을 선택하게 되었다. 하지만 다른 많은 언스쿨링 가정과 마찬가지로, 우리도 훈육과 강압에서 벗어나는 데 어려움을 겪었고, 한동안 언스쿨링을 중단해야 했다. 결국 우리는 생활비가 저렴하고 여유로운 라이프스타일, 그리고 풍부한 문화적 배경을 가진 곳으로 이사할 것을 결정했다. 우리 딸들이 학교라는 울타리를 벗어나고 우리의 삶이 학교 중심적이지 않게 되자, 우리는 여행을 통해 세상을 경험하고 물질적 애착을 줄일 수 있는 방법을 찾았다. 가구, 자동차, 옷, 심지어 마음속에 품고 있던 짐까지 모두 내려놓았다.

언스쿨링은 우리에게 새롭고도 무서운 자유로운 삶의 문을 열어주었다. 자기 삶을 소유한다는 것이 무엇을 의미하는지, 그리고 과거 세대가 추구하고 성취했던 자유를 어떻게 실천할 수 있는지에 대해 생각하게 되었다. 우리는 더 적은 것으로 더 풍요롭게 사는 법, 아이를 신뢰하는 법, 그리고 배움이 어떻게 일어나는지를 이해하는 법을 배웠다. 우리는 미래를 준비하지 않고 현재에 살고 있었다. 이것이 나와 언스쿨링, 그리고 미니멀리즘의 연결고리였다. 더 많은 것을 포기하면서, 더 중요하고 가치 있는 것을 볼 수 있는 여유가 생겼다.

언스쿨링의 실천을 통해 나는 통제하려는 욕구를 내려놓는 법을 배웠다. 지켜보는 것이 곧 능동적인 교육이라는 점을 깨달았고, 아이들이 이미 가지고 있는 관심사에 대해 배우고 있다는 것을 알게 되었다. 학습은 삶과 분리된 것이 아니라 오히려 삶의 일부라는 사실을 깨닫게 되었다. 이러한 인식과 실천이 나를 언스쿨링 라이프스타일로 이끌었다. 두려움에 기반한 교육 방식을 통해 딸들을 통제하려는 욕망을 극복하기 전까지는 자유로워지는 방법을 몰랐다.

오늘날 내가 실천하는 언스쿨링 생활과 미니멀리즘은 여행 가방과 지갑만 들고 3개월 동안 아프리카를 여행하는 것과 다르지 않다. 아프리카 여행에 필요한 것을 모두 갖추고 있다는 것을 깨달았기 때문에, '노숙자'라는 꼬리표는 이제 불필요한 것 같다(Richards, 2017).

CHAPTER 05
의미 있는 삶: 언스쿨링 라이프스타일

I. 언스쿨링 라이프스타일의 개념

▬ 라이프스타일의 정의

    사회과학에서는 라이프스타일을 다양하고 복잡한 방식으로 정의한다. 현재까지 라이프스타일에 대한 합의된 정의는 없으며, 지식 분야마다 서로 다른 이론과 연구 변수를 제시한다(Brivio, Viganò, Paterna, Palena, & Greco, 2023). 라이프스타일은 식사, 옷차림, 운동, 여가 활동, 소비 습관, 사회적 상호작용, 문화적 관습 등을 포괄하는 개념이다(Lifestyle, n.d). 이 개념은 일반적으로 '취향'으로 간주하지만, 철학적 관점에서 보면 사람들이 다양한 물질적, 문화적 욕구를 충족하는 방식을 의미한다. 이는 개인의 특성, 가치관, 세계관을 반영하는 경향이 있다. 라이프스타일은 개인의 습관, 태도, 가치관, 소비 패턴을 포함하는 삶의 방식이며 문화, 개인 취향, 환경 등의 요인에 영향을 받는 것으로 건강, 여가, 업무, 일상생활과 관련된 다양한 선택과 실천을 포함한다(Drew, 2023).

    라이프스타일은 사회학의 역사 전반에 걸쳐 탐구해 온 주제이다. 예를 들어, 베버는 라이프스타일을 특정 계층이 공유하는 가치와 삶의 방식이라고 정의했다(Weber, 1966). 반면 부르디외는 계급의 취향과 정체성을 구별하는 수단으로 이해했다(Bourdieu, 1984). 심리학적인 관점에서 라이프스타일은 사고나 행동 차원에서 정의하며, 주로 소비자 심리학, 가치 심리학, 개인 심리학의 맥락에서 연구되고 있다. 개인 심리학의 옹호자인 아들러(2019)에 따르면, 라이프스타일은 자기 삶에 의미를 부여하는 목표를 달성하기 위해 개인적인 방식으로 형성된다. 이는 각 개인이 자신만의 방식으로 생활하고 행동하는 패턴을 의미한다. 예를 들어, 어떤 사람은 건강을 중요시하여 규칙적으로 운동하고 건강한 식단을 유지하는 라이프스타일을 선택할 수 있다. 또 다른 사람은 직업적 성공을 목표로 하여 열심히 일하고 전문성을 키우는 데 집중할 수 있다. 이처럼 각 개인이 자기 삶에 의미를 부여하는 목표를 설정하고, 그 목표를 이루기 위해 선택한 생활 방식이 바로 그 사람의 라이프스타일이 되는 것이다.

역사적으로 라이프스타일은 물질과의 관계 속에서 형성되어 왔다(모종린, 2020). 따라서 물질에 대한 태도는 라이프스타일을 결정하는 중요한 요소이다. 물질주의는 물질적 성공을 추구하는 삶의 방식인 데 비해, 탈물질주의는 개성과 자기표현, 다양성, 삶의 질, 사회 윤리를 강조하며 물질과 무관한 삶을 추구한다. 부르주아지와 그들이 대표하는 산업 사회의 엘리트 문화는 물질주의를 대표하는 반면, 보헤미안 문화는 탈물질주의의 한 예이다. 1960년대의 히피, 1990년대의 보보족, 21세기의 힙스터와 노마드족은 모두 탈물질주의를 강조하는 현대 사회의 라이프스타일 운동 중 일부로 볼 수 있다. 모종린(2020)에 따르면 이들은 물질에 대한 태도를 재고하고 자유롭고 다양한 삶, 환경 보호를 강조하며 소비에 대한 인식을 바꾸고 있다. 가치관의 다양화, 경제 변화, 고령화, 핵가족화 등으로 인해 현재의 라이프스타일은 더욱 다양하고 편안하며 개인화되고 합리적으로 되면서 풍요로워졌다.

라이프스타일의 유형

사람들이 라이프스타일을 창조하는 방법은 각양각색이어서 라이프스타일의 유형은 매우 다양하다. 일반적으로 라이프스타일은 일상적인 행동과 그 행동을 형성하는 일련의 가치 또는 원칙을 중심으로 한다. 식습관, 철학, 종교, 열정, 취미 또는 개인의 정체성과 삶의 방식을 형성하는 것 등은 모두 이 원칙의 바탕을 이룬다. 라이프스타일은 주류 라이프스타일과 대안 라이프스타일로 나뉜다. 주류 라이프스타일은 지배적인 문화, 문화적 규범, 현대 생활의 편의성에 의해 결정된다. 반면에 대안적인 라이프스타일은 반문화와 하위문화를 중심으로 형성되는 경향이 있다. 대안적 라이프스타일은 다양하다. 이는 주말마다 야외로 나가 여가 시간을 활용하는 '주말 전사'와 같은 단순한 것부터, 전기와 컴퓨터 같은 현대 기술을 거부하는 아미시와 같이 삶의 모든 측면을 통제하는 극단적인 선택에 이르기까지 모두 포함한다. 드류는 이러한 다양한 라이프스타일을 101가지로 요약했다. 그중 가장 눈에 띄는 라이프스타일은 다음과 같다(Drew, 2023).

- **미니멀리즘**: 미니멀 라이프스타일은 물질적 소유를 줄이는 단순함을 강조한다. 무형의 가치에 집중하여 진정으로 중요한 것을 위한 더 많은 시간과 공간을 확보한다.

- **보헤미안주의**: 보헤미안주의는 일반적으로 예술가와 작가와 연관된 자유로운 생활과 사고를 포함한다. 물질주의를 거부하고 창의성, 탐험, 커뮤니티를 포용한다.

- **홈스테딩**: 홈스테딩은 직접 식량을 재배하고 옷을 만드는 등 자급자족에 중점을 둔 라이프스타일이다. 많은 귀농인이 농촌 지역에 거주하며 주류 경제에 대한 의존도를 낮추는 것을 목표로 한다.

- **디지털 노마드**: 디지털 노마드는 기술을 사용하여 원격으로 일하고 독립적인 유목 생활을 하는 개인이다. 이들은 온라인에서 직업을 유지하면서 여러 지역을 여행하는 경우가 많다.

- **나홀로 여행 라이프스타일**: 나홀로 여행은 개인이 혼자 여행하며 세계를 탐험하고 자신의 여정을 완전히 통제할 수 있는 라이프스타일이다. 이 독특한 경험은 독립성, 유연성, 자기 발견의 기회를 촉진한다.

- **슬로우 리빙**: 슬로우 리빙은 일상생활에서 좀 더 느리고 의도적으로 접근하는 것을 옹호한다. 이 라이프스타일에는 현재의 순간을 음미하고, 스트레스를 줄이며, 양보다 질에 집중하는 것 등이 있다.

- **낭비 없는 생활**: 낭비 없는 생활은 쓰레기 배출량을 최소화하는 것을 목표로 한다. 여기에는 소비 습관 줄이기, 재사용, 재활용, 퇴비화, 재사용 또는 재활용이 가능한 제품의 우선순위 정하기 등이 있다.

- **자연주의 라이프스타일**: 자연주의 라이프스타일은 자연과 긴밀하게 연결되고 자연에 대한 깊은 감사를 포함한다. 자연주의자들은 캠핑이나 하이킹과 같은 야외 활동을 즐기고 생물학이나 환경 과학과 같은 학문에 관심이 많을 수 있다.

- **건강 중심의 라이프스타일**: 건강 중심의 라이프스타일은 건강한 식단을 섭취하고, 규칙적으로 운동하며, 건강에 해로운 행동을 피함으로써 건강을 증진하고 질병을 예방하는 데 중점을 둔다. 정신 건강과 스트레스 관리도 중요한 요소이다.

- **가족 중심의 생활 방식**: 가족 중심의 생활 방식은 무엇보다도 가족과 함께하는 시간과 관계를 우선시한다. 여기에는 함께 식사하고, 함께 활동하며, 가족 단위의 안녕을 강조하는 것이 있다.

언스쿨링 라이프스타일

그렇다면 언스쿨링 라이프스타일이란 무엇일까? 간단히 말하자면, 언스쿨링 라이프스타일은 대안적 라이프스타일의 하나로, 교육과 생활 양식이 밀접하게 연결된 독특한 형태이다. 주류 라이프스타일은 직업,

취미, 건강, 웰빙, 사회적 상호작용, 여가 활동, 패션, 음식, 여행 등 다양한 측면을 포함한다. 반면, 언스쿨링 라이프스타일은 개인이나 가족이 교육과 학습에 특별한 관심을 두고 자유로운 삶을 추구하는 방식을 중요시한다.

언스쿨링 라이프스타일은 일상생활의 모든 측면에서 언스쿨링 원칙을 통합하는 삶의 방식이다. 이는 아이의 교육, 학습 및 성장과 관련하여 가족이 선택하는 라이프스타일이다(Shaikh, n.d). 대부분 사회에서는 학교 교육과 교육 문화를 아이들의 교육, 학습, 성장의 주요 수단으로 인식한다. 그러나 언스쿨링 철학은 주류 학교 교육의 일반적인 관행과 문화에 대해 의문을 제기하고 재검토한다. 언스쿨링 가정은 전통적인 교육 관행을 따르기보다 아이와 가족에게 즐겁고 풍요로운 현재의 삶을 살아가는 데 유용한 것을 추구한다.

언스쿨링 라이프스타일은 물질적 소유보다는 관계와 경험을 중시하며, 탐험과 창의성을 장려하고 현재의 삶을 소중히 여긴다. 이 라이프스타일을 선택함으로써 사람들은 자신의 학습과 개인적 성장을 더 잘 통제할 수 있으며, 자신의 가치와 신념에 부합하는 방식으로 살아갈 수 있다. 이는 개인의 자율성, 자기 발견, 성장을 우선시하는 삶의 방식이며, 기존 학교에서 볼 수 있는 교육 및 개인 개발에 대한 구조적이고 전통적인 접근 방식과는 대조적이다.

한편 '라이프스타일'이라는 용어가 워낙 다양한 측면을 포괄하기 때문에, 언스쿨링 라이프스타일은 교육에만 초점을 맞출 필요가 없다. 아리 노이만과 아론 아비람의 연구에 따르면, 언스쿨링은 교육적인 측면을 넘어 가족생활의 여러 영역, 특히 부모의 삶에까지 영향을 미치는 총체적인 현상이다(Neuman & Aviram, 2003). 실제로 언스쿨링 라이프스타일은 교육뿐만 아니라 의료, 건강, 가족 관계, 직업, 자아 성취감 등 가족생활의 모든 영역에 영향을 미친다. 이러한 의미에서 언스쿨링은 가족 관계, 배우자 관계, 직업, 친구 및 동료와의 관계, 사회경제적 지위 등 여러 측면에 영향을 미치는 근본적인 라이프스타일 변화로 볼 수 있다.

언스쿨링을 실천하는 가족은 아이들이 태생적으로 학습할 수 있는 능력이 있으며, 자신의 흥미와 호기심을 기반으로 학습해야 한다고 믿는다. 이들은 교육 시스템의 권위주의적 성격을 거부하고, 대신 아이들이 자신의 흥미와 열정을 자유롭게 탐구할 수 있는 가정 교육을 선호한다(케리 맥도날드, 2021). 언스쿨링 라이프스타일을 선택하는 가족은 아동 중심의 학습, 자율성, 호기심, 자기 주도적 교육을 중시하는 것이 특징이다(Main, 2023). 부모는 아이의 관심사를 지원하며, 일상생활에서 구조화 활동과 비구조화 활동 간의 균형을 유지한다. 언스쿨링 가정에서 실천하는 생활 방식과 관련된 원칙과 관행, 의식은 다음과 같다(Shaikh, n.d).

- 학습은 자연스럽고 지속적인 과정이며 특정 과목이나 커리큘럼에 국한될 필요가 없다.

- 언스쿨링 가정은 대부분 미리 정해진 커리큘럼 없이도, 커리큘럼이 자연스러운 유기적인 삶에서 비롯될 수 있다고 믿는다.

- 아이들이 스스로 학습할 수 있으며, 모든 학습이 반드시 미리 가르침을 받을 필요는 없다고 생각한다. 즉, "아이들은 누군가 가르쳐주지 않으면 배우지 못한다"라는 관념에서 벗어난다.

- 언스쿨링 가정에서는 계획적이거나 적극적인 가르침 없이도 학습이 이루어지는 경우가 많다.

- 성인과 아이, 교사와 학생 사이의 '권력-권위' 모델을 넘어 '동등한 존중의 파트너십'으로 전환한다. 일상생활은 아이, 부모, 가족 모두에게 상호 성장과 학습의 여정이다.

- 부모는 아이에게 무엇을 하라고 지시하기보다는 아이의 선택을 신뢰하며, 개방적이고 호기심 많으며 수용적인 태도를 보인다.

- 부모는 아이와의 공감적인 참여와 연결, 공유를 추구한다.

- 학업, 정해진 커리큘럼, 시험, 자격증, 학위보다는 삶과 성장, 학습의 여정에 더 중점을 둔다.

- 학교, 시험, 자격증, 대학, 학위 등 기존의 제한적인 전략 대신, 삶의 다양한 요구를 충족시킬 수 있는 풍부하고 다양한 방법을 신뢰하고 수용한다.

언스쿨링 라이프스타일은 교육에서의 언스쿨링 원칙을 시작으로 삶의 다른 영역으로 확장되는 특화된 생활 방식으로, 다양한 영역에서 개인의 선택과 삶의 방식을 포괄하는 개념으로 이해할 수 있다.

II. 현대 사회의 라이프스타일과 언스쿨링

현대 사회의 라이프스타일은 기술 발전, 세계화, 사회적 가치관의 변화에 따라 진화한 삶의 방식을 말한다(Forgeard, 2023). 이는 자신의 열정과 목표를 추구하는 더 개인주의적인 접근 방식을 포함하며, 변화를 수용하고 전통적인 관습에서 벗어나려는 오늘날의 삶을 의미한다. 여기에는 개성과 개인적 성장에 초점을 맞추며 자신만의 방식으로 행복과 성취를 추구하는 것 등을 포함한다. 이러한 라이프스타일은 다양하고 유연하며, 사회, 문화, 경제, 기술 변화에 따라 형성된다. 현대인들은 건강과 행복을 추구하는 과정에서 웰빙, 일과 삶의 균형, 개인화, 현실주의, 가족 가치 등을 중요한 요소로 여긴다.

다음은 현대 사회의 라이프스타일과 언스쿨링 라이프스타일이 양립할 수 있는 몇 가지 일반적인 방식이다(Forgeard, 2023; Park, 2011).

__ 웰빙과 언스쿨링

웰빙(Well-being)은 건강과 행복을 추구하는 라이프스타일의 핵심이다. 디지털 시대의 빠른 발전과 함께, 전인적 건강과 웰빙의 중요성이 점점 더 강조된다. 전반적인 웰빙을 개선하고 삶의 어려움을 잘 극복하기 위해서는 스트레스 감소, 건강한 생활, 사회화, 건강한 식습관 등을 현대 사회의 라이프스타일에 통합할 필요가 있다. 이를 위해 식단, 운동, 명상 등 몸과 마음을 건강하게 유지하기 위한 활동을 강조한다. 또한, 환경친화적인 제품과 서비스에 대한 수요도 증가하고 있다.

이러한 라이프스타일은 교육에도 영향을 미치며, 학생들의 신체적, 정신적, 사회적 건강을 개선하기 위한 교육 프로그램과 활동이 점점 더 많아지고 있다. 한센은 자신의 저서 『스마트의 미래(The Future of Smart)』에서, 학교가 성취와 성공이 아닌 웰빙을 가르칠 것을 주장한다 (Hansen, 2021). 교육 시스템이 모든 아이의 성장을 돕기 위해 변화해야 할 몇 가지 방법에는 전인 교육, 스트레스 관리, 정서 교육, 마음 챙김, 성교육, 식습관 교육, 체력 단련 등이 있다.

언스쿨링 생활 방식은 아동의 전인적 발달, 특히 정서적, 사회적, 지적 성장을 우선시하며, 아동의 신체적, 정신적, 사회적 건강을 증진한다. 언스쿨링은 건강한 식습관, 운동, 명상, 스트레스 해소, 강한 사회적 유대감 등 몸과 마음을 건강하게 유지하기 위한 활동을 장려한다. 또한 자연 친화 학습을 강조한다. 이러한 요소들을 일상에 통합함으로써, 언스쿨링 라이프스타일은 전반적인 웰빙을 개선하고, 인생의 어려움에 더 잘 대처할 방법을 제공한다. 현대 사회에서는 정신 건강과 정서적 웰빙이 점점 더 중요해지고 있다. 언스쿨링 라이프스타일은 아이의 전인적 발달을 강조하며, 전반적인 웰빙에 공헌하는 양육 및 지원 환경을 제공한다.

▃ 일과 삶의 균형과 언스쿨링

워라밸(Work-Life Balance)은 일과 삶의 균형을 추구하는 라이프 스타일이다. 일과 개인 생활 사이의 균형을 유지하는 것은 지속 가능한 삶을 추구하는 사람들에게 매우 중요하다. 현대인들은 전반적인 웰빙을 개선하기 위해 의식적으로 자기 관리, 취미, 사교, 자원봉사를 위한 시간을 따로 마련하는 경향이 있다(Forgeard, 2023). 이를 통해 더 생산적이고 효과적으로 일하고 더 큰 성취감을 느낄 수 있다. 이러한 라이프 스타일의 중요성은 교육에도 반영된다. 학교에서는 학업과 여가의 균형을 맞추는 교육 정책과 프로그램을 점점 더 강조하고 있다. 학생들이 균형 잡힌 일상을 유지하고 학업에 도움이 될 수 있는 취미와 휴식을 취할 수 있도록 돕는 프로그램이 도입되고 있다.

언스쿨링 라이프스타일은 개인이 자신의 가치를 추구하고 창의적이고 만족스러운 일에 우선순위를 둘 수 있게 해주며 현대 사회의 일과 삶의 균형과도 잘 맞는다. 언스쿨링을 통해 학생들은 스스로 일정을 정하고, 다양한 활동을 경험하며, 자신의 흥미와 역량에 따라 학습을 주도할 수 있다. 이러한 방식으로 언스쿨링 라이프스타일은 개인이 삶의 다양한 영역에서 균형을 찾고 삶의 만족도를 높이는 데 도움이 된다. 결과적으로 언스쿨링은 워라밸을 통해 개인의 삶을 풍요롭게 하고 현대 사회에 적합한 지속 가능한 라이프스타일을 제공한다.

▃ 개인화와 언스쿨링

인류 역사상 이렇게 많은 사람이 개인의 취향에 따라 자신만의 라이프스타일을 만들 수 있었던 적은 없었다. 기술의 발전, 검색 기능의 폭발적 증가, 자유 경제의 분업화 덕분에 거의 모든 작업이나 정보에 쉽게 접근할 수 있게 되었다. 중요한 질문은 "어떻게 내 삶을 개인화할 수 있는가?"가 아니라 "어떻게 내 삶을 개인화할 것인가?"이다(Gersper, n.d).

개인화(Personalization)는 세상을 자아의 중심에 두고 개인의 가치를 높이는 한편, 집단이나 조직보다 개인을 중시하고 자신의 취향과 성향을 반영하는 삶의 방식을 선택하는 라이프스타일이다(Kneupper & Rubin, 1975). 현대인들은 소셜 네트워크 서비스(SNS)와 인플루언서를 통해 자신만의 개성과 스타일을 표현하고 공유하는 경향이 있다(Forgeard, 2023).

이러한 라이프스타일은 교육으로 이어져 학생의 개성과 강점을 존중하고 개발하는 맞춤형 교육을 강조한다. 여기에는 학생의 학습 방식과 학습 속도를 고려한 피드백을 제공하여 개별 학습 경험을 최적화하는 것 등이 있다. 이러한 개인 맞춤형 교육은 AI를 기반으로 한 에듀테크의 발전으로 더욱 활성화되고 있다. 언스쿨링 라이프스타일은 학생의 개인적인 관심사와 동기가 학습을 이끄는 보다 개인화된 교육 접근 방식으로 변화하고 있다. 이는 각 학생의 개성과 학습 스타일에 맞게 교육을 맞춤화하여 잠재력을 최대한 발휘할 수 있도록 돕는 것이다. 이러한 개인 맞춤화를 통해 언스쿨링은 삶의 만족도를 높이고 자아를 실현하며 더 나은 미래로 나아갈 수 있는 길을 열어준다.

현실주의와 언스쿨링

현실주의(Realism)는 실용성을 강조하는 가치 지향적인 라이프스타일이다. 이는 현실적이고 합리적인 삶의 선택을 의미한다. 현대 사회에서 경제적 불안과 사회적 불균형이 점점 더 심해짐에 따라 사람들은 자신의 이익과 가치를 우선시하며 실용적이고 경제적인 제품과 서비스를 선호하는 경향이 있다. 이러한 라이프스타일은 교육 분야에도 영향을 미쳐 학생들이 경제적 불안과 사회적 불균형에 대처할 수 있는 실용적이고 유용한 교육이 강조되고 있다. 직업 교육, 실제 체험 학습, 여행, 자원봉사, 지역사회 참여, 인턴십, 기업가 정신과 같은 프로그램이 활발하게 진행되고 있다.

노이만과 아비람은 언스쿨링 가정이 예기치 않은 사건들로 가득하다고 보며, 이런 상황에 억지로 맞추려다 보면 오히려 어려움이나 실패를 겪게 될 수 있다고 말한다. 즉, 변화하는 상황에 유연하게 대처하는 것이 더 중요하다는 것을 강조한다(Neuman & Aviram, 2003). 언스쿨링을 지지하는 가정에는 현실적인 접근 방식을 택하는 것이 성공적이고 바람직한 결과로 이어질 수 있다는 확고한 믿음이 있다. 언스쿨링 라이프스타일은 학생들이 실제 경험, 실제 세계와의 상호작용 및 커뮤니티 참여를 통해 얻은 실용적인 기술과 실제 지식을 중시하는 현실 위주의 교육을 강조한다. 이를 통해 학생들은 실제 상황에서 필요한 기술을 습득하여 지속 가능한 라이프스타일을 구축할 수 있다.

가족 가치와 언스쿨링

가족의 가치(Family Value)는 가족의 건강, 가족 관계, 유대감의 중요성을 강조하는 라이프스타일이다. 이는 가족을 중심으로 한 삶의 방식을 의미한다. 가족 구성원의 나이, 성별, 관계의 다양성이 증가하면서 가족의 의미와 역할도 변화하고 있다. 전통적인 가족 가치를 대체하는 새로운 가족 가치관이 출현하면서 가족 간의 소통과 유대감을 강화하는 가족 중심의 교육이 더욱 중요시되고 있다. 가족 구성원 간의 대화를 촉진하고 가정에서 공동 활동을 장려하는 프로그램이 마련되고 있다.

케리 맥도날드(2021)는 언스쿨링이 가족 가치관에 긍정적인 영향을 미치며, 가족생활의 형태와 관계없이 아이들에게 인생의 방향성을 제시한다고 주장한다. 주디 아놀(2024)은 자신의 저서 『언스쿨링의 비밀』에서 언스쿨링의 궁극적인 목적이 가족 가치에 있음을 강조한다. 주디는 다음과 같이 말한다. "가족으로서 우리는 관계를 소중히 여기며, 그것을 우선순위에 두어야 한다. 우리는 사랑하는 이들과 함께 시간을 보내고, 그 시간을 즐기며, 우리의 지식과 노력으로 세상을 더 나은 곳으로 만들기 위해 언스쿨링을 실천한다."

언스쿨링 라이프스타일은 가족을 소중히 여기며 가족 구성원 각자의 의견을 존중하고 함께 의사결정을 내리는 가족의 역할을 강조한다. 가족 내에서 학습은 가족 구성원 간의 상호작용을 통해 이루어지며, 교육은 각 구성원의 관심사와 필요에 따라 맞춤화된다. 이러한 접근 방식은 가족 구성원 간의 유대감을 강화하고 가정에서 긍정적인 학습 환경을 조성한다. 언스쿨링은 가족을 소중히 여기고 가정을 학습과 성장의 중심지로 보는 교육 접근 방식을 제공한다.

III. 언스쿨링 라이프스타일의 확산과 영향

최근 몇 년 동안 언스쿨링 라이프스타일이 교육의 영역을 넘어 일상생활의 여러 측면에 영향을 미치는 사실이 점점 더 분명해지고 있다. 이러한 현상의 주된 이유는 언스쿨링 라이프스타일의 확장성에 있다. 확장성이란 변화하는 환경에 대응하여 적응하고 성장할 수 있는 시스템의 능력을 말한다. 언스쿨링 라이프스타일은 교육과 학습을 넘어 삶의 여러 영역에 그 원칙을 적용할 수 있는 유연성을 제공하기 때문에 총체적인 라이프스타일의 선택이 될 수 있다.

언스쿨링 라이프스타일은 자유와 유연성을 우선시하며, 개인이 자신의 관심사, 열정, 호기심을 탐구하도록 장려한다. 이 교육 철학은 전통적인 교육 경로를 따르기보다 개인이 자신의 열정과 관심사를 추구할 권리를 옹호하는 자기 결정의 원칙을 기반으로 한다. 그 결과, 언스쿨링의 가치와 원칙은 교육의 영역을 넘어 삶의 여러 영역으로 확장되어 큰 변화를 일으키고 있다. 다음은 언스쿨링 라이프스타일의 확장성이 삶의 여러 측면에 어떤 영향을 미칠 수 있는지 보여주는 몇 가지 예이다.

식생활과 언스쿨링: 건강한 식습관에 관한 자연스러운 탐구

언스쿨링 라이프스타일이 영향을 미치는 영역 중 하나는 식생활이다. 언스쿨링은 공식적인 교실 학습보다 개성과 자기 주도적 학습을 강조하는 교육 철학이다. 의식적인 선택을 강조하는 언스쿨링은 가족들이 소비하는 음식에 대해 신중하고 의도적으로 생각하도록 장려한다. 다양한 종류의 식품의 영양학적 가치에 대한 깊은 이해를 심어주고 가공식품이나 미리 포장된 대체 식품보다 유기농 식품의 소비를 선호한다.

언스쿨링 라이프스타일에 따른 식습관은 체험 학습, 요리 예술 및 문화 탐구, 건강한 식습관 육성, 식단 선호도 존중, 다양한 주제와 음식 교육의 통합, 지속 가능성의 증진, 마음 챙김 식습관 장려를 강조한다. 음식은 언스쿨링 라이프스타일에서 학습, 웰빙, 전인적 발달을 위한 귀중한 도구 역할을 한다. 언스쿨링 아이들은 직접 체험하고 실험을 통해 다양한 종류의 음식과 요리에 대한 지식을 습득한다. 그 과정에서 자연 식품에 대한 애정을 키우고 평생 건강한 식습관을 위한 튼튼한 기초를 다진다. 전통적인 레시피나 식사 계획을 따르는 대신, 아이들은 자신만의 레시피를 만들고 직접 음식을 요리하며 다양한 문화의 요리에 대해 배울 수 있다. 자신의 취향과 식습관에 따라 음식을 선택함으로써 아이들은 자기 몸과 음식에 대해 보다 긍정적인 관계를 형성할 수 있다.

언스쿨링은 실제 경험의 맥락에서 학습을 강조하고 학습자가 자신의 관심사를 탐구할 수 있도록 한다(Gray & Riley, 2013). 많은 언스쿨링 학생은 식량이 어떻게 생산되는지 이해하고 생태계와 지속 가능성에 대해 배우기 위해 텃밭을 가꾸고 농사를 짓는 데 참여한다. 언스쿨링 라이프스타일은 식품 시스템과 그것이 환경, 농업, 동물 복지에 미치는 영향을 강조한다. 또한 언스쿨링 가정은 살충제 및 유전자 변형 생물체(GMO) 사용부터 동물에 대한 비인도적 대우에 이르기까지 주류 식품 산업의 관행에 의문을 제기하고 도전한다. 이러한 방식으로 언스쿨링 라이프스타일은 인간과 지구의 관계를 증진하고 환경 보존과 지속 가능성에 공헌한다.

건강한 삶과 언스쿨링: 일상에서 건강 찾기

건강한 생활은 언스쿨링 라이프스타일의 또 다른 측면으로 큰 영향을 미친다. 언스쿨링 라이프스타일은 단순한 신체적 건강을 넘어 건강에 대한 총체적인 접근을 장려한다. 언스쿨링 가정은 정해진 일정이나 커리큘럼을 따르기보다는 자신에게 기쁨과 성취감을 주는 활동을 추구하도록 권장한다(Elvis, 2023). 언스쿨링 생활 방식은 신체적, 정서적 웰빙의 중요성을 강조하며 아이들이 체력, 영양, 정신 건강을 우선시하도록 장려한다.

언스쿨링 가족은 건강을 우선시하는 더욱 활동적인 라이프스타일을 즐긴다. 언스쿨링 학습은 시간과 장소의 제약 없이 이루어지기 때문에 전통적인 교실에서 오랜 시간을 보내지 않는다. 언스쿨링 학생들은 무술, 댄스, 캠핑, 하이킹, 수영, 스포츠 등 다양한 신체 활동을 통해 자신의 흥미를 추구한다. 규칙적인 신체 활동은 심폐 체력, 근력 및 전반적인 체력을 증진하여 아이들이 활동적인 라이프스타일을 유지하고 평생 도움이 되는 건강한 습관을 기르는 데 공헌한다.

언스쿨링 라이프스타일은 기쁨과 성취감을 주는 활동을 추구함으로써 건강한 일과 삶의 균형을 촉진한다(Kresser, 2016). 모든 물건을 소비하는 전통적인 교육과 달리 언스쿨링 라이프스타일은 아이들이 학업과 다른 활동 및 관심사의 균형을 맞출 수 있게 한다. 이러한 접근 방식은 번 아웃을 예방하고 전반적인 웰빙을 증진하는 데 유익하다. 자기 관리와 휴식을 우선시하는 언스쿨링은 학업과 개인 생활 사이의 건강한 균형을 유지할 수 있게 한다.

건강과 관련하여 가장 중요한 것은 언스쿨링 라이프스타일이 정서적 건강을 강조하여 깊은 자기 인식과 마음 챙김을 심어준다는 점이다. 아이들은 스트레스를 관리하고 감정을 처리하며 내면의 평화를 찾기 위한 수단으로 명상, 요가, 일기 쓰기 등을 활용한다(De Wit, Eagles,

Regeer, & Bunders—Aelen, 2017). 아이들은 종일 학교 교실에서 고립된 채 생활하는 대신 주변 세상과 끊임없이 교류하고 관심사를 공유하는 다른 사람들과 소통한다. 이는 사회적 고립을 예방하고 언스쿨링 생활은 전반적인 정신적, 정서적 건강을 증진하는 데 도움을 준다.

▬ 여가와 언스쿨링: 자유 시간의 창의적 활용

교육과 여가는 사람들의 삶에서 중요한 영역이다. 처음에는 이 두 가지 개념이 모순적으로 보일 수 있다. 일반적으로 여가는 교육과는 직접적인 관련이 없고 자유 및 휴식과 연결된 것으로 생각하는 경향이 있다(Sivan, 2006). 하지만 이는 단편적인 생각일 뿐이며 실제로 여가와 교육은 깊은 관련성이 있다. 여가는 사람들이 자신의 태도, 동기, 관심사를 탐구하도록 장려하고 잠재적인 기회와 자원을 발견하여 의미 있는 생활 방식을 개발하도록 촉진한다. 여가를 통해 사람들은 자기 인식을 높이고, 여가 지식과 기술을 확장하며, 사회적 관계를 증진하고, 자율성과 역량을 키운다(Young, 2023).

언스쿨링 라이프스타일은 여가와 오락에 큰 영향을 미친다(주디 아놀, 2024). 언스쿨링은 경직된 일정을 고수하는 대신 자신의 관심사를 깊이 있게 추구할 수 있는 자유와 유연성을 장려한다. 언스쿨링 라이프스타일은 여가와 자유 시간이 개인의 성장, 창의성, 웰빙에 필수적임을 인식한다. 전통적인 교육에서는 여가를 비생산적이고 낭비적인 것으로 여기는 경우가 많지만, 언스쿨링 라이프스타일에서는 자유 시간의 가치를 인정하고 개인이 만족스럽고 의미 있는 방식으로 자유 시간을 활용할 수 있도록 한다. 따라서 언스쿨링 가족은 여가와 오락에서 독특하고 다양한 관심사를 가지고 있으며, 주류 활동보다 창의적이고 비전통적인 활동을 선호하는 경향이 있다.

언스쿨링 가족이 자신의 관심사를 탐구하는 한 가지 방법은 자연 탐험이다. 유연한 일정을 통해 자연을 감상하고 자연과 교감에 많은 시간을 할애한다(Raising World Changers, 2023). 여기에는 하이킹, 캠핑, 조류 관찰 또는 의미 있는 방식으로 환경에 관여하는 모든 활동이 포함된다. 이러한 야외 활동에 대한 선호는 자연에 대한 책임감과 존중감을 심어주고, 지속 가능하고 친환경적인 삶의 관점을 개발하도록 안내한다.

언스쿨링 라이프스타일을 추구하는 아이들이 즐기는 또 다른 형태의 여가는 창의적인 취미를 개발하는 것이다(The Excellent Family, n.d). 자신의 열정을 따를 수 있는 자유를 통해 언스쿨링 아이들은 음악, 미술, 문학 또는 영화 제작과 같은 관심사에 더 깊이 집중한다. 창의적인 표현에 중점을 두기 때문에 언스쿨링 가족은 주류 엔터테인먼트보다 비주류 형태의 엔터테인먼트를 선택하는 경우가 많다. 예를 들어, 이들은 TV를 보거나 영화관에 가거나 비디오 게임을 하기보다 악기를 연주하거나 창작 소설을 쓰거나 단편 영화 제작을 더 선호한다.

언스쿨링 라이프스타일을 추구하는 아이들은 종종 자신의 관심사에 맞는 독특하거나 재미있는 스포츠에 참여한다. 농구나 축구와 같은 전통적인 팀 스포츠 대신 암벽 등반, 파쿠르, 얼티밋 프리스비 등을 즐길 수 있다. 이러한 다양한 형태의 신체 활동을 선택함으로써 언스쿨링 아동은 자신의 독특한 개성을 표현하고 더 개별화된 방식으로 자기 신체 능력을 시험할 수 있다. 이것이 바로 언스쿨링 아이들이 문화, 운동, 예술 분야에서 두각을 나타내는 이유 중 하나이다.

언스쿨링 라이프스타일은 건강한 생활, 여가, 엔터테인먼트에 대한 접근 방식에 새로운 차원을 더한다. 이는 개성과 자유를 중시하는 교육 방식으로, 아이들이 자신의 건강과 웰빙, 그리고 자신이 즐기는 활동에 더 집중할 수 있게 한다. 이러한 이유로 언스쿨링 라이프스타일은 많은 가족에게 매력적인 선택지가 되고 있다.

여행과 언스쿨링: 세상을 배우는 가장 자연스러운 방법

여행은 사람들이 세상을 예상치 못한 방식으로 보게 만든다. 국경을 넘는 순간부터, 다른 문화권의 사람들을 만나고 놀라운 광경을 목격한다. 안전지대를 벗어나 상상하기 어려운 것들을 경험하는 등, 여행은 다양한 방식으로 교육하고 변화시키고 성장하게 한다(Travel Guidance, 2021). 여행 동기의 핵심에는 탐험하고 발견하려는 인간의 깊은 욕구가 자리 잡고 있다(Cardoza, 2023). 새로운 문화를 탐험하고 우리 주변의 세계를 배우려는 여행은 언스쿨링 라이프스타일과 밀접하게 연결되어 있다. 언스쿨링은 체험 학습, 문화적 이해, 다양한 환경에 대한 직접 경험, 그리고 세상을 탐험하고 배울 수 있는 자유를 강조한다. 이 모든 것은 여행을 통해 경험할 수 있다.

언스쿨링 가족들은 종종 여행을 우선순위에 두고 정기적으로 국내외 여행지를 탐험한다. 이를 통해 아이들은 세상을 탐험하고, 주변 환경에서 배우며, 문화적 다양성을 더 깊게 이해할 수 있다(Living Joyfully Podcast, n.d). 언스쿨링 교육의 핵심 원칙 중 하나는 호기심이다. 언스쿨링에서 아이들은 질문을 하고, 답을 찾으며, 주변 세계를 의미 있는 방식으로 탐구하도록 장려된다. 이러한 자연스러운 호기심은 언스쿨링 아이들이 여행과 새로운 문화 체험에 대한 강한 열망을 가지게 한다. 이들에게 여행은 다양한 삶의 방식을 배우고 세상을 더 깊이 이해할 특별한 기회로 여겨진다.

언스쿨링 라이프스타일의 유연성과 자발성은 여행에도 그대로 적용된다. 언스쿨링 가족은 국토 횡단 가족여행에서부터 유럽 배낭여행, 해외 작은 마을에서의 자원봉사에 이르기까지 다양한 형태의 여행을 즐긴다. 최근에는 월드스쿨링과 노마드 언스쿨링과 같은 새로운 여행 방식도 등장했다. 이러한 다양한 여행 경험은 언스쿨링 학생들에게 문화적 다양성에 대한 이해를 높이고 타인에 대한 공감을 키울 기회를 제공한다(Nomadmum, 2023; Jaimon, 2022; Daphna, 2021).

여행을 통해 언스쿨링 학생들은 다양한 문화의 관습, 전통, 신념을 배울 수 있다. 새로운 음식을 맛보고, 다른 언어나 방언을 배우며, 문화

185

축제에 참여하는 등의 경험은 세계에 대한 이해를 깊게 하고 다양한 배경의 사람들과의 공감을 넓힐 수 있다. 언스쿨링 라이프스타일은 교과서나 전통적인 교육 시스템에 의존하지 않고 다양한 문화를 배울 수 있다는 장점이 있다. 언스쿨링 가족은 만나는 사람들, 방문하는 장소들, 종사하는 일을 통해 유기적이고 체험적인 방식으로 다양한 문화를 자유롭게 배운다. 이러한 학습 방식은 주변 세계를 더 깊이 이해하고 다양하고 상호연결된 글로벌 사회에 적응할 수 있는 균형 잡힌 개인으로 성장하게 한다.

직업 선택과 언스쿨링: 성공의 새로운 정의

최근 몇 년 사이 한국 사회에서 아이들의 교육과 성공에 대한 인식이 크게 변화하고 있다. 과거 명문대 진학이 성공의 척도로 여겨졌던 시절이 있었다. 그러나 한국교육개발원의 교육 관련 여론조사 결과를 보면, '명문대에 진학했다'라고 답한 학생의 비율이 10년 전 22.1%에서 8.7%로 줄어든 반면에 '하고 싶은 일을 하게 됐다'라고 답한 비율은 13.5%에서 25.1%로 거의 두 배 가까이 증가했다. 이러한 변화는 우리 사회에서 교육과 성공에 대한 가치관이 내부적으로 크게 변화하고 있음을 나타낸다(임소현 외, 2021).

언스쿨링 라이프스타일은 명문 대학을 졸업하고 고소득 직업을 얻어 부를 축적하는 선형적인 경로를 통한 성공을 추구하지 않는다(Shaikh, n.d). 대신, 이 라이프스타일은 개인의 성장, 열정 추구, 평생 학습을 강조한다. 언스쿨링에서 성공은 만족스러운 삶을 살고, 열정을 따르며, 의미 있는 공헌을 하고, 지속적으로 배우고 성장하는 능력으로 정의된다. 언스쿨링은 감성 지능, 창의성, 사회적 기술, 비판적 사고 등 전인적 발달에 초점을 맞추며, 물질적 성공만을 추구하는 대신 균형 잡힌 개인적 성장을 장려한다. 궁극적으로 언스쿨링 라이프스타일에서 성공의 척도는 매우 개인적이며, 각자의 고유한 진로와 열망에 따라 달라진다(Neuman & Guterman, 2016).

　이러한 맥락에서 언스쿨링 라이프스타일은 아이들이 자신의 관심사, 열정, 재능에 우선순위를 두도록 장려한다. 이를 통해 언스쿨링 아이들은 자신의 열정을 따르고 의미 있는 방식으로 자신의 관심사를 탐구할 수 있다. 또한 비전통적이고 독특한 진로를 개발할 기회를 제공한다. 전통적인 교육 시스템이 학업 성공과 미리 정해진 진로에 초점을 맞추지만 언스쿨링은 학생들이 다양한 진로를 실험하고 자신의 가치와 관심사에 부합하는 진로 목표를 추구할 수 있는 자유를 제공한다. 이러한 접근 방식은 기업가 정신을 키우고 자신의 사업을 시작하거나 성공적인 기업가가 될 가능성을 높일 수 있다(Modi, 2023; McDonald, 2018).

　언스쿨링 교육의 유연성과 자유로움은 학습자가 자신의 관심사와 재능을 포괄적으로 이해할 수 있게 한다. 이러한 자기 이해는 기존 교육에서 고려하지 않았던 비전통적인 진로를 발견하는 데 유용할 수 있다. 언스쿨링은 창의성과 혁신을 장려함으로써 전통적인 교육 환경에서는 불가능했던 독특한 진로를 추구하고 의미 있는 취업으로 이어질 기회를 제공한다.

　또한 언스쿨링 라이프스타일을 통해 아이들은 자신이 선택한 진로에서 성공할 수 있는 필요한 기술과 경험을 쌓을 수 있다. 자신의 열정과 흥미를 추구하면서 강한 직업의식, 끈기, 문제 해결 능력을 키울 수 있다. 이러한 기술은 모든 진로에서 중요하며, 각자의 관심사와 진로 목표에 맞게 고유한 방식으로 활용할 수 있다. 언스쿨링 아이들은 다양한 경험과 아이디어에 노출되어 문제에 대한 창의적이고 혁신적인 해결책을 찾을 수 있다. 이러한 문제 해결 능력은 직장에서 높은 가치를 인정받으며 다양한 분야에서 커리어 성공으로 이어진다.

▬ 미니멀리즘과 언스쿨링: 생활과 학습에서 찾는 단순함의 가치

　미니멀리즘은 전통적으로 예술 및 디자인과 연관된 개념으로 여겨져 왔다. 그러나 최근에는 생활의 모든 영역에서 불필요한 요소들을 제거하고자 하는 생활 방식으로 자리 잡았다. 미니멀리스트 생활 방식은 삶에서 정말 필요한 것이 무엇인지 파악하고, 그 외 것들은 과감히 포기할 수 있는 용기를 기르는 과정이다(Ofei, 2024). 의도적으로 단순하게 생활하는 것을 목표로 하며, 물질적 소유를 줄이고 삶의 질을 향상하는 데 중점을 둔다. 이를 통해 현재에 집중하고, 더 많은 자유를 누리며, 스트레스를 감소시키고, 육체적 및 정신적 긴장을 완화하여 시간과 공간을 확보한다(Arya, 2020).

급변하는 현대 사회에서 '단순한 삶'의 지향은 어려울 수 있다. 하지만 언스쿨링을 추구하는 사람들에게 단순함은 단지 꿈이 아니라 핵심 가치이다. 미니멀리즘과 언스쿨링은 단순함, 의도적인 선택, 가치 중심의 생활, 그리고 삶과 교육에서 진정으로 중요한 것에 집중한다는 공통된 점을 가지고 있다. 이 두 접근 방식은 모두 개인이 자신의 가치와 열망에 부합하는 삶과 학습 경로를 의도적으로 선택하도록 장려한다.

언스쿨링 생활 방식은 물질적 소유와 사회적 기대를 넘어서 가족, 공동체, 개인적 성장과 같이 삶에서 진정으로 중요한 것에 집중하는 것이다. 단순한 삶을 산다는 것은 단순하고 소박한 생활 방식을 받아들이고 현재 순간에 집중하는 것을 의미한다. 언스쿨링 가정은 집과 생활을 정돈하고, 불필요한 소유물과 활동을 줄임으로써 가족과 함께 보내는 시간을 늘리고, 개인적인 관심사를 추구하는 데 필요한 시간과 에너지에 더 집중한다(Richards, 2017).

언스쿨링의 핵심 원칙 중 하나는 개인의 자율성이다. 이 원칙은 생활 방식의 선택에도 적용되며, 많은 언스쿨링 가정은 자신과 지구의 안녕을 위해 필요한 것만을 소비하는 단순한 생활 방식을 선택한다(Rainbolt, n.d). 이러한 선택은 불필요한 물질적 소유를 줄이고, 소비 습관이 환경에 미치는 영향에 대한 깊은 인식을 의미한다. 소유보다는 경험을 중시하는 언스쿨링 가정은 자연에서 시간을 보내거나, 창의적인 열정을 추구하거나, 다른 사람들과 의미 있는 관계를 형성하는 등 비물질적인 활동에서 성취감을 찾는다. 이들은 최신 기기를 사거나 트렌드를 따르기보다 여행, 문화 체험, 사랑하는 사람과의 시간을 우선시한다 (Jacob, 2021). 결과적으로, 이들은 물질 지향적인 사람들에 비해 환경에 미치는 영향이 적고 자원을 덜 소비하는 경향이 있다.

언스쿨링의 단순한 생활 방식은 환경적 이점뿐만 아니라 정신적, 정서적 웰빙에도 도움이 된다. 소유물의 수를 제한함으로써 언스쿨링 가정은 종종 물질적 혼란이 초래하는 산만함을 줄이고 삶에서 진정으로 중요한 것에 더 집중할 수 있다. 이를 통해 개인의 성장, 관계, 의미 있는 일에 더 많은 시간과 에너지를 투자할 수 있으며, 삶에서 더 큰 성취감과 보람을 느낄 수 있다.

언스쿨링 라이프스타일의 단순함은 박탈이나 희생이 아니라 삶에서 정말 중요한 것의 우선순위를 정하고 개인의 성장과 성취에 집중하는 것이다. 언스쿨링 라이프스타일을 수용하고, 자연과 교감하며, 깊은 관계를 구축하고, 개인적인 관심사를 추구함으로써 언스쿨링 가족은 단순하고 풍요로우며 만족스러운 삶을 살아간다.

▬ 사회 정의와 언스쿨링: 변화를 위한 교육

언스쿨링을 추구하는 사람들은 일반적으로 진보적인 이념을 지향한다(Neuman & Guterman, 2016). 이들은 전통적인 권력 구조와 시스템에 대해 비판적이며, 모든 사람이 기회와 자원에 동등하게 접근할 수 있는 이상적인 사회를 꿈꾼다. 이들은 공평과 포용을 강조하며 사회 정의와 해방을 라이프스타일의 중요한 부분으로 삼는다(Morrison, 2018). 언스쿨링 라이프스타일은 전통적인 교육 시스템에 의문을 제기하고, 권위주의 중심의 학교 교육 모델에 도전하며, 학습자 중심의 접근 방식을 선호한다.

자기 주도 학습의 원칙에 따라, 언스쿨링은 아이들이 자신의 관심사와 호기심을 바탕으로 스스로 학습 과정을 이끌 수 있게 한다. 이러한 자율성은 교육 선택의 자유와 해방감을 제공하며, 아이들이 독립적인 개인으로 성장할 수 있는 토대를 제공한다. 언스쿨링의 생활 방식은 엄격한 일정, 표준화된 교육과정, 일률적인 접근법 등 전통적인 학교 교육의 구조에서 벗어나도록 돕는다. 이는 아이들이 자신의 속도에 맞춰 자신만의 방식으로 학습하도록 장려하며, 궁극적으로 더 포용적이고 공정한 사회를 위한 길로 나아가게 한다.

언스쿨링 라이프스타일은 자유를 중시하고 사회적 규범과 순응에 도전한다. 이는 교육에 대한 전통적인 규범과 통념에 도전하며, 가족들이 전통적인 학교 교육에 대한 사회적 기대에서 벗어나도록 장려한다 (Romero, 2018). 언스쿨링은 각자의 개성을 소중히 여기며, 모든 사람에게 자신만의 독특한 길이 있음을 인정한다. 이러한 접근 방식은 각 개인의 개성을 존중하고 각자의 흥미와 강점에 맞는 방식으로 교육 여정을 진행할 수 있도록 한다.

언스쿨링 생활 방식과 그것이 추구하는 자유는 전통적인 억압적 구조로부터의 해방, 비판적 사고, 개성의 존중이라는 공통된 가치를 바탕으로 더 나은 사회 구축을 위한 노력의 일부다. 언스쿨링은 단순한 교육의 변화를 넘어 사회적 관념과 규범에 대한 근본적인 도전이자 더 자유롭고 포용적인 사회로의 전환을 추구하는 운동으로 발전하고 있다.

Ⅳ. 언스쿨링 라이프스타일의 실천

언스쿨링 라이프스타일을 실천하는 구체적인 방법은 가족마다 다르며, 가치관, 목표, 상황에 따라 달라진다. 아이의 필요와 관심사에 부응해 유연하게 적응할 수 있고, 가정마다 고유한 방식을 가진다. 따라서 '전형적인 언스쿨링 라이프스타일'이란 존재하지 않는다. 하지만 많은 언스쿨링 가정에서 발견할 수 있는 몇 가지 공통적인 특징들이 있다. 이러한 특징들은 다음과 같다.

▬ 식사 계획 및 준비

산드라 도드는 자신의 저서 『언스쿨링 빅북(2023)』을 통해 언스쿨링 가정이 건강하고 다양한 식단을 선호하며, 가족 모두가 새로운 음식을 시도해 보고 식사 계획 및 준비에 아이의 참여를 중요시한다고 밝혔다. 아이들에게 엄격한 규칙을 설정하기보다는 다양한 건강식 선택을 제공하고, 아이들이 자기 몸을 고려해 먹고 싶은 음식을 선택할 수 있도록 한다. 도드는 아이들이 다양한 음식과 요리에 접근하고, 가족이 함께 요리하고 식사를 준비하는 과정이 중요하다고 강조했다.

식사 계획과 준비는 언스쿨링의 핵심 요소이며, 건강한 라이프스타일을 위한 중요한 부분이다. 언스쿨링의 핵심 원칙은 아이들이 스스로 학습과 발달을 주도할 수 있도록 권한을 부여하는 것이다. 식사 계획을 통해 아이들은 영양의 중요성과 건강한 선택에 대해 배울 기회를 맞는다. 식사 계획과 준비에 참여하는 아이는 건강한 식단을 선택할 수 있는 능력과 음식에 대한 긍정적인 태도를 기르는 가능성이 커진다.

피터 그레이는 자신의 연구에서, 자유롭게 놀고 탐구하는 아이들이 표준화된 커리큘럼을 따르는 아이들보다 학습에 대해 더 긍정적이며 창의적이고, 문제 해결 능력도 더 뛰어나다고 지적했다(피터 그레이, 2015). 이 원칙은 식사 계획에도 마찬가지로 적용된다. 아이들은 식사 계획에 참여하면서 배고픔의 신호를 이해하고, 균형 잡힌 선택을 하는 방법을 배울 수 있다. 이는 음식과 식습관에 대한 건강한 인식을 키우는 데 도움이 된다.

식사 계획 과정에 아이를 참여시키는 방법은 다양하다. 예를 들어, 레시피와 음식 재료를 선택해 주간 식단을 계획하게 하거나, 부모와 함께 장을 보러 가는 것이다. 이는 다양한 음식과 그 영양가에 대해 배우는 좋은 기회이며, 식사 준비와 요리를 돕는 과정에서 실용적인 생활 기술을 배우고 성취감을 느낄 수 있다. 식사 시간은 또한 학습의 기회가 된다. 부모와 아이는 다양한 음식의 영양가를 토론하고, 식사량에 대해 배우며, 균형 잡힌 식단의 이점을 이야기할 수 있다. 부모와 함께 요리하는 시간은 다양한 요리 기술, 식품 안전 및 주방 위생에 대해 배울 수 있는 학습 기회도 제공한다.

▬ 일상의 자유와 규칙

일정과 일상은 많은 가정에서 중요한 역할을 한다. 일과는 체계적이고 예측이 가능한 환경을 제공하며, 아이들이 시간 관리 기술을 배우는 데 도움이 된다(아인슬리 아먼트, 2022; SARA, n.d). 그러나, 일부 가정에서는 아이의 학습과 일과에 유연성과 자유를 우선시한다. 이러한 가족들은 아이마다 다르며, 한 아이에게 효과적인 방법이 반드시 다른 아이에게도 효과적일 필요는 없다는 점을 인식한다(Martin, 2011). 이들은 일정이나 규칙을 강요하지 않고, 대신 아이의 필요와 관심사에 따라 규칙을 설정한다. 이를 통해 아이들은 배우고 싶은 것과 시간을 보내는 방법을 자유롭게 선택할 수 있으면서도 어느 정도의 구조와 안정성을 유지할 수 있다.

이러한 접근 방식은 아이들이 시간 관리와 배우고 싶은 것을 선택하는 방법을 배우면서 책임감과 독립심을 기르는 데 효과적이다(아인슬리 아먼트, 2022). 예를 들어, 아침에 일어나 함께 식사하는 것을 일상적인 활동으로 정할 수 있다. 식사 후 아이들이 아침 시간을 어떻게 보낼지 자유롭게 결정할 수 있다. 어떤 아이들은 독서나 수학 같은 학습 활동을 선택할 수 있고, 다른 아이들은 미술이나 음악과 같은 창의적 활동을 선택할 수 있다. 오후에는 가족과 함께 산책하거나 프로젝트를 진행할 수 있으며, 저녁에는 식사, 조용한 독서 시간, 취침 시간이 포함될 수 있다. 이러한 언스쿨링 라이프스타일을 통해 아이들은 학습과 발달에 있어 더 많은 자유와 통제권을 가질 수 있다. 가족의 필요에 따라 일상을 유연하게 조정할 수 있다는 장점도 있다.

＿ 창의력을 자극하는 생활 공간 만들기

생활 공간은 아이들이 자유롭게 학습하고 성장할 수 있는 중요한 환경으로, 학습, 창의성, 탐구심을 촉진한다. 언스쿨링 옹호자이자 작가인 마틴은 가정에서 '관심 영역'을 설정하는 것이 중요하다고 강조한다 (Martin, 2011). 이러한 영역은 과학 코너, 아트 스테이션, 자연 테이블 등으로 구성되며, 아이들이 자신의 관심사를 따라 체험 학습에 참여할 수 있도록 필요한 자료와 도구가 잘 갖춰져야 한다.

생활 공간은 아이들의 호기심을 자극하고 창의력을 장려할 수 있도록 디자인해야 한다. 산드라 도드(2006)는 자신의 저서 『웅덩이 옮기기』에서 아이들이 공간 사용 방법을 자유롭게 결정할 수 있는 중요성을 강조한다. 책, 미술용품, 퍼즐, 게임 등 다양한 학습 자료를 접근이 쉬운 곳에 비치하면, 아이들은 언제든지 자신의 흥미와 열정을 추구할 수 있다. 악기, 스포츠 장비, 목공 용품, 공예 도구 등 다양한 취미를 위한 장비를 갖추는 일도 중요하다. 이러한 자료는 아이들이 자신의 관심사를 탐구하고 그 과정에서 새로운 기술을 배우도록 장려한다.

실내 환경뿐만 아니라 아이들이 야외에서 시간을 보내고 자연과 교감할 기회를 제공하는 것도 중요하다. 정원 가꾸기, 스포츠 활동, 주변 자연 관찰을 통해 아이들은 새로운 경험과 지식을 얻을 수 있다. 이러한 활동이 가능하도록 일부 가정에서는 충분한 야외 공간을 확보하며 야외 장비를 보관할 수 있는 창고나 수납공간을 마련하기도 한다. 주거 공간은 물리적 공간뿐만 아니라 가족이 함께 배우고 탐구할 수 있는 문화 공간의 역할도 한다. 아이들은 지식과 기술을 공유하고, 서로의 취미와 관심사를 지지하며, 서로의 성취를 축하할 수 있는 환경에서 자유롭게 성장할 수 있다.

심층 학습과 일상 활동의 통합

학습과 일상 활동의 통합은 아이들이 학습 내용과 주변 세계를 연결하며, 학습과 일상생활이 어떻게 관련되는지를 이해하는 데 도움을 준다. 언스쿨링 운동의 선구자인 존 홀트는 "학습은 가르치는 것이 아니라, 학습 활동으로부터 자연스럽게 발생하는 부산물이다"라고 말했다 (John Holt, 1984). 언스쿨링을 실천하는 가정에서는 독서, 식사 준비, 다큐멘터리 시청, 자연 탐험 등 다양한 방식을 통해 학습을 일상에 자연스럽게 녹여낸다.

독서는 일상생활과 학습을 통합하는 데 훌륭한 방법 가운데 하나이다. 대부분의 언스쿨링 가정에서는 다양한 종류의 책을 갖추고 있으며, 아이들은 혼자 또는 부모와 함께 책을 읽으며 시간을 보낸다. 이 과정을 통해 아이들은 독해력과 이해력을 높이고, 새로운 아이디어, 개념, 경험을 접하게 된다. 식사 준비는 아이들이 식사 계획과 준비 과정에 참여하면서 영양, 계량, 식품 과학 등을 배울 기회를 제공한다. 다양한 문화의 음식을 탐구하고 새로운 재료와 맛을 시도함으로써, 아이들은 실용적인 생활 기술을 개발하고 다양한 문화와 전통에 대해 배우게 된다.

가족이 함께 다큐멘터리를 시청하는 것은 우리의 일상과 콘텐츠가 어떻게 연결되는지 토론할 기회를 제공한다. 이 과정을 통해 아이들은 비판적 사고력을 발달시키고, 배운 내용이 실제 생활에 어떻게 적용될 수 있는지 이해하게 된다. 자연 탐험을 통해서는 걷기, 야생동물 관찰, 캠핑, 낚시 등을 경험하며, 평생 학습에 대한 열정을 키울 수 있다. 아이들은 생태학, 환경 과학, 자연 보호의 중요성 등을 배우게 된다. 이처럼 학습과 일상 활동을 통합하는 것은 아이들이 배운 것을 실생활에 적용하고 더 깊이 이해할 수 있게 하는 효과적인 방법이다.

●　●　●　●　●　●

　　언스쿨링 라이프스타일은 일상생활의 모든 측면에서 언스쿨링 원칙을 통합하는 삶의 방식으로, 교육과 학습에 특별한 관심을 두고 자유로운 삶을 추구하는 방식을 중요시한다. 교육을 넘어 일상생활로 확장된 이 라이프스타일은 개인의 자율성, 창의성, 성취감에 깊은 영향을 미친다. 언스쿨링 라이프스타일은 전통적인 학습 환경에 국한되지 않으며 가정, 커뮤니티, 온라인 리소스 등 다양한 환경에서 실현될 수 있다.

우리는 다양한 꽃의 아름다움을 존중하고 축하한다. 이러한 꽃의 다양성은 자연이 지닌 매력의 핵심이다. 하지만 이 개념을 인간, 특히 교육에 적용하는 것은 쉽지 않을 수 있다. 특히 신경 다양성 학습자에게는 더욱 그렇다. 그럼에도 불구하고 언스쿨링은 이러한 다양성을 포용하고 이해하는 길을 제시한다.

꽃의 종류는 다양하다. 수선화, 장미, 백합, 데이지, 난초 등 각각의 꽃은 독특하지만, 아름다움의 본질에서는 공통점을 지닌다. 우리는 어떤 꽃이 다른 꽃보다 우월하다고 생각하지 않으며, 수선화가 최고의 꽃이라고 여기지 않기 때문에 장미를 수선화처럼 만들려 하지 않는다. 꽃이 서로 똑같길 기대하지도 않는다. 이러한 생물다양성은 인간의 생존과 깊이 연결되어 있다(Honeybourne, 2018).

꽃이나 나무, 새, 바위 등은 모두 다양한 형태로 존재한다. 사람도 마찬가지이다. 신경 다양성은 사람들이 사고하고 학습하며 관계를 맺는 방식의 차이를 의미한다. 일부 추정에 따르면, 인구의 약 20%는 어떤 방식으로든 신경학적으로 다르다고 한다. 그러나 안타깝게도 이러한 자연스러운 인지 기능의 다양성은 교육 시스템이나 다른 분야에서 충분히 인정받지 못하고 있다.

난독증, ADHD, 자폐증 등은 현재 '결함'으로 여겨지는 신경학적 특성에 해당한다. 이러한 특성들은 아직 인간 변이의 자연스러운 일부로 완전히 받아들여지지 않고 있다. 자폐증과 기타 신경학적 조건에 대한 이해가 크게 발전했음에도 불구하고, 장애에 대한 의학적 모델은 여전히 학교를 지배하고 있다. 우리는 아이들에게 '장애' 또는 '결함'이라는 라벨을 붙이고 진단함으로써, 그들이 또래와 달리 어딘가 불완전하다는 인상을 주고 있다.

우리는 각각의 꽃이 번성하기 위해서는 서로 다른 환경이 필요하다는 점을 잘 알고 있다. 일부 꽃은 햇빛을, 일부는 그늘을, 또 어떤 꽃은 모래나 점토 토양에서 잘 자란다. 그러나 우리의 교육은 모든 사람에게 동일한 환경과 지원을 제공할 때 더 큰 혜택을 받을 수 있다고 가정한다. 이는 교육이 신경 다양성 아이들을 어떻게 대하는지를 잘 보여준다. 신경 다양성에 대한 깊은 성찰이 필요한 때이다.

신경 다양성과 언스쿨링의 결합은 교육이 개인의 고유한 잠재력을 깨우고, 그들이 스스로 세상을 이해하고 살아가는 데 필요한 도구를 제공할 수 있도록 한다. 우리는 서로 다른 꽃이 각기 다른 환경에서 번성하는 사실을 잘 알고 있다. 언스쿨링은 다양한 학습 스타일을 가진 아이들이 스스로 학습하고 성장할 수 있는 환경을 조성함으로써, 이러한 인식을 교육의 중심으로 가져온다. 언스쿨링은 신경 다양성 아이가 자신의 잠재력을 최대한 발휘하고, 스스로 지속 가능하고 만족스러운 삶을 구축하는 데 필요한 기초를 제공한다.

CHAPTER 06
신경 다양성: 언스쿨링의 포용적 접근

Ⅰ. 신경 다양성 교육의 새로운 방향

▬ 신경 다양성의 개념

　　신경 다양성은 인간 집단 내에서 뇌 기능 차이를 정상적 변화로 받아들이는 개념이다. 이 용어는 1998년 호주의 사회학자 주디 싱어에 의해 처음 소개되었다(토머스 암스트롱, 2019). 싱어는 '신경학적 소수자', 즉 뇌가 비전형적인 방식으로 작동하는 사람들의 평등을 증진하기 위해 신경 다양성 운동을 시작했다(Miller, 2024). 싱어는 신경학적 차이를 결함이 아닌, 뇌 작동 방식에서 나타나는 정상적이고 가치 있는 변형으로 볼 것을 주장했다. 토크는 신경 다양성이 사람들의 뇌 작동 방식이 서로 다름을 인정하고 존중할 것을 강조하면서 모든 사람이 사회적으로 중요한 공헌을 한다고 주장했다(Toke, 2023). 이러한 관점은 신경 다양성에 대한 인식의 변화를 나타내는 한편, 기존의 '결함 중심' 패러다임에서 벗어나 사회적 장애 모델(Social Model of Disability)과 연결을 설명한다. 이는 신경 다양성을 병리학적 상태가 아닌, 자연스러운 인간의 다양성으로 인식하는 관점을 촉진하고, 장애를 개인 문제가 아니라 사회적 구조와 태도에서 비롯된 문제로 보는 사회적 장애 모델을 강조한다.

　　신경 다양성의 개념은 PC가 Windows를 실행하지 않는다고 해서 고장 난 것이 아니라는 토크의 비유를 통해 잘 이해할 수 있다(Toke, 2023). 비전형적인 인간 운영체제의 모든 기능이 버그는 아니다. 인류 문명의 경이로운 발전은 신경 다양성 혁신가들의 주도로 이루어진 수많은 사례를 보여준다. 누군가의 뇌가 다르게 작동한다 해도 그 사람의 중요성이나 능력이 다른 사람보다 떨어지는 것은 아니다. 신경 다양성의 관점에서는 '정상' 또는 '표준' 뇌라는 개념을 거부하고, 신경학적 상태를 결함이나 장애가 아닌 인간 존재의 독특한 변형으로 간주한다(Princing, 2022; Baumer, 2021). 즉, 자폐증, ADHD, 난독증과 같은 신경 다양성 질환을 장애가 아닌 자연스러운 인간 변이로 보고, 신경학적 다양성 스펙트럼의 일부로 취급한다. 이러한 주장은 다양한 신경 유형을 가진 개인의 강점과 재능을 존중하는 균형 잡힌 시각의 확산에 공헌했다.

신경 다양성의 핵심은 다양한 유형의 뇌는 본질적으로 잘못된 것이 아니기 때문에 교정할 필요가 없다는 점이다. 즉, 신경 다양성을 지닌 사람들은 뇌의 연결과 기능 측면에서 차이를 나타내는데, 이것이 정보 처리와 타인과 상호작용 방식에 영향을 준다는 주장이다(Resnick, 2023; Baumer, 2021). 이러한 차이는 신경 전형인들(비장애인)에게는 없는 독특한 능력과 강점을 만들어 낸다. 예를 들어, 자폐증이 있는 사람은 세부 사항에 대한 주의력이 뛰어나고, 시각적 공간 능력이 우수하며, 독특한 사고방식을 가진다(What Does It Mean to Be Neurotypical?, n.d). 또한 ADHD 증상이 있는 사람은 창의적이고 유연하며 멀티태스킹을 효과적으로 수행할 수 있다. 난독증이 있는 사람은 언어적 추론 능력과 시각적 사고가 뛰어날 수 있다(Hetherington, 2023).

신경 다양성의 개념은 인간 집단 내에서 발견되는 신경학적 특성과 인지 기능의 자연스러운 다양성을 포용한다. 이 개념은 인간 발달 과정에서 '정상'으로 간주하는 형태뿐만 아니라 그 범위를 벗어나는 모든 행동, 심리, 신경학적 특성을 긍정적인 시각으로 바라본다(Armstrong, 2010). 즉, 각 개인은 다양한 신경학적 프로필과 정보 처리 방식을 가질 수 있는 점을 긍정한다. 신경 다양성의 범주에는 자폐증, ADHD, 난독증, 강박 장애(강박증), 뚜렛 증후군 등이 있다.

개인차를 중시하는 신경 다양성이라는 새로운 관점은 특수교육 분야에 변화를 일으키고 있다. 전통적인 특수교육 모델이 한계가 있다는 비판을 받으면서 신경 다양성의 개념은 특수교육에 대한 새로운 접근법을 제시하고 신경 다양성을 지닌 학습자를 포용할 수 있게 해준다.

신경 다양성 교육의 패러다임 전환

신경 다양성은 학습자의 뇌와 신경의 고유한 특성을 장애나 결핍이 아닌 다양성의 한 형태로 인식한다. 신경 다양성 교육은 이 개념을 바탕으로 모든 학습자를 개인차가 있는 독특한 개인으로 보고 각자의 장점에 초점을 둔 강점 기반 접근 방법을 제안한다(Vromen, 2023). 이러한 접근법은 긍정 심리학에서 중요시하는 성격 강점과 같은 긍정적인 특성을 강조하고 각 개인의 고유한 신경학적 차이점의 존중에 중점을 둔다. 신경 다양성 교육은 특수교육 분야에서 새로운 통합교육 모델의 가능성을 제시하는 촉매제 역할을 한다.

신경 다양성의 관점에서는 교육 시스템이 더욱 유연한 접근 방식을 도입하여 신경 다양성 학습자의 독특한 요구와 학습 스타일을 충족해야 한다고 주장한다(OECD, 2017). 신경 다양성을 교육에 적용한다는 것은 신경학적 차이를 가진 학습자를 '고칠 대상'이나 '치료 대상'으로 보지 않고 독특한 학습 스타일과 능력을 지닌 개인으로 보아야 한다는 인식의 전환을 의미한다(Mirfin-Veitch, Jalota, & Schmidt, 2020). 여기에는 언스쿨링과 같은 대안 교육의 제공이나 개별 학습자의 요구를 충족하기 위한 학습 환경의 변경 등을 포함한다(Heiditsteel, 2022; Brown, 2020). 이러한 접근 방식은 각 개인의 다양한 인지 능력을 인정하고 존중하는 지원적이고 포용적인 교육 환경을 조성하는 데 공헌한다.

신경 다양성 교육은 기존의 특수 교육모델에서 더 포용적이고 개방적인 접근 방식으로의 교육 패러다임 전환을 의미한다. 신경 다양성과 포용 교육에 관한 사례 연구에서 유 쉬는 신경 다양성 교육은 특수교육에서 포용 교육으로, 의료 패러다임에서 신경 다양성 패러다임으로의 전환을 주장했다(Yu Shi, 2023). 이러한 변화는 신경학적 차이를 의학적 또는 임상적 개입이 필요한 결함이나 장애로 보는 전통적인 특수

교육의 관점에서 벗어나 개인의 고유한 인지 프로필과 능력을 존중할 것을 요구한다.

이러한 패러다임의 변화는 신경학적으로 다양한 개인의 가치와 고유성을 인정하고, 수용하고 지원하고 포용하는 것을 장려하는 등 일련의 핵심 원칙에 기반한다. 이러한 핵심 원칙을 바탕으로 하는 패러다임 전환의 주요 측면은 다음과 같다(Sara, n.d).

- **강점 기반 접근 방식으로의 전환**: 전통적인 특수교육은 신경 다양성을 가진 개인의 결함이나 문제를 파악하고 해결하는 '결핍 기반 접근 방식'에 초점을 둔다. 반면에 신경 다양성 교육은 각 개인의 강점, 재능, 역량을 파악하고 이를 기반으로 하는 강점 기반 접근 방식에 중점을 둔다. 이러한 변화는 신경 다양성을 가진 개인의 잠재력을 극대화하고 긍정적인 자아 정체성을 개발하는 데 도움이 된다.

- **포용과 수용의 촉진으로 전환**: 신경 다양성 교육은 신경 다양성을 가진 학습자를 있는 그대로 받아들이는 포용적인 환경 조성에 도움이 된다. 신경학적 질환과 관련된 오해와 편견에 도전하며, 구성원들의 다양한 신경학적 특성을 소중히 여기고 존중하는 사회를 촉진한다.

- **신경학적 차이에 대한 인식의 전환**: 신경 다양성 개념은 자폐증, ADHD, 난독증과 같은 신경학적 차이를 '표준'에서 벗어난 것이 아니라 인간의 인지 및 신경학에서 자연적으로 발생하는 변형으로 간주한다. 이러한 관점은 신경 다양성을 가진 개인의 경험과 정체성을 인정하고 이를 더욱 수용적인 사회적 관점으로 바라보도록 촉진한다.

- **권한 부여와 자율성 강화로의 전환**: 신경 다양성 교육은 신경 다

양성을 가진 개인이 자신의 고유성을 인식하고 자신의 필요와 선호를 옹호할 수 있도록 힘을 실어준다. 자기 인식, 자기 옹호, 자기 결정을 장려하고 신경 다양성을 가진 개인이 교육, 고용, 일상생활과 관련된 결정에 적극적으로 참여할 수 있도록 돕는다.

- **개인 중심의 협력적 접근 방식으로 전환**: 신경 다양성 교육은 교육자, 가족, 전문가, 신경 다양성을 가진 개인 간의 협업을 장려한다. 신경 다양성을 가진 각 개인의 고유한 요구, 강점, 학습 스타일에 맞춰 교육 전략과 지원 시스템을 개별화하여 교육과 지원에 대한 사람 중심의 접근 방식을 장려한다.

- **성공과 진보에 대한 관점 변화**: 신경 다양성 교육은 사회적 성공과 공헌에 대한 전통적인 관념에 도전하고 성공의 의미를 재정의한다. 성공은 사회적 기대에 부합하는 것이 아니라 개인의 성장, 성취감, 자신의 열정과 강점에 부합하는 활동에 의미 있게 참여하는 것으로 측정한다.

이러한 패러다임의 변화는 신경 다양성의 개인뿐만 아니라 사회 전체에 긍정적인 영향을 미칠 수 있다. 개인의 다양성을 인정하고 존중함으로써 더 포용적이고 혁신적인 사회를 만들 수 있다. 또한 각 개인의 잠재력을 최대한 발휘할 수 있도록 지원함으로써 사회 전반의 생산성과 창의성을 높일 수 있다.

언스쿨링: 신경 다양성 아동을 위한 포용 교육

언스쿨링 포용 교육은 모든 학습자의 다양성을 수용하고 존중하는 교육모델이며, 다양한 존재 방식을 철학적 기반으로 삼는다. 언스쿨링 포용 교육에서는 신경 다양성을 각 개인의 독특함으로 인정하고 존중한다. 사람마다 서로 다른 필요와 독특한 존재 방식을 가지고 있다는 점을 인정하기 때문에 신경 다양성을 특별히 질병으로 간주할 이유가 없다. 언스쿨링은 다양성을 정신적 능력의 차이뿐만 아니라 사회적, 문화적, 경제적, 언어적 배경의 차이도 인식하고 포용한다. 각 개인의 학습 요구와 특성은 다양성을 이해하고 존중하는 환경에서 성장할 수 있다. 언스쿨링은 자폐증, ADHD, 난독증 등의 신경학적 차이를 뇌의 인지적 변화로 보고 신경 다양성을 옹호하는 견해를 지지한다. 나아가 신경 다양성 학습자가 자신만의 방식과 속도로 학습하도록 장려함으로써 학습자의 고유한 재능과 능력을 소중히 여기고 포용한다.

교육 패러다임의 전환이 의미하는 바와 같이 언스쿨링은 전통적인 학교 교육 시스템과 크게 다르다. 전통적인 학교 교육 시스템은 강압적인 방식으로 아이들을 특정 틀에 맞추도록 강요하는 경우가 많지만, 언스쿨링은 학습자가 자신의 관심사를 자유롭게 탐색하고 스스로 학습 경로를 결정하도록 장려한다. 특히 신경학적 다양성을 고려하고 각 개인의 학습 요구와 특성을 최대한 존중하고 인정하는 개인 맞춤형 교육을 제공한다. 이런 의미에서 언스쿨링의 포용 교육은 신경 다양성을 가진 사람들에게 완벽한 학습 방법이 될 수 있다.

이러한 학습 모델은 학습자가 신경학적 차이와 관계없이 존중받고 인정받으며 가치 있다고 느끼게 한다. 언스쿨링은 개별화된 학습을 우선시하여 학습 스타일, 능력, 관심사가 다른 아이들이 각자의 방식과 속도에 맞춰 학습할 수 있도록 한다. 언스쿨링의 포용적 접근 방식은 신경학적 차이에 따라 학습자를 분류하거나 판단하지 않는다. 다양한 개인의 재능과 능력을 인정하고 이해하고 존중하는 개방적인 교육 환경을 제공한다. 이러한 접근 방식은 학습자가 자신의 학습 과정에 더욱 몰입하고 스스로 학습을 결정할 수 있는 역량을 강화한다.

또한 언스쿨링은 학습자가 자신의 흥미와 호기심을 따르고 자연스러운 학습 동기를 발견하여 학습 과정을 더욱 의미 있고 즐거운 경험으로 만들 수 있다. 이는 궁극적으로 학습자의 자신감과 자존감 향상에 공헌한다. 언스쿨링은 학습자가 자기 잠재력을 최대한 발휘하고 다양한 학습 환경에서 성장할 수 있도록 지원하는 수용적이고 유연한 교육모델을 가능하게 한다.

II. '농부와 사냥꾼'?

▬ 농부와 사냥꾼의 비유

하트만은 자신의 저서『주의력 결핍 장애: 다른 시각』에서 '농부와 사냥꾼' 은유를 소개하여 신경 다양성을 설명한다. 이 비유는 인류 역사 전반에 걸쳐 농부와 사냥꾼, 이 두 가지 주요 인간 유형을 설명하는 데 사용된다. 하트만에 따르면, '사냥꾼'은 고도로 주의력이 집중되고, 충동적이며, 스트레스가 많은 상황에서 신속하게 행동할 수 있는 최초의 인간 유형이었다. 반면, 농업의 발달과 함께 등장한 새로운 인간 유형인 '농부'는 집단의 목표를 위해 계획하고, 조직하며, 협력적으로 일하는 능력을 지녔다. 이들은 지연된 만족, 규율, 규칙 준수, 일상성, 예측 가능성 등의 특성이 있다고 하트만은 설명한다. ADHD 증상이 있는 사람은 더 나은 사냥꾼이 될 수 있으며, ADHD가 없는 사람은 더 나은 농부가 될 수 있다고 그는 말한다.

이 사냥꾼과 농부의 비유는 신경 다양성과 관련된 다양한 사고방식과 학습 스타일을 설명하는 데 유용하다. 하트만에 따르면, 신경 다양성을 가진 사람들은 선사시대 조상들이 잘 활용했던 '사냥꾼'의 사고방식을 가지고 있다. 이들은 본능적으로 창의성, 흥분, 즉각적인 보상에 끌리는 경향이 있다. 반면, 신경 전형적인 사람들은 더 신중하고 집중적이며 인내심이 강한 '농부'의 사고방식을 지녔다. 하트만은 신경 다양성을 가진 사람들이 '농부'를 위해 구조화된 현대 사회에서 '사냥꾼'으로 살아가는 데 어려움을 겪는다고 지적한다.

신경 다양성의 맥락에서 이 비유는 사람들이 생각하고, 정보를 처리하며, 주변 환경과 상호작용하는 방식이 다르지만 서로 동등하다는 것을 시사한다. '농부'는 지속적인 주의, 체계적인 접근 방식, 정확성이 요구되는 작업에 능숙한 사람으로, 조직적이고 예측이 가능한 환경에서 번창하며 일상의 안정감을 즐긴다. 반면 '사냥꾼'은 주체적이며 직관적인 사고 스타일을 가지고 있으며, 창의성, 빠른 적응력, 유연성이 요구되는 상황에서 성공한다. 이들은 변화와 새로운 경험을 받아들이며 반복적인 업무에 얽매이는 것을 싫어한다. 농부와 사냥꾼의 은유는 현대 사회에서 다양한 역할과 직업을 가진 개인의 성격과 능력을 이해하는 데 중요한 통찰력을 제공한다. 이는 각 유형의 고유한 강점과 한계를 인식하고 개인이 잠재력을 최대한 발휘할 수 있는 환경을 조성하는 데 도움이 된다.

'농부와 사냥꾼' 비유는 일상과 순응이 만연한 현대 사회에서 사냥꾼 성격을 가진 사람들의 성공적인 통합이 어렵다는 점을 반영한다. 하트만은 이러한 성격 유형을 억압하기보다는 창의성, 위험 감수, 혁신적 사고가 번성하는 환경을 조성하기 위해 노력해야 한다고 강조한다.

제약된 자유: 신경 다양성 아동의 교실 생활

사바나와 동물원의 얼룩말

하트만은 '농부와 사냥꾼'이라는 은유를 통해 자유와 독립을 추구하는 사람과 구조와 안정을 선호하는 사람 사이의 기본적인 차이점을 설명했다. 이 은유는 인간과 자연의 관계를 이해하는 데 도움을 줄 뿐만 아니라, 인공 세계와 자연 세계 사이의 차이점을 부각하는 데도 유용하다. 인공 세계는 주로 농부의 접근 방식과 유사하게 구조적이고 안정적이며 계획적이다. 반면, 자연 세계는 사냥꾼의 특성을 반영하여 예측 불가능하고 자발적이며 끊임없이 변화한다. 이 은유를 통해 우리는 개인의 성향, 사회적 구조, 그리고 인간과 자연 사이의 복잡한 상호작용을 더 명확하게 이해할 수 있다.

자연 세계에 사는 사바나의 얼룩말은 자연 서식지에서 풍부하고 다양한 환경을 경험한다. 이 얼룩말은 마음껏 초원을 누비며, 자유롭게 움직이고, 자신이 좋아하는 풀을 골라서 먹고, 물을 마시며, 같은 종의 다른 동물들과 교류하고, 자신이 원하는 대로 생활한다. 반면, 인공 세계에 사는 동물원의 얼룩말은 한정된 공간에서 생활하며, 다른 동물과의 교류가 없고 자유롭게 이동할 수 없다. 인간이 제공하는 먹이만을 먹고, 동물원의 규칙에 따라야 하는 자유가 제약된 생활을 한다. 이런 제약 환경은 얼룩말에게 큰 스트레스를 주며, 부정적인 결과를 초래한다. 동물원에서의 생활은 얼룩말에게 우울증이나 지루함을 유발하며, 때로는 공격적인 행동으로 이어질 수 있다. 자신의 필요와 맞지 않는 환경에서 생활하게 되면, 신체적, 정신적 문제가 발생하며, 이는 수명 단축과 삶의 질 저하로 이어질 수 있다. 특히 동물원의 동물들은 자연적인 본능마저 잃어버리는 비참한 삶을 살게 된다(경향신문, 2013. 10. 06).

이러한 문제점을 해결하기 위해, 동물원은 더 넓은 공간, 다양한 환경 제공, 그리고 다른 동물들과의 교류 기회를 늘리는 등의 방법으로 동물들의 삶의 질을 높이려 노력하고 있다. 그러나 이러한 노력에도 불구하고, 동물원에서의 생활이 얼룩말에게 자연 서식지와 똑같은 자유를 제공할 수는 없다는 점은 명확하다. 진정한 자유와 본능적인 삶은 오직 자연 상태에서만 가능하며, 이는 얼룩말뿐만 아니라 모든 야생동물에게 적용되는 보편적인 진리다. 사바나의 얼룩말이 누리는 무한한 자유와 다양한 생활환경은 어떤 인공적인 환경으로도 대체될 수 없다. 동물원의 얼룩말이 진정으로 행복하고 건강한 삶을 영위할 수 있는 유일한 방법은 자연 서식지로 돌아가는 길이다. 하트만의 '농부와 사냥꾼' 은유는 우리에게 자연과 인간이 만든 환경 사이의 깊은 차이를 이해하는 데 중요한 교훈을 제공한다.

신경 다양성 아동의 교실 생활

신경 다양성 아동의 교실 생활을 동물원의 얼룩말에 비유해 보면 어떨까? 아마 이 아이들이 교실에서 겪는 심리적 상태를 한층 더 쉽게 이해할 수 있을 것이다. 동물원에 있는 얼룩말처럼, 이 아이들은 제한된 공간에 갇힌 듯한 압박감을 느끼며 자연스러운 자유와 개방감을 갈망한다. 이러한 이유로 불안과 스트레스를 경험하게 된다. 신경 다양성 아동은 동물원의 얼룩말과 마찬가지로 교실 환경에 적응하는 데 어려움을 겪으며, 본능적인 욕구를 억제해야 한다. 좁은 공간에서 생활해야 한다는 압박감으로 인해 불안해하고 초조하게 하루를 시작한다. 교실 안에서는 수많은 학생과 소음으로 인해 집중하기 어렵고, 교사의 설명을 따라가기도 힘들다.

자유롭게 움직이지 못하고 에너지를 발산할 기회가 제한되면, 신경 다양성 아동은 갇힌 듯한 갑갑함과 불편함을 느끼게 된다. 불안정한 상태에서는 발이나 손가락을 두드리거나, 자리에서 몸을 흔들거나 위아래로 튕기는 행동을 보이기도 한다. 교실의 제한된 환경은 그들의 어려움을 더욱 악화시키며, 공포와 압박감을 경험하게 한다. 감각 과부하를 겪으며 적응하려 애쓰는 과정에서 짜증을 내거나, 좌절하거나, 심지어 자해나 공격적인 행동을 보이기도 한다.

신경 다양성 아동에게 구조화된 일정과 정해진 결과를 중심으로 하는 전통적인 교실 환경은 스트레스와 좌절감을 안겨준다. 이 문제를 해결하기 위해 전통적인 교실 환경을 유연하게 바꾸자는 제안도 있다. 이는 동물원 환경에 자연 서식지의 요소를 도입하여 동물원을 자연 서식지와 유사하게 만들자는 아이디어와 같은 맥락이다. 그러나 어떠한 동물원도 자연 서식지를 완전히 재현할 수는 없다. 야생동물의 자연스러운 욕구와 행동을 존중하고, 그들이 자연 상태에서 살 수 있도록 하는 것이 가장 이상적이라는 인식이 중요하다.

교육적 관점에서 볼 때, 이 은유는 교사들이 아이들의 다양한 학습 스타일을 인식하고 존중해야 한다는 메시지를 전달한다. 모든 아이가 동일한 방식으로 학습하는 것은 아니며, 각자의 고유한 방식으로 지식을 탐구하고 습득한다. 그러므로 교실 안에서 다양한 학습 방법과 활동을 제공하여, 아이들이 자기 잠재력을 최대한 발휘할 수 있도록 돕는 일이 중요하다.

이런 변화는 단기적으로 어려움을 수반할 수 있으나, 장기적으로 아이들이 더 효과적으로 학습하고, 자신에게 맞는 방식으로 성장할 수 있게 된다. 이를 통해 사바나의 얼룩말들이 원하는 방식으로 자유롭게 달릴 수 있는 환경을 조성할 수 있다. 그리고 그런 환경에서 그들은 자신만의 독특한 방식으로 세상을 이해하고, 자신만의 방식으로 세상에 공헌할 수 있게 된다.

신경 다양성과 포용 교육의 중요성

하트만의 비유는 포용성의 중요성을 강조한다. 사냥꾼과 농부는 각각 다른 삶의 방식과 욕구를 가지고 있지만, 서로의 차이를 인정하고 존중하는 법을 통해 공존하고 번영할 수 있다는 교훈을 준다. 이 교훈은 다양성과 포용의 중요성이 점점 더 깊이 인식되고 있는 현대 사회, 특히 신경 다양성 교육에 큰 의미가 있다. 하트만의 비유에서 사냥꾼과 농부가 서로 다른 욕구와 삶의 방식을 가진 것처럼, 현대 사회의 아이들도 각자 다른 욕구와 학습 스타일을 가지고 있다. 이러한 아이들의 다양한 요구를 충족시키기 위해 한 아이도 소외되지 않는 포용 교육이 필수적이다.

포용 교육은 모든 아동이 그들이 처한 어려움과 관계없이 발달 연령에 적합한 일반 학급에 배치되어 핵심 교육 과정을 성공적으로 이수할 수 있도록 지원하는 통합교육을 의미한다(Unicef, n.d). 포용 교육의 원칙은 모든 아이가 환영받고, 적절한 도전을 받으며, 노력에 대한 지원을 받는다는 느낌을 강조한다. 이는 모든 학습자가 가치 있고 존중받으며, 뚜렷한 소속감을 느낄 수 있도록 장려한다. 신경 다양성을 가진 아동과 신경 전형적인 아동은 모두 본질적으로 유능하다고 가정하며, 모든 아동이 교실에서 완전한 참여자가 될 수 있도록 촉진한다. 이는 다양한 능력을 지닌 미래 세대의 인재를 양성하는 데 공헌한다.

현대 교육 맥락에서, 하트만의 사냥꾼과 농부에 대한 비유는 우리가 교육 환경을 어떻게 생각하고 설계해야 하는지에 대해 중요한 통찰을 제공한다. 전통적으로 학교는 일상, 구조, 예측 가능성에 중점을 두고 주로 교사 중심의 접근 방식으로 운영된다. 그러나 이러한 접근 방식이 모든 아동, 특히 ADHD나 주의력과 관련된 다른 신경 다양성 아동에게 적합하지 않다는 사실이 밝혀졌다. 전통적인 교육 환경에서 신경 다양성은 종종 해결해야 할 문제로 여겨지고 약물 치료가 강조된다. 신경 다양성 아동을 교실 수업을 방해하는 문제아로 간주하고, 그들의 잠재적인 재능은 무시되며, "부족하다"라는 낙인이 찍힌다. 그들은 농부의 교실에서 사냥꾼처럼 많은 스트레스와 고통을 겪으며 생활하게 된다.

이와 같은 상황은 포용 교육의 중요성을 분명히 드러낸다. 포용 교육은 신경 다양성 아동만을 위한 것이 아닌, 모든 아동이 자기 잠재력을 최대한 발휘할 수 있도록 지원하는 교육이다. 이를 위해 개별 학습자의 고유한 요구와 능력을 인정하고 존중하는 교육 체계가 필수적이다. 이런 체계가 마련되면, 교사들은 모든 학생이 학습에 참여할 수 있도록 다양한 전략과 방법을 사용해 다양한 학습 스타일과 요구를 수용할 수 있다.

농부와 사냥꾼의 비유는 신경 다양성 아동이 현대 교육 환경의 차별에 직면할 때 겪을 수 있는 다양한 상황들을 시사한다. 하나는 신경 다양성을 지닌 아이들이 보통 아이들과 다른 학습 스타일을 가지고 있다는 점이다. 즉, 농부와 사냥꾼이 서로 다르게 생각하고 일하는 것처럼, 신경 다양성 아동에게는 개인의 학습 선호도에 맞춘 맞춤형 교육 접근 방식이 필요하다. 예를 들어, ADHD가 있는 아동은 지속적인 주의 집중에 어려움을 겪을 수 있으므로, 수업 중 움직임을 허용하거나 휴식 시간을 도입하는 등의 대체 학습 방법을 적용할 수 있다.

다른 하나는 신경 다양성 아동들이 보통 아이들과는 다른 독특한 강점을 가질 수 있다는 점이다. 농부와 사냥꾼이 서로 다른 강점과 기술을 가지고 있는 것처럼, 신경 다양성 아동 역시 전통적인 교육 환경에서 완전히 인정받지 못하는 독특한 재능과 능력이 있을 수 있다. 예를 들어, 난독증이 있는 아동은 읽기에 어려움을 겪을 수 있지만, 그림 그리기나 퍼즐 맞추기와 같은 시각적 공간 능력에서는 뛰어날 수 있다. 농부와 사냥꾼의 비유에서 현대 교육에 대한 가장 중요한 시사점은 신경 다양성이 약점이 아니라 강점이라는 점이다.

성공적인 포용 교육은 아동의 신체적, 인지적, 학업적, 사회적, 정서적 차이와 다양성을 수용하고 이해하며 관심을 기울이는 것에서 시작된다. 하트만의 비유는 학습 스타일과 능력의 다양성을 인정하고 환영하는 현대 교육 시스템이 모든 아동에게 다양성에 대한 긍정적 태도와 소속감을 불어넣어 주는 포용적 교실 환경을 조성하는 것의 중요성을 강조한다.

III. 신경 다양성 아동을 위한 긍정적 적소 구축 전략

긍정적 적소 구축의 개념

적소 구축의 개념은 생물학적 진화에서 종이 환경에 적응하는 단순한 과정을 넘어, 종이 환경을 변화시키고 자신에게 유리한 조건을 만드는 주체적인 역할을 강조한다. 전통적인 자연 선택 이론에서는 종이 환경에 의존적으로 적응한다고 보았으나, 적소 구축 개념에 따르면 생물은 환경을 직접 수정하거나 창조하여 자신에게 적합한 생존 조건을 마련하는 능동적인 존재이다. 이는 유기체와 환경 간의 양방향 상호작용을 의미하며(Odling-Smee, Laland, & Feldman, 2003), 생태학적으로는 개인이나 종이 자신의 필요에 맞는 환경을 형성하는 과정으로 설명할 수 있다(Laland, Matthews, & Feldman, 2016).

　이러한 관점은 신경 다양성 아동에게도 적용된다. 신경 다양성 아동은 자신의 필요와 강점에 맞춰 환경을 형성하고 수정하는 적극적인 과정을 통해 자신만의 '적소'를 만들어 나간다(Armstrong, 2012). 이를 통해 그들은 자신의 독특한 자아를 발견하고 성장할 수 있으며, 자신에게 유리한 조건을 조성할 때 성공할 가능성이 커진다(Wood, 2023). 신경 다양성 아동은 전통적인 "정상적인" 환경에 적응하기보다는, 그들의 독특한 뇌의 필요에 맞춰 환경을 변화시켜야 한다. 이는 그들이 진정한 자아를 찾고 독특한 삶을 살 수 있도록 돕는 중요한 요소이다.

　긍정적 적소 구축 전략은 생물이 자신의 필요에 맞춰 환경을 의도적으로 변화시키는 과정을 의미한다. 이 과정은 특정 종이나 개체가 생존과 번식에 유리한 환경을 조성하여 생태계를 더욱 다양하고 유연하게 만드는 것을 목표로 한다. 이러한 전략은 단순히 환경을 수동적으로 받아들이는 것이 아니라, 능동적으로 환경을 형성하고 조정하는 데 중점을 두고 있다(Odling-Smee, Laland, & Feldman, 2003). 예를 들어, 어떤 종의 동물은 특정 서식지를 선택하여 그곳의 식생을 변화시키거나, 자신이 필요로 하는 자원을 확보하기 위해 환경을 적극적으로 수정할 수 있다. 이러한 변화를 통해 그들은 생태계 내에서 새로운 균형을 이루고, 다른 생물들과의 상호작용을 통해 더욱 복잡한 생태적 관계를 형성하게 된다.

　긍정적 적소 구축 전략은 단순한 수정부터 시작하여, 복잡하고 정교한 인프라 구축에 이르기까지 다양한 형태를 취할 수 있다. 예를 들어, 비버는 댐을 만들어 수생 생태계를 조성함으로써 자신들과 다른 종들이 생존할 수 있는 환경을 만든다. 이처럼, 생물은 자신과 주변 환경

간의 상호작용을 통해 지속 가능한 생존 조건을 마련하며, 이는 생태계의 건강과 다양성을 유지하는 데 중요한 역할을 한다.

결국 긍정적 적소 구축 전략은 생물의 적응력과 창조성을 반영하며, 생태계 내에서의 지속적인 변화와 발전을 가능하게 한다. 이 전략은 생물학적 진화뿐만 아니라, 인간 사회에서도 개인이나 집단이 자신에게 유리한 환경을 만들어 나가는 데 중요한 원칙으로 작용할 수 있다. 각 개인이 자신의 필요와 강점을 인식하고 이를 바탕으로 환경을 조성함으로써, 더 나은 삶의 질과 성장을 이룰 가능성을 제시한다.

암스트롱의 긍정적 적소 구축 전략

토마스 암스트롱은 그의 저서 『교실의 신경 다양성』에서 "긍정적 적소 구축"을 강조한다. 이는 신경 다양성을 가진 학생들이 자신의 강점을 최대한 활용하여 학습할 수 있는 환경을 조성하는 방법론으로 설명할 수 있다. 그는 각 개인의 뇌가 서로 다르며, 그에 따라 사고방식과 학습 스타일도 다양하다고 주장한다. 암스트롱은 이를 통해 인간의 뇌가 환경, 관심사, 필요에 맞는 적절한 자원과 기회를 받을 때 더욱 번창할 수 있는 점을 강조한다. 그는 다음과 같이 언급했다(Armstrong, 2012).

> "우리는 칼라 백합이 '꽃잎 결핍 장애'를 가지고 있다고 하여 그것을 병리학적으로 바라보지 않는다. 우리는 단지 그 독특한 아름다움에 감사할 뿐이다... 마찬가지로 뇌가 다르고 사고와 학습 방식이 다른 아이들을 병리화해서는 안 된다."

이러한 관점은 신경 다양성의 긍정적인 측면을 부각하며, 모든 개인이 자신의 독특한 능력을 발휘할 수 있는 환경이 필요하다는 것을 시사한다. 암스트롱에 따르면, 긍정적 적소 구축은 신경 다양성 뇌를 위한 차별화된 교육 방법으로, 이는 단순히 지식 전달을 넘어, 학생들이 자신만의 고유한 정체성을 실현할 수 있도록 돕는 총체적이고 강점 기반의 접근 방식이다(Armstrong, 2019).

신경 다양성의 개념에서 파생된 이 접근법은 각기 다른 인지 스타일, 능력, 배경을 가진 사람들이 성공을 달성하기 위해 환경에 적응하는 방식을 강조한다. 긍정적인 적소 구축 전략은 포용적이고 지원적인 환경을 조성하기 위해 각자의 강점을 활용하고, 고유한 요구 사항을 수용하는 것을 포함한다.

이러한 전략의 목표는 신경 다양성을 가진 사람들의 웰빙을 증진하고, 그들의 재능을 발휘하며, 성공의 기회를 제공하는 것이다. 이를 통해 학생들은 자신의 학습 환경에서 더 큰 자율성을 느끼고, 자신이 속한 사회에서 긍정적인 변화를 끌어낼 수 있다.

암스트롱의 긍정적 적소 구축 전략은 교육 현장에서의 혁신적인 접근을 제시하며, 다양한 배경을 가진 학생들이 서로의 차이를 존중하고, 함께 성장할 기회를 제공하는 데 공헌한다. 이러한 관점은 교육자들에게도 중요한 시사점을 제공하며, 학생 개개인의 잠재력을 최대한 발휘할 수 있는 교육적 환경 조성의 필요성을 강조한다.

▬ 긍정적 적소 구축 전략의 유형

암스트롱이 제안한 긍정적 적소 구축 전략은, 학습자가 성장할 수 있는 '총체적인 생활 공간'을 조성한다는 전제 아래 수립된다. 그는 교실에서 학생들을 위한 긍정적 적소 구축의 7가지 요소를 제안했다(Armstrong, 2012). 그의 제안을 바탕으로 신경 다양성을 가진 개인을 위한 긍정적인 적소 구축을 하기 위한 몇 가지 전략을 소개하면 다음과 같다.

- **다양한 강점 활용 전략**: 신경 다양성은 '전형적인' 정신 능력이나 '정상적인' 뇌가 존재하지 않는다는 전제에서 출발한다. 따라서 자폐증, ADHD, 학습 장애, 지적 장애, 정서 장애, 행동 장애를

포함한 신경 다양성 아동은 결함이 아닌 강점 측면에서 이해한다. 신경 다양성은 각기 다른 강점이 있다. 예를 들어 난독증 아동은 예술적 능력이 뛰어난 경우가 많고, 자폐증 아동은 창의성이 뛰어난 경우가 많다. 신경 다양성 아동은 평균보다 높은 수준의 기업가 정신을 보이는 경우가 많다.

- **긍정적인 역할 모델 전략:** 신경 다양성 아동은 어려움을 극복하고 성공한 사람들의 사례를 참고하는 것이 유용하다. 이를 위해 유명한 신경 다양성을 가진 사람들의 삶과 업적을 소개할 수 있다. 노벨상 수상자인 생물학자 캐롤 그리더(학습 장애), 스티븐 스필버그 감독(ADHD), 동물 공학자 템플 그랜딘(자폐증), 오페라 가수 글로리아 렌호프(지적 장애), 에이브러햄 링컨 전 미국 대통령(정서 및 행동 장애) 등이 그 예이다. 이러한 접근은 신경 다양성 아동에게 '다른 이들이 성공할 수 있었다면, 나 역시 할 수 있다'라는 자신감을 심어준다.

- **인적 지원 네트워크 구축 전략:** 신경 다양성 아동은 복잡한 관계 망 속에서 살아가기 때문에 그들을 도울 수 있는 사람들의 지원 네트워크가 필요하다. 이러한 네트워크는 필요한 자원을 제공하며, 개인의 성공을 함께 축하한다. 이를 위해 개인은 가족, 친구, 동료, 전문가 등 다양한 관계에 걸쳐 지원 네트워크를 확장할 수 있다. 예를 들어, 신경 다양성 아동이 학교에서 어려움을 겪고 있다면 교사나 동료에게 도움을 요청할 수도 있고 전문가나 상담사와 정기적으로 만나 정서적, 전문적 조언을 얻을 수도 있다. 신경 다양성에 초점을 맞춘 온라인 커뮤니티나 단체에 가입하는 것도 유용하다. 이러한 공간에서는 비슷한 경험을 공유하고, 서로의 성공을 축하하며, 정보와 자원을 교환할 수 있다.

- **긍정적인 커리어 포부 전략**: 신경 다양성 아동은 미래에 대한 희망과 꿈을 가져야 한다. 이러한 열망은 종종 삶의 방향과 목적의식을 강화하는 중요한 디딤돌이 된다. 이를 위해서는 개인이 자신의 강점과 관심사를 인식하고 이를 바탕으로 현실적이면서도 도전적인 목표를 설정하는 것이 중요하다. 예를 들어, 컴퓨터 프로그래밍에 뛰어난 신경 다양성인 경우라면 소프트웨어 개발자나 게임 디자이너가 되는 것을 진로 목표로 삼을 수 있다. 가장 중요한 것은 자신만의 독특한 능력과 관심사를 반영하여 진로를 선택하는 것이다. 도전과 실패는 성장의 일부이며, 이러한 경험을 통해 배우고 더 강해질 수 있다는 점의 인식이 중요하다.

- **환경 조정 전략**: 적절한 환경 조정은 신경 다양성 아동이 필요로 하는 것을 충족시키며, 포괄적이고 유익한 학습 경험을 제공하여 학습 성과를 궁극적으로 향상시킨다. 신경 다양성 아동이 자신의 필요와 선호에 맞추어 환경을 능동적으로 조성할 수 있도록 지원하는 것이 중요하다. 예를 들어, 소음에 민감한 학습자를 위해 조용하고 차분한 학습 공간을 제공하고, 고도의 집중력을 요구하는 작업 시 시각적 및 청각적 방해 요소를 최소화하는 것이 바람직하다. 기술 활용도 중요한 환경 변화 중 하나이다. 디지털 기기와 소프트웨어를 활용하여 학습 경험을 개인화하고 학습자의 특성에 맞는 다양한 학습 자료에 쉽게 접근할 수 있다. 이를 통해 신경 다양성 아동은 자신의 속도와 방식에 맞춰 유연하게 학습할 수 있다.

신경 다양성 아동의 강점에 초점을 맞춘 교육적 접근은 개인이 자기 잠재력을 최대한 발휘하도록 하며, 사회적 포용성과 다양성의 가치를 높인다. 이러한 접근은 신경 다양성 아동이 자신감을 가지고 자신의 꿈과 목표를 추구하도록 격려한다. 또한, 신경 다양성 아동뿐만 아니라 교육과 사회 전반에 긍정적인 영향을 미친다.

IV. 긍정적 적소 구축의 핵심 전략: 언스쿨링

▬ 긍정적 적소 구축 전략으로서 언스쿨링의 강점

언스쿨링은 신경 다양성 아동에게 매우 유익한 선택이 될 수 있다 (주디 아놀, 2024; McDonald, 2022; Neurodivergent Unschooling, n.d). 언스 쿨링은 아동을 환경에 맞추기보다는 다양성을 포용하고 맞춤식 학습을 촉진하는 유연한 환경을 조성하는 데 중점을 둔다. 개인의 특성으로 인해 특정 환경에서 기능하지 못할 경우, 아이들은 심각한 고통과 장애를 겪는다(Fisher, 2023). 언스쿨링 교육은 아동의 신경 다양성 문제를 넘어서 아동이 경험하는 세상에 초점을 맞춘다. 부모가 자신의 편견과 교육적 기대를 제쳐두고 사회의 다양한 가치보다는 개인의 필요를 우선시할 때, 언스쿨링은 신경 다양성 아동에게 최적의 전략이 된다(Cox, 2021).

학교는 본질적으로 신경 다양성 아동의 신체적, 정서적, 교육적 요구를 충족시키기에 구조적 한계가 있다. 학교 시스템은 처음부터 다양한 요구를 충족하도록 설계되지 않았다. 표준에 기반한 학교 시스템은 학교 환경이 인간의 다양성을 수용할 수 없는 비정상적인 환경이라는 점을 간과하고, 신경 다양성 아동에게 장애라는 꼬리표를 붙인다(Gray, 2021). 신경 다양성 아동은 보통 아동과 다른 방식으로 학습하고, 소음과 감각 입력에 민감하며, 장시간 앉아있기가 힘든 까닭에 전통적인 학교 환경의 적응에 어려움을 겪는다.

학교와는 달리, 언스쿨링은 신경 다양성 아동의 가족에게 완벽한 교육 환경을 제공한다. 언스쿨링 환경에서는 안전, 정서적 안정, 신체적 건강을 우선시하면서 아이들이 다양한 시간에 학습하고 자신이 좋아하는 것을 더 많이 할 수 있다. 신경 다양성 아동은 각자의 고유한 자아에 맞는 생활 방식과 교육, 그리고 각자의 독특한 욕구를 충족하며 자신만의 방식으로 발전하고 성장할 수 있는 생활환경이 필요하다(Heiditsteel, 2022). 이런 점에서 언스쿨링의 독특한 학습 방식은 신경 다양성 아동들에게 최적의 교육 환경이 될 수 있다.

언스쿨링은 신경 다양성 아동이 자신의 관심사를 탐색하고 자신에게 가장 적합한 학습 스타일을 찾을 수 있는 자유를 제공한다. 언스쿨링은 학습자 중심의 교육 접근 방식이며, 유연성과 개인화를 중요한 특징으로 삼기 때문에 신경 다양성 교육의 핵심 전략이 될 수 있다. 언스쿨링은 신경 다양성 아동이 잠재력을 최대한 발휘하고 궁극적으로 정신 건강과 웰빙을 증진할 수 있는 최적의 기회를 제공한다(Heiditsteel, 2022; Jones, 2021; Brown, 2020).

언스쿨링을 바탕으로 한 적소 구축 전략은 신경 다양성 아동의 독특한 요구와 강점의 충족에 중점을 둔다. 이러한 전략은 언스쿨링과 신경 다양성의 핵심 원칙을 결합하여 각 개인의 강점, 관심사, 욕구를 존중하는 학습 환경의 조성을 목표로 한다. 언스쿨링 기반의 적소 구축 전략은 신경 다양성 아동이 학습의 주인이 되고, 자신의 열정을 발견하며, 자신이 선택한 교육 환경에서 전문적으로 성장할 수 있도록 지원한다. 이러한 접근 방식은 신경 다양성 아동의 고유한 특성과 관점을 학습 과정의 자산으로 활용하고 소속감, 목적, 성취감의 육성을 강조한다.

언스쿨링과 신경 다양성 아동과의 연결

언스쿨링은 신경 다양성 아동의 학습에서 중요한 전략이다. 언스쿨링 기반의 교육 전략을 통해, 신경 다양성 아동은 스스로 학습을 탐색하고, 자신의 강점과 흥미에 기반한 학습 경험을 쌓으며, 그 과정에서 스스로의 학습을 통제하고 성장하며 발전할 수 있다. 또한, 자신감을 높이고 대인 관계 기술을 향상하며 학습에 대한 열정을 유지하는 데 도움이 될 수 있다. 다음은 언스쿨링이 신경 다양성 아동에게 긍정적인 적합한 환경을 구축하는 전략의 핵심 부분으로서의 몇 가지 연결 고리이다(Gonzalez, 2023).

- **개인화된 관심과 지원**: 언스쿨링은 관심 중심의 학습을 촉진한다. 각 아동의 고유한 흥미와 재능을 인정하고 지원함으로써 학습 동기를 높이고 자기 주도적 학습을 가능하게 한다. 언스쿨링은 개별화된 관심과 지원을 제공하는데, 이는 특히 신경 다양성 아동에게 유용하다. 부모는 아이의 고유한 학습 스타일과 필요에 맞춰 교육 방법과 접근 방식을 조정하여 더 효과적이고 개인화된 학습 경험을 제공할 수 있으며, 아이의 강점과 약점을 더 잘 이해하고 그에 따라 교육 전략을 조정할 수 있다. 또한 아이가 학습에 동기를 부여받고 몰입할 수 있도록 일대일 지원과 지도를 더 많이 제공할 수 있다.

- **맞춤식 학습 환경**: 언스쿨링은 학습자가 자신의 학습 경험을 통제할 수 있는 환경을 제공한다. 학습 환경을 아이의 필요에 맞게 조정하면 감각 과부하와 불안을 줄일 수 있다. 언스쿨링을 통해 부모는 아이의 특정 요구와 관심사에 맞는 학습 환경을 조성할 수 있으며, 이는 특히 신경 다양성 아동에게 중요하다. 즉, 부모는 아이의 강점과 관심사에 맞는 커리큘럼 자료와 학습 활동을 선택하고 필요에 따라 자료를 수정하거나 조정할 수 있다. 또한, 추상적이거나 이론적인 개념을 이해하기 어려워하는 신경 다양성 아동에게 특히 효과적인 실습 및 체험 학습 기회를 더 많이 제공할 수 있다.

- **자신의 속도에 맞춰 학습할 수 있는 자유**: 언스쿨링은 학습의 자유를 보장한다. 각자의 속도에 맞춰 학습할 때, 아이들은 스트레스 없이 심도 있는 학습을 경험할 수 있다. 언스쿨링을 통해 아

이들은 자신의 속도에 맞춰 학습할 수 있으며, 이는 새로운 정보를 처리하고 흡수하는 데 더 많은 시간이 필요한 신경 다양성 아동에게 특히 유용하다. 부모는 아이의 필요에 맞춰 교육 속도를 조정하고 필요에 따라 추가 지원과 안내를 제공할 수 있다. 이는 좌절과 불안을 줄이고 학습에 대한 긍정적인 태도의 육성에 도움이 될 수 있다.

- **긍정적인 사회화의 기회**: 언스쿨링은 긍정적인 사회화를 위한 많은 기회를 제공한다. 신경 다양성 아동이 사회성을 기르는 데 도움이 될 수 있다. 언스쿨링은 또래, 가족, 지역사회 구성원들과 긍정적인 사회화의 기회를 제공한다. 부모는 또한 아이가 다른 신경 다양성 아동과 어울릴 기회를 제공할 수 있으며, 이는 사회화 증진과 고립감 감소에 특히 효과적이다. 예를 들어, 부모는 놀이 데이트를 주선하거나, 언스쿨링 그룹에 가입하거나, 아이의 관심사에 맞는 커뮤니티 활동에 참여할 수 있다.

- **집단괴롭힘 및 사회적 낙인 감소**: 언스쿨링은 안전하고 지원적인 학습 환경을 제공함으로써, 신경 다양성 아동이 기존 학교 환경에서 겪을 수 있는 집단괴롭힘과 사회적 낙인의 위험을 줄일 수 있다. 부모는 더 통제되고 긍정적인 학습 환경을 제공함으로써 아이가 더 수용되고 가치 있다고 느끼도록 도울 수 있다. 이를 통해 사회적 낙인이 아이의 자존감과 정신 건강에 미치는 부정적인 영향을 최소화할 수 있다.

- **실용적인 체험 학습**: 언스쿨링은 실생활에 적용할 수 있는 지식과 기술을 배울 기회를 제공한다. 언스쿨링은 추상적이거나 이론적인 개념에 어려움을 겪는 신경 다양성 아동에게 특히 효과적인 실용적인 체험 학습 경험을 제공한다. 예를 들어, 부모는

요리, 정원 가꾸기, 건축 프로젝트와 같은 활동을 통해 아이에게 학습 기회를 제공할 수 있다. 이러한 활동을 통해 아이는 실생활에 직접 적용할 수 있는 지식과 기술을 습득함으로써, 학습이 단순히 책 속의 이론에 국한되지 않고 직접적인 경험과 이해를 통해 이루어질 수 있다. 또한 아이들이 학습하는 내용에 더 큰 관심을 가지고 학습 동기를 부여하는 데 도움이 될 수 있다.

- **학업이나 사회적 규범을 따르는 압박감 감소:** 언스쿨링을 통해 아이들은 자신만의 방식으로 세상을 이해하고 탐구할 수 있다. 이러한 접근 방식은 신경 다양성 아동이 학업이나 사회적 규범을 준수하는 데 따르는 압박감을 줄여준다. 대신 부모는 아이의 고유한 필요와 관심사를 충족하는 학습 환경을 조성하는 데 집중할 수 있다. 이는 자존감 향상, 불안감 감소, 웰빙 개선으로 이어질 수 있다.

- **유연성과 개별화:** 언스쿨링은 아동의 개별적인 요구와 변화하는 환경에 빠르게 적응하고 대응할 수 있다. 언스쿨링은 학습 과정에서 더 큰 유연성과 개별화를 제공하여 부모가 아이의 고유한 욕구와 능력을 충족하는 커리큘럼을 만들 수 있다. 이는 신경 다양성 아동이 학습에 더욱 몰입하고, 동기 부여를 받아 학업 성취도와 소속감을 높이는 데 도움이 된다.

- **평생 학습 장려:** 언스쿨링은 아이들이 평생 학습하는 태도를 기르도록 장려한다. 학습을 일시적인 과제가 아닌 즐거운 경험으로 바꾼다. 언스쿨링은 학습에 대한 아이의 태도에 큰 영향을 미칠 수 있다. 특히 신경 다양성 아동에게, 언스쿨링은 개별화된 맞춤 학습 경험을 제공함으로써 학습에 대한 애정과 평생 학습에 대한 열망을 불러일으킬 수 있다. 언스쿨링이 평생 학습을 장

려하는 몇 가지 방법에는 개별화된 학습 경험, 학습의 유연성, 기술 구축에 대한 집중 등이 있다. 이러한 접근은 학습에 대한 긍정적인 태도를 강화하고, 다양한 기술과 능력을 개발하는 데 공헌한다.

- **부모의 참여 증가:** 언스쿨링을 실천하는 부모는 아이의 학습 과정에 더욱 적극적으로 참여해, 그 과정을 관찰하고 지원한다. 언스쿨링을 통해 부모는 아이의 교육에 더 많이 관여할 수 있으며, 이는 특히 신경 다양성 아동에게 유익하다. 부모가 아이의 학습 과정에 더 깊이 관여함으로써, 더 풍부한 지원과 지도를 제공하고, 학습에 대해 긍정적인 태도를 장려할 수 있다. 또한 아이의 사회적, 정서적 발달에 더 많이 관여하여 아이가 긍정적인 관계와 회복탄력성을 키울 수 있도록 도울 수 있다.

이러한 언스쿨링의 장점은 기존 학교 교육 시스템에서 간과되거나 충분히 다루어지지 않는 측면을 보완한다. 학교에서는 정해진 커리큘럼과 평가 방법에 따라 학습이 이루어지며, 이는 모든 학생에게 동일하게 적용된다. 따라서 개별 학습자의 다양한 요구와 능력을 충분히 충족시키기 어려울 수 있다. 반면 언스쿨링은 학습자 중심의 접근 방식을 취하기 때문에 아이들이 자신의 흥미와 호기심을 바탕으로 자기 학습의 주인이 되어 자신의 속도에 맞춰 자신에게 맞는 방식으로 학습할 수 있다. 언스쿨링은 아이들에게 학습의 자유와 유연성을 제공하고, 자기 주도 학습을 촉진하며, 다양한 사회적, 문화적 경험의 기회를 제공한다.

V. 언스쿨링: 신경 다양성 아동에게 미치는 효과

언스쿨링은 신경 다양성 아동이 자신의 방식대로 세상과 소통할 수 있도록 지원하여 기존 학습 환경의 제약을 뛰어넘는 긍정적인 학습 경험을 제공한다. 이는 신경 다양성 아동이 자기 잠재력을 최대한 발휘할 수 있는 길을 열어주며, 궁극적으로 모든 학습자를 위한 더 포용적이고 유연한 교육 환경의 조성에 공헌할 수 있다. 이러한 점에서 언스쿨링은 신경 다양성 교육에 매우 효과적인 대안적 접근 방식이 될 수 있다.

▬ 언스쿨링의 효과: 지나 라일리의 연구

지나 라일리의 연구는 신경 다양성과 언스쿨링의 효과를 조사한 드문 연구 중 하나이다. 50명의 부모를 대상으로 한 연구에서 라일리는 신경 다양성 아동을 둔 언스쿨링 부모를 대상으로 그들의 경험을 조사했다(Riley, 2023). 그 결과, 대다수 부모가 신경 다양성 아동에게 학교보다 더 개인화된 학습 환경을 제공하기 위한 치료적 방법으로 언스쿨링을 인식하는 것으로 나타났다.

언스쿨링의 효과에 관해 질문한 결과, 대부분의 답변에서 언스쿨링이 신경 다양성 아동의 개인적인 욕구와 강점에 잘 부합하는 것으로 나타났다. 다른 효과로는 자율성과 자유, 행복감 증가, 내재적 동기 부여 증가 등이 있었다. 일부 부모들은 언스쿨링이 아이의 정신 건강에 긍정적인 영향을 미쳐 자존감을 높이는 데 도움이 되었다고 말했다. 부모들은 아이가 건강한 식사를 하고, 원할 때 자유롭게 움직이며 휴식을 취하고, 자연스러운 시간에 일어나고 잠을 잘 수 있다는 점을 언스쿨링 환경의 효과로 꼽았다. 연구에 참여한 부모들은 신경 다양성 교육에 대한 언스쿨링의 효과에 대해 다음과 같이 설명했다(Riley, 2023).

"아이들이 더 행복해졌으며 많은 문제가 해결되었다. 아이들이 이제야 학습에 집중하고 있다는 것을 볼 수 있다."

"나는 언스쿨링이 자폐 스펙트럼을 가진 아이들의 자연스러운 학습 및 발달 스타일에 완벽히 부합한다고 생각한다. 자율성과 욕구가 강한 아이들이 자기 신경 유형에 맞지 않는 교육 방식을 강요받지 않고, 자신들만의 방식으로 진정한 발전을 이룰 수 있는 환경이 마련되었다."

"우리는 아이의 필요와 내재된 동기에 따라 학습과 일정을 조정한다. 학습 방법의 차이는 문제가 되지 않는다. 아이들은 학년과 무관하게 자신의 열정을 따를 수 있다. 예를 들어, 8세 때 고등학교 생물학을 시작하거나 9세에는 로봇팀의 팀장이 될 수 있다."

"우리는 아이들이 특정 학습 결과를 '언제' 습득해야 한다고 자의적으로 요구하지 않는다. 덕분에 내 딸은 학교에서의 성과에 대한 압박에서 벗어나 독서를 즐기고 독서를 통해 배울 수 있었다."

"내 아들은 예상치 못한 아름다운 학습 방법을 발견하고 열정적으로 나와 공유했다. 아들이 성장하고 자신의 목소리와 자아를 찾는 모습을 지켜보는 것은 정말 아름다운 일이었다."

"내 아이의 학습 장애는 정보 처리에 접근하는 방식에서 오히려 강점이 된다. 그는 자신의 한계와 과거의 어려움을 알고 있지만, 그것을 다른 사람들과 구분 짓는 장애 조건이 아니라 자신의 생리와 암묵적인 경험의 한 측면으로 인식한다. 내 아이는 자신의 한계를 보완할 수 있는 방법을 찾을 수 있다. 그는 본질적으로 자신의 관심을 추구하려는 동기가 있다. 타인에 대한 연민과 존중심을 가지고 있으며 사회에서 책임감 있는 개인으로서 자신을 증명하기 위해 노력한다. 10대 시절에 순응해야 한다는 압박감을 느끼지 않았다. 그는 성인들보다 더 성숙하고 안목이 높으며 거리낌 없이 자유롭게 상상에 빠져들 수 있다. 언스쿨링은 그의 기하급수적인 성장에 큰 도움이 되었다."

"우리는 아이들에게 배워야 할 특정 내용을 가르치기 위해 새롭고 흥미로운 방법을 찾을 필요가 없었다. 아이들은 필요할 때 잠을 자고, 몸이 원할 때 음식을 먹고, 물을 마시며, 화장실을 사용한다. 비교를 모르기 때문에 이미 자신만의 길을 개척하는 데 자신을 가지고 있다. 관심사가 바뀌면 새로운 관심사로 쉽게 넘어가면서 자신의 판단을 신뢰하고 결정하는 법을 배운다. 자기 삶이 자기 것임을 이미 인식하고 있으며, 무엇을 하고 싶은지 스스로 결정할 수 있다. 지시나 평가를 기다릴 필요 없이, 필요할 때는 도움이나 지원을 요청하는 법을 배우고 있다."

___ 언스쿨링과 신경 다양성 아동의 성공 스토리

나의 아들은 병적 요구 회피(PDA)를 동반한 자폐 스펙트럼 장애로 진단받았습니다. 아들은 6세부터 10세까지 대안학교에 다녔습니다. 하지만 공교육이 아닌 환경이었는데도 불구하고, 아들은 종종 부담감을 느꼈고, 교사 및 다른 학생들과의 갈등이 잦았습니다. 그의 증상은 때때로 불공평한 주변 환경으로 인해 악화하기도 했습니다. PDA에 대해 잘 아는 사람이라면, 아이들이 통제 불능 상태가 되면 극심한 불안을 경험할 수 있다는 것을 알고 있습니다. 이것은 붕괴, 다른 사람을 통제하려는 욕구, 금단, 그리고 때로는 공격성 등 다양한 반응으로 이어질 수 있습니다. 학교 환경은 이러한 아이들에게 특히 가혹한 곳이 될 수 있습니다. 내 아들은 많은 자기 인식을 얻고, 다른 사람들이 말하는 '어떻게 해야 한다'라는 이야기에 혼란스러워하지 않으면서도 자신의 불안을 관리할 수 있는 다양한 방법을 찾아냈습니다.

학부모-교사 회의에서는 항상 '해결'해야 할 문제에 대해 논의했습니다. 나는 아들이 불안을 덜 느끼고, 더 협조적이며, 더 순응적으로 되도록 도와야겠다는 막연한 다짐을 하고 회의장을 떠났습니다. 공정하지도 않고 가능하지도 않다는 것을 알면서도, 나는 아들의 변화를 도울 방법에 대해 집중했습니다.

신경 다양성 아이에게 순응을 강요하는 압력은 아이와 부모 모두를 쇠약하게 만들 수 있습니다. 이러한 압박은 관계에 부정적인 영향을 미쳐, 아이가 있는 그대로 받아들이는 동시에 다른 사람들의 변화 요구에 귀를 기울이기 어렵게 만듭니다. 시스템에 적응하고 순응하는 것이 모든 문제를 해결할 수 있다는 믿음에 매달리는 것이 대안을 찾는 것보다 더 쉬울 수도 있습니다.

이유는 무엇일까요? 대안은 미지의 세계로의 큰 도약을 의미하기 때문입니다. 다행히도 나의 아들들은 순응주의자가 아니었고, 순응하는 것은 그들의 본성이 아니었습니다. 그래서 4년 전, 우리는 다른 방법이 있어야 한다고 판단하고 언스쿨링을 시작했습니다. 두 아들 모두 스스로 읽기를 배웠지만, 학습과 시험에 대한 걱정, 그리고 제도권 학교 밖으로 나가면 어떻게 될지에 대한 불안감이 여전히 존재했습니다.

정확히 언제부터인지는 말할 수 없지만, 학교와 타인의 의견, 사고방식으로부터 오는 압박에서 벗어나면서 아들을 새로운 시각으로 바라보기 시작했습니다. 아들의 섬세한 운동 능력, 세심한 주의력, 한 가지 일에 몇 시간이고 집중하는 능력, 결단력과 자제력, 독특한 사고방식, 무한한 상상력을 보게 되었습니다. 그와 형제들은 타협, 협상, 화해의 긴 연습이 되는 상상 속 게임을 몇 시간씩 하곤 했습니다. 그의 관심사는 더욱 정교해졌고, 이 시기에 고대 로마, 역사, 정치에 대한 지식을 습득했습니다. 이 모든 경험을 통해 수학과 문법에 대한 걱정은 사라지기 시작했습니다. 나는 언스쿨링에 대해 더 많이 배우기 시작했고, 그것이 우리가 나아가야 할 유일한 길임을 깨달았습니다.

학교와 다른 사람들의 의견과 사고방식에 대한 압박에서 벗어나니 아들을 새로운 시각으로 바라볼 수 있게 되었습니다. 여전히 어려움이 많았으나 외부의 압박이 없었기 때문에 문제를 '해결'하려고 노력할 필요가 없었습니다. 대신 아들을 더 깊이 이해하고 내 기대와 반응을 바꾸려고 노력했습니다. 학교에서 문제가 되었던 많은 것들이 사라졌습니다.

우리는 모두 서로의 필요와 한계를 더 깊이 이해하기 시작했습니다. 자기 생각을 솔직히 표현하고 서로를 더 이해하고 배려하는 방법을 배웠습니다. 한 사람의 연주가 다른 사람에게는 소음으로 들리는 문제에 대한 논쟁은 결국 포용과 사과, 설명으로 해결되었습니다.

내 아들은 자신의 관심사와 열정을 스스로 탐구할 기회를 얻었고, 그 결과 많은 것을 발견할 수 있었습니다. 자기 아이디어를 발전시키고 깊이 탐구할 수 있는 시간과 공간을 확보할 수 있었습니다. 아들은 발명품, 컴퓨터 게임, 비즈니스 등 다양한 분야의 아이디어를 떠올렸습니다. 그는 다른 사람의 의견에 휘둘리지 않고 자신이 어떻게 '되어야' 하는지에 대한 자기 인식을 키웠으며 불안에 대처하는 여러 가지 방법을 고안해 냈습니다. 아들은 자신의 한계를 인정하며, 이를 가족으로서 존중하고 함께 극복하려 노력합니다.

이러한 경험을 통해 나는 교육의 의미와 목표가 단순히 지식을 전달하는 것이 아니라 아이들이 스스로 길을 찾도록 돕고, 그 과정에서 자신의 강점과 한계를 이해하고, 스스로 문제를 해결할 수 있는 능력을 키우는 것임을 다시 생각하게 되었습니다. 언스쿨링을 통해 우리 가족은 교육의 진정한 의미를 깨달을 기회를 얻었습니다.

내 아들들의 경험은 교육에는 '한 가지 방법'만이 있다는 생각을 깨뜨렸습니다. 아이들은 저마다 독특한 강점과 관심사가 있으며, 이를 최대한 발휘할 수 있는 환경을 제공해야 합니다. 언스쿨링은 그 가능성을 열어주었고, 아이들은 자신만의 방식으로 세상을 배우며 성장하고 있습니다.

물론 언스쿨링이 모든 가정에 적합한 것은 아닙니다. 하지만 우리의 경험을 통해, 교육의 다양성과 유연성이 얼마나 중요한지 더 많은 사람과 공유하고 싶습니다. 아이들이 자신의 속도와 방식대로 배우고 성장할 수 있는 환경을 조성하는 것, 이것이야말로 우리가 교육에서 추구해야 할 본질이라고 믿습니다. 우리 가족은 언스쿨링을 통해 기존 교육 체제를 넘어서는 새로운 학습의 지평을 경험하고 있습니다. 이 경험은 아이들뿐만 아니라 저에게도 소중한 배움의 기회였습니다. 앞으로도 서로를 이해하고 지지하면서 각자의 길을 모색해 나갈 것입니다.

학교를 떠난 지 4년이 지났습니다. 학교에 계속 다녔다면, 아들에게서 보지 못했을 많은 것들이 생각납니다. 학교와 나는 아들을 학교에 맞추려고 노력했을 것이고, 그 과정에서 이 매력적이고 독특한 개인성의 많은 부분을 지워버렸을 것입니다. 나는 우리 주변의 세상, 빠르게 발전하는 기술, 인류가 변화해야 하는 필요성, 우리 앞에 놓인 모든 미지의 영역에 대해 생각합니다.

나는 내 아들이 무한한 사고를 하는 사람이라고 생각하며, 현 상태에 도전하려는 열망과 높은 원칙을 가지고 있다는 것에 대해 감사하고 있습니다. 나는 아들이 자신을 자신이 아닌 타인으로 정의되는 것이 아니라, 자신이 무엇인지로 정의되는 사람이라고 생각합니다. 나에게 그는 오히려 미래에 딱 맞는 사람입니다(Jones, 2020).

● ● ● ● ● ●

신경 다양성을 가진 아동의 교육은 단순히 지식을 습득하는 것을 넘어선다. 이들의 세계관을 이해하고, 그들이 자신의 잠재력을 최대한 발휘할 수 있는 환경을 마련해주는 것이 가장 중요하다. 이러한 접근법은 신경 다양성 교육에 있어 새로운 패러다임을 제안한다. 이는 '농부와 사냥꾼' 관점을 통해 다양한 신경 유형을 이해하고 존중하는 것을 기반으로 새로운 교육 전략을 강조한다. 언스쿨링은 교육의 진정한 목표를 실현함으로써, 모든 아동이 자신만의 방식으로 세상에 기여하고, 자신의 잠재력을 최대한 발휘하며, 학습을 즐길 수 있는 세상을 만드는 데 공헌할 수 있다.

호기심 많은 10살 철수는 전통적인 학교 시스템에서 벗어난 삶의 방식인 언스쿨링을 통해 배움의 자유를 만끽하고 있다. 그의 일상은 학습의 새로운 지평을 열어가는 최첨단 에듀테크 기술과 밀접하게 연결되어 있다.

아침이 밝아오면 철수는 자신을 이해하고 도와주는 AI 튜터와 마주한다. AI 튜터는 데이터 분석을 기반으로 철수의 취향과 관심사를 파악하고 개인화된 정보, 최신 뉴스, 오늘의 학습 일정을 알려준다. 오늘의 일정에는 우주 탐험에 관한 흥미로운 정보와 호기심을 자극하는 다양한 퀴즈가 포함되어 있다.

철수는 가상현실(VR) 헤드셋을 착용하고 다른 세계로 들어온 듯한 학습 경험에 몰입한다. 우주 탐험, 역사, 과학, 예술, 음악 등을 가상현실에서 직접 체험하며 배운다. 예술의 날에는 가상 갤러리를 방문해 세계적으로 유명한 예술가들의 작품을 감상하고, AI 기반 언어 프로그램의 도움을 받아 영어를 배운다. 코딩을 배울 때는 직접 코드를 작성하고 시뮬레이션을 통해 문제 해결 능력을 키우며 고도로 개인화되고 독특한 학습 경험을 만들어 낸다.

외출할 때는 증강 현실(AR) 안경을 사용하여 새롭고 풍성한 방식으로 주변 환경을 경험한다. 공원에서는 초현실적인 공룡과 외계인과 함께 놀고, 박물관이나 도시를 탐험할 때는 그 장소의 역사와 특징에 대해 더 깊이 배운다. 이러한 경험은 더 많은 것을 배우기 위해 도서관이나 인터넷을 자발적으로 찾도록 영감을 준다.

집에 돌아와서는 온라인 강의 플랫폼에서 전문가들의 강의를 들으며 최신 정보를 습득한다. 에듀테크 앱을 활용한 프로젝트 작업과 협업을 통해 창의적인 문제 해결 능력을 키운다. 특히 로봇 공학에 관심이 많아 온라인 로봇 공학 챌린지에 참여하고 프로젝트 관리 앱을 사용해 직접 프로젝트를 계획하고 실행한다.

저녁이 되면 가족들은 주방에 모여 하루를 공유하고 요리를 시작한다. 이 시간은 식사 준비를 넘어 가족 간의 교류와 소통의 시간이 된다. 저녁 식사 후에는 가족이 함께 게임과 토론을 하며 좋은 시간을 보낸다. 가족이 함께 아이디어를 공유하고 문제 해결 능력을 키우며 서로의 다른 관점을 이해할 기회이다.

철수는 잠자리에 들기 전 AI 로봇 친구와 대화를 나눈다. 하루 동안 있었던 일을 이야기하고 배운 내용을 재미있게 복습할 수 있도록 도와준다. 로봇은 철수가 그날 경험한 감정이나 문제에 공감하고 해결책을 제시하며 긍정적인 마음을 유지할 수 있도록 돕는다. 또한 로봇 친구는 그와 함께 내일의 학습을 점검하고 그가 꿈꾸는 미래를 향해 한 걸음씩 나아갈 수 있도록 격려한다. 이러한 상호작용을 통해 철수는 안정감을 느끼고 새로운 도전에 대한 설렘을 느끼며 행복하게 잠자리에 든다.

CHAPTER 07
에듀테크: 언스쿨링의 새로운 도약

Ⅰ. 에듀테크와 언스쿨링의 조화

▁ 에듀테크의 개념

에듀테크(edutech)는 교육(education)과 기술(technology)의 합성어로서, 디지털 기술을 교육에 접목하여 기존 교육 방식을 개선하고 새로운 서비스를 제공하는 교육을 의미한다(Park & Gil, 2020; Sharma, n.d). 에듀테크는 인공지능, 로봇 공학, 교육 콘텐츠 등을 결합한 융합적 교수 학습 방법을 말한다. 이 접근 방식은 교실에서 정보 및 커뮤니케이션 기술 도구를 활용하여 참여적이고 포용적이며 개인화된 학습 환경을 강조한다.

에듀테크는 인공지능, 빅데이터, 가상 및 증강 현실, 로봇 공학, 블록체인 등의 첨단 기술을 교육 콘텐츠, 솔루션, 하드웨어, 시스템에 적용하여 실감 나는 체험 학습이나 맞춤형 학습을 제공한다(공영일, 2020). 예를 들어 가상현실은 우주 탐험이나 공룡 탐험에 사용할 수 있다. AI 튜터나 로봇이 학습자의 수준과 목표에 맞는 학습 자료와 피드백을 제공할 수 있다. 블록체인을 활용하여 학습 결과와 인증을 안전하고 투명하게 관리할 수도 있다.

에듀테크와 유사한 개념으로는 이러닝(E-Learning)과 스마트러닝(Smart Learning)이 있다(공영일, 2020; 홍정민, 2011). 이러닝은 1990년대 후반 인터넷의 급속한 확산과 함께 등장했다. 주로 온라인 학습에서 콘텐츠 전달에 중점을 두고 있으며 강의 기반 모델이 특징이다. 2010년을 전후로 스마트폰과 태블릿이 확산하면서 스마트기기를 활용하는 스마트러닝이 주목받았다. 스마트러닝은 이러닝과 스마트기기를 결합한 학습이며, 주로 스마트폰, 태블릿, 전자책 리더기 등을 활용한다. 이에 반해 에듀테크는 인공지능, 빅데이터, 블록체인 등 데이터와 소프트웨어를 기반으로 학습자를 분석하고 소통하며 정보를 쉽게 관리해 학습 성과를 높이는 데 중점을 둔다.

이러닝, 스마트러닝에 비해 에듀테크는 학습, 기억, 공유, 활동 등 학습의 전 과정에 접근하는 포괄적인 개념이다. 에듀테크는 AR, VR, XR, AI, 메타버스 등의 기술을 결합하여 새롭고 혁신적인 학습 방식을 제공하는 서비스이다. 데이터와 소프트웨어가 중심이 되는 새로운 스마트 교육으로 교육의 디지털화를 강조한다(박아람·이아람, 2023). 어떤 측면에서는 학습 혁명이라고 할 수 있는 에듀테크의 주요 특징은 다음과 같다(Bhagwat, 2024).

첫째, 시대적 사회적 요구에 부응하는 인재를 양성할 수 있다. 자동화, 인공지능, 디지털화가 지속적으로 증가하면서 고용 시장의 재편과 함께 인력의 능력 향상과 재교육이 필수가 되었다. 에듀테크는 인재들이 미래 고용 시장에 필요한 새로운 기술을 습득할 수 있도록 다양한 학습 경로와 자원을 제공함으로써 이러한 요구에 부응한다.

둘째, 개인화된 자기 주도 학습을 가능하게 한다. 인공지능과 같은 에듀테크 기술을 활용하여 학습자의 개별적인 요구와 선호도에 맞게 학습을 맞춤화할 수 있다. 이를 통해 학습자는 자신의 속도와 스타일에 맞게 학습할 수 있어 더 효율적이고 효과적인 학습 결과를 얻을 수 있다.

셋째, 에듀테크는 교육 민주화를 가능하게 한다. 전통적인 교수법을 뛰어넘는 새로운 학습 방법과 패러다임을 제공함으로써 다양한 배경을 가진 학습자가 양질의 교육 자원에 접근할 수 있도록 하여 학습 격차를 해소하는 데 도움을 준다.

넷째, 교육 혁신과 변화를 촉진한다. 에듀테크는 전통적인 교수 방법을 뛰어넘는 새로운 학습 방법과 패러다임을 제공하여 학습자 중심의 교육으로 전환을 촉진한다. 창의력과 자기 주도성을 길러주고 교육의 접근성과 공평성을 높이는 데 공헌한다.

이러한 특징들은 에듀테크가 교육에 가져올 혁신적인 변화와 잠재력을 잘 보여준다. 기술과 교육을 결합함으로써 전통적인 학습 방법을 넘어 새로운 가능성을 모색하고 모든 학습자가 교육을 더 효과적이고 접근하기 쉽게 하는 데 중요한 역할을 할 것이다.

▬ 학교 시스템과 에듀테크의 디커플링

공장식 학교 시스템은 전통적인 교실 학습이 주로 학생들을 '성인' 생활을 위한 '후보자'로 간주하며 미래를 준비하는 데 초점을 맞추고 있다(Kizel & Lee, 2016). 이러한 접근 방식은 학습의 모든 측면을 포괄하면서도 현재와 관련된 기술 개발을 무시하고, 자기 관련 담론, 자기 주도성 및 실시간 대처를 배제하는 경향이 있다. 학생의 경험보다 성인의 경험을 우선시하며, 성인이 학교생활의 모든 영역에서 통제와 지시를 담당한다. 성인들은 자기 경험이라는 렌즈를 통해 학생들을 바라보고 학생들의 현재 호기심과 상상력을 무시하는 경향이 있다. 에듀테크 기반 학습의 핵심은 학습자의 자율성, 창의성, 자기 주도성, 그리고 현재성이다. 교실 학습은 현재를 무시하고 미래에 초점을 맞춘 통제 중심의 특성을 나타낸다. 이는 에듀테크의 적용을 어렵게 만들어 궁극적으로 자기 주도 학습을 방해한다(Kizel & Lee, 2016).

실제로 학교 교실에서 에듀테크가 제대로 활용되지 못하고, 교실 밖에서 더 활발하게 이루어지는 특이한 현상이 일어나고 있다. 그 이유는 학교 시스템의 구조적 결함에 있다. 원래 학교 시스템은 공장식 교육모델을 기반으로 설계되어 교실이 공장과 유사한 구조를 갖추고 있다. 공장식 교육은 중앙집권적 관리 방침에 따라 체계와 규범을 기반으로 교육과정을 설계하고, 이를 엄격히 준수한다. 학생 중심이 아닌 교사 중심의 교육이 이루어지며, 과거와 현재의 경험을 바탕으로 모든 학습을 하나의 틀에 맞춘다. 창의적 실험보다는 기존 지식과 경험을 중심으로 한 학습이 이루어지며, 교수－학습 모델을 고려하지 않고 무리하게 최첨단 장비를 도입하는 전통적인 교육 환경이다(이성호, 1997).

학교 시스템의 구조적 결함은 실제 수업 시간을 관찰하면 잘 알 수 있다. 수업 중에 학생들은 디지털 학습 도구를 자유롭게 사용할 수 없으며 교사의 지시와 정해진 시간과 절차에 따라야 하는 까닭에 학생들은 전자 매체 사용을 제약으로 느끼고 흥미를 잃는다. 공장식 교실에서는 학생들이 정해진 지시를 따르고, 시간을 잘 지키며, 상사의 지시를 따르고, 동일한 작업을 수행하는 노동자와 같다. 전통적인 교실에서는 한 명의 교사가 많은 학생에게 동일한 내용과 방법을 가르치는 획일적인 수업이 가장 효율적이라고 가정한다. 이러한 교실 환경에서는 개개인의 학습 요구, 자율성, 창의성이 오히려 교육의 효과를 방해한다고 보기 때문에 에듀테크를 활용하는 수업은 설 자리가 없다(John Couch & Jason Towne, 2020).

오랫동안 많은 사람은 기술이 교육과 학습을 개선할 것이라는 기대와 희망을 품어왔다. 하지만 최근 일부 연구는 기술 자체로는 학습 향상에 영향을 주지 못한다고 주장하며 에듀테크에 찬물을 끼얹고 있다(Escueta et al., 2017). 그 이유 중 하나는 에듀테크 프로그램과 플랫폼이 기존의 교육 접근 방식을 개선하기보다 재구성을 통해 동조화하는 경향이 있기 때문이다(OECD, 2020). 또 다른 이유는 교육 및 교육학 목표나 학습 과학 연구와 무관하게 개발자와 시장의 아이디어에 따라 에듀테크 수업이 설계되는 경우가 많기 때문이다(OECD, 2018). 이는 전통적인 교실과 에듀테크 사이의 충돌을 불가피하게 만든다. 아이패드와 태블릿이 학교 시스템에 도입된 이후, 학생들이 창작보다 기술 소비에 더 집중하는 경향을 나타내는 현상(Curtice, 2014)은 단적인 예이다.

교실 수업은 교사 중심이며 지식의 습득과 전달에 초점을 맞추고 정해진 커리큘럼에 따라 주입식 교육을 강조하는 반면, 에듀테크는 창의력, 문제 해결력, 의사소통 능력 개발에 중점을 두고 실습, 협업, 탐구 학습을 강조한다(Choi, 2020). 이 때문에 첨단 에듀테크는 시간이 지남에 따라 전통적인 교실 수업 모델에서 밀려나거나 이에 맞춰가는 동조화 현상이 발생한다. 결과적으로 전통적인 교실은 새로운 기술을 흡수하고 무력화시키는 블랙홀로 변하게 된다.

앨런 콜린스와 리처드 할버슨은『공교육의 미래』에서 "에듀테크는 학습자에게 개인화, 온라인 협업, 문제 해결, 능동적인 학습 과정에서 큰 장점을 제공하지만, 이러한 장점을 교육 방식에 적용하기 위해서는 교육 시스템 자체의 구조적 변화가 일어나야 한다"라고 주장한다(앨런 콜린스 & 리처드 할버슨, 2014).

학교가 에듀테크와 교실 학습을 성공적으로 통합하기 위해서는, 현재의 교육 구조를 재검토하고, 비인격적이며 대량으로 생산되는 시스템을 벗어나, 개인화되고 학습자 중심의 환경으로 전환하는 것이 필요하다. 그렇지 않으면 에듀테크는 교육을 변화시키는 도구가 아니라 오히려 교육을 방해하는 장벽이 될 수 있다. 교육 시스템을 혁신하기 위해서는 공장식 교육모델에서 벗어나야 한다. 기존의 교육모델이 학습자의 창의성과 개성을 억압했다면, 새로운 교육모델은 학습자의 창의성과 개성을 존중하고 발휘할 수 있는 교육이 되어야 한다.

언스쿨링과 에듀테크의 결합을 통한 교육 혁신

에듀테크의 빠른 발전이 전통적인 교육 방법을 혁신적으로 변모시키고 있는 가운데, 언스쿨링 철학이 새롭게 조명받고 있다. 언스쿨링은 개인의 호기심과 관심을 중심으로 자기 주도적 학습을 강조하는 교육 철학이다. 이 두 혁신적 접근의 결합은 학습자에게 맞춤화된 학습 경로와 창의적인 학습 경험을 제공하며, 아동 중심 학습, 자기 결정 학습, 비선형 학습과 같은 미래 교육의 핵심 철학과도 잘 어울린다.

에듀테크와 언스쿨링의 조화는 에듀테크가 언스쿨링 학습자들에게 최적의 학습 자료와 도구를 제공하기 때문에 가능하다. 에듀테크는 학습자에게 맞춤식 학습 경험을 제공하며, 학습자는 자신의 관심과 수준에 맞는 학습 경로를 선택하고 스스로 학습 과정을 관리할 수 있다. 이러한 자율성은 언스쿨링과 에듀테크의 결합으로 더 큰 시너지 효과를 낼 수 있도록 돕는다. 에듀테크는 인터넷, 스마트폰, 태블릿 등을 통해 언제 어디서나 학습 자료에 접근할 수 있는 환경을 제공하며, 대화와 협업을 통한 상호작용을 촉진한다(Lee & McLoughlin, 2007).

언스쿨링과 에듀테크를 결합하는 핵심은 맞춤식 학습이다. 둘의 결합은 학습자가 자신의 학습 목표와 관심사에 맞게 다양한 자원을 자유롭게 선택하고 활용할 기회를 제공한다. 이러한 맞춤식 방식은 개인의 강점을 발휘하게 하고, 개인의 능력을 향상할 잠재력을 갖추게 한다. 또한, 창의적인 문제 해결, 협업, 커뮤니케이션 능력 등 미래 사회에서 요구하는 핵심 역량을 개발하는 데 매우 효과적이다. 학습자는 전통적인 교실 환경을 벗어나 더욱 다양하고 풍부한 교육 경험을 누릴 수 있으며, 자신만의 속도로 학습하고 관심 있는 분야에서 심화 학습을 진행하거나 새로운 분야를 탐색할 수 있는 자유를 누린다.

웹 2.0의 활용은 언스쿨링과 에듀테크의 결합을 더욱 강조하며 자기 주도 학습을 극대화한다. 웹 2.0은 사용자들이 소셜 미디어의 다양한 기능을 통해 서로 연결되고, 새로운 정보를 발견하고 공유할 수 있는 플랫폼을 제공한다. 언스쿨링 학습자는 이러한 도구를 활용하여 타인과의 연결, 정보 발견 및 공유, 콘텐츠 제작, 개별 콘텐츠 수집 및 조정 등을 통하여 자기 결정 학습을 강화할 수 있다(Blaschke, 2012).

학습자는 다양한 디지털 도구와 플랫폼을 활용하여 자신의 지식과 경험을 넓히고, 자기 생각과 아이디어를 전 세계와 공유할 기회를 얻는다. 이는 학습자가 자신의 학습 경로를 주도적으로 설계하고, 자신의 관심사와 필요에 맞춰 학습 자료를 선별하며, 개인화된 학습 경험을 확대하는 데 중요한 역할을 한다.

언스쿨링 방식은 자기 주도 학습의 형태로, 에듀테크와의 조화를 통해 교육 혁신에 중요한 공헌을 한다. 이 접근 방식은 교육의 본질적 가치를 존중하면서도 새로운 교육 방법을 모색한다(Kuit & Fell, 2010). 언스쿨링과 에듀테크의 결합은 학습자가 학습 과정을 주도하고, 창의적으로 사고하며, 지식 사이에 의미 있는 연결을 만드는 능동적인 경험으로 전환되는 것을 의미한다.

언스쿨링과 에듀테크의 결합은 교육을 새롭게 이해하고 학습자 중심의 교육 패러다임을 구축하는 데 중요한 역할을 한다. 이 혁신적인 접근법은 학습자에게 더욱 풍부하고 맞춤화된 학습 경험을 제공함으로써, 창의력, 문제 해결 능력, 그리고 자기 주도성과 같은 미래 사회에서 중요한 능력을 개발하는 데 공헌한다.

II. 잡스가 옳았다!: 교육 혁신을 향한 잡스의 열정

▬ 잡스와 빌의 교육에 대한 관점

스티브 잡스와 빌 게이츠는 21세기 기술 세계에 혁명을 일으킨 가장 영향력 있는 두 인물로, 그들의 선구적인 아이디어와 혁신이 두드러진다. 두 사람 모두 세계적인 기업을 창업한 20대의 젊은 기업가였지만 교육에 대한 관점은 매우 달랐다. 빌 게이츠는 공통 핵심 국가 표준교육(K-12)과 현행 공교육 모델의 점진적인 개선을 지지했다. 반면에 스티브 잡스는 전통적인 학교 교육 시스템의 전면적인 개편을 주장하며 좀 더 급진적인 관점을 나타냈다(McDonald, 2019).

교육에 대한 두 사람의 인식은 그들의 성장 환경에서 비롯된 것으로 보인다. 게이츠는 부유한 가정에서 태어나 사립학교에 다니며 교육의 이점을 깨달았다. 반면 잡스는 공립학교 출신으로 교육 시스템의 한계를 경험했다. 우등생이었던 게이츠는 어릴 때부터 프로그래밍에 관심을 보였고 학교의 컴퓨터 시설을 이용해 프로그래밍 기술을 연마했다 (Bill Gates, n.d). 입양아인 잡스는 공립학교에 적응하는 데 어려움을 겪었고, 일반적인 커리큘럼이 지루했으며 학교생활이 자신의 필요를 충족시키지 못한다고 느꼈다. 월터 아이작슨은 잡스의 전기에서 잡스는 학교가 때때로 자신의 호기심을 억누르는 역할을 했다고 설명했다 (Isaacson, 2015).

폴란드의 연구자인 워즈니악(Piotr A. Woźniak)은 Supermemo라는 블로그로 잘 알려져 있다. 그는 빌 게이츠와 스티브 잡스의 교육 방식을 심도 있게 분석했다. "게이츠는 교육에 대해 틀렸다"라는 글에서 워즈니악은 "더 많이 생산하고 더 많이 제조"하기 위해 수업 시간을 연장해야 한다는 빌의 생각은 학생들을 생산 노동자로 보는 공장식 사고방식이라고 비판하면서 다음과 같이 썼다(Wozniak, 2020).

> "게이츠는 더 나은 교사, 더 나은 교육, 더 많은 검증, 시험, 측정, 교사를 위한 동기 부여 방안 등을 원한다... 반면에 잡스는 아이들에게 반항하라고 말했다!"

스티브 잡스와 빌 게이츠는 기술이 교육에 미칠 수 있는 긍정적인 영향에 동의했지만, 접근 방식은 달랐다(McDonald, 2019; Bernstein, 2014; Persaud, n.d). 빌 게이츠는 기술 활용을 기존 교육 시스템을 개선하는 방법으로 보았으며, 교사가 새로운 기술을 활용하여 학생에게 더 개인화되고 매력적인 학습 경험을 제공할 수 있다고 믿었다. 반면에 스티브 잡스는 기술이 기존 교육 시스템을 대체할 수 있는 수단이 될 수 있다고 주장했다. 그는 새로운 기술을 통해 학생들이 학교에 출석하지 않고도 스스로 학습할 기회를 제공할 수 있다고 생각했다. 잡스는 이러한 기술이 학생들이 스스로 학습 과정을 통제하고 창의력을 발휘하며 세상을 변화시킬 방법을 제공한다고 믿었다. 게이츠는 기술을 교육의 근본을 개선하는 도구로 여겼다면, 잡스는 기술을 교육 시스템을 대체하는 수단으로 여겼다.

스티브 잡스는 암기식 교육과 표준화된 시험이 기술 및 창의력 계발에 도움이 되지 않는다고 주장하며, 전통적인 학교 교육 시스템에 비판적이었다. 그는 학생들이 실제 경험과 문제 해결 능력을 통해 배워야 한다고 믿었으며, 개인의 흥미와 열정을 탐구하는 개인 맞춤형 학습을 강조했다(Nargunde, 2023). 반면에 빌 게이츠는 표준화된 교육과 시험의 중요성을 인정하고 국가 표준 도입을 지지하는 한편, 학교 혁신을 촉진하고 학생들의 국제 경쟁력 향상에 공헌할 수 있다고 보았다(Bernstein, 2014). 빌 게이츠에게 교육은 정해진 로드맵을 따라 자신의 꿈을 이루기 위해 부지런히 지식을 쌓는 목적 지향적인 과정이었다. 잡스에게 교육은 단지 일련의 기술을 습득하는 것을 넘어서 개인의 관심사와 열정을 탐구하는 여정이었다.

데이비드 번스타인은 스티브 잡스의 교육 혁신이 창의성과 혁신에 중점을 두었던 반면에 빌 게이츠의 접근 방식은 표준화와 테스트를 강조했다고 설명한다(Bernstein, 2014). 번스타인은 전통적인 표준화와 시험이 고령화된 산업 경제에서 유능한 근로자를 배출하는 데는 적합할 수 있지만, 혁신을 촉진하는 교육 환경을 조성하는 플랫폼은 아니라고 주장한다. 그는 진정한 혁신을 촉진하는 것은 다양하고 자극적인 교육 환경이며 학생들은 이러한 환경에서 자신의 호기심을 탐구하고 열정을 따를 수 있다고 생각했다. 이러한 이유로 그는 잡스의 교육 비전이 현대 사회의 학생과 교사들의 요구에 더 잘 부합한다고 믿는다. 번스타인은 교육 혁신에 대한 두 사람의 비전을 다음과 같이 요약했다(Bernstein, 2014).

"지금 우리에게 필요한 것은 단일화가 아닌 다양화, 획일화된 기술이 아닌 창의성과 혁신, 단순한 역량이 아닌 기업가 정신이다. 이러한 특성은 글로벌 경제에서 미국인을 차별화하는 데 중요한 역할을 할 수 있다. 빌 게이츠의 산업적 사고방식은 끊임없이 변화하는 경제에서 다음 세대를 교육하는 데 적합하지 않다. 진정으로 필요한 것은 스티브 잡스의 교육적 지혜다."

잡스의 교육 혁신 비전: 에듀테크와 언스쿨링의 결합

애플의 공동 창립자이자 개인용 컴퓨터 시대를 선도한 카리스마 넘치는 인물, 스티브 잡스의 교육에 대한 비전은 그의 기술적 업적 못지않게 혁신적이었다. 잡스는 기술이 교육을 변화시키고 모든 학생에게 양질의 교육을 제공할 수 있는 열쇠라고 믿었다. 그의 교육 철학에는 기술이 학생들의 학습 방식을 바꾸고, 학생들의 참여를 높이며, 학생들이 더 창의적이고 혁신적으로 사고하도록 도울 수 있다는 믿음이 포함되어 있었다(Team Leverage Edu, 2022).

잡스는 관료화되고 표준화된 전통적인 교육 시스템을 비판했다. 그는 교사들이 창의성과 비판적 사고보다 시험 점수를 우선시하는 시스템에 갇혀 있다고 말했다. 학교가 창의적 사고를 억압하고 학생들에게 순응을 강요한다고 그는 지적했다(Gallo, 2010; Ganjoo, 2018). 잡스는 교육 부문에서 혁신과 개혁의 필요성을 강조했다. 그는 기술을 활용하여 교육을 개인화, 학생 중심, 자기 주도적으로 만드는 동시에 창의적이고 실용적이며 글로벌하게 만들 수 있다고 믿었다.

기술과 교육의 결합은 놀라운 변화의 가능성을 가지고 있다. 잡스는 기술과 교육의 결합을 통해 인류가 이룰 수 있는 것에는 한계가 없다고 말했다(Chen, 2012). 그는 자기 삶과 업적을 통해 우리 모두에게 영감을 주었다. 잡스는 스탠포드 대학교 졸업식 연설에서 학생들에게 자신의 목소리를 따르고, 자신만의 길을 찾고, 창의적이고 혁신적인 열정으로 세상에 도전하라고 격려했다(Steve Jobs' 2005 Stanford Commencement Address, 2005).

스티브 잡스는 교육 혁신을 위한 기술 활용의 중요성을 크게 강조했다. 그가 생각한 현대 교육 시스템은 학생들이 자신의 속도에 맞춰 학습하고 실시간으로 질문에 대한 답을 얻을 수 있는 시스템을 기반으로 한다. 잡스는 교육의 접근성 향상을 중요하게 생각했으며, 기술의 발전으로 더 많은 사람이 양질의 교육 자료를 이용할 수 있다는 점을 인식했다.

잡스의 교육 비전은 기술을 통한 교육이 학생 중심의 자기 주도적 학습, 창의성과 혁신, 실용적인 지식 구축, 교육 접근성 향상 등 개인 맞춤형 학습을 본질적으로 해결해야 한다는 데 초점을 맞추었다(Chen, 2012). 하지만 현재의 전통적인 학교 교육 시스템은 잡스의 비전을 실현하기에 구조적인 한계를 가지고 있다. 이러한 한계를 극복하기 위해서, 잡스는 새로운 형태의 교육 시스템과 기술을 기반으로 한 자율적이며 창의적인 학습 방식을 제안했다.

언스쿨링은 스티브 잡스의 교육 비전에 부합하는 교육 접근 방식 중 하나로, 전통적인 교육 시스템에 얽매이지 않는 자율적이고 창의적인 학습 환경을 제공한다. 언스쿨링은 학생들이 학교가 아닌 환경에서 자유롭게 학습하고 자신의 관심사와 열정을 추구하며 자기 주도적으로 학습할 기회를 제공한다. 이는 잡스가 상상했던 교육의 미래를 실현할 가능성을 내포하고 있다.

이 접근 방식은 전통적인 학교 교육의 한계를 극복하고 학생들이 스스로 학습 목표를 설정하며, 개인의 관심과 열정을 중심으로 자율적으로 학습할 수 있는 환경을 마련한다. 학생들은 자신의 학습 속도를 조절하고, 선호하는 학습 방식을 선택할 수 있으며, 이는 창의적이고 혁신적인 사고, 문제 해결 능력 및 새로운 아이디어와 솔루션 개발 능력을 키우는 데 유리하다. 또한, 언스쿨링은 기술을 활용하여 학생들이 정보를 탐색하고 분석하며, 새로운 지식을 창출하고 다른 이들과 협력하여 실제 세계와 연결된 학습 경험을 갖도록 장려한다. 기술을 통해 학생들은 세상을 보고, 이해하며, 변화시키는 데 필요한 중요 도구를 갖추게 된다.

스티브 잡스의 교육 비전은 기술과 교육이 통합될 때 가져올 수 있는 광범위한 변화와 잠재력을 강조했다. 언스쿨링은 잡스의 비전을 반영하는 기술 기반의 자율적이고 창의적인 학습의 실질적인 예시로, 교육의 미래를 현실로 만들 수 있는 잠재력을 지니고 있다.

▂ 잡스와 언스쿨링의 만남

스티브 잡스는 기술 분야의 선구자였지만 전통적인 교육 시스템에 의문을 제기했다. 공식적으로 '언스쿨링'이라는 용어를 사용한 적은 없지만, 잡스의 교육에 대한 접근 방식은 여러 면에서 언스쿨링의 원칙과 일치한다. 이는 그의 전기, 강연, 인터뷰에서도 잘 드러난다.

잡스는 어릴 때부터 학교 교육에 회의적이었고, 중학교를 건너뛰고 고등학교에서 인턴을 하며 실무 기술을 배웠다. 대학에서도 그는 강의를 따르기보다 자퇴를 선택하고 자신만의 길을 추구했다(Isaacson, 2015). 잡스의 학교 교육 이력과 삶의 방식, 그가 추구한 건강한 라이프 스타일, 사용자가 기술에 더 쉽게 접근할 수 있도록 한 노력은 언스쿨링 관점에서 자기 주도적 학습, 창의성, 혁신적 사고와 잘 부합한다 (Team Leverage Edu, 2022).

스티브 잡스의 교육 철학은 독립적인 경험과 실천을 강조하는 언스쿨링의 기본 원칙과도 유사하다. 학습, 탐구, 혁신에 대한 그의 열정은 언스쿨링이 추구하는 것과 일치한다. 따라서 잡스의 경험은 현재의 교육 시스템에 비판적인 사람들에게 큰 영감을 줄 수 있다.

스티브 잡스의 교육에 대한 비전은 언스쿨링의 철학과 깊은 관련이 있으며, 이를 뒷받침하는 몇 가지 증거는 다음과 같다.

- **개인의 재능과 열정:** 잡스는 교육 시스템이 개인의 재능을 발휘하고 학생들이 자신의 열정을 추구할 수 있도록 도와야 한다고 강조했다(Stanford News, 2005). 이는 학생들의 타고난 호기심과 학습 욕구를 활용해야 한다는 언스쿨링의 중요한 관점과도 일치한다.

- **호기심 강조:** 잡스는 호기심을 키우고 큰 꿈을 꾸게 하는 것이 중요하다고 보고, 교육은 학습자의 마음을 사로잡고 호기심을 자극해야 한다고 말했다(Team Leverage Edu, 2022). 이러한 접근 방식은 언스쿨링이 추구하는 자극적이고 다양한 교육 환경과 유사하다(Damon, 2011; SHEEF, 1985).

- **창의성의 계발과 개성 존중:** 학교 교육이 창의적 사고를 저해한다는 잡스의 비판적 견해(Ganjoo, 2018; Gallo, 2010)는 언스쿨링이 비판하는 전통적인 교육 방식과 유사한 현행 교육 시스템에 대한 불만을 표출한 것이다. 잡스는 교육이 학습자의 창의성을 존중하고 개발해야 한다고 믿었으며(Nargunde, 2023), 이는 개인의 창의적 독창성과 개성을 강조하는 언스쿨링의 교육 철학과도 일치한다.

- **자기 주도적 학습 환경:** 학생들이 스스로 학습 목표와 속도를 설정할 수 있는 환경을 강조한 잡스의 접근 방법(Stanford News, 2005)은 언스쿨링의 자기 주도적 학습 접근 방식과 일치한다.

- **삶을 통한 교육:** 잡스는 교육은 삶의 일부이며 삶을 통해 이루어져야 한다고 믿었다. 언스쿨링은 학습이 학교 교실 안에서만 이루어져서는 안 되며, 삶과 학습은 분리될 수 없다는 점을 인식한다. 이는 언스쿨링 철학과도 일치한다.

- **창의적이고 협력적인 학습 환경:** 잡스가 강조한 협력적이고 창의적인 학습 환경의 중요성(Nargunde, 2023)은 언스쿨링이 추구하는 학습 환경과 일치한다.

- **교육 개혁에 대한 그의 비전:** 잡스는 표준화와 시험 위주의 교육 대신 학생들이 호기심을 탐구하고 다양하고 창의적인 방식으로 자신의 열정을 따르는 교육 환경의 조성이 중요하다고 주장했다 (Bernstein, 2014). 이는 언스쿨링의 교육 비전과 부합한다.

스티브 잡스의 교육 철학과 언스쿨링은 학습자 중심 교육, 창의성과 개성에 대한 강조, 삶의 방식으로서의 교육, 자유롭고 혁신적인 학습 환경 조성이라는 공통된 가치를 공유한다. 이러한 공통점은 교육자들에게 현대 교육의 혁신과 진화를 이끌 수 있는 통찰력을 제공한다.

III. 언스쿨링과 에듀테크의 융합에 관한 선도적 연구

"자연스러운 학습자": 피아제와 에듀테크 및 언스쿨링

피아제의 구성주의 학습 관점

장 피아제는 인간의 지식과 학습에 대한 혁신적인 이론을 개발한 인지 발달 분야의 선두 주자였다. 그는 인식론, 구성주의 인식론, 발생론적 인식론, 인지 발달 이론 등 다양한 이론을 통해 인간이 어떻게 세상을 이해하고 탐구하는지, 어떻게 현실에 맞게 지식의 구조를 구성하고 발전시키는지를 설명했다. 50권이 넘는 저서와 100편이 넘는 논문을 쓴 피아제는 구성주의의 창시자 중 한 명으로 꼽힌다(Harapnuik, 2017).

피아제는 철학적 인식론뿐만 아니라 생물학, 역사, 논리, 수학에 기반한 과학적 방법론을 결합하여 자신만의 독창적인 인식론 분야를 개척했으며, 이를 '발생적 인식론(genetic epistemology)'이라고 불렀다(Jean

Piaget, 2020). 발생론적 인식론에서 그는 인간은 타고난 학습자이며 탐구적 학습과 경험을 통해 발달한다는 생각을 강조했다(Hargraves, 2021; Piaget, 1999). 이러한 관점은 언스쿨링 교육과 맥락적으로 연결되어 있으며, 언스쿨링 철학을 이해하고 실천하는 데 도움이 된다.

피아제의 구성주의 이론은 오늘날 에듀테크 발전의 근간이 되었다. 피아제의 영향을 받은 페퍼트는 아동의 인지를 확장하기 위해 프로젝트와 컴퓨터의 중요성을 강조했다(Genalo, Schmidt, & Schiltz, 2004). 피아제의 인지 발달 이론에 따르면 ICT 통합은 다양한 방식으로 아동의 인지 발달을 촉진할 수 있다. 최근 킬라그와 그의 동료들은 피아제의 인지 발달 이론을 바탕으로 ICT 통합 학습을 연구했다. 그 결과 초등학교 교실에서 ICT 통합이 교사와 학생 모두에게 매우 성공적이라는 사실을 발견했다(Kilag et al., 2022). 교육과 기술의 상호작용, 교육과 기술의 영향, 교육과 기술의 혁신적인 활용에 관한 피아제의 이론은 에듀테크 기반 학습뿐만 아니라 교실 학습에도 큰 영향을 미칠 것으로 보인다.

피아제의 학습론과 언스쿨링

피아제는 학습 전략 연구 분야에서 구성주의 학습 이론과 아동 중심 교육에 큰 영향을 미쳤다(Genalo, Schmidt, & Schiltz, 2004). 피아제의 이론은 학습자의 호기심을 자극하고 지원하며, 학습자의 감정을 중시하고, 아동이 안전하다고 느낄 수 있는 학습 환경 조성을 강조한다(Piaget, n.d). 그는 "학습은 단순한 축적이 아니라 구성의 과정이다. 이는 아동이 탐구와 실험을 통해 세계에 대한 자신의 이해를 능동적으로 구성하는 과정이다."라고 말했으며, 아동에게 무언가를 가르치는 것은 아동이 스스로 발견할 기회를 영원히 박탈한다고 주장했다(Piaget, 2001). 피아제의 학습에 대한 주요 시사점은 다음과 같다(Hargraves, 2021; Harapnuik, 2017).

- **능동적 학습:** 피아제는 아이들이 구체적인 활동을 통해 가장 잘 학습한다고 주장한다. 이러한 능동적 학습의 개념은 교육자가 교육에 대한 전통적인 신념을 재조정하고 사실에 집중해야 한다는 것을 의미한다. 교사는 사실을 전달하거나 가르칠 수 없으며, 지식을 전달할 수 있는 것으로 생각하는 것은 거의 타당하지 않다.

- **학습의 소유권:** 피아제의 평형 이론은 자기조절의 과정이 진정한 학습의 토대임을 강조한다. 아이들은 사회적 전달 방법(지도)을 사용할 때보다 스스로 학습을 통제하는 경우, 인지 구조를 건설적인 방식으로 수정할 가능성이 더 크다고 볼 수 있다.

- **맞춤형 학습:** 피아제는 수업 단위를 나누고 학습자가 관심 있는 개별 프로젝트를 수행할 수 있는 상당한 자유를 부여할 것을 주장했다. 이러한 학습 접근법의 가장 일반적인 목표를 해결하기 위해 그는 학습자가 모두 동일한 것을 동시에 학습해서는 안 되며, 학습자의 지적 생활에 대한 믿음이 더 깊어져야 한다고 주장했다. 그는 개인 맞춤형 학습의 중요성을 강조하며, 아동과 청소년이 학교의 주입식 교육에서 벗어나 자기 주도적 활동을 통해 자신의 관심사를 탐구하고 지식을 습득하는 능력 배양이 중요하다고 강조했다.

- **사회적 상호작용:** 피아제는 학습자에게 신체적 경험과 구체적인 조작 외에도 다양한 사람들과의 사회적 경험과 상호작용이 필요하다고 주장했다. 그는 사회적 상호작용을 통해 아이들은 자기중심주의를 포기하고 정서적 차원에서 타인에게 적응하는 법을 배운다고 지적했다. 또한 사회적 상호작용은 학습자가 일관되고 논리적이며 언어를 사용하는 방식으로 현실을 발견하고 경험을 압축된 범주로 내면화하는 데 도움이 된다고 보았다.

피아제의 학습 이론은 언스쿨링 교육과 기술 통합의 여러 측면에 대해 일치하거나 상호 보완적인 관점을 제공한다. 피아제의 인식론과 발달 심리학 접근법은 언스쿨링의 원칙과 핵심 개념에 부합한다. 피아제의 이론은 아이는 타고난 학습자이며 환경을 탐색하면서 능동적으로 지식을 구성할 수 있다는 언스쿨링의 핵심 원칙을 뒷받침한다. 더 중요한 것은 피아제 학습법과 언스쿨링 학습법 모두 아이들이 자신만의 공간에서 강압으로부터 자유로울 때 학습을 계속할 수 있다는 점에 동의한다는 점이다.

피아제는 기술과 언스쿨링에 대해 직접적으로 언급하지는 않았지만, 아이들에게 탐구하고 실험할 수 있는 자유가 주어져야 한다고 믿었다. 그의 연구와 이론은 기술과 언스쿨링의 맥락에서 다양한 해석으로 연결될 수 있다.

"로고 거북이": 페퍼트와 에듀테크 및 언스쿨링

페퍼트의 로고 거북이 프로그래밍

시모어 페퍼트는 뛰어난 수학자이자 저명한 컴퓨터 과학자, 혁신적인 학습 이론가, 인도주의자로 모든 아이에게 권한을 부여하는 기술 기반 교육을 개척한 인물이다. 그는 존 듀이, 장 피아제 같은 교육 개혁가들의 발자취를 따라 구성주의를 더욱 발전시켰다. 그의 구성주의 이론은 그가 개발한 아동용 프로그래밍 언어인 로고로 가장 잘 알려져 있다 (Schwartz, 1999).

페퍼트는 그의 대표 저서인 『Mindstorms(1980)』와 『The Children's Machine(1994)』에서 학습자 중심의 교육, 기술의 통합, 아동을 위한 구성주의 학습 이론을 옹호했다. 페퍼트는 마인드스톰에서 피아제의 동화 개념을 바탕으로 아이가 컴퓨터로 어떻게 사고할 수 있는지 보여주었다. 페퍼트는 기술과 교육 통합의 중요성을 강조하고 기술의 도입이 교육의 근본적인 변화이며 독립적인 학습자를 개발할 수 있다는 점을 분명히 했다(Seymour Papert, 2020).

피아제의 이론에 매료된 페퍼트는 컴퓨터 과학이 피아제의 인지 발달 단계를 지원하는 데 어떻게 사용될 수 있는지 연구하기 시작했다. 그는 아이들이 컴퓨터를 사용하여 자기 생각을 표현하고 창의적인 방식으로 문제를 해결하며 새로운 아이디어를 탐구할 수 있다고 믿었다. 페퍼트가 개발한 '로고 거북이'는 로직 언어에서 사용되는 아이콘으로, 페퍼트의 기술과 교육 철학을 상징한다. 그는 아이들이 사고하고 문제를 해결하는 방식을 개선하기 위한 도구로 로고를 만들었다(Seymour Papert, n.d).

'로고 거북이'는 아이들이 놀이 환경에서 간단한 문제를 해결하는 데 사용하는 간단한 명령형 프로그래밍 언어인 작은 애니메이션 로봇이다. 로고 언어는 아이들이 컴퓨터 프로그래밍에 접근할 수 있게 하며, 주로 컴퓨터 프로그래밍과 교육에 사용된다. 페퍼트는 기술, 특히 컴퓨터가 학습과 창의적 표현을 위한 강력한 도구가 될 수 있다고 믿었다. 그는 컴퓨터를 의미 있고 개인적으로 관련된 활동에 학습자를 참여시킬 수 있는 '함께 생각하는 도구'로 여겼다.

학습에 대한 페퍼트의 핵심 전제는 인간이 지식을 '구성'한다는 것이다. 여기서 그의 주장은 인간이 학습하는 과정은 완전히 형성된 지식의 '흡수'가 아니라 반복적이고 누적적인 과정을 통한 습득이라는 점을 강조한다(Ko, 2017). 이러한 관점에서 페퍼트는 학교에서 컴퓨터를 새로운 교육 수단으로 사용하는 방식이 기존의 커리큘럼을 그대로 답습하고 있는 점을 비판했다. 그는 "컴퓨터가 아이들을 프로그래밍하는 데 사용되는 것"에 반대하고 대신 "아이들이 컴퓨터 프로그래밍을 통해 현대의 강력한 기술을 습득하고 과학, 수학, 지적 모델 구축 및 예술의 가장 깊은 아이디어에 친밀하게 접근하는" 대안을 제안했다(MIT Media Lab, 2016).

페퍼트는 아이들이 컴퓨터를 사용하여 전례 없이 다양하고 독특한 자기 주도적 학습 방식으로 배우고 싶은 것을 스스로 배울 수 있다고 믿었다(Papert, 1994). 그의 연구는 기술과 교육의 융합을 통해 새로운 학습 방식을 개발하려는 페퍼트의 작업에서 영감을 얻은 언스쿨링과 밀접한 관련이 있다.

페퍼트의 학교 교육에 대한 비판과 언스쿨링

페퍼트의 교육 비전은 학교 교육이 기술을 수용하는 데 한계가 있다는 비판으로 시작한다. 그에 따르면 컴퓨터를 교육 매체로 사용하는 진정한 힘은 아이들의 놀라운 선천적 능력과 조직, 가설, 탐구, 실험, 평가, 결론 도출을 위한 추진력을 촉진하고 확장하는 능력, 즉 학습을 촉진하는 능력에 있다. 페퍼트는 현재의 교육 시스템이 이러한 추진력을 억압하고 있다고 주장한다(Ko, 2017).

페퍼트는 현재 학교가 공장식 생산 모델처럼 운영되는 것에 반대했다(Schwartz, 1999). 교육과정, 교수 방법, 학습 목표, 평가가 없는 세상을 상상할 수 없다는 교사들의 항의에 대해 그는 교육은 단순한 암기가 아닌 촉진제가 되어야 한다고 주장했다. 그의 말에 따르면 "'커리큘럼 없는 교육'은 자유방임적이고 자유로운 형태의 교실을 의미하거나 아이들을 방치하는 것이 아니다." 이는 아이들이 주변 문화에서 얻은 자료로 자신만의 지적 구조를 구축할 수 있도록 지원하는 것이다. 이 모델에서는 교육적 개입이 문화를 변화시키고, 새롭고 건설적인 요소를 도입하며, 해로운 요소를 제거하는 것을 의미한다. 이는 단순히 커리큘럼을 바꾸는 것보다 더 심도 있는 작업이다(Seymour Papert, 2020).

따라서 페퍼트는 교사를 지식을 '제시'하고 아이들이 지식을 '습득'하도록 이끄는 사람이 아니라, 아이들의 선행 지식을 직관적으로 이해하고 그 지식을 바탕으로 개념을 더 깊이 이해할 기회를 제공하는 사람으로 정의했다. 페퍼트는 아동이 지식에 대한 욕구를 갖기 위해서는 그 지식이 아동과 관련되어야 한다고 믿었으며, 이를 위해서 교육자가 아동의 문화를 이해해야 한다고 강조했다(Ko, 2017).

페퍼트는 추상적이고 비인격적이며 지식 중심의 학교 교육이 아이들이 교육을 싫어하게 만든다고 비판했다. 현대 교육에 대한 이러한 비판은 학생들이 지식의 형식적 표현을 배우면서 학습에 흥미를 잃는다는 점에 초점을 맞추고 있다. 페퍼트는 뉴턴의 가속도 법칙을 암기하고 이를 계산하는 법을 배우는 것은 세상과 인간의 삶에서 그 의미가 완전히 분리된 지식으로, 아이들과는 거의 관련이 없다고 보았다(Ko, 2017).

페퍼트는 기술을 단순한 정보 소비 도구가 아닌, 학생들이 탐구하고 창조할 수 있도록 도움을 주는 수단으로 여기는 것이 중요하다고 강조했다. 그는 기술이 학생 중심의 학습을 지원하고 전통적인 학교 교육의 경직된 구조를 깨뜨릴 수 있다고 믿는다. 또한 그는 개인화된 학습과 개인화된 학습 경험을 미래 교육의 중요한 특징으로 보았다(Seymour Peppert, 2020).

페퍼트가 언스쿨링을 직접 언급하지는 않았지만, 자기 주도 학습이라는 언스쿨링의 핵심 원칙을 지지했으며, 그의 교육 철학이 언스쿨링 운동에 큰 영향을 끼쳤다. 전통적인 학교 교육에 대한 그의 비판은 학교가 순응과 복종을 넘어 창의성, 혁신, 비판적 사고를 촉진하도록 설계되어야 한다는 그의 신념에서 비롯되었다.

페퍼트의 교육 비전은 새로운 기술 기반의 언스쿨링에 중요한 시사점을 준다. 그의 접근 방식은 기술을 단순한 소비가 아닌 창조의 도구로 사용하는 것을 강조하며, 이는 아이들이 자기 주도적 학습을 통해 자신의 흥미와 열정을 추구하도록 장려하는 언스쿨링의 원칙과도 일치한다. 기술은 언스쿨링 학생들에게 컴퓨터와 관련 기술에 대한 접근성을 제공하여 다양한 주제를 탐구하고 실습 프로젝트에 참여함으로써 개인의 호기심과 동기를 바탕으로 깊이 있는 탐구를 끌어낼 수 있다. 페퍼트가 보기에 기술을 통해 학습자는 자신의 학습 여정을 스스로 통제하고 자신의 흥미와 열정을 따라갈 수 있는 자기 주도 학습자이다.

"벽 속의 구멍 프로젝트": 미트라와 에듀테크 및 언스쿨링

벽 속의 구멍 프로젝트

인도의 컴퓨터 과학자이자 교육 이론가인 수가타 미트라는 현대 교육 분야에서 가장 영향력 있는 인물 중 한 명이다. 물리학 박사 학위를 받았음에도 불구하고 인지 과학 및 교육 기술 분야에서 25개 이상의 발명품을 개발하여 이름을 알렸다. 미트라는 '벽 속의 구멍 프로젝트'를 통해 기술이 교육에 미치는 영향과 자기 주도적 학습의 중요성을 독특하고 통찰력 있게 드러냈다. 미트라의 연구는 컴퓨터와 인터넷의 중요성을 강조하고 언스쿨링에 대한 새로운 비전을 제공했다(Mitra, n.d).

'벽 속의 구멍 프로젝트'는 미트라의 가장 유명한 연구 가운데 하나로, 아이들이 스스로 학습하고 문제를 해결할 수 있는 기술의 잠재력을 탐구한 실험이다. 이 실험의 목표는 아이들이 학교 교육 없이도 컴퓨터로 쉽게 학습할 수 있다는 것을 증명하는 것이었다. 미트라와 그의 동료들은 벽에 구멍을 뚫고 그 안에 인터넷 접속이 가능한 컴퓨터를 설치한 후 아이들이 자유롭게 컴퓨터를 사용하는 모습을 관찰했다. 그 결과 아이들은 정식 교사의 도움 없이도 컴퓨터와 인터넷을 사용하여 스스로 학습할 수 있는 타고난 학습자라는 사실을 발견했다. 미트라는 "이 실험은 아이들의 타고난 호기심과 학습 능력을 증명하는 것이며, 기술이 자율적인 학습을 촉진하는 촉매제 역할을 한다"라고 주장한다.

미트라는 아이들을 가르치는 방식에 새로운 변화를 일으킬 새로운 교육 시스템의 트렌드를 소개한다(Mitra, 2016). 그는 전통적인 교육은 계몽주의와 서구 제국주의의 확장에 뿌리를 두고 있으며, 인터넷의 등장과 정보의 급속한 증가로 인해 점점 더 쓸모없어지고 있다고 지적한다. 이에 반해 새로운 교육 패러다임은 자기 주도 학습과 문제 해결 능력을 개발하는 데 초점을 맞춰야 한다고 강조한다. 또한 하프에 따르면 미트라는 표준화, 획일화, 암기식 학습, 시간 엄수, 선형적 사고 등 주류 학교 교육의 특징이 제국의 관리자를 양성하기 위해 고안되었다고 비판한다(Halves, 2013). 미트라는 낡고 시대에 뒤떨어진 학교는 더 이상 필요하지 않다고 주장하며 가르치고 시험 보고 반복하는 전통적인 교육 방식에 이의를 제기한다(Harapnuik, 2013). 미트라의 접근 방식은 기술을 활용하여 전통적인 교육 및 학습 방법을 혁신하는 것이다. 그의 목표는 아이들이 새로운 방식으로 세상을 탐구하고 소외된 아이들이 자기 주도적인 학습자가 될 수 있도록 돕는 것이다(May, 2013).

미트라는 TED 강연에서 '벽에 구멍' 프로젝트를 통해 교육 시스템의 문제점을 지적하고 창의성과 자기 주도적 학습의 중요성을 강조했다(Mitra, 2013; 2010; 2007). 미트라는 현재의 교육 시스템이 표준화와 일반화를 지나치게 강조함으로써 다양성과 창의성을 억압한다고 비판한다. 그의 궁극적인 목표는 글로벌 클라우드가 제공하는 자원을 활용하여 아이들이 서로 가르치고, 독립적으로 탐구하고, 배울 수 있는 환경을 조성하는 것이다. 이 과정에서 미트라는 학습은 교육적 자기조직화의 산물이며, 커리큘럼이 자기조직화되도록 함으로써 학습이 이루어진다고 설명한다.

최소 개입 학습과 언스쿨링의 결합

최소 개입 학습(Minimal Intervention Education)은 학습을 강요하지 않고, 외부 간섭을 최소화하여 자연스럽게 학습이 이루어지도록 하는 방법이다. 하랍누이크에 따르면 교사는 학습 과정을 시작하기 위한 촉진자 역할을 하고, 아동은 자율적으로 학습 과정을 경험한다(Harapnuik, 2013). 이는 성인의 개입을 최소화하면서 아이가 컴퓨팅 기술을 배우는 과정을 설명한다. 미트라(2003)의 연구는 전 세계 아이들이 전통적인 학교 교육을 넘어 자기 주도 학습에 참여할 수 있는 잠재력을 탐구했다. 미트라는 아이들이 타고난 호기심을 활용하여 미래의 새로운 학습 방식을 설계할 수 있도록 하는 교육 비전을 제시했다(May, 2013).

미트라의 연구는 에듀테크와 언스쿨링 교육에 중요한 점을 시사한다. 그의 연구 결과는 자기 주도적 학습을 중심으로 하는 언스쿨링의 핵심 원칙과 일치한다(15 Ways to Reimagine, n.d). 언스쿨링은 기술을 활용하여 자기 주도적이고 협력적이며 문제 중심적인 학습을 촉진하는 동시에 학생의 창의성과 자율성을 존중하고 장려한다. 에듀테크는 이러한 학습 경험을 개선하고 확장하는 데 핵심적인 역할을 한다. 기술을 통해 학습자는 풍부한 자원, 교육 플랫폼 및 디지털 도구에 접속하여 독립적인 학습 여정을 지원하고 다양한 주제를 탐구하며 세상에 대한 이해를 심화할 수 있다.

에듀테크와 언스쿨링의 결합은 혁신적인 교육 방법을 개척하고 아이들이 학습 잠재력을 최대한 발휘할 수 있는 환경을 조성하는 데 공헌한다. 미트라는 '벽 속에 구멍 뚫기 프로젝트'로 시작하여 자기 주도적 학습 환경으로 아이디어를 발전시켰고, 이를 결국 클라우드 학교로 확장했다(Mitra, n.d). 이러한 연구는 교육의 기존 패러다임에 도전하고 학습과 기술의 상호작용을 탐구하며 새로운 교육 방식을 모색해야 할 필요성을 강조한다. 미트라의 연구는 언스쿨링에 영감을 불어넣고 아이들의 학습 경험을 풍부하게 하기 위한 기술 통합을 안내한다.

IV. 언스쿨링과 에듀테크의 융합학습

교육 혁신의 중심으로 떠오르고 있는 에듀테크는 자기 주도 학습과 맞춤형 교육을 장려하는 학습자 중심의 접근 방식인 언스쿨링과 환상적인 조화를 이룬다. 에듀테크는 다양한 방식으로 언스쿨링의 원칙을 구현하고 적용할 수 있다. 이러한 융합은 다음과 같은 다양한 학습 방법을 통해 이루어진다.

___챗봇 GPT와 언어 기반 학습

챗봇 GPT는 언스쿨링 학습 방법에서 매우 중요한 역할을 할 수 있다. 이 모델은 학습자가 자유롭게 탐색하고 질문할 수 있도록 하여 개별화된 학습 경로를 지원한다. 또한 각 학습자의 관심사와 수준에 맞는 학습 콘텐츠를 제작하여 언스쿨링 학습 경험을 풍부하게 할 수 있다(정제영 외, 2023). 챗봇 GPT는 학습자가 자신만의 학습 스타일에 맞춰 AI 튜터와 상호작용하며 학습할 수 있도록 지원한다. 이는 학습자에게 자기 주도적 학습의 기회를 제공하는 언스쿨링의 철학과도 일맥상통한다. 다양한 관점과 지식을 통해 학습자를 지원함으로써 챗봇 GPT는 언스쿨링이 자유로운 학습 환경을 통해 효과적으로 개인 맞춤형 학습을 할 수 있도록 돕는다.

학습자는 챗봇 GPT를 이용해 프로젝트 기반 학습을 수행할 수 있다(정제영 외, 2023; ansticezhuk, 2023). 학습자가 특정 프로젝트 아이디어를 요청하면 챗봇 GPT가 주제, 자료 수집 방법, 프로젝트 계획 등을 지원한다. 이를 통해 학습자는 자신의 관심사와 목표에 맞는 프로젝트를 진행하면서 자유로운 학습 환경에서 실질적인 경험을 쌓을 수 있다. 또한 학습자가 창의적인 글쓰기를 연습할 때도 챗봇 GPT를 사용할 수 있다. 학습자가 시나리오나 캐릭터를 제시하면 챗봇 GPT에서 흥미로운 전개나 다양한 글쓰기 방법을 제안해 준다(ansticezhuk, 2023). 이를 통해 학습자는 언스쿨링의 자유로운 학습 환경에서 창의적인 글쓰기 능력을 증강하고 자신만의 창작물을 만들 수 있다.

이처럼 챗봇 GPT는 언스쿨링과 에듀테크의 융합을 통해 학습자에게 개인화되고 자율적인 학습 경험을 제공할 수 있다. 앞으로도 챗봇 GPT와 같은 기술은 계속 발전하여 언스쿨링과 에듀테크 융합의 학습 방식에 더 많은 혁신과 기회를 가져올 것으로 예상된다. 이러한 기술 발전은 언스쿨링의 핵심 원칙인 학습자 중심 교육을 더욱 강화하고 학습자가 학습 경험을 최대한 활용할 수 있도록 한다.

■ 가상현실, 증강 현실, 확장 현실을 통한 몰입형 학습

가상현실(VR), 증강 현실(AR), 확장 현실(XR)은 현대 교육에 혁명적인 변화를 일으키고 있는 잘 알려진 기술이다. 이러한 기술은 전통적인 교육 방법을 뛰어넘어 학습자 중심의 언스쿨링 학습 원칙과 일치하며 학습자에게 현실과 가상을 혼합한 다양한 학습 경험을 제공한다.

가상현실은 컴퓨터 기술을 활용해 현실에서는 경험하기 어려운 다양한 상황들을 가상으로 체험하게 해 준다. 가상 환경을 통해 학습자가 마치 그 안에 있는 것처럼 느낄 수 있도록 몰입도를 높이고 실시간 상호작용을 가능하게 한다(홍정민, 2017). 예를 들어, 구글의 '익스페디션'은 학습자가 새로운 지역을 가상으로 경험하고 다양한 환경과 상황을 더 잘 이해할 수 있도록 도와준다. 언어 학습에서는 가상 도시에서 일상적인 상황을 시뮬레이션하고 학생들이 해당 언어로 대화에 참여하도록 유도하여 실생활에서 언어 사용 능력을 높인다.

증강 현실은 현실 세계에 가상의 정보를 추가하여 학습자의 학습 경험을 향상하는 기술이다. 현실 세계에 가상의 요소를 더해 학습자가 현실과 가상을 동시에 경험할 수 있게 한다(Sokhanych, 2023; Terry Choi, 2017). 과학, 역사, 예술 등 다양한 학습 분야에서 활용될 수 있다. 예를 들어 과학 수업에서는 3D 모델을 제공하여 학생들이 복잡한 해부학을 이해하는 데 도움을 줄 수 있고, 미술 수업에서는 학생들이 그림을 3D로 표현하고 수정하는 데 도움을 줄 수 있다.

확장 현실은 가상현실과 증강 현실을 결합해 학습자가 현실과 가상을 통합한 더욱 풍부한 학습 경험을 할 수 있도록 한다(Chard, n.d). 예를 들어, 역사 수업에서 학생들은 현장에서 가상화된 유적지를 탐험하며 더욱 몰입감 있는 역사 경험을 할 수 있다.

이러한 방식으로 VR, AR, XR과 같은 기술은 학습자에게 현실 세계와 가상 세계를 결합한 새로운 학습 경험을 제공한다. 이는 언스쿨링의 핵심 가치인 자율성, 창의성, 참여를 촉진하고 학습자가 스스로 학습 경로를 개발하고 탐구할 수 있는 역량을 강화할 수 있게 한다. 이러한 기술 발전은 교육의 질을 높이고 학습 경험을 다양화하는 데 크게 공헌하고 있으며, 앞으로도 그 가치와 중요성이 계속 커질 것으로 예상된다.

▬ 메타버스: 새로운 학습 공간

메타버스는 '메타(meta)'와 '유니버스(universe)'의 합성어로 가상의 우주 또는 새로운 차원의 우주를 의미한다. 메타버스는 온라인 공간에서 현실과 유사한 다양한 활동을 경험할 수 있는 가상 세계를 제공하는 새로운 커뮤니케이션 플랫폼이다(메타버스, n.d). 이 공간에서는 아바타라는 가상의 캐릭터를 통해 사회, 경제, 문화, 정치 등 다양한 활동을 경험하고 이를 통해 새로운 가치를 창출하며 살아갈 수 있다.

메타버스는 현실 세계와 달리 물리적인 제약을 받지 않는 가상의 세계로, 현실 세계에서는 불가능한 일들을 가능하게 한다. 예를 들어 공중에 떠다니는 건물이나 공원, 홀로그램 쇼, 3차원 시공간 법칙이 무시되는 특수 공간 등을 체험할 수 있다. 이는 현실 세계에서는 경험할 수 없는 다양한 경험을 가상 세계에서 즐길 수 있는 메타버스의 가장 큰 매력 가운데 하나이다.

언스쿨링은 전통적인 교육 구조에서 벗어나 학습자 중심의 개별화된 학습을 강조하는 학습 방법을 채택하고 있다. 학습자의 창의성과 자유를 존중하고 학습자가 스스로 학습의 주체가 될 수 있도록 돕는다(이지은·이호건·정훈·홍정민, 2023). 메타버스는 이러한 언스쿨링의 학습 방법을 완벽히 지원할 수 있다. 학습자는 가상 공간에서 자유롭게 학습하고 상호작용하면서 자신에게 필요한 학습 경험을 창의적으로 설계하고 개인화할 수 있다.

메타버스를 사용하면 학습자가 자유롭게 참여하여 학습할 수 있는 가상 교실, 학습 커뮤니티, 워크숍, 회의 공간 등을 구성할 수 있다. 가상 환경에서의 상호작용은 학습자 간의 협업, 공유 및 토론을 촉진하고 학습자가 자신만의 학습 경로를 만들 수 있도록 도와준다(Hirsh-Pasek 외, 2022). 메타버스를 통해 학습자는 물리적 제약 없이 자유롭게 이동하고 3D 환경에서 상호작용하여 더욱 몰입도 높은 학습 경험을 할 수 있다. 이러한 가상 환경은 다양한 학습 경험을 촉진하고 창의적인 학습을 가능하게 한다(변문경·박찬·김병석·이정훈, 2021). 또한 메타버스는 현실 세계의 제약 없이 자유롭게 상호작용하고 창의력을 발휘할 수 있는 가상 환경을 제공함으로써 현실 세계에서는 어려운 경험을 가능하게 한다.

예를 들어 가상 미술관 투어를 통해 학습자는 유명 화가의 작품을 감상하고 작품의 배경과 의미를 더 잘 이해할 수 있다. 또한 가상으로 예술 작품을 직접 제작하고 자기 작품을 전시할 수도 있다. 실시간 협업 및 프로젝트 관리를 통해 학습자는 가상 회의실에서 실시간으로 협업하고 프로젝트를 관리할 수 있어 실제와 같은 회의 경험을 할 수 있다. 역사 수업에서는 메타버스를 통해 특정 시대로 시간 여행을 할 수 있다.

메타버스를 통해 학습자는 현실 세계에서는 불가능한 가상 경험을 할 수 있으며, 이러한 경험을 통해 학습을 확장하고 더 깊은 이해를 할 수 있다. 이는 창의적인 문제 해결, 협업, 상호작용 및 체험 학습을 촉진한다. 이를 통해 학습자는 학습에 적극적으로 참여하고 그 과정에서 자신의 창의력과 문제 해결 능력을 개발할 수 있다.

▬ 로보틱스: 실습과 창의력 증진

로보틱스는 로봇(robots)과 기술(techniques)의 합성어로, 로봇을 구성하는 기계와 전기 장치를 포함하는 분야를 의미한다. 로봇 공학은 기술의 발전과 교육 혁신이 만나는 현대 교육에서 중요한 관심 분야로 자리 잡았다. 로봇은 학습 원리와 방법, 특히 언스쿨링과 잘 맞으며, 프로그래밍, 로봇 제어, 문제 해결, 논리적 사고 등을 학습자에게 효과적으로 가르치는 데 활용된다.

로봇을 활용한 학습은 학습자의 자율성을 높이고 실제 경험을 통해 창의적인 사고를 키우는 데 도움이 된다(Gratani & Giannandrea, 2022). 로봇을 제어하거나 로봇과 상호작용하는 프로그래밍을 통해, 학습자는 역량과 문제 해결 능력을 키우며 논리적 사고를 습득할 수 있다(Linkedin, n.d). 이러한 체험 기반 학습은 언스쿨링의 핵심 원칙을 강화하고 창의적인 문제 해결과 상호작용을 촉진하여 학습자가 자신의 학습에 대한 주인의식을 갖고 지식을 쌓을 수 있도록 도와준다.

교육 분야에서 로봇 공학은 주로 로봇 교사 형태로 활용하고 있다. 로봇 교사는 학습자에게 지식을 전달하고 에듀테크와 상호작용을 통해 학습을 촉진한다(홍정민, 2017). 로봇 교사를 활용한 교육은 상호작용성, 개인 맞춤형 학습, 참여도 등의 장점으로 인해 교육 분야에서 활발히 활용되고 있다. 예를 들면, 교육용 인공지능인 뮤지오(musio)는 진화하는 언어 인공지능 로봇 교사로서, 자연스러운 대화를 통해 언어를 가르친다. 학습자는 뮤지오와 원어민 수준의 대화를 나누고 문법과 발음을 교정받을 수 있다. 로봇 교사는 신선하고 매력적인 방식으로 지식을 전달함으로써 학습 동기를 높이고 흥미를 유발한다. 학습자와 상호작용함으로써 학습을 지원하고 개인화된 학습 경험을 제공한다. 이 방법은 학습자가 능동적으로 학습에 참여하고 지식을 쌓는 데 매우 효과적이다.

로봇은 학습자의 자율성을 높이고, 창의적인 사고를 촉진하며, 실제 경험을 통해 학습을 더 흥미롭고 효과적으로 만들며, 언스쿨링에서 강력한 교육 도구로 활용될 수 있다. 로봇 교사, 로봇 육아 교사, 로봇 영어 교사 등 다양한 형태의 로봇 교사의 도움을 받아 학습자는 놀이를 통한 학습이나 언어 습득 등 다양한 학습 경험을 즐길 수 있다. 이러한 점에서 로봇은 교육 분야에서 더욱 활발하게 활용되고 연구되고 있으며 학습자의 학습 향상에 큰 도움을 주고 있다.

━ 다양한 디지털 플랫폼의 활용

디지털 플랫폼은 인터넷 기반 시스템을 통해 아이디어를 실현하며, 교육 콘텐츠, 서비스, 도구 등을 제공하고 이들을 연결하는 역할을 하는 온라인 플랫폼이다. 학습자, 교사, 부모 및 기타 교육 이해관계자가 원하는 시간과 장소에서 교육 활동에 참여할 수 있도록 지원하는 에듀테크 분야에서 중요한 역할을 한다. 디지털 플랫폼의 예로는 MOOC, 학습 관리 시스템(LMS), 가상현실, 증강 현실, 줌 등이 있다.

디지털 플랫폼은 언스쿨링의 학습 방법 가운데 하나로 채택할 수 있다. 디지털 플랫폼은 학습자가 온라인에서 다양한 학습 자원, 도구, 커뮤니티 및 콘텐츠에 액세스하는 동시에 개인의 학습 목표와 관심사에 따라 스스로 학습 경로를 선택하고 관리할 수 있도록 한다. 언스쿨링은 학습자가 자신의 학습을 스스로 이끌고 목표를 설정하는 교육 방식으로, 디지털 플랫폼을 활용함으로써 이러한 방식을 더욱 효율적으로 실현할 수 있다.

디지털 학습 플랫폼은 학생 주도의 학습을 촉진하고 교사의 업무를 최적화하는 방법이다. 비선형 학습의 구현에서도 디지털 플랫폼은 유용한 도구가 될 수 있다. 교사가 고립되어 가르치는 대신 디지털 플랫폼에 연결되어 모두가 교사이고 모두가 학생인 교육 환경을 조성할 수 있다(Rūdolfa & Daniela, 2021). 이는 1970년 이반 일리치가 제안한 학습 웹의 현대적 버전을 연상시킨다. 유데미(Udemy)는 세계 최대 온라인 교육 플랫폼으로, 20,000명 이상의 강사와 40,000개가 넘는 강좌로 이루어진 고품질 콘텐츠를 80개 언어로 제공한다(Raval, 2024).

디지털 플랫폼을 언스쿨링에 적용할 수 있는 몇 가지 방법에는 개인화된 학습 경험 제공, 자율적인 학습 계획 수립, 온라인 커뮤니티와의 협업, 실시간 피드백 및 진도 추적 등이 있다. 디지털 플랫폼은 학습자의 능력, 관심사, 학습 수준에 맞는 개인화된 학습 경험을 제공하며, 학습자는 디지털 플랫폼을 통해 자신만의 학습 계획을 세우고 따를 수 있다. 또한 디지털 플랫폼은 학습자가 공유하고 토론하며 함께 프로젝트를 진행하여 학습을 강화할 수 있는 온라인 커뮤니티를 제공한다. 나아가 디지털 플랫폼은 학습자에게 실시간 진행 상황을 제공하고 개선이 필요한 부분을 안내하는 피드백을 제공할 수 있다.

디지털 플랫폼은 코스, 콘텐츠, 과제, 토론 포럼, 온라인 커뮤니티 등 다양한 학습 자원과 기능을 제공하여 학습을 향상하고, 언스쿨링 접근 방식을 적용하여 유연한 학습자 중심의 개인화된 학습 경험을 가능하게 한다. 이를 통해 학습자가 자신의 학습을 자유롭게 제어하고 효율적으로 관리할 수 있는 환경을 조성한다.

언스쿨링과 에듀테크의 융합: 교육 패러다임의 변화

언스쿨링과 에듀테크는 현대 교육 시스템에서 중요한 변화를 끌어내고 있는 핵심 개념이다. 언스쿨링은 학생 중심의 자율적 학습 방식을 강조하며, 에듀테크는 기술을 활용한 혁신적인 학습 방법을 제시한다. 이들의 융합은 앞으로 교육 시스템에 여러 가지 중요한 변화를 가져올 것으로 예상된다. 주요 변화는 다음과 같다(Danquah, 2023; Kostyshak, 2022).

- **개인 맞춤형 학습:** 에듀테크는 학습자의 수준과 스타일에 맞춘 개인화된 학습 경로를 제공할 수 있다. 언스쿨링의 자율적 학습 방식과 결합하여, 학생들이 자신의 속도와 관심사에 따라 학습할 수 있는 환경을 조성한다.

- **학습의 자율성 증대:** 언스쿨링은 학생들에게 자율성을 부여하는 접근 방식이다. 에듀테크는 학생들이 스스로 학습 목표를 설정하고 필요한 자료를 찾아 자기 주도적으로 학습할 수 있도록 지원한다.

- **비형식 교육의 활성화:** 에듀테크는 다양한 학습 자료와 플랫폼을 제공함으로써 비형식 교육의 기회를 확대한다. 언스쿨링의 철학과 함께하면, 학생들은 교실 밖에서도 자유롭게 배울 수 있는 환경이 조성된다.

- **데이터 기반 학습 분석:** 에듀테크는 학생들의 학습 데이터를 분석하여 진단하고 피드백을 제공한다. 이를 통해 언스쿨링의 철학을 바탕으로 학습자의 강점과 약점을 파악하고 맞춤형 지원을 할 수 있다.

- **창의성 및 비판적 사고의 촉진:** 에듀테크와 언스쿨링의 결합은 학생들이 창의적이고 비판적으로 사고하도록 유도할 수 있다. 에듀테크는 다양한 문제 해결 시나리오를 제공하고, 언스쿨링의 자율적 탐구 방식은 학생들이 스스로 질문을 제기하고 답을 찾아가는 과정을 지원한다.

- **협업 학습의 강화:** 에듀테크는 글로벌 학습 커뮤니티와의 연결을 가능하게 하여 다양한 배경을 가진 학습자들과의 협업을 촉진할 수 있다. 언스쿨링의 원칙에 따라, 학생들은 서로의 경험을 공유하고 협력하여 문제를 해결하는 능력을 기를 수 있다.

- **평생 학습의 문화 확산:** 에듀테크는 언제 어디서나 접근이 가능한 학습 자료를 제공함으로써 평생 학습의 기회를 확대한다. 언스쿨링의 철학과 결합하여 개인이 자신의 흥미와 필요에 맞춰 지속적으로 배우고 성장할 수 있는 환경이 조성된다.

언스쿨링과 에듀테크의 결합은 교육의 패러다임을 변화시키고, 학생들이 더 자율적이고 창의적으로 학습할 기회를 제공한다. 이는 전통적인 교육 시스템의 한계를 극복하고 미래 사회에 필요한 인재를 양성하는 데 기여할 수 있다.

• • • • • •

에듀테크와 언스쿨링의 융합을 통해, 학습자는 자기 주도적 학습을 중심으로 자신의 학습 속도와 스타일에 맞춰 유연하게 학습할 수 있게 된다. AI 기술의 발전을 통해 전 세계의 다양한 자료와 자원에 쉽게 접근할 수 있게 되면서, 교육의 미래는 창의성과 혁신적인 사고를 촉진하는 방향으로 나아가고 있다. 에듀테크와 언스쿨링의 융합은 교육에 근본적인 변화를 가져와 사회 발전에 긍정적인 영향을 미칠 것이다.

학교의 꽃은 오직 하나의 색만 지니고 있다. 다양한 색은 존재하지 않는다. 반면, 언스쿨링의 꽃은 천 가지 색으로 만개한다. 학교의 꽃이 온실에서 자라는 것이라면, 언스쿨링의 꽃은 자유롭게 자생하는 야생화이다. 지구상의 야생화는 하늘의 별처럼 셀 수 없을 만큼 그 종류가 다양하다. 야생화처럼 다양한 색을 가진 아이들은 자신의 흥미와 열정을 따르며, 어떤 어려움 속에서도 강하고 씩씩하게 자란다.

온실화는 온도와 습도가 조절된 환경에서 자란다. 반면, 야생화는 눈비에 아랑곳하지 않고 꿋꿋하게 자란다. 그래서 야생화는 뛰어난 회복력과 적응력을 지니고 있다. 이들은 건조한 사막이나 습한 습지 등 모든 조건에서 잘 자랄 수 있다. 야생화는 다양한 환경에 적응하는 놀라운 능력을 지니며, 환경이 변해도 가장 먼저 생존하고 번성하는 식물이다.

산업 혁명에서 AI 혁명에 이르기까지, 세상이 이렇게 빠르게 변한 적은 없었다. 그야말로 광속으로 변화하고 있다. 이는 새로운 환경에 적응하는 능력과 회복 탄력성이 그 어느 때보다 중요하다는 것을 의미한다.

야생화는 삶을 가능하게 하고, 그 과정에서 세상을 더욱 아름답게 만드는 복잡한 생태계 중 일부이다. 야생화의 아름다움은 있는 그대로 모습에 있다. 야생화가 어떠한지 정확히 알게 되면, 가지치기나 잡초 제거, 물주기를 할 필요가 없다. 더 밝은색으로 만들거나 더 키를 키우려는 노력도 필요없다. 야생화는 결코 완벽하게 다듬어진 정원이 될 수 없다. 그것이 바로 야생화가 아름다운 이유이다.

언스쿨링 아이들은 자신만의 적소를 찾아 번성한다. 주어진 환경에 단순히 적응하기보다, 자신의 재능을 최대한 발휘할 수 있는 환경을 스스로 구축해 나간다. 어떤 환경에도 구애받지 않고 자유롭게 성장하며, 창의력, 독립적 사고, 다양한 관점, 풍부한 기술로 무장한 이 아이들은 세상을 아름답게 만드는 야생화와 같다.

언스쿨링은 다양한 야생화가 각자의 방식으로 성장하고 발달할 수 있도록 존중하며, 이러한 다양성이 더욱 아름다운 꽃을 피울 수 있도록 적절한 환경을 제공한다. 이러한 다양성은 우리 사회에서 창의적이고 비판적인 아이를 육성하는 데 필수적이다.

온실화와 야생화가 조화를 이루면 어떤 변화가 생길까?

CHAPTER 08
천 개의 얼굴: 언스쿨링 스펙트럼

Ⅰ. 언스쿨링의 다각적인 접근

▬ 언스쿨링 스펙트럼의 개념

스펙트럼이라는 용어는 원래 물리학에서 유래했으며, 서로 다른 파장 또는 주파수의 연속적인 범위를 의미한다. 이 개념은 서로 다른 요소들을 포용하는 연속체로 해석될 수 있다. 언스쿨링 스펙트럼은 언스쿨링 철학을 실천하는 과정에서 나타나는 다양한 접근 방식과 스타일을 말한다. 언스쿨링은 학생의 선택과 자율성, 자기 주도 학습을 중시하는 유연하고 개별화된 교육 방식이다. 그러므로 언스쿨링 스펙트럼은 구조적이고 형식적인 것부터 자유롭고 비형식적인 것까지 다양한 교육 관행과 학습 환경을 포괄한다(shai, 2019).

전통적인 교육 모델과는 다른 이 혁신적인 접근 방식인 언스쿨링은 개인의 자율성과 호기심을 교육과 학습의 중심에 둔다. 이 방식은 학습 방법, 구조, 학습 환경의 측면에서 다양한 형태를 취한다. 언스쿨링 스펙트럼은 이러한 다양한 접근 방식을 나타내며, 각각은 자율성과 구조의 정도에 따라 다양한 지점에 위치한다(Stevens, 2013).

언스쿨링 스펙트럼을 두 극단으로 나누어 설명하면 이해가 쉽다. 한쪽 끝은 형식적인 언스쿨링이고, 반대편 끝은 비형식적인 언스쿨링이다. 두 극단 사이에는 무수히 많은 접근 방식과 스타일이 존재한다. 어떤 가정에서는 형식적인 언스쿨링을, 어떤 가정에서는 비형식적인 언스쿨링을, 또 다른 가정에서는 두 가지 요소를 결합한 하이브리드 접근 방식을 선택할 수 있다. 하지만 각 가정의 접근 방식과 스타일은 개인의 세계관, 가치관, 신념, 교육적 관점과 밀접한 관계를 유지하기 때문에, 언스쿨링 스펙트럼에서의 접근 방식과 스타일은 거의 무한하다고 볼 수 있다.

언스쿨링 스펙트럼의 분류는 다양한 유형의 특성을 파악하는 데 도움이 된다. 그러나 언스쿨링의 다양성이 확산하면서 유형도 다양해져 실제 분류가 어려워지고 있다. 언스쿨링 스펙트럼은 학습자의 성격, 가정환경, 지역사회의 교육 지원 시스템에 따라 다양해지는 특성 때문에 개별화되고 있다. 이러한 특성으로 인해 언스쿨링의 스펙트럼은 한 가지 방식으로 정의되거나 분류되기보다는 다양한 방식으로 적용될 수 있는 유연하고 다양한 개념이다.

언스쿨링 스펙트럼의 개념을 교육에 적용하면 교육의 다양한 접근 방식을 설명하는 도구로 사용할 수 있다. 언스쿨링 스펙트럼은 학습자에게 선택권을 부여하고 다양한 유형의 학습 경험을 제공한다. 각 스펙트럼은 학습자의 특정 분야, 주제 또는 역량에 초점을 맞춰 교육을 개인화할 수 있는 장점이 있다. 이러한 다양한 스펙트럼은 교육의 유연성, 대안 및 다양성을 제공하며, 개인화된 교육을 구현하는 데 활용할 수 있다.

▬ 언스쿨링 스펙트럼의 중요성

언스쿨링 스펙트럼의 개념과 분류가 약간 모호할 수 있지만, 그 가치는 명확하다. 이 방법은 다양한 교육적 접근 방식을 아우르며, 학습자가 자신의 선호와 가치관을 고려해 자신에게 맞는 방식을 선택하도록 돕는다. 또한 자기 주도성과 학습에 대한 적극적인 참여를 촉진한다. 이처럼 언스쿨링 스펙트럼은 개인의 다양한 요구와 성향에 부응하는 커리큘럼과 환경을 마련함으로써, 기존 교육 시스템의 한계를 넘어서 개별화된 학습 경험을 가능하게 하는 중요한 역할을 한다. 언스쿨링 스펙트럼의 중요성은 다음과 같이 요약할 수 있다.

첫째, 언스쿨링 스펙트럼은 학습자가 자기 주도적 학습을 경험할 기회를 제공한다. 이를 통해 학습자는 자신의 관심과 목표에 따라 학습의 방향을 설정하고 농기 부여와 책임감을 키울 수 있다.

둘째, 언스쿨링 스펙트럼은 개별 학습자의 학습 스타일과 필요에 대응할 수 있을 만큼 유연하다. 이러한 유연성을 통해 학습자는 자신의 성향에 맞게 학습 경험을 조정할 수 있다.

셋째, 언스쿨링 스펙트럼은 학습자의 창의성과 독창성을 크게 향상하는 자유로운 성장과 발전의 환경을 제공한다. 이를 통해 학습자는 자신의 전문 분야뿐만 아니라 삶의 다양한 영역에서 뛰어난 능력을 발휘할 수 있다.

넷째, 언스쿨링은 학습자가 미래 사회에서 요구되는 다양한 역량을 개발할 수 있도록 돕는다. 이러한 역량의 개발은 경쟁력 있는 인력의 양성과 사회 발전에 공헌한다.

그러나 가장 중요한 것은 언스쿨링 스펙트럼이 학습자와 교육자에게 높은 만족도를 제공한다는 점이다. 개인의 필요와 성장을 최적화하는 커리큘럼과 접근 방식을 제공함으로써 학습자는 자신에게 가장 적합한 스펙트럼을 선택할 수 있다. 이를 통해 학습자는 자기 삶과 학습을 더 잘 통제할 수 있어 만족스러운 경험을 할 수 있다.

II. 자율성에 따른 유형

▬ 지원적 언스쿨링

지원적 언스쿨링은 학습자의 자율성과 자기 주도적 학습을 강조하여 전통적인 학교 교육에서 벗어나는 교육 철학이다. 이 접근 방식은 부모나 보호자가 목표 설정, 일과 계획, 교육 자료 제공 시 아이의 자유와 선택을 존중한다. 언스쿨링은 커리큘럼, 교과서, 공식 교육 자료를 사용하지 않으며, 아동의 흥미, 개별화된 학습, 자율성에 중점을 두어 학습자가 자신의 속도에 맞춰 스스로 학습을 주도할 수 있도록 한다. 공식 교육의 딱딱한 구조가 없는 언스쿨링은 학습자가 세상에 대한 자연스러운 호기심을 키울 수 있는 환경에서 학습할 수 있게 한다. 언스쿨링에서 부모의 역할은 아이가 자신의 관심사를 따라갈 수 있도록 지원하고 촉진하는 것이다.

　　이 접근법은 자율성을 강조하면서도 교육적 자원이나 가이드 라인을 제공하여 학습을 지원한다. 학습자는 자신의 흥미에 맞춰 자유롭게 학습할 수 있지만, 필요한 경우에는 교사의 도움을 받을 수 있다. 예를 들어, 특정 주제에 대한 자료나 멘토링을 통해 학습자가 필요할 때 도움을 받을 수 있는 구조가 존재한다.

▬ 느슨한 언스쿨링

　　느슨한 언스쿨링은 편안한 언스쿨링 또는 절충적 언스쿨링이라고도 불리며, 언스쿨링 스펙트럼의 중간쯤 위치한다. 이 접근 방식은 아동이 주도하는 학습과 일정한 구조 또는 지침 사이의 균형을 유지한다. 학습자는 자신의 흥미와 열정을 추구할 수 있는 많은 자유와 자율성을 가진다. 부모는 필요에 따라 자원을 제안하거나 기회를 촉진하고 지원을 제공하는 등 일정 부분 관여할 수 있다.

　　이 교육 철학에서는 일부 과목이나 기술에 대해 구조화된 접근 방식이 도움이 될 수 있다는 점을 인정한다. 학습자는 주도적으로 학습하되, 지원의 형태가 최소화되고 자유로운 탐색이 강조된다. 학습자는 필요한 지원을 찾을 수 있지만, 별도의 구조적 지원은 거의 제공되지 않는다. 이 유형은 필요한 경우 전통적인 커리큘럼이나 정규 교육의 요소를 통합할 수 있다.

　　다음은 느슨한 언스쿨링의 주요 특징과 원칙 중 일부이다(Riley, 2020).

- 아이는 타고난 호기심과 학습 동기를 가지고 태어났음을 인식하고 아이가 자신의 교육 목표를 주도적으로 결정할 수 있도록 한다.

- 아이마다 고유한 학습 스타일, 속도, 관심사가 있다고 믿는다. 개별화된 학습을 강조하여 각 아이의 특정 요구와 선호도에 맞게 교육 경험을 맞춤화한다.

- 아동의 자율성을 장려하지만, 일부 과목이나 기술은 구조화된 접근 방식이나 추가 지도가 도움이 될 수 있는 점을 인정한다. 구조와 지도의 수준은 아동의 필요와 관심사에 따라 달라지며, 유연성과 자원 제공 사이의 균형을 강조한다.

- 부모는 조력자, 멘토, 자원 제공자 역할을 하며 요청이 있거나 필요할 때 안내, 제안, 학습 기회를 제공한다.

- 학업 지식뿐만 아니라 사회적 기술, 감성 지능, 생활 기술 개발을 포함한 전인적 발달을 강조한다.

느슨한 언스쿨링은 유연하고 적응력이 뛰어난 접근 방식으로, 가족들이 아이의 필요와 관심사에 따라 교육을 맞춤화할 수 있는 장점이 있다.

▬ 급진적 언스쿨링

급진적 언스쿨링은 언스쿨링 철학을 삶의 모든 측면으로 확장하는 접근 방식이다. 급진적 언스쿨링은 학업을 넘어 규칙, 일과, 심지어 생활 방식 선택에 관한 결정 등 아이의 모든 삶의 측면을 포함한다. 학업은 물론 식사, 텔레비전 시청, 취침과 같은 일상적인 활동뿐만 아니라 스크린 타임도 자유에 맡기고 제한을 두지 않는다. 이 접근 방식은 언스쿨링 스펙트럼의 한쪽 극단을 나타내며 학습자의 최대한의 자유와 자율성을 강조한다(Martin, 2013).

급진적 언스쿨링은 아이들을 자연스럽게 배우고 자기 삶을 결정하려는 동기를 가진 유능한 개인으로 보고, 아이들이 자신의 학습과 삶의 경험을 스스로 통제할 수 있는 능력을 전적으로 신뢰하고 장려한다. 급진적 언스쿨링 교육의 기초는 신뢰, 즉 아이들은 주류 사회가 인정하는 것 이상으로 내면의 지혜나 직관을 가지고 있다는 믿음이다. 부모는 아이들이 내면의 지혜와 연결될 수 있도록 돕는 안내자이자 촉진자의 역할을 한다. 급진적 언스쿨링 교육의 주요 특징과 원칙은 다음과 같다 (Bryanna, 2023; Olsen, 2020; Martin, 2011).

- 자기 주도적 학습을 강조하고 아이들의 타고난 호기심과 배움에 대한 열망을 믿는다. 딱딱한 커리큘럼이 없으며 일상적인 경험, 개인적인 탐구, 발견을 통해 자연스럽게 학습이 이루어진다.

- 아동의 자율성을 강조하며, 아동이 자기 삶에 관한 결정을 스스로 할 수 있는 능력을 인정하고, 그들의 선택을 존중한다.

- 아동 고유의 관심사와 열정을 소중히 여기고 지원한다. 아이가 자신의 관심사를 깊이 있게 탐구하도록 격려하고 열정을 추구할 수 있는 자원, 자료, 기회를 제공한다.

- 아이의 일상에 엄격한 구조나 일정을 강요하지 않으며, 아이가 스스로 흥미를 추구하고 의미 있다고 생각하는 활동에 참여하도록 한다.

- 아이의 자연스러운 발달을 신뢰하고 아이들이 주변 세계와 상호작용하면서 자연스럽게 중요한 기술과 지식을 배우고 발전시킬 수 있다고 믿는다.

급진적 언스쿨링은 개인에 따라 매우 다양할 수 있는 접근 방식으로, 가족마다 실행 방식이 다르다. 그러나 급진적 언스쿨링을 실천하는 부모들의 공통점은 아이들이 진정성 있고 의미 있는 방식으로 배우고 성장할 수 있는 자유를 허용한다는 점에 있다. 이는 아이들이 자신의 속도와 방향에 따라 스스로 학습하고 성장할 수 있도록 하는 데 초점을 맞춘 접근 방식이다.

자율성에 기반한 분류는 다양한 변형과 조합을 허용하며 학습자와 가족의 가치와 선호도에 따라 유연하게 조정할 수 있다. 각 유형의 언스쿨링 교육은 학습자의 자율성을 존중하고 자기 계발을 강조한다.

III. 학습 접근 방법에 따른 유형

▬ 관심 중심 학습

관심 중심 학습(Interest-Led Learning)은 학습자의 흥미와 호기심에 초점을 맞춘 언스쿨링 접근 방식이다. 학습자는 관심 있는 주제를 선택하고 스스로 자유롭게 탐구하고 학습한다. 이 유형의 학습은 학습자가 자신의 개인적인 관심사를 파악하고 그에 맞는 학습 환경을 조성하는 것에서 시작한다. 학습자는 관심 있는 주제, 분야 또는 활동을 선택하고 탐구하며, 이를 통해 더 깊이 있는 학습 경험을 얻는다. 이는 학습자의 동기와 창의성을 자극하고 학습을 의미 있게 만든다. 부모는 아이가 호기심을 갖고, 즐기고, 자연스럽게 끌리는 것을 찾아내고, 그러한 관심사에 대해 학습할 수 있도록 돕는 역할을 한다(Nichole, 2020). 관심 중심 학습의 몇 가지 특징은 다음과 같다(Wilson, 2023; English, 2016).

- **개인화된 학습 경험 제공:** 학습자는 자신의 흥미와 성향에 맞는 학습 방법과 자원을 선택하고 자신의 속도와 스타일에 맞게 학습을 진행할 수 있다. 이는 학습자의 동기 부여와 자기 효능감을 높이고 자기 주도적인 학습 태도를 기르는 데 도움이 된다.

- **학습자 선택:** 학습자는 자신의 호기심과 탐구심을 바탕으로 학습 주제와 활동을 선택한다. 학습자는 스스로 의문을 해결하고, 질문하고, 자유롭게 탐구함으로써 지식을 습득하고 확장한다. 이는 자발적인 탐구와 창의적인 사고를 장려하고 지식을 심화 및 응용하는 능력을 향상시킨다.

- **학습자의 주도성과 자유 존중:** 학습자는 자신의 관심사를 중심으로 학습의 방향을 결정하고 스스로 학습 목표를 설정할 수 있다. 학습자의 자기 결정력과 책임감을 높이고 자기 주도적 학습 습관을 형성하는 데 도움이 된다.

자연 학습

자연 학습(Natural Learning)은 '자연스러운 학습' 또는 '본능적인 학습'을 의미하며, 환경과 자연스러운 경험을 통해 지식이 습득되는 방식을 설명한다(Armstrong, 2012). 이는 인간과 동물이 유아기와 아동기에 경험과 상호작용을 통해 배우는 방법으로, 아이들이 기본 기술을 자연스럽게 익히는 과정을 포함한다. 예를 들어, 아기가 스스로 걷고 말하는 것은 이러한 자연 학습의 대표적인 사례이다.

자연 학습은 학습자가 스스로 욕구와 호기심을 바탕으로 학습을 주도한다고 보는 유기적 접근법이다. 홀트는 아이들이 본능적으로 배우고자 하는 욕구가 있으며, 이는 자연스러운 발달 과정에서 이루어진다고 주장했다(John Holt, 2007). 그는 기존의 교육 방식이 이러한 본능을 억압한다고 믿었고, 학습은 타인에 의해 강요되지 않아야 한다고 강조했다. 지식은 구획화되지 않고 상호 연관된 것으로 이해되며, 학습자는 필요를 인식할 때 스스로 선택하는 지능적인 존재로 간주한다.

자연 학습은 두 가지 주요 신념을 포함한다(What is Natural Learning?, n.d). 첫째, 아이들은 각자의 자연스러운 리듬에 따라 기술을 개발하고 학습하며, 둘째, 자연으로 조성된 환경은 아이들이 성공적으로 성장하는 데 필요한 것을 모두 제공한다. 이는 아이들이 발달적으로 준비되기 전에 학습하도록 강요하지 않으며, 자연스러운 세계에서 학습하는 것을 의미한다. 이러한 과정에서 아이들은 호기심과 즐거움을 느끼고, 이를 통해 평생 학습에 대한 열정을 키운다.

자연 학습은 학습자의 호기심과 탐구 정신을 존중하며, 경험 기반 학습, 시행착오를 통한 학습, 강화가 특징이다. 아이들은 자기 주도적인 환경에서 탐구하고 실험하며 지식과 경험을 발견하게 된다. 각 아이의 독특한 여정과 관심사를 따르는 것이 효과적인 학습을 끌어낸다. 자연스러운 학습은 아이들이 자신의 속도에 맞춰 성장할 수 있는 플랫폼을 제공한다.

▬ 자연 탐구 학습

자연 탐구 학습(Natural Inquiry Learning)은 학습자가 주변의 자연 세계를 직접 경험하고 탐구하여 지식을 습득하는 학습 방법이다. 이 접근 방식은 자연 자원과 현상을 활용하여 호기심, 발견, 관찰, 실험을 통한 학습을 강조한다. 학습자가 자연환경에서 실제로 자발적으로 수행하는 학습을 강조한다(Soleh & Thaib, 2015).

자연 탐구 학습은 바이오필리아(biophilia)의 개념과 관련이 있다. 바이오필리아는 인간이 자연 세계에 관한 관심과 애착을 가지고 태어나는 본능적인 성향을 말한다(Edward Wilson, 2010). 바이오필리아에 따르면 자연환경은 인간의 건강과 웰빙에 긍정적인 영향을 미치며, 자연과의 상호작용은 창의적 사고와 정서적 안정에 도움이 된다. 자연 탐구 학습은 이러한 바이오필리아의 개념을 학습 방법에 적용하여 학습자의 호기심과 탐구를 자연환경과 결합한다. 예를 들어 야외 활동, 자연 탐험, 생태 학습, 식물 관찰, 동물 관찰 등을 통해 학습자가 자연환경에서 직접 경험하고 발견하며 지식을 습득하도록 장려한다.

자연 탐험 학습은 문제 해결과 실생활 적용을 강조한다. 학습자는 자연환경의 문제를 인식하고 그에 대한 해결책을 찾는 과정을 경험한다. 예를 들어, 식물의 성장 과정을 이해하기 위해 실제로 식물을 키우거나 교실이 아닌 야외에서 생물 다양성을 조사하고 분류하는 등의 학습 경험이 있다.

자연 탐험 학습은 또한 학습자의 호기심과 탐구 정신을 키워준다. 자연환경에서의 발견과 탐구를 통해 학습자는 호기심을 충족하는 동시에 새로운 지식을 얻는다. 이는 학습자의 자발성과 창의성을 촉진하고 지식의 깊이와 폭을 넓힐 수 있다. 이러한 자연환경에서 야외 학습은 실용적인 지식 습득, 생태계 이해 및 대처 능력 개발, 현장 체험과 관찰을 통한 실생활 연계 학습, 자연과 공생하는 삶과 지속 가능한 사회 발전의 가치를 인식하는 것을 특징으로 한다(What is Inquiry-Based Learning?, n.d).

▄ 하이브리드 학습

하이브리드 학습(Hybrid Learning)은 다양한 학습 방식의 결합을 통해 유연하고 다양한 학습 경험을 제공하는 접근 방법이다. 하이브리드 학습은 전통적인 교실 학습, 온라인 학습, 개별화된 학습, 협업 학습 등을 조합하여 활용한다. 언스쿨링의 스펙트럼에서 하이브리드 학습은 주로 언스쿨링과 전통 교육의 요소, 또는 에듀테크를 혼합하는 접근 방식을 취한다. 하이브리드 학습은 자기 주도적, 흥미 중심의 학습과 구조화된 공식 교육 사이의 균형을 강조하며, 아동 주도의 독립적인 학습 경험과 구조화된 교육 활동을 모두 포함한다.

하이브리드 학습은 자기 주도 학습의 중요성을 인정하지만, 특정 과목이나 기술에 대한 직접 지도나 교수가 필요할 경우 이를 인정한다. 이 접근 방식은 학교 밖 교육의 다양성과 유연성을 반영하는 동시에 구체적인 학습 목표와 방법을 설정하고 다양한 학습 방법을 결합하여 개인의 학습 스타일과 가정 환경에 따라 최적의 학습 환경을 조성한다(The Penuel Channel, 2024). 이러한 특성으로 인해 하이브리드 학습은 언스쿨링 스펙트럼에서 중요한 학습 방법 가운데 하나로 인식되고 있다. 언스쿨링 스펙트럼에서 하이브리드 학습의 주요 측면은 다음과 같다(Owl Labs Staff, 2020).

- **자기 주도적 탐구 장려:** 학습자가 자신의 흥미와 열정을 따르는 자기 주도적 탐구를 적극적으로 장려한다. 이를 통해 학습자는 자신이 선택한 주제와 활동을 추구하고 호기심을 탐구하며 자기 주도적 학습 경험에 참여할 수 있다.

- **자유와 자율성 제공:** 학습자에게 학습 여정을 구성할 수 있는 자유와 자율성을 제공한다. 학습자는 특정 주제나 기술을 중심으로 어느 정도 구조를 갖추면서도 자신의 관심사를 언제, 어떻게 추구할지 결정할 수 있다.

- **개인화 학습 경험:** 부모는 각 학습자의 고유한 요구 사항, 강점, 관심사를 고려하여 개인이 선호하는 학습 스타일과 속도에 맞는 맞춤형 학습 환경을 제공한다.

- **구조화된 교육 자원 통합:** 필요하다고 판단되는 경우 구조화된 또는 공식적인 교육 자원을 통합한다. 여기에는 수업 수강, 워크숍 참석, 그룹 수업 참여, 특정 과목이나 기술에 대한 커리큘럼 자료 활용 등이 포함될 수 있다.

- **언스쿨링 원칙과 통합:** 학습자의 주체성, 호기심 중심의 탐구, 개인의 관심사 및 학습 스타일 존중 등 언스쿨링의 원칙을 기반으로 한다. 이러한 원칙을 구조화된 접근 방식과 통합하여 균형 잡힌 학습 환경을 조성한다.

하이브리드 학습은 자기 주도 학습과 구조화된 강의의 장점을 결합한 유연하고 개인화된 교육 접근 방식을 제공한다. 이를 통해 학습자는 자신의 관심 분야를 탐구하는 동시에 필요한 영역에서 자원 지원 및 성장 기회를 확보할 수 있다.

▬ 생활 학습

생활 학습(Life Learning)은 실제 경험과 관심사, 그리고 자기 주도적 탐구를 통해 이루어지는 학습 방법이다. 이는 교육이 단순히 공식적인 학교 교육이나 특정 기간에만 한정되지 않고, 평생 지속되는 유기적 과정임을 강조한다. 생활 학습은 삶과 학습을 분리하지 않으며, 삶이 곧 학습이고 학습이 곧 삶이라는 언스쿨링 원칙을 따른다(Priesnitz, n.d).

학습자는 주변 세계에 대한 자연스러운 호기심을 갖고 있으며, 이는 본질적으로 학습 동기가 된다는 것을 알고 있다. 학습은 일상 상황에서 자연스럽게 발생한다는 사실을 인식하고 개인이 이러한 성장과 발전의 기회를 수용하도록 장려한다. 생활 학습은 구조화된 커리큘럼이나 정해진 과목을 따르지 않고, 자신의 관심사, 열정, 호기심에 따라 지식과 기술을 추구한다. 생활 학습의 주요 원칙과 특징은 다음과 같다 (Brodsky, 2017; Sorooshian, 2005).

- 학습자는 자신의 교육을 통제하고, 자신의 방식으로 학습하며, 자신의 관심사를 추구한다.

- 학습자의 열정과 흥미는 학습을 이끄는 원동력이며, 다양한 주제의 탐구와 경험을 통해 학습이 진행된다.

- 실제 상황과 연계된 교육을 강조하여 학습자가 지식과 기술을 실제 적용할 수 있도록 한다.

- 경험적 학습을 강조하고 실수와 실패를 성장의 기회로 받아들인다.

- 생활 학습은 주로 자기 주도적으로 이루어지지만, 멘토나 동료 네트워크의 지원 또한 중요한 역할을 한다.

생활 학습은 교육이 평생의 과정이며 삶의 모든 측면에 학습 기회가 있다는 것을 인식한다. 이는 자기 동기 부여와 창의성을 촉진하며 학습자는 이를 통해 호기심, 자율성, 평생 학습 습관을 기를 수 있다.

Ⅳ. 학습 환경에 따른 유형

▬ 월드스쿨링

월드스쿨링(World schooling)이라는 용어는 약 10년 전에 만들어졌으며, 이후 많은 가정이 이 방식을 채택해 자신들의 교육 스타일에 맞게 교육 철학을 형성하고 있다. 이는 세계를 교실로 삼아 아이들을 교육하는 언스쿨링이나 홈스쿨링 방식을 말한다. 월드스쿨링은 우리 주변의 세계를 여행하고 배우는 교육 형태이며, 체험 학습, 문화적 몰입, 자기 주도적 학습을 강조하는 교육 철학을 따른다(Gerzon, 2023).

간단히 말하자면, 월드스쿨링은 세상으로부터 의도적으로 배우려는 활동이라 할 수 있다. 다양한 연령층과 체험 학습을 결합하여 여행과 문화 체험을 통해 학습과 발견을 촉진한다. 때로는 월드스쿨링에 실제 경험을 통한 탐험과 학습을 강조하는 언스쿨링의 요소가 포함되기도 한다. 월드스쿨링과 언스쿨링은 모두 창의성, 탐구, 자기 주도적 학습을 장려한다는 공통된 목표를 가지고 있다.

월드스쿨링의 기원은 17~18세기 유럽 귀족 사회의 그랜드 투어로 거슬러 올라간다. 그랜드 투어는 유럽의 귀족 자녀들이 교양을 쌓기 위해 세계를 여행하며 직접 경험하고 언어, 문화, 예술, 역사 등을 배울 기회를 제공했던 관행을 말한다(Leibetseder, 2023). 월드스쿨링은 비슷한 철학을 가지고 있지만 그랜드 투어와 달리 특정 사회 계층뿐만 아니라 모든 사람이 이용할 수 있는 교육 접근 방식이며, 여행은 단순한 심화 수단이 아닌 핵심 커리큘럼의 일부로 간주한다(Modi, 2023).

월드스쿨링을 실천하는 방법은 매우 다양하다. 세계 모든 아이의 공통점은 실제 경험을 통해 세상을 더 깊이 이해하려는 열망이다. 월드스쿨링에는 다양한 접근 방식이 있지만 창의성, 탐구, 자기 주도 학습을 장려한다는 공통 목표가 있다. 일부 가족은 장기 여행을 하고 다른 가족은 단기 여행을 하면서 현지 경험을 학습에 통합한다. 가족들은 다양한 접근 방식, 비교 방법론, 음식, 예술, 공연 등을 통한 몰입형 탐구, 언어 몰입, 심도 있는 주제 탐구 등을 할 수 있다.

월드스쿨링의 효과를 입증하는 연구는 아직 충분하지 않으나, 이 접근법을 채택한 많은 가정에서 긍정적인 결과를 보고하고 있다. 월드스쿨링은 아이들에게 기존 학교에서는 경험할 수 없는 독특한 교육 경험을 제공한다. 아이들은 여행하며 주변 세계에 대해 배우면서 다양한 문화와 관점을 더 깊이 이해하게 된다. 또한 적응력, 독립심, 문제 해결 능력과 같은 중요한 삶의 기술 개발에 도움이 된다. 월드스쿨링이 가족과 아이 모두에게 주는 혜택은 다음과 같다(Veno, 2023; Stainton, n.d).

- **유연성:** 가장 큰 장점 가운데 하나는 유연성이다. 월드스쿨링 가족은 특정 장소에 얽매이지 않고 원하는 만큼 여행하고 탐험할 수 있다. 유일한 제한은 한 국가에 머무를 수 있는 기간이다. 일반적으로 대부분 국가에서는 30일에서 90일 이상 체류할 수 있다.

- **체험 학습:** 또 다른 큰 장점은 체험 학습이다. 아이들은 실제 세계에서 배울 때 실수하고 이를 통해 배울 기회를 얻게 된다. 이러한 유형의 체험 학습은 매우 강력하며 아이들이 가장 잘 배울 방법일 수 있다.

- **새로운 문화 체험:** 세계 학교 교육을 통해 아이들은 새로운 문화에 대해 배우고 전 세계 사람들을 만날 수 있다. 기존 학교에서는 아이들이 비슷한 배경을 가진 다른 학생들과만 교류하는 경우가 많다. 반면, 월드스쿨링은 아이들이 다양한 문화와 관습에 대해 배울 기회를 제공함으로써 타인에 대한 공감과 이해를 키울 수 있게 한다.

- **독립심 키우기:** 월드스쿨링은 아이들의 독립심을 기르는 데 도움이 된다. 전통적인 학교 환경이 아니기 때문에 월드스쿨링 학생들은 자신의 학습에 대해 더 많은 책임을 져야 하는 경우가 많다. 이는 삶의 모든 측면에서 유용할 수 있는 자제력과 시간 관리 기술을 개발하는 데 도움이 될 수 있다.

- **새로운 관심사 발견:** 새로운 것을 보는 것은 새로운 관심사를 발견하는 데 도움이 될 수 있다. 아이들은 새로운 장소와 경험을 접할 때 새로운 관심사를 발견하는 경우가 많다. 이는 다재다능하고 열린 마음을 가진 성인으로 성장하는 데 도움이 된다.

- **인내심 키우기:** 여행이 가져다주는 도전은 인내심과 협동심을 키우는 데 도움이 될 수 있다. 월드스쿨링은 때때로 어려울 수 있지만, 이러한 도전은 인내심과 협동심과 같은 중요한 삶의 기술 개발에 매우 유익할 수 있다.

- **미래를 위한 준비:** 월드스쿨링은 아이들이 미래를 준비하는 데 도움이 된다. 세계가 점점 더 글로벌화됨에 따라 아이들이 다양한 문화권의 사람들과 교류하는 방법을 배우는 것이 중요하게 되었다. 월드스쿨링을 통해 아이들은 세계화 사회에서 성공하는 데 필요한 기술과 지식을 개발할 수 있다.

월드스쿨링은 아이에게 균형 잡힌 교육을 제공할 수 있는 좋은 방법이다. 다양한 문화, 언어, 경험을 접함으로써 아이들은 교과서에서 배울 수 있는 것보다 훨씬 더 많은 것을 배울 수 있다. 이를 통해 세상을 더 폭넓게 이해하고 사고력을 확장할 수 있다(Long, 2023). 이러한 경험은 또한 아이들이 세상을 더 폭넓게 이해하고 다양한 문화와 사람을 존중하며 새로운 환경에 적응하는 능력을 키우는 데 도움이 된다.

핵스쿨링

핵스쿨링(Hackschooling)은 표준화된 커리큘럼에 관한 관심을 줄이고, 학생들이 자신만의 맞춤형 교육 경로를 탐색할 수 있게 하는 아이디어이다. 즉, 자기 주도 학습의 개념을 극대화한 방법이다. 자기 주도 학습은 학습자가 학습 방법과 학습 내용을 스스로 결정하는 교육 전략으로, 학습자가 스스로 학습을 주도하는 것이 중요하다는 점을 강조한다.

핵스쿨링의 개념은 언스쿨링 가정에서 자란 13세 소년 로건 라플란테와 그의 가족이 처음 제안했다. 이 아이디어는 2013년 2월에 열린 TEDx 행사에서 처음 소개되었다(LaPlante, 2013). 현대적 의미에서 '해킹'이란 일반적으로 통용되는 방법에서 벗어나 같은 목표를 달성할 수 있는 더 나은, 종종 더 쉽고 빠른 방법을 찾는 것이다. 핵스쿨링은 학교 교육을 해킹하거나 개선함으로써 교육 기관 밖에서도 동일한 목표를 달성할 수 있다고 주장한다. 로건은 '핵스쿨링'의 세 가지 핵심 요소는 건강, 행복, 창의성이라고 말한다. 로건은 행복하고 건강한 삶을 살기 위해 '자기 주도' 교육에 집중했다. 로건의 부모는 로건이 학교에 적응하는 데 어려움을 겪고 있다는 사실을 알게 되자, 언스쿨링 모델로 전환하여 로건이 자기 주도적 교육을 완성할 수 있도록 도왔다.

언스쿨링은 커뮤니티의 기회를 활용하고 학습을 경험적으로 만든다. 로건은 언스쿨링은 커리큘럼이나 시스템이 아니라 기존 학교의 학생을 포함한 모든 사람이 채택할 수 있는 사고방식이라고 말한다. 핵스쿨링은 "유연성, 행복, 건강, 창의성을 우선한다"라는 신념을 유지한다. 로건은 누구나 해커가 될 수 있다고 믿는다. 그는 "해커는 혁신가이다. 해커는 시스템에 도전하고 변화시켜 시스템을 개선하고 더 잘 작동하도록 만드는 사람들이다. 해커의 마음가짐만 있다면 세상을 바꿀 수 있다."라고 말한다.

교육과 일상생활을 '해킹'하는 것은 어려운 일이지만, 건강과 행복을 추구하는 것은 평생의 여정이다. 스티브 잡스, 마크 저커버그, 셰인 맥콘키처럼 해커의 사고방식을 채택하면 누구나 세상을 바꿀 수 있다(LaPlante, 2013). 핵스쿨링은 시스템이 아니라 사고방식이기 때문에 어떤 학습 방식에서도 적용할 수 있다.

▬ 와일드스쿨링

와일드스쿨링(wildschooling)은 자연환경에서 이루어지는 학습 방식이며 언스쿨링의 한 형태로 간주한다. 야외에서 시간을 보내며 동식물을 관찰하고 생태계를 연구하는 등의 활동을 포함한다. 와일드스쿨링의 목표는 아이들이 전통적인 학교 교육에 의존하지 않고 주변 세계에 대해 직접 배울 수 있도록 하는 데 있다(Anna, 2023). 이러한 학습 방식은 교육에 대한 보다 유연하고 창의적인 접근을 가능하게 하여 아이와 성인 모두에게 유익하다.

와일드스쿨링은 최근 몇 년 동안 부모와 교육자들 사이에서 대안 교육에 대한 수요가 증가하면서 주목을 받고 있다. 일부 부모들은 전통적인 교육 시스템이 아이들의 창의성과 개성 표현을 억압한다고 생각한다. 와일드스쿨링은 아이들이 자연과 더 강한 유대감을 형성하고 학습에 대한 보다 총체적인 접근 방식을 제공한다는 점에서 매력적이다. 또한 자연 중심적이고 커리큘럼을 강요하지 않으며 시험에 대한 압박도 없다.

와일드스쿨링은 인간이 자연과 깊은 유대감을 맺는 본성을 존중하고 지원하는 교육 운동이다. 이 교육 방식은 아이들의 본능적인 야성을 중시하며, 미리 정해진 커리큘럼을 따르기보다 아이들의 자연스러운 호기심과 흥미를 우선한다(Fontaine, 2019). 야성은 문명의 반대편에 있는 원시적인 본능, 황야, 대자연을 의미하며, 외부의 힘에 굴복하지 않고 자신의 본성대로 살아가고자 하는 의지를 나타낸다. 이는 길들여지고 가축화되지 않으려는 존재의 내재된 본능이다. 아이들은 태어나면서 각자의 내면에 야성을 지니고 있으며, 이 내면의 야성은 행동, 예술과 상상력, 세계에 대한 경탄을 통해 혹은 세계에 대한 독특한 인식을 통해 세상에 드러난다(아인슬리 아멘트, 2022).

와일드스쿨링에서 아이들은 상상하고, 질문하고, 가능성을 탐구하고, 선택하며, 자신의 안전지대를 넓혀가는 시간을 갖는다. 이는 전통적인 부모-아이 관계에서 아이의 야성을 통제하려는 일반적인 관념에 도전한다. 와일드스쿨링의 핵심 특징은 다음과 같다(Anna, 2023; Fontaine, 2019).

- **자연과 연결:** 자연과 연결은 인간의 본능적 욕구이자 권리이며 우리 존재의 핵심적인 부분으로 인식한다. 인간은 자연과 공생하며 진화했으므로 자연은 우리의 본질이다. 자연과의 연결은 아이들의 발달과 정서적 욕구를 충족시키고 생물학적 잠재력을 활성화하는 데 핵심적인 역할을 한다. 와일드스쿨링은 모든 아이가 자연에 안전하게 접근하고 자연과 연결될 수 있어야 한다고 주장한다.

- **야성의 존중:** 와일드스쿨링은 아이들의 표현 욕구와 자신의 속도에 맞춰 움직이고 발달할 권리를 소중히 여기고 존중한다. 와일드스쿨링은 아이들의 다양한 언어를 존중하고 위험, 놀이, 실험, 대화, 본능적 감각 자극, 실제적이고 실체적인 삶의 경험을 통해 성장하고 발달하려는 아이들의 근본적인 욕구를 지원한다.

- **관계를 소중히 여기기:** 자연에서의 시간은 커리큘럼 중 일부가 아니라 관계 중 일부이다. 아이와 자연과의 관계는 그 자체로 가치와 의미를 지닌 살아 숨 쉬는 관계이다. 야생과 아이 사이의 평생 지속되는 역동적이고 본능적인 춤은 와일드스쿨링의 핵심이다.

- **장소와 연결된 맥락적 학습 선호:** 아이들에게 자연과 관계를 형성할 수 있는 시간, 공간, 기회가 주어져야 한다. 가장 단순하고 의미 있는 장소는 주변의 자연이다. 아이들은 동네 서식지, 생물군계, 뒷마당 자연에 접근함으로써 인류의 유구한 전통에 참여할 수 있다.

- **자연의 리듬에 맞춘 생활:** 와일드스쿨링에서는 자연의 느린 리듬에 맞춰 시간을 보낸다. 아이들은 시계 대신 현상학적 사건, 일주기 리듬, 계절의 변화를 따르도록 권장된다. 이를 통해 아이들은 자신의 발달이 비선형적이고 주기적이라는 점을 인식할 수 있다.

- **새로운 학습에 유리:** 아이와 자연과의 관계는 끊임없이 변화하고 각 아이에게 고유하므로 전통적인 커리큘럼은 아이에게 적합하지 않다. 아이들은 종종 흥미, 열정, 탐구 또는 필요를 표현하며, 멘토는 자원, 프로젝트 또는 기타 경험을 활용하여 이러한 불꽃을 지원하고 발판을 마련한다.

와일드스쿨링은 자연이라는 살아있는 교실을 통해 아이들에게 무한한 배움의 기회를 제공한다. 와일드스쿨링은 아이들이 자연과 깊은 유대감을 형성하고, 그 과정에서 자신에 대해 배우고, 세상을 바라보는 방식을 확장하도록 돕는다. 와일드스쿨링은 아이들이 자기 삶을 통제하고 자신이 더 큰 세상 중 일부라는 점을 인식하는 데 필요한 도구를 제공한다.

V. 커뮤니티에 따른 유형

▬ 언스쿨링 학습 포드

언스쿨링 학습 포드(unschooling learning pod)는 언스쿨링과 학습 포드의 요소를 결합한 혁신적인 교육 접근 방식이다. 학습 포드는 팬데 믹 기간에 큰 인기를 얻어 '팬데믹 포드'라고도 불리게 되었다. 팬데믹 으로 인해 미국 전역의 학교가 문을 닫거나 부분 또는 전체 원격 학습 으로 전환하면서 부모들이 집에서 아이와 함께 학습할 방법을 모색하게 되었다. 이러한 상황은 학습 포드의 부상에 박차를 가했다. 학습 포드는 일반적으로 다양한 연령대의 학습자가 참여하며 학습자 중심의 학습과 학습자 간의 협업을 촉진한다. 언스쿨링 포드는 이러한 학습 포드의 장 점과 언스쿨링의 원칙을 결합한 것으로, 커뮤니티 주도의 언스쿨링의 한 형태이다(Blum & Miller, 2020).

언스쿨링 학습 포드는 전통적인 학교 교육 시스템의 한계와 과제 에 대응하는 새로운 방법으로 출현했다. 학습 포드는 아이들에게 유연 하고 개인화된 학습 경험을 제공한다. 이 포드들은 언스쿨링의 원칙에 동의하며 소규모의 학습 커뮤니티를 형성하려는 몇몇 가족들로 구성한 다. 전통적인 교육 모델과 달리 언스쿨링 포드는 더 자율적이고 탐구 기반의 학습 환경을 제공하며, 보통 4명에서 10명 사이의 소규모 학생 들이 함께 모여 협력적이고 자기 주도적인 방식으로 학습한다. 일부 포 드에서는 튜터를 고용하는 반면, 다른 포드에서는 부모가 가르치는 업 무를 분담하기도 한다. 언스쿨링 학습 포드는 부모, 교사, 또는 고용된 멘토와 같은 한 명 이상의 성인이 운영한다(Jain, 2023).

언스쿨링 학습 포드에는 기존 학교 교육과 달리 정해진 커리큘럼 이나 딱딱한 일정이 없다. 언스쿨링 학습 포드는 학습자의 자율성을 중 시하며 학습자의 관심사, 필요, 열정에 따라 학습 커리큘럼을 맞춤화한다. 커리큘럼은 유연하며 다양한 주제와 활동을 포함한다. 학습자는 자신의 관심사 탐구, 프로젝트 수행, 실습 참여, 지식의 실제 적용 등을 자유롭게 할 수 있다. 이 과정에서 학습자는 학습 동기를 부여받고 창의성, 독립성, 공동체 의식을 키울 수 있다.

언스쿨링 학습 포드는 예술, 과학, 음악 등 다양한 분야에 관심이 있는 학습자들이 한데 모인다. 각 학습자는 자신이 선택한 분야를 자유롭게 탐색할 수 있으며, 진행자는 필요에 따라 안내와 자원을 제공한다. 어떤 학습자는 그림을 그리며 다양한 미술 기법을 배우는 한편, 다른 학습자는 과학 실험을 하거나 음악을 작곡할 수 있다. 또한 학습자는 자신의 관심사를 결합한 프로젝트를 진행하여 학제 간 학습을 할 수 있다. 다음은 언스쿨링 포드의 몇 가지 이점이다(Jain, 2023; Enayat, 2022; The Understood Team, n.d).

- **개인 맞춤형 학습:** 언스쿨링 학습 포드를 사용하면 개별화된 교육이 가능하므로 아이들은 자신의 강점, 열정, 학습 스타일에 집중할 수 있다.

- **유연성:** 딱딱한 일정이나 시간표가 없는 언스쿨링 학습 포드는 아이들이 자신의 속도에 맞춰 자유롭게 학습하고 자연스러운 호기심을 따라갈 수 있다.

- **협업:** 언스쿨링 학습 포드는 학습자 간의 공동체 의식과 협동심을 길러주므로 그룹 프로젝트, 토론, 협동 학습 활동에 참여할 수 있다.

- **실제 기술:** 언스쿨링 학습 포드의 학습자는 자신의 관심사를 추구하고 실제 경험에 참여함으로써 실제 상황에 적용할 수 있는 비판적 사고, 문제 해결 및 의사소통 기술을 개발할 수 있다.

- **정서적 웰빙:** 언스쿨링 학습 포드는 학생들의 사회적, 정서적 필요를 우선시하는 지원적이고 양육적인 학습 환경을 제공하여 긍정적인 학습 경험을 촉진한다.

언스쿨링 마이크로스쿨

언스쿨링 마이크로스쿨(unschooling microschool)은 언스쿨링의 원칙과 마이크로스쿨의 구조 및 지원을 결합한 학습 모델이다. 일정한 구조와 교육을 제공하며, 개인 맞춤형으로, 유연한 학습 경험을 추구하는 학습자의 요구를 충족시키기 위해 등장했다. 마이크로스쿨은 팬데믹 이전부터 존재했으며 팬데믹 동안 수요가 급증했다. 현재 마이크로스쿨의 급속한 확산은 1960년대의 '자유 학교 운동'을 연상시킨다. 당시에는 문화적 혼란과 초기 교육 실험의 시기에 새로운 소규모 학교가 빠르게 생겨났었다. 케리 맥도날드는 현재의 마이크로스쿨이 성공할 수 있는 좋은 상황에 있으며 앞으로도 계속 성장할 것이라고 말한다(McDonald, 2021).

언스쿨링 마이크로스쿨은 대부분 모든 연령대의 아이가 함께 학습하며 학습자는 일주일에 몇 번 또는 5일 일정으로 참석할 수 있다(Micro-schooling, n.d). 학생 수는 최소 5명에서 최대 150명까지 다양하지만, 대부분은 15명 이하로 구성된다. 학교의 규모가 작아서 교사가 주로 가이드 역할을 하며 각 학습자에게 개인화된 교육을 제공한다(Jain, 2023). 수업에는 실습 및 활동 기반 학습이 포함되며 학습자는 단순 암기보다는 프로젝트 학습을 한다.

언스쿨링 마이크로스쿨은 마이크로스쿨과 유사하게 운영된다. 일반적으로 5명에서 15명 사이의 소규모 학습자 그룹이 교육자 또는 교육자 팀이 운영하는 학습 장소에 모인다. 전통적인 학교 교육과 달리 정해진 커리큘럼이나 표준화된 평가가 없다. 대신 각 학습자의 관심사,

호기심, 자연스러운 발달에 따라 학습 과정이 진행된다. 커리큘럼은 학습자 중심으로 고도로 개인화되어 있다. 커리큘럼은 학생들이 자신의 흥미와 적성에 따라 나양한 학습 주제를 습득할 수 있는 프로그램을 중심으로 구성된다. 이 외에도 창의적인 프로젝트, 탐구 활동, 체험 학습을 통해 학생들을 돕는다.

언스쿨링 마이크로스쿨은 학습자들이 스스로 학습 계획을 세우고, 다양한 주제를 탐구할 수 있는 학습자 중심의 교육 환경을 제공한다. 교육자는 학생들이 자신의 열정을 추구할 수 있도록 안내하고 필요한 자원과 지원을 제공한다. 교육자는 이 과정에서 학습자의 자기 주도적 학습을 적극적으로 지원한다. 학습 경험은 종종 실제 지식의 실제 적용에 중점을 둔 실습과 체험으로 이루어진다.

언스쿨링 마이크로스쿨에는 다양한 관심사와 열정을 가진 소규모 학습자 그룹이 있다. 각 학습자는 교육자의 안내에 따라 자신이 선택한 학습 주제를 자유롭게 탐구할 수 있다. 예를 들어, 한 학습자는 코딩과 컴퓨터 과학을 탐구하고 다른 학습자는 문학과 창작 글쓰기를 탐구할 수 있다. 교육자는 토론을 촉진하고 필요한 자원을 제공하며 학습자가 자신의 관심사를 더 넓은 개념과 기술에 연결할 수 있도록 돕는다.

언스쿨링 마이크로스쿨의 장점은 규모가 작은 까닭에 학습자 개개인에게 집중적인 관심과 지원을 제공할 수 있다는 점이다. 이를 통해 학습자는 자기 주도적 학습 환경에서 창의력과 독창성을 키울 수 있으며, 협업 학습을 통해 상호 존중과 협력의 가치를 배울 수 있다. 다음은 언스쿨링 마이크로스쿨의 몇 가지 장점이다(Jain, 2023; Singh, 2023; Gilmore, 2022).

- **개별화 학습:** 언스쿨링 마이크로스쿨은 각 학습자의 특정 요구, 학습 스타일 및 관심사에 맞는 맞춤형 교육을 제공한다.

- **유연성:** 학생들은 자신의 속도에 맞춰 자유롭게 학습하고 호기심을 따라갈 수 있어 자료에 더 깊이 몰입할 수 있다.

- **전인적 발달:** 학생의 주체성과 자기 주도성을 강조하여 비판적 사고, 문제 해결 능력, 평생 학습에 대한 애정을 키운다.

- **커뮤니티와 협업:** 마이크로스쿨은 학생들이 협업하고, 그룹 프로젝트에 참여하고, 서로에게서 배울 수 있는 지원 커뮤니티를 제공한다.

- **사회적, 정서적 성장:** 언스쿨링 마이크로스쿨은 학생들의 사회적, 정서적 웰빙을 우선시하여 긍정적이고 양육적인 학습 환경을 조성한다.

언스쿨링 자원센터

언스쿨링 자원센터(unschooling resource center)는 언스쿨링 가정과 학생들을 지원하기 위해 설립된 단체이다. 회원들이 지식과 경험을 공유하고 필요한 역량과 기술을 쌓을 좋은 기회를 제공한다. 언스쿨링 자원센터는 실제 또는 가상 공간을 통해 언스쿨링 가족에게 자기 주도적 학습을 위한 자원, 자료, 기회를 제공한다. 또한 언스쿨링 커뮤니티의 중심지로서 가족 간의 학습과 연결을 촉진하는 다양한 자원, 워크숍 및 각종 이벤트를 연다(케리 맥도날드, 2021).

언스쿨링 자원센터는 언스쿨링 가족을 위한 다양한 서비스와 지원 메커니즘을 제공한다. 일반적으로 도서, 교육용 게임, 미술용품, 과학 장비 등 다양한 학습 자료를 이용할 수 있다. 또한 이러한 센터에서는 아이들이 지원적인 환경에서 자신의 관심사를 탐구하고 또래 친구들과 교류할 수 있는 워크숍, 수업, 그룹 활동을 주최할 수도 있다. 또한 부모들이 서로 소통하고 경험을 공유하며 언스쿨링에 대한 아이디어를 교환할 수 있는 플랫폼의 역할도 한다. 언스쿨링 자원센터는 독립적으로 학습하고자 하는 학생들에게 필요한 지식, 기술, 자존감을 키우는 데 도움을 준다.

언스쿨링 자원센터에는 정해진 커리큘럼이 없으며 규범적이지도 않다. 대신, 센터는 다양한 관심사와 학습 스타일에 맞는 다양한 자원과 자료를 제공한다. 아이들이 원하는 주제를 탐구하고, 실습 활동에 참여하고, 자신의 열정에 맞는 프로젝트를 수행할 수 있는 지원 환경을 제공한다. 센터는 또한 부모에게 아이의 학습 여정을 촉진하는 방법에 대한 지침을 제공할 수 있다.

매사추세츠주 선더랜드에 있는 노스 스타는 청소년을 위한 자기 주도 학습 센터로 가장 잘 알려진 곳 가운데 하나이다. 1996년 켄 댄포드와 조슈아 호닉은 "학습은 타고난 본성이며 학교는 선택이다."를 좌우명으로 삼고 이 센터를 설립했다. 노스 스타는 학생들의 필요에 따라 다양한 관심 주제의 수업을 제공하는 자기 주도 학습 센터이지만 수업 참여는 선택 사항이다. 이 센터에서는 보석 만들기, 클래식 음악 감상, 해부학 기초, 수화와 청각 장애인 문화, 사회 과학 연구 설계 및 토론, 감성 지능 등의 수업을 제공한다(케리 맥도날드, 2021).

언스쿨링 자원센터에는 책, 교육 자료 및 장비가 있는 물리적 공간이 있다. 또한 미술, 과학 실험, 그룹 토론 등 다양한 활동을 위한 지정된 공간도 있다. 센터에서는 아이와 부모가 함께 모여 배우고, 탐구하고, 서로 소통할 수 있는 정기적인 워크숍과 이벤트를 개최한다. 이 센터는 원격 접속을 선호하는 가족을 위해 온라인 자원, 포럼, 온라인 수업도 제공한다. 다음은 언스쿨링 자원센터의 몇 가지 이점이다(케리 맥도날드, 2021; Danford, 2019).

- **자원 접근성:** 다양한 관심사와 필요에 맞는 자기 주도적 학습을 지원하기 위해 다양한 자원과 자료를 제공한다.

- **커뮤니티 및 지원:** 언스쿨링 가족을 위한 허브로써 공동체 의식과 유대감을 키우는 역할을 한다. 가족들은 서로의 경험을 공유하고, 협력하며, 같은 생각을 공유하는 사람들로부터 지원을 받을 수 있다.

- **학습 기회:** 워크숍, 수업, 그룹 활동을 통해 아이들이 새로운 과목을 탐구하고, 새로운 기술을 배우고, 또래 친구들과 교류할 기회를 제공한다.

- **학부모 상담:** 아이의 교육에 대해 궁금한 점이나 우려 사항이 있는 학부모를 위한 안내와 지원을 제공한다. 여기에는 언스쿨링 여정에서 학부모의 역량을 강화하기 위한 자원, 워크숍, 토론이 포함된다.

- **유연성과 자율성:** 언스쿨링의 원칙을 수용하여 아이들이 자신의 학습에 대한 자율성을 갖고 자신의 속도에 맞춰 자신의 관심사를 추구할 수 있도록 한다.

VI. 새로운 언스쿨링 스펙트럼의 부상

최근 언스쿨링이 점점 더 대중화되면서 새롭고 다양한 언스쿨링 스펙트럼이 등장하고 있다. 이러한 변화의 배경에는 여러 요소가 있다. 전통적인 교육 시스템에 대한 비판이 고조되고 있으며, 더 자율적이고 효과적인 학습 방법이 출현하고 있다. 또한 AI 시대에 필요한 직업 관련 역량을 갖추기 위한 맞춤형 학습의 수요도 증가하고 있다. 하지만 좀 더 넓은 관점에서 보면, 이 모든 배경은 급격한 사회, 경제, 기술 변화에 대응하여 교육 환경을 혁신해야 할 필요성에서 비롯된 것임을 알 수 있다. 교육에 영향을 미치는 이러한 거시적인 사회 변화에 대응하여 다양한 언스쿨링의 스펙트럼이 출현하고 있다.

▬ 디지털 언스쿨링 스펙트럼

최근 몇 년간 급속한 기술 발전과 함께 디지털 스펙트럼이 등장했다. 인터넷과 디지털 기술은 학습자에게 다양한 학습 경험과 자원을 제공함으로써 전통적인 언스쿨링의 범주를 혁신적으로 변화시켰다. 이 스펙트럼은 끊임없이 변화하고 진화하여 학습자는 필요한 정보와 자원에 더욱 쉽게 접근할 수 있게 되었다(Landolt, 2021). 온라인 플랫폼, 앱, 게임 등 에듀테크는 학습 방법과 경험을 다양화하여 학습자의 관심사와 학습 능력에 맞는 맞춤형의 학습 환경을 가능하게 했다. 디지털 스펙트럼 덕분에 학습자는 언제 어디서나 정보와 지식에 접근할 수 있으며, 이를 통해 동료나 커뮤니티와 연결해 함께 학습하고 협력할 수 있다. 또한 디지털 기술을 활용하여 적절한 자원, 강의, 강좌를 찾고 창의력과 영감을 불러일으킬 수 있다.

디지털 언스쿨링의 장점은 편리성, 접근성, 다양성 등이다. 학습자는 자신의 속도와 스타일에 맞는 학습 환경을 구축할 수 있다. 디지털 언스쿨링은 첨단 AI 기술에 적응한 현대적 언스쿨링 형태로, 개인의 관심사와 학습 능력에 맞춘 맞춤형 학습 경험을 제공하는 매력적인 접근법이다. 이를 통해 학습자는 학습 목표를 달성하고 성공적인 학습 경험을 만들 수 있다(Infosys BPM, n.d).

▬ 기업가 정신 중심 언스쿨링 스펙트럼

기업가 정신을 중심으로 하는 언스쿨링은 경제 및 기업가 정신에 집중하는 혁신적인 언스쿨링의 스펙트럼이다. 이 접근 방식은 학습자가 창의성, 혁신, 기업가적 마인드를 개발하고 미래의 경제생활에 대비할 수 있도록 돕는다. 이 스펙트럼은 혁신, 가치 창출, 기술 발전, 지속 가능한 경제 등 국가와 기업이 중요하게 여기는 분야에서 기업가 정신을 육성하는 데 중점을 둔다.

기업가 정신 중심의 스펙트럼은 학습자가 기업가 기술을 개발하고 이를 현실 세계에 적용할 방법을 찾으면서 진화해 왔다. 이 교육은 학습자가 일상에서 경영 지식, 리더십, 협업 등 기업가 정신에 필요한 다양한 역량을 개발할 수 있도록 다양한 경험을 제공한다(Modi, 2023). 학습자에게 창업 과정을 직접 체험할 기회를 제공하여 스스로 창업 계획을 수립하고 실행할 수 있도록 한다. 이 과정에서 학습자는 사업 아이디어 창출, 제품 및 서비스 개발, 마케팅 전략 등 다양한 분야를 접하게 된다.

기업가 정신을 중심으로 하는 이 스펙트럼의 장점은 학습자가 기업가 정신에 필요한 실질적인 지식과 기술을 개발할 수 있는 점이다. 이를 통해 미래의 경제 환경에 대비하고 자신의 비즈니스 아이디어와 열정을 실현할 기회를 잡을 수 있다. 기업가 정신 중심의 언스쿨링은 기업가 정신 관련 역량을 극대화하여 미래 사회와 경제 환경에 대응할 수 있는 역량을 키우는 데 중점을 둔 독특한 스펙트럼이다. 이를 바탕으로 학습자는 기업가 정신과 관련된 다양한 역량과 지식을 습득하고 성공적인 기업가 정신의 경험을 쌓을 수 있다.

글로벌 언스쿨링 스펙트럼

글로벌 언스쿨링은 세계 각국의 문화, 역사, 언어, 인문학에 집중하는 독특한 언스쿨링 방식이다. 학습자가 다른 국가와 문화를 이해하고 국제적 시야를 넓히며 세계 시민으로서의 역량을 개발하는 데 도움이 된다. 세계화 시대에 글로벌 언스쿨링은 점점 더 중요해지고 있으며, 세계화된 경제, 정치, 사회에서 다양한 국가와 문화를 이해하고 소통할 수 있는 인재를 양성하는 것이 목표이다.

이러한 언스쿨링 교육 접근 방식은 학습자가 다양한 국가와 문화에 대한 이해를 높일 수 있는 학습 환경을 제공한다(Chase & Morrison,

2018). 이 방식은 국제 사회와 소통 및 협력 능력을 향상하며, 학습자가 글로벌 문제와 이슈에 대한 더 넓은 관점을 가질 수 있도록 지원한다. 이러한 커리큘럼에서 학습자는 다양한 국가와 문화에 노출되어 다양한 문화적 배경에 대한 이해와 인식을 높일 수 있다. 또한 다양한 언어를 배워 다국어와 다문화를 익히고, 여러 나라에서 협력하여 생활하고 일할 수 있는 기술을 개발한다.

글로벌 언스쿨링의 장점 중 하나는 다양한 국가와 문화에 대한 깊은 이해를 바탕으로 다른 사람들과 소통하고 협업할 수 있는 능력이다. 이러한 기술은 글로벌 경제 환경에 대한 대응력을 키우고 학습자의 지적 지평과 인식을 넓히는 데 도움이 된다. 글로벌 언스쿨링은 전 세계의 다양한 문화, 역사, 언어를 이해하고 존중하는 세계 시민을 육성하기 위한 국제적 관점과 교육을 제공한다. 이를 통해 학습자는 글로벌 사회에서 적극적으로 소통하고 참여할 수 있는 능력을 갖추게 된다.

사회 정의와 행동주의 중심의 언스쿨링 스펙트럼

사회 정의와 행동주의를 중심으로 하는 언스쿨링은 사회 문제, 인권, 그리고 환경 보호에 집중하는 교육 방식이다. 이 방식은 학습자의 기술과 인식을 발전시켜 지역사회와 전 세계에 긍정적인 변화를 일으키는 것을 목표로 한다(Richards, 2020). 이는 전통적인 교육 시스템이 종종 간과하는 사회 문제를 직접 다루며, 미래 세대가 현대 사회의 문제를 인식하고 그 해결책에 대해 논의할 수 있도록 하여, 능동적인 변화의 주체로 성장할 수 있도록 한다.

사회 정의와 행동주의를 중심으로 한 이 스펙트럼은 학습자에게 사회 문제와 이슈를 탐구하고 연구할 다양한 기회를 제공한다. 학습자는 적극적인 참여를 통해 사회 문제에 대한 인식을 높이고, 이를 해결하기 위한 다양한 기술과 지식을 습득하며, 창의적인 해결책을 제시할 수 있게 된다. 학습자는 동료들이나 커뮤니티와 함께 다양한 사회적 이슈와 문제들을 연구하고 논의하면서, 협업과 소통 능력을 강화하고, 사회 문제에 대한 이해를 심화한다. 또한 이를 행동으로 옮기고 사회에 공헌할 방법을 찾게 된다(Morrison, 2018).

이 스펙트럼의 이점은 사회 문제에 대한 경험과 인식이 향상되고 동료들과 협력하여 새로운 해결책을 찾을 수 있는 능력을 키울 수 있는 점이다. 학습자는 미래 사회에서 효과적으로 소통하고 협력하며 글로벌 커뮤니티의 일원으로서 자신의 책임과 역할을 인식할 수 있게 된다 (Morrison, 2018). 이 교육 스펙트럼은 학습자들이 사회 문제에 대해 깊은 이해를 갖고 대처할 수 있는 능력을 개발하며, 지역 및 전 세계의 변화를 이끌 책임감을 키우는 독창적인 방식이다. 이를 통해 학습자는 미래 사회에 긍정적인 영향을 미치고 지속 가능한 발전을 추구하는 글로벌 시민이 될 수 있다.

이러한 새로운 언스쿨링 스펙트럼의 부상은 교육 환경의 변화에 따라 적응하고 진화하여 긍정적인 사회적 영향력과 지속적인 혁신의 선순환을 실현할 것으로 기대된다. 결과적으로, 교육 방식은 더욱 다양해지고 혁신적으로 변화하며, 학습자는 더욱 맞춤화되고 창의적인 학습 경험을 하게 될 것이다. 지속적인 연구와 개선을 통해 교육의 질을 향상하고 사회에 긍정적인 영향을 미치는 교육 모델을 강화할 수 있을 것이다.

• • • • • • •

언스쿨링의 다양한 접근 방식은 언스쿨링이 단순히 학교 밖에서의 학습을 의미하는 것이 아니라, 각 학습자의 욕구, 선호, 상황에 따라 유연하게 적용될 수 있는 교육 철학임을 보여준다. 언스쿨링의 광범위한 스펙트럼은 교육의 개념을 재정의하며, 학습자 중심의 교육이 어떻게 실현될 수 있는지에 대한 실질적인 이해를 제공한다. 언스쿨링의 스펙트럼은 학습자가 자신만의 학습 경로를 탐색하고 자신만의 방식으로 세상과 상호작용할 수 있는 더 많은 기회가 될 것이다.

기업가 정신은 언스쿨링의 핵심 원칙이다. 기업가들은 창의적인 사고와 실험적인 행동을 통해 기존의 틀을 깨고 새로운 방식으로 혁신을 끌어낸다. 이들은 위험을 두려워하지 않으며 독창성을 중시한다. 그들은 진정한 몽상가이다.

언스쿨링을 경험한 아이들이 기업가가 되는 것은 자연스러운 과정이다. 이들은 기존 교육 시스템의 제약에서 벗어나 자신의 흥미와 열정을 추구할 기회를 얻으며 성장한다. 이 과정에서 아이들의 창의력과 호기심은 오히려 강화된다. 학교에서 점차 고갈될 수 있는 에너지와 활력이 언스쿨링에서는 비즈니스 아이디어를 성공적으로 실현할 수 있는 원동력이 된다.

피터 그레이와 지나 라일리의 연구(2015)에 따르면, 언스쿨링을 경험한 성인의 절반 이상이 기업가이며, 이들 중 상당수는 어린 시절의 관심사가 현재 직업과 직접적으로 연관되어 있다고 생각한다. 언스쿨링과 기업가 정신의 상관관계는 전통적인 교육을 전혀 받지 않은 사람들 사이에서 더욱 두드러진다.

14세의 콜 서머스 이야기는 많은 이들을 놀라게 한다(Gibson, 2022). 그는 언스쿨링을 통해 자신의 관심사를 중심으로 학습한 기업가이자 천재이다. 돈을 버는 방법에 대해 궁금해진 그는 퇴역 군인인 아버지와 함께 워런 버핏의 동영상을 보며 지식을 쌓았다. 7살 때 아버지를 설득해 토끼 사육 및 판매 사업을 시작한 그는, 9살 때부터 스스로 세금을 내기 시작했고, 10살 때는 350에이커 규모의 농장을 사들여 염소와 칠면조를 기르기 시작했다. 11살 생일에는 트랙터를 사기도 했다. 그는 나무 이식, 장편 영화 제작, 오래된 집을 개조하는 등 다양한 사업에 도전했다. 비트코인에도 관심을 보였던 그는, 학교에 다니지 않는 대신 스스로 학습한 것이 자신의 사업 성장에 도움이 되었다고 말한다. 이는 놀랍게도 사실이다!

성공적인 기업가는 자신의 열정과 목표를 바탕으로 새롭고 차별화된 가치를 창출하는 사람이다. 언스쿨링을 경험한 아이들은 일찍부터 이러한 열정을 발견하고 목표를 향해 노력할 수 있는 자유를 누리게 된다. 가족과 지역사회의 지원을 통해 새로운 가능성을 탐색하고 미지의 세계로 도약할 수 있는 이상적인 자질과 조건을 갖추게 된다(McDonald, 2018).

미국의 기업가 짐 론(Jim Rohn)이 지적한 바와 같이, 생계를 유지하기 위해 정규 교육이 필요할 수도 있지만, 언스쿨링 교육은 그 이상을 추구하는 사람들에게 돈을 벌 기회를 제공한다. 언스쿨링 교육은 현실 세계의 성공에 필요한 다양한 기술을 개발하는 데 중요한 역할을 한다.

CHAPTER 09
행복한 여정: 언스쿨링 성인 이야기

Ⅰ. 성공할 준비가 되어 있을까?

▬ 대학, 직업, 그리고 사회화

"대학에 진학할 수 있을까? 대학 생활에 잘 적응할 수 있을까? 취업은 가능할까? 경직된 사회 구조 속에서 생존할 수 있을까?" 언스쿨링에 대해 조금이라도 관심이 있는 사람이라면 누구나 궁금해하는 질문이다. 핵심적인 질문은 언스쿨링 학생들이 구조화되고 위계적인 사회에서 성공할 준비가 되어 있는지이다.

걱정할 필요는 없다! 연구에 따르면 언스쿨링을 경험한 성인 대부분은 행복한 삶을 살고 있다. 그들은 자신이 받은 교육에 만족하며, 대학에서 우수한 성적을 거두고, 원하는 직업을 찾는다(Schultz, 2014). 코간은 홈스쿨링 학생들이 일반적으로 대학에서 좋은 성적을 거둘 뿐 아니라 대입 학력고사, 평균 학점, 졸업률 등에서 학교에 다녔던 학생들보다 더 성공적이라는 연구 결과를 밝혔다(Cogan, 2010). 또한 레이의 연구에 따르면, 언스쿨링 학생들은 대학 생활과 일상에서도 잘 적응하고 있다. 레이는 성인이 된 언스쿨링 학생들은 시민 활동에 적극적으로 참여할 뿐만 아니라 철학, 정치, 사회적 관점이 다른 사람들을 존중하고 포용할 가능성이 크다고 주장했다(Ray, 2017).

언스쿨링을 선택한 성인은 자기 결정 학습에 대한 강한 의지가 있으며, 개인적인 관심사를 추구하고 평생 학습에 대한 태도를 유지한다. 이들은 독특한 학습 경험을 통해 다양한 분야에서 개인적인 지식과 기술을 발전시키고 활용한다. 어릴 때부터 전통적인 교육 틀을 벗어난 이들은 다양한 업무 환경에서 필요한 역량, 자율성, 적응력을 키운다. 이러한 학습 경험은 언스쿨링 성인들이 다양한 직업에서 성공하는 발판이 된다. 이들은 독창적이고 창의적인 사고를 하며, 자유롭고 개인화된 학습 환경을 통해 자신만의 독특한 길을 개척해 나간다.

다음은 자신의 교육을 주도하고, 열정을 따르며, 배움에 대한 깊은 사랑을 키워 성공적인 삶을 영위하는 언스쿨링 성인들의 이야기이다. 이들의 이야기에는 배움에 대한 끊임없는 열정, 창의성, 개인적인 성취를 향한 노력이 담겨 있다. 이들의 경험은 언스쿨링이 개인의 성장과 발전에 어떻게 도움이 되는지, 그리고 언스쿨링 성인들이 어떻게 꿈을 실현하고 있는지 그 실상을 생생하게 보여준다.

▬ 열정의 여정: 메건의 이야기

나는 어린 시절부터 정규 학교에 다닌 적이 없다. 어머니는 항상 내 곁에 워크북을 두고 내가 원하는 만큼 연습할 수 있도록 해주셨지만, 대부분의 학습은 동물과 과학에 대한 애정을 바탕으로 자기 주도적으로 이루어졌다. 독서를 특히 좋아해서 주로 동물에 관한 책을 도서관에서 빌려 집에 오기 전에 다 읽곤 했다. 홈스쿨 단체의 현장학습 날에는 어머니와 함께 과학 질문을 탐구하며 과학과 생물학에 대해 배웠다. 당시에는 이러한 학습이 수학, 문법, 역사 등 다른 과목에도 영향을 미쳤음을 깨닫지 못했다. 요리를 통해 분수를, 독서를 통해 문법을, 『아메리칸 걸』 책을 통해 역사를, 그리고 반려동물의 약 복용량 계산과 같은 실제 상황을 통해 수학을 배웠다.

또래 아이들의 모임에는 참여한 적이 없지만, 스포츠, 음악, 취미 활동에는 항상 적극적이었다. 매주 축구, 테니스, 체조, 승마, 뜨개질 수업에 참여했고, 노스캐롤라이나로 이사한 후에는 무술, 4-H, 음악 활동에도 많이 참여했다. 이러한 활동을 통해 매주 친구들을 만나고, 다양한 나이대의 아이들과 교류할 수 있었다.

10대 시절에는 학교에 다니지 않았지만, 16세 때 커뮤니티 칼리지에서 준학사 학위를 취득하기로 결심했다. 자기 주도적 독서를 통해 영어를, 실용적인 응용을 통해 수학을 계속 배웠다. 커뮤니티 칼리지 입학 전 약 1년 동안은 칸 아카데미 동영상을 활용해 대학 수업을 체계적으로 준비했다. 13세부터 16세까지 축구와 4-H 클럽에서 활동했다. 또한 매주 승마 수업을 받고, 소규모 밴드에서 기타를 치며 노래를 부르고, 일주일에 세 번씩 무술에 참여했다. 16세에 동물병원에서 아르바이트를 시작하며 동물과 함께 일하고 싶다는 꿈을 실현하기 위한 직업 경험을 쌓았다.

15~16세 이전에는 다양한 과외 활동에 참여했다. 무술에서 검은 띠를 따고, 주 박람회에 출품할 작품을 만들었으며, 승마 대회에 출전하기도 했다. 15살 때 동물과 함께 일하고 싶다는 생각으로 수의학을 공부하기 시작했다. 수의대 지원에 필요한 커리큘럼을 조사한 후, 커뮤니티 칼리지에 등록해 3년 동안 수업을 들었다. 18세 때에는 노스캐롤라이나 주립대학교로 편입해 동물 과학 학사 학위를 취득했다.

메건은 다양한 직업을 경험했다. 16세 때에는 소규모 동물병원에서 1년간 수의사 보조로 일했고, 17세 때에는 국립보건원(NIEHS)에서 유급 여름 인턴십을 통해 연구 활동을 했다. 18~20세 때에는 다른 소동물 클리닉에서 수의사 보조로 일했고, 21세 때에는 동물병원에서 더 많은 경험을 쌓기 위해 두 번의 여름 수의학 프로그램에 참여했다. 현재는 수의과 대학에 지원하기 위해 이국적인 동물 클리닉에서 풀타임 수의사 보조로 일하고 있다. 나중에 가정을 꾸리게 된다면 아이에게도 언스쿨링을 할 계획이다.

메건의 언스쿨링 경험은 전통적인 학교 교육이 아닌 상황에서도 열정과 자기 주도적 학습이 성공적인 교육 경로로 이어질 수 있다는 것을 보여준다. 그녀는 어릴 때부터 자유로운 학습과 다양한 활동을 통해 독립적인 사고와 기술을 개발했으며, 이를 바탕으로 대학 학위를 취득하고 다양한 직업 경험을 쌓았다. 메건의 이야기는 학교 밖에서 다른 교육 경로를 탐색하고 자기 주도적 학습을 추구하도록 영감을 준다 (LANDERS, 2020).

▁ 해리 포터의 꿈을 이루다: 리시의 이야기

리시는 토론토에서 두 형제와 함께 자라면서 초등학교 2학년 봄방학에 학교를 중퇴했다. 그때부터 그녀와 엄마는 해리 포터 시리즈를 함께 읽기 시작했으며, 이는 곧 그녀의 가장 좋아하는 활동이 되었다. 처음에는 읽는 것이 어려웠지만 해리 포터 이야기의 매력에 빠져들어 점차 독서에 흥미를 느끼게 되었다.

리시는 가족과 함께 해리 포터 시리즈를 듣는 동안 인형 의상을 만들고 와이어로 장신구를 만드는 등의 창의적인 활동을 즐기곤 했다. 책에서 가장 좋아하는 장소를 표시하고 이야기 줄거리의 표지판, 편지, 노래를 녹음하기도 했다. 어느 날 혼자서 책을 읽을 수 있게 되자 독서가 큰 즐거움이 되었다.

리시가 8살이 되었을 때, 그녀는 걸 가이드 프로그램에 가입해 어린 소녀들과 함께 자원봉사 활동을 시작했다. 그녀는 16세 때부터 지역사회 환경을 위해 지역 SPCA 중고품 가게에서 자원봉사를 시작했으며, 17세 때에는 캐나다 코드(패스파인더가 달성할 수 있는 최고의 상)를 수상했다. 당시에는 지역 지원 커뮤니티가 없었기 때문에 가족과 함께 미국에서 열리는 언스쿨링 학생 콘퍼런스에 참석하여 다른 언스쿨링 학생들과 교류했다.

리시는 14살 때부터 사진에 큰 관심을 가지게 되었다. 이후 사진 촬영뿐만 아니라 잡지, 책, 온라인상의 다양한 사진들을 찾아보는 것을 즐겼다. 15세 때에는 온라인 사진 공유 서비스인 Flickr에서 '자화상 365 프로젝트'를 시작하여 매일 몇 시간씩 사진을 찍으며 사진 실력을 키웠다. 리시의 사진은 투투와 티파티부터 상상의 용과 전투에 이르기까지 유치한 것부터 매혹적인 것까지 다양하다. 그녀는 이러한 모험을 예술로 승화시켜 크고 무서운 것들을 환상적인 맥락에 녹여 다른 세상의 모습을 만들어 내는 것을 즐긴다. 리시는 자신의 사진이 사람들이 어려운 가운데서도 동심을 잃지 않고 인내하는 데 도움이 되기를 바란다.

16세 때 토론토의 한 사진작가 에이전트가 그녀에게 상업적으로 일할 수 있는 계약을 제안했다. 그 이후로 그녀의 작품은 다양한 책과 앨범 표지, 잡지 등을 통해 매장에서 볼 수 있게 되었고 뮤직비디오에 영감을 주기도 했다. 리시의 작품은 국제적으로도 전시되었다. 심지어 영국 국립극장의 안티고네 공연에서 사용되기도 했다. 현재 리시는 광고, 에디토리얼, 패션 캠페인을 촬영하고 있으며 8만 명이 넘는 온라인 팔로워를 보유하고 있다.

리시의 여정은 해리 포터 시리즈라는 매혹적인 이야기로부터 시작되었다. 독서와 창작에 대한 그녀의 열정은 점차 다른 활동으로 이어져 자아 발견으로 이어졌다. 언스쿨링, 자원봉사, 사진작가로서의 성장은 그녀의 삶을 풍요롭게 하고 꿈을 좇는 힘을 발견하는 데 도움을 주었다. 현재 리시는 사진작가로서의 경험과 성취를 바탕으로 끊임없이 도전하고 발전하고자 하는 열망으로 넘친다. 리시는 자기 작품이 사람들에게 영감과 즐거움을 주는 동시에 그들과 함께 성장하는 열정을 누리기를 희망한다.

리시가 해리 포터의 마법사 세계에서 배운 것처럼 꿈은 실현될 수 있다. 리시의 여정은 아직 끝나지 않았으며, 더 큰 꿈과 성취를 위해 여전히 노력하고 있다. 해리 포터가 준 영감과 용기를 바탕으로 그녀는 앞으로 펼쳐질 모험을 기대하고 있다(The Homeschooler Post, 2019).

세상을 교실로: 미로의 여정

미로는 9살 때까지 캘리포니아에서 어머니와 함께 살았다. 미로의 어머니는 비영리 환경 단체를 지원하는 '정글'이라는 광고 에이전시를 운영했다. 2008년 경기 침체기에 어머니는 아들과 더 많은 시간을 보낼 수 있도록 사업을 매각하고 완전히 다른 일을 하기로 결심했다. 그녀는 모든 재산을 팔고, 미로를 학교에서 빼낸 뒤 중앙아메리카로 여행을 떠났다(케리 맥도날드, 2021).

어린 시절의 어려운 재정 상황으로 인해 어머니와 함께 여행을 떠난 미로는 전 세계를 여행하면서 독특한 학습 경험을 하게 되었다. 여행하면서 유목민처럼 살아가며 전통적인 교육을 따라가기 어려웠던 미로는 언스쿨링과 월드스쿨링으로 전환하여 전 세계를 교실로 삼았다.

미로는 어머니와 16개국을 여행하며 개인적인 변화를 경험한 후, 계속해서 전 세계를 여행하며 영감을 받고 무소유의 라이프스타일을 살면서 자연스럽게 언스쿨링을 하고 있다. 그들은 지구가 그들의 교실이 된 만큼, 길 위에서 관심사를 따라가고 있다. 미로의 어머니는 종종 "우리는 우연한 언스쿨링이라는 축복을 받았다."라고 말하면서 모든 나이에 맞는 '삶의 학습'을 강조한다. 사실 미로와 어머니는 이 철학을 가슴에 새기고 '프로젝트 월드스쿨'이라는 청소년 중심의 수련회를 전 세계에서 진행하고 있다.

여행은 미로에게 놀라운 경험과 학습의 기회를 제공했다. 그는 다양한 문화와 수많은 사람을 만나면서 언어, 역사, 예술, 과학과 같은 주제에 대해 깊이 있게 배울 수 있었다. 학교에서는 얻을 수 없는 실제 경험을 통해 세상을 이해하고 그 안에서 자신의 위치를 찾을 수 있었다. 미로는 여행을 통해 지리, 사회학, 역사, 경제학, 신화, 언어 및 제2외국어, 문학, 수학, 과학 등 다양한 학문을 경험했다. 예를 들어 스페인을 여행하면서 스페인 음식을 맛보고 스페인어를 배우며 스페인의 관습에 익숙해졌다. 게임을 통해 신화, 양자 물리학, 역사, 문화에 관한 관심이 증폭되었고 인터넷과 구글을 활용하여 연구 능력을 길렀다.

여행을 통해 미로는 역사적인 랜드마크, 고대 의식, 신성한 예배 장소를 방문했다. 버스, 기차, 비행기, 오토바이, 자전거를 타고 다양한 장소를 탐험하며 내면의 여행을 통해 다양한 계층, 나이, 경제적 배경을 가진 사람들과의 관계를 경험했다. 성인이 된 미로는 월드스쿨링이 자기 삶과 성장에 미친 영향에 대해 확신하고 있다. 처음에는 기존 교육에서 벗어난 길을 선택하는 것이 두려웠지만, 그 결정이 자신에게 엄청난 가치를 부여했다는 것을 깨달았다.

미로는 무한정 여행을 하며 세상이 제공하는 다양한 경험을 하는 16세의 대단한 청소년이다. 6년 넘게 여행한 후 그는 지구에 색을 더하는 수많은 문화에 대해 배우는 기회를 얻었다. 미로는 자신의 인생 3분의 1을 월드스쿨을 하며 살아왔고, 이를 다른 방식으로는 원하지 않는다. 현재 단편소설을 쓰고 있으며 식물학과 신화와 같은 관심사를 깊이 파고들어 이를 어느 정도까지 실천해 왔다.

미로는 월드스쿨링 생활에서 엄청난 보람을 얻었다. 그는 자원봉사 활동과 다양한 사람들과의 교류를 통해, 평소에는 접할 수 없었던 경험들로 인성을 단련할 좋은 기회를 얻었다. 이 모든 경험은 그의 인생에 큰 자산이 되었으며 평생을 간직할 보물이 되었다(케리 맥도날드, 2021).

II. 언스쿨링의 대학 세계

▬ 언스쿨링에서 대학까지

오늘날 학력이나 성적과 무관하게 누구나 고등교육 시스템에 입학할 수 있다. 그럼에도 불구하고 많은 이들이 언스쿨링 출신이 어떻게 대학에 진학하는지 궁금해한다. 언스쿨링 학생들은 전통적인 교육을 받은 학생들과는 다른 방식으로 대학 준비를 한다. 그들에게 대학은 목표가 아니라 선택의 문제이며, 따라서 대학 입학은 개인의 의지에 따라 결정된다. 언스쿨링 학생들은 다양한 경험을 통해, 일부는 외국어, 고급 컴퓨터 기술, 또는 예술적 재능을 연마하는 데 주로 집중한다. 이들 중 많은 학생이 특정 진로를 추구하거나 자신의 관심사를 깊이 탐구하기 위해 대학을 선택한다(Colleges for Unschoolers, n.d).

주디 아놀은 자신의 저서 『언스쿨링의 비밀(Unschooling to University)』에서 캐나다에서 고등교육 기관에 입학할 수 있는 14가지 경로를 상세히 설명한다(주디 아놀, 2024). 여기에는 고등학교 졸업장 없이 대학에 진학할 수 있는 독특한 방법들이 망라되어 있다. 구체적인 요구 사항은 국가마다 다를 수 있지만, 이러한 경로는 일반적으로 다른 나라에서도 적용할 수 있다. 주요 경로는 다음과 같다.

- **표준화 시험 응시:** 언스쿨링 학생 중 일부는 대학 입학에 필요한 표준화 시험을 준비한다. SAT 및 ACT 같은 시험은 대학 입학 과정에서 중요한 역할을 한다. 이 시험을 통해 언스쿨링 학생은 전통적인 학교 교육을 받은 졸업생과 동등한 지식과 기술을 갖추고 있음을 증명할 수 있다. 이들은 강의를 듣고, 모의고사를 풀며, 다양한 학습 자료를 활용해 시험 준비를 한다. 온라인에는 많은 시험 준비 자료가 있다.

- **자격 증명 및 포트폴리오:** 언스쿨링 학생은 대학 입학을 위해 가정교육을 증명할 수 있는 서류를 제출해야 한다. 일반적으로 부모나 학습 멘토의 지도를 받아 맞춤형 학습 계획을 수립하고, 자신의 성취와 경험을 담은 포트폴리오를 만들어 입학사정관이나 코디네이터에게 제시한다. 이들은 지원서에 학업 및 학교 밖 활동을 문서로 만든다. 학업 항목에는 프로젝트, 온라인 강좌, 현장학습 등이 포함될 수 있으며, 학교 밖 활동에는 인턴십, 자원봉사, 동아리 활동 등을 기록할 수 있다.

- **커뮤니티 칼리지:** 미국의 커뮤니티 칼리지는 한국의 평생교육원이나 학점은행제와 유사한 2년제 대학 과정을 제공한다. 언스쿨링 학생들에게 이는 대학 진학 전 중간 단계로서 좋은 선택지가

된다. 첫해가 지나면 SAT나 ACT 점수 없이도 대학에 편입할 수 있으며, 이는 언스쿨링 학생이 대학 수업에서 자기 능력을 증명할 좋은 기회가 된다. 커뮤니티 칼리지는 언스쿨링 학생이 어린 나이에 대학에 입학하는 가장 보편적인 경로 중 하나이다. 대부분 15세 전후에 시작해 4년제 프로그램이 자신에게 적합한지를 결정한다. 이들은 주립 대학부터 사립 대학, 아이비리그 대학에 이르기까지 모든 유형의 4년제 대학에 진학할 수 있다(Blake Boles dot com, 2010).

- **대학과 커뮤니케이션:** 언스쿨링 학생은 입학 예정 대학의 입학처와 소통하여 자신의 언스쿨링 배경을 설명하고 입학 요건 및 서류에 대한 정보를 얻어야 한다. 하버드 대학교를 비롯하여 점점 더 많은 대학에서 언스쿨링이나 홈스쿨링 학생을 위한 특별 입학 프로그램을 운영하고 있다(Tong & Tuysuzoglu, 2017). 이들은 대학과의 긴밀한 소통이 필수적이며, 대학에서 언스쿨링 학생을 받아들일지에 대한 정보를 얻을 수 있다. 이러한 과정을 통해 이들은 대학과 적극적으로 소통하여 자신의 학업 자격과 역량을 입증할 수 있다. 이를 통해 대학은 언스쿨링 출신 학생의 배경을 이해하고 그들의 능력과 이전 학습 경험을 바탕으로 입학 결정을 내린다. 언스쿨링 학생들은 이 과정을 통해 학습 능력과 창의성을 발휘하며 독특한 방식으로 대학 세계에 진입한다.

언스쿨링 학생의 대학 진학 분석

피터 그레이와 지나 라일리가 수행한 연구는 언스쿨링 학생들의 대학 진학 경로와 그들의 경험을 분석한 중요한 작업으로 평가받는다. 그레이와 라일리는 18세에서 49세 사이의 언스쿨링 성인 75명을 대상으로 고등교육 및 취업 경험에 대해 설문조사를 실시했다(Riley & Gray,

2015). 조사 결과, 응답자 중 83%(62명)가 설문 시점에 고등교육 기관에 재학 중이거나 이미 졸업했음이 확인되었다. 이 중 33명은 학부 과정에 재학 중이거나 학사 학위를 취득했으며, 13명은 대학원 수준의 고등 학위를 추구하고 있었다. 또한, 29명은 요리, 경영학, 마사지 요법, 수화 통역 등의 다양한 전문 고등교육 과정을 이수한 경력이 있었다.

학사 학위 프로그램에 참여한 33명의 학생 중 7명은 고등학교 졸업 학력(검정고시)을 취득했고, 3명은 온라인 과정을 통해 학위를 취득했다. 나머지 학생들은 고등학교 졸업장 없이 학사 과정에 입학했다. 이중 단 7명만이 대학 입학을 위해 SAT나 ACT 시험을 치른 경험이 있었다.

언스쿨링 성인이 4년제 대학에 진학하는 가장 일반적인 경로는 커뮤니티 칼리지였다. 33명 중 21명은 4년제 대학에 지원하기 전에 커뮤니티 칼리지 과정을 수강하고 이를 대학 진학의 기초로 활용했다. 일부 응답자는 대학 진학에 유리한 고지를 선점하기 위해 어린 나이(특별한 경우 13세, 보통 16세)에 이러한 과정을 수강했다고 답했다. 응답자 중 일부는 커뮤니티 칼리지에서 학점을 취득한 덕분에 대학 편입이 가능했으며, 이를 통해 학기와 학비를 절감할 수 있었다고 답했다.

최근에는 다양한 경로를 통해 대학에 입학하는 언스쿨링 학생들의 수가 증가하고 있다. 학생들은 인터뷰와 포트폴리오 등의 입학 절차를 활용하여 주립 대학, 아이비리그 대학, 소규모 인문대학 등 다양한 유형의 대학에서 입학 통보를 받았다. 한 학생은 대학 입학 과정에 대해 이렇게 회고했다. "여러 대학의 면접을 본 결과, 나는 '놀라울 정도로' 말을 잘하고 똑똑하다는 평가를 받아 합격한 것 같다. SAT와 ACT 시험에서 좋은 점수를 받았기 때문에 성적표의 부족한 부분을 보완할 수 있었다고 생각한다."

이러한 사례는 언스쿨링 학생들이 다양한 경로를 통해 자기 주도적인 학습 방식으로 대학에 진학할 수 있다는 것을 보여준다. 또한 학교 밖 학습 경험과 자기 주도적 학습 방법이 학생들의 개인적 발전과 성공에 긍정적인 영향을 미칠 수 있음을 시사한다. 언스쿨링 학생들은 내학 진학을 준비하면서 자신만의 방식으로 다양한 경험을 쌓아가며, 이러한 경험들은 나중에 직업 세계에서도 귀중한 자산이 된다.

대학 생활: 언스쿨링의 장점과 과제

언스쿨링은 학생들이 전통적인 학교 시스템과 시간표를 벗어나 자신의 흥미와 목표를 추구할 수 있게 하는 자기 주도 학습 방식이다. 이러한 교육 방식을 경험한 학생들은 대학 생활에 적응하며 독특한 이점을 누린다. 자기 주도적 학습 능력 덕분에 학생들은 대학에서 스스로 과목을 선택하고 관심 분야를 탐구할 수 있으며, 언스쿨링을 통해 길러진 창의성과 혁신성은 대학에서 새로운 아이디어와 연구 주제를 제안할 때 큰 장점으로 작용한다. 또한 언스쿨링 경험을 바탕으로 하는 협업 능력은 대학에서 사회적 관계를 형성하고 협동하는 능력을 강화했다. 이러한 혜택은 언스쿨링 학생들에게 대학 생활에 적응하고 자기 능력을 적극적으로 발휘할 수 있는 절호의 기회를 제공했다.

라일리와 그레이(2015)의 연구에 따르면 언스쿨링 성인들은 대학의 학업 요구에 적응하는 데 거의 어려움을 겪지 않았다. 연구 참여자들은 자기 주도적 교육의 이점이 적응의 어려움보다 훨씬 더 크다고 일관되게 보고했다. 이는 의무적인 커리큘럼이 없었음에도 대학에서 성공하는 데 필요한 정보나 기술이 부족하지 않았다는 점을 시사한다. 이들의 연구에서 가장 많이 언급된 대학 교육의 장점은 동기 부여와 자기조절과 관련된 것이었다.

응답자 대부분은 대학 진학을 선택했으며 학습 과정에서 '번 아웃'을 겪지 않았다고 답변했다. 이들은 자신이 원하는 과목을 선택했고 자기 삶과 학습에 책임지는 데 익숙해졌기 때문에 학교를 다닌 또래에 비해 유리한 위치에 있다고 생각했다. 일부 응답자는 처음에는 수업 절차에 적응하는 데 어려움을 겪었으나 이러한 문제는 곧 극복되었고 결국에는 방해가 되지 않았다고 말했다.

일부 학생들은 대학에서 자신의 목표를 추구하는 데 어려움을 겪었다고 언급했다. 그들은 대학의 요구 사항이 자신의 진로를 제한하고 좌절감을 느꼈다고 말했다. 대학 커뮤니티의 분위기에 실망했다는 학생들도 있었다. 많은 학생이 자극적인 지적 환경에 몰입하기를 기대하며 대학에 입학했으나, 동료들이 클럽이나 술에 더 많은 관심을 보인다는 사실에 실망했다고 말했다.

가장 자주 언급된 불만 사항으로는 동기 부여와 지적 호기심 부족, 대학에서의 제한된 사회생활, 커리큘럼과 성적 제도로 인한 제약 등이 있었다. 일부 학생들은 대학의 학업적 어려움에 대해 불평하지 않았으나 대학의 규칙과 관습이 낯설고 때로는 불쾌하다고 느꼈다. 자기 주도적 학습에 익숙했던 학생들은 이러한 상황에 당황했으며, 때때로 "교수가 우리가 배워야 할 내용을 지시해야 한다고 생각할 때 모욕감을 느꼈다"라고 말했다.

대학 생활을 가장 생생하게 전달할 방법 가운데 하나는 응답자가 직접 경험한 이야기를 들려주는 것이다. 다음은 언스쿨링의 맥락에서 자신의 대학 생활을 설명한 두 응답자의 예이다(Riley & Gray, 2015).

응답자 A씨는 대학 시절을 자신의 젊은 시절 중 가장 활기찬 시기로 기억한다. "이것은 주로 언스쿨링을 통해 자기 주도적 학습에 이미 익숙해져 있었기 때문이다. 관심 있는 과목을 자유롭게 선택할 수 있었고, 인생의 목표를 탐구할 기회가 있었다. 처음에는 대학의 수업 방식에 적응하는 데 어려움을 겪었지만, 시간이 지나며 이를 극복할 수 있었다. 대학 생활은 내 발전과 성장에 큰 도움이 되었으며, 새로운 관점과 아이디어를 얻을 수 있는 풍부한 시간이었다."

응답자 B씨 역시 대학에 진학하면서 자기 주도적 학습 환경을 조성할 수 있었다고 말했다. "언스쿨링 경험이 대학 생활에 적응하는 데 큰 도움이 되었다. 이전 학교생활에서 억지로 배워야 했던 것과 달리, 이제는 내 선택에 따라 자유롭게 학습할 수 있었다. 대학에서의 학문적 도전과 사회적 교류는 언스쿨링에서 배운 기술을 활용하는 데 도움이 되었다. 대학의 사회적 측면에 실망할 때도 있었지만, 도전적인 학업 환경에 잘 적응할 수 있었다. 대학은 새로운 지식을 습득하고 다양한 사람들과 교류하며 성장할 수 있는 귀중한 공간이었으며, 동료들과의 경험은 자신을 발전시키는 데 큰 도움이 되었다."

III. 언스쿨링 성인의 직업 세계

＿ 취업 현황 및 직업 선택 트렌드

언스쿨링을 경험한 성인들은 어떻게 직업생활을 할까? 그들은 어떤 기준으로 직업을 선택할까? 언스쿨링 성인들은 인턴십, 멘토링, 독학, 유급 근로, 다양한 개인 실습 및 도제식 교육 등을 통해 고용주가 원하는 실무 경험을 쌓을 수 있다. 이들이 실제로 돈을 벌 수 있는지 궁금하다면 백만장자 후피 골드버그, 억만장자 리처드 브랜슨, 리즈 클레이본, 키스 리차드, 프랭크 로이드 라이트 등의 예를 참조하면 좋다 (Blake Boles dot com, 2010). 이 인물들은 모두 학교를 중퇴했다.

라일리와 그레이의 연구에 따르면, 전업주부와 풀타임 학생을 제외한 설문조사 대상자 대다수가 취업 상태였다. 응답자의 78%는 자신과 가족을 부양하는 데 충분한 수입을 올리고 있었으며, 그 이유 중 상당수는 언스쿨링 가정에서 배운 근검절약과 자율성 덕분이라고 답했다. 한 참가자는 "삶의 질이 중요하지만, 나만의 '좋은 삶'에 대한 정의가 있다. 부자가 되고 싶은 것이 아니라, 단지 행복하게 살고 싶을 뿐이다."라고 말했다(Riley & Gray, 2015).

언스쿨링 성인들의 직업 선택의 트렌드는 고소득 직업보다는 의미 있는 일과 즐거움을 추구하는 경향이 있었다(Riley & Gray, 2015). 이는 어린 시절의 열정을 직업으로 바꾼 사람들의 이야기와 언스쿨링 경험이 어린 시절의 꿈과 사회적 관심사를 반영한 직업 선택에 어떤 영향을 미쳤는지 보여주는 사례를 통해 알 수 있다. 예를 들어, 13세 이후 학교를 그만두고 언스쿨링을 선택한 28세의 한 여성은 그린피스 활동가이자 지역사회 단체 조직가가 되었다. 그녀는 어렸을 때부터 예술뿐만 아니라 혁명과 야생동물 보호에도 관심이 많았다. 또 다른 사례로는 30세에 건설 회사를 창업한 한 여성은 언스쿨링 교육을 통해 얻은 가치와 기술을 실천에 옮겼다. 그녀는 기업 경영에서 "직장 내 민주주의, 환경 보호, 프로젝트 관리" 등을 강조했다.

언스쿨링을 경험한 성인들은 전통적인 교육 시스템을 넘어 다양한 인생 경로를 탐색하며, 자신들의 가치와 열정에 따라 직업을 선택하는 모습을 보여준다. 이들이 선택한 진로는 어린 시절의 구체적인 활동들보다는 본인들의 이상과 사회적 관심사를 더 반영한다.

또 다른 직업 선택의 트렌드는 언스쿨링을 경험한 성인들은 직업 변경에 대한 강한 의지와 욕구가 있으며, 지속적인 탐색과 학습 과정에서 삶이 변화함에 따라 직업 또한 변화하는 경향을 나타낸다. 라일리와 그레이의 2015년 연구는 연극 강사에서 교육 프로그램 운영자로, 그리고 방과 후 돌봄 프로그램에서 일하며 자신의 이상과 역량을 실현한 언스쿨링 성인의 사례를 인용한다. 연극을 가르치고 박물관에서 학교 단체를 위한 교육 프로그램을 운영하며 방과 후 돌봄 프로그램 운영을 돕고 있는 23세의 한 여성은 "나는 이미 내가 좋아하는 일을 하고 있고, 남은 생 동안 내 꿈을 이루며 살아갈 계획이다. 내 인생에서 더 흥미로운 일을 하고 싶지만, 그것을 반드시 '직업'으로 한정하지는 않는다. 그것은 내 삶의 자연스러운 일부이며, 학습과 분리할 수 없는 자연스러운 부분이다."라고 말했다.

언스쿨링을 경험한 성인들은 자유로운 학습과 탐구의 정신을 바탕으로, 독특하고 창의적인 진로를 추구한다. 다양한 진로를 탐색하고 실험하며 자기 주도적 학습과 지속적인 발전을 추구하려는 이들의 의지는 직장에서의 성공과 성취에 중요한 요소이다.

▬ 어린 시절의 관심사: 직업 선택의 원동력

언스쿨링은 개인의 관심과 능력에 초점을 두는 학습 방법으로, 현대 교육 시스템과는 차별화된 접근을 추구한다. 이러한 교육 방식을 경험한 성인들 사이에서 어린 시절의 경험과 관심사가 현재의 직업 선택에 큰 영향을 미치는 것으로 나타났다(Riley & Gray, 2015). 언스쿨링 교육이 제공하는 자유롭고 개인화된 학습 환경은 어릴 때부터 자기 잠재력을 극대화할 기회를 제공한다.

자기 주도적 학습을 통해 성장한 언스쿨링 출신 성인들은 어린 시절부터 자신의 관심사와 능력을 탐구하고 발전시키는 데 많은 시간을 할애한다. 이 과정을 통해 자신만의 재능과 잠재력을 발견하고, 이를 바탕으로 진로를 선택하는 경향이 있다. 예를 들어, 어릴 때부터 미술에 대한 열정이 있었던 언스쿨링 학생은 성인이 되어 예술 분야에서 직업을 찾을 가능성이 더 크다. 그 결과 예술가, 디자이너, 작곡가 등으로 일하는 경우가 많다.

언스쿨링 학생들은 자유롭고 창의적인 환경에서 자신만의 길을 찾는 과정을 경험한다. 이러한 학습 과정은 자아 인식과 진로 결정에 긍정적인 영향을 준다. 어릴 때부터 자기 주도적 학습을 경험하며 자신의 관심과 능력을 존중받은 언스쿨링 학생들은 관심 분야에서 직업을 선택할 때 유리한 위치에 있다.

라일리와 그레이(2015)의 연구에서는 어린 시절의 관심사와 활동이 언스쿨링 교육을 경험한 성인들의 진로 선택에 어떤 영향을 미치는지 조사했다. 연구 결과, 대부분 참가자(77%)가 성인이 된 후의 직업 선택과 어린 시절의 관심사 사이에 분명한 연관성이 있다고 답했다. 예를 들어, 1학년 때 학교를 그만두고 공중에서 야생 풍경을 예술적으로 촬영하는 사업을 시작한 한 참가자는 "어릴 때부터 겨울에는 스키, 여름에는 하이킹과 캠핑 등 야외 활동을 하며 많은 자유를 누린 것이 정말 즐거웠다. 이러한 경험이 없었다면 내가 가장 좋아하는 세 가지, 즉 아웃도어, 비행, 사진을 결합한 사업을 시작할 수 없었을 것이다."라고 말했다.

언스쿨링 경험은 개인의 직업 선택과 진로 결정에 큰 영향을 줄 수 있다. 언스쿨링 성인들은 어린 시절부터 개인화된 학습 경험을 통해 자신의 관심과 능력을 추구할 기회를 누린다. 그 결과 자기 인식과 자기 주도적 학습 능력은 성인이 된 후 진로 선택에 중요한 지표가 된다. 언스쿨링 성인은 자기 능력과 관심을 극대화하는 의미 있는 일을 추구하며, 자신이 선택한 직업에서 성취감과 만족감을 찾는다. 언스쿨링 경험이 현재 직업과 직접적인 관련이 있을 가능성은 매우 크다고 볼 수 있다. 어린 시절의 관심사와 기술은 직업을 선택하는 데 있어 귀중한 힌트와 가이드가 될 수 있다(Gray, 2014).

이러한 경향은 언스쿨링 성인이 직업에서 더 성공적이고 성취감을 느낄 수 있음을 시사한다. 이는 언스쿨링의 핵심 가치 중 하나인 자기 결정권이 직업 세계에서도 잘 작동한다는 증거를 보여준다.

직업 분석: 성공으로 가는 다양한 길

언스쿨링을 경험한 성인들은 어떤 직업을 추구할까? 영화 제작 보조, 대형 선박의 선원, 도시 계획가, 야생동물 사진가, 건설 회사 창업자 등, 직업 선택의 폭은 매우 넓다. 이들은 창작 예술, 기업가, STEM(과학, 기술, 공학, 수학) 관련 분야에서 주로 일하며, 이 분야들에서 일자리를 찾는 경향이 있다(Riley & Gray, 2015; Gray, 2014).

특히 창의적인 예술 분야에 종사하는 비율이 언스쿨링을 경험한 성인들(48%)과 처음부터 학교 교육을 받지 않은 사람들(79%) 사이에서 더 높게 나타난다. 이들의 창의력은 미술, 음악, 공예, 사진, 연극, 글쓰기 등 다양한 분야에서 발휘된다. STEM 분야에서는 공학이나 컴퓨터 기술(29%)에 종사하는 사람들이 많지만, 고고학자, 현장 생물학자, 교사, 정보 분석가, 의료 기술 분야에서도 일하는 사례가 있다(Gray, 2014).

기업 분야에서 활동은 더욱 두드러진다. 많은 언스쿨링 성인이 자신의 사업을 시작(53%)하며, 창의성과 기업가 정신을 결합한 사례도 흔하다. 예를 들어, 초중고 교육과 고등교육을 받은 적이 없는 21세 여성은 자신을 온라인과 현장에서 자기 작품을 활발히 판매하는 예술가이자 공예가로 자랑스럽게 소개했다. "나는 항상 무언가를 만들어왔고 내가 하는 일을 사랑한다. 19살에 경제적으로 독립했으며, 매년 수입이 조금씩 증가하는 것을 보며 큰 만족감을 느낀다."

일반적으로, 자기 결정권이 높은 직업에서 더 높은 직업 만족도를 보이는 경향이 있다. 이는 언스쿨링을 경험한 성인들이 창의적이고 혁신적인 성과를 낼 수 있는 독특한 능력을 소유하고 있으며, 높은 직업 만족도를 경험하는 경향이 있음을 시사한다. 언스쿨링 경험은 현재의 직업 선택에 큰 영향을 미치며, 자기 능력과 흥미를 극대화하여 의미 있는 일을 추구하고, 선택한 직업에서 성취감과 만족감을 느낄 수 있는 것으로 보인다.

IV. 세상을 바꾼 언스쿨링 위인들

▬ 언스쿨링을 통해 세상을 혁신한 사람들

세계 역사에서 학교에 다니지 않았거나 언스쿨링을 경험한 많은 사람이 세상을 바꾸고 인류의 발전에 공헌하며 문명을 이끌었다. 이들은 스스로 학습하고 창의력을 발휘하여 세상에 큰 영향을 끼친 역사적 인물들이다. 세계 최고의 인물들은 학교에 다니지 않았거나 중퇴한 창의적이고 혁신적인 사람들이 많으며, 그들은 스스로 학습을 통해 성공을 이루어냈다. 언스쿨링은 다른 시각으로 세상을 바라보고 상상력과 비전을 실현할 기회를 제공한다. 언스쿨링을 통해 세상에 큰 영향을 끼친 위대한 인물들을 소개하면 다음과 같다.

레오나르도 다빈치

레오나르도 다빈치의 삶과 업적은 단순히 그가 뛰어난 예술가이자 발명가였다는 사실을 넘어서, 그가 어떻게 자신의 호기심과 열정을 통해 지식을 탐구하고 창조적인 발상을 현실로 만들었는지 보여준다. 그는 예술뿐만 아니라, 인간 해부학, 기계공학, 지질학, 비행학, 식물학 등 다양한 분야에서 혁신적인 아이디어를 제시한 점에서 그의 다재다능함을 알 수 있다.

다빈치는 다방면에서 뛰어난 재능을 보였음에도 불구하고 정규 교육을 받지 않았다. 그는 학교에서 읽고 쓰는 법을 배우지 않았으며, 모국어인 이탈리아어뿐만 아니라 다른 언어도 독학으로 습득했다. 심지어는 마흔이 넘은 나이에 라틴어를 배우기 시작했다. 역사가들은 다빈치를 천재 중의 천재라고 말한다. 레오나르도 다빈치의 삶은 전통적인 교육 시스템의 경계를 넘어 자기 주도적 학습의 힘과 가능성을 입증한다. 그는 스스로 질문을 던지고, 관찰하며, 실험하는 과정에서 지식을 축적했으며, 이러한 과정을 통해 세상에 지대한 영향을 미쳤다(Leonardo da Vinci, n.d).

다빈치의 삶은 언스쿨링의 위대한 예시로, 호기심을 따라가며 스스로 학습하는 과정이 어떻게 인류의 지식과 문화를 풍요롭게 할 수 있는지를 알려준다. 이와 같은 배경은 다빈치가 단순히 시대를 뛰어넘는 예술가일 뿐만 아니라, 평생 학습의 모범이자, 교육의 전통적인 경로를 따르지 않고도 위대한 성취를 이룰 수 있음을 보여주는 사례이다.

볼프강 아마데우스 모차르트

볼프강 아마데우스 모차르트는 오스트리아 잘츠부르크에서 태어나 고전주의 시대에 지대한 영향을 끼친 작곡가로 자리매김했다. 어린 시절부터 음악적 신동으로 인정받으며, 그의 타고난 재능은 전 세계적으로 찬사를 받는 아름다운 클래식 음악을 탄생시켰다. 모차르트는 겨우 4살에 클라비코드 연주를 시작했고, 5살에는 자신의 첫 작곡을 마쳤다. 불과 6살 때에는 오스트리아 황후를 위한 첫 독주회를 열었으며, 7살에는 바이올린과 오르간 연주에 능통해졌다. 9살에는 첫 교향곡을 작곡했고, 12살에는 첫 오페라를 선보였다.

모차르트의 음악 교육은 전적으로 가정에서 이루어졌으며, 아버지 레오폴트는 그의 가장 중요한 교사였다. 레오폴트는 전문 음악가이자 학자로서, 아들의 교육에 열정을 쏟았다. 모차르트가 6세가 되던 해부터, 그가 유럽 전역에서 작곡가들과 교류하고 배울 수 있도록 콘서트 투어를 조직했다. 이러한 경험은 모차르트가 음악적 지식을 넓히고 다양한 문화적 배경을 이해하는 데 큰 도움이 되었다. 또한, 모차르트는 음악을 공부하기 위해 이탈리아로 여러 차례 여행을 떠나며, 많은 사람과의 교류를 통해 스스로 배우고 성장했다(Walker, 2022).

모차르트의 삶은 단순한 음악적 성공 이야기를 넘어서, 어린 나이부터 자신의 열정을 따라 꿈을 추구한 결과, 세계적으로 존경받는 예술가가 될 수 있었음을 보여준다. 그의 이야기는 개인의 잠재력을 끌어내고 발전시키기 위해, 전통적인 교육 방식을 넘어서는 언스쿨링의 중요성을 강조한다. 모차르트는 자기 경험을 통해 학습하고, 세계를 탐험하는 과정에서 예술가로 성장했다. 그의 삶과 업적은 오늘날 우리에게도 영감을 주며, 교육과 학습, 창조성에 대한 깊은 통찰을 제공한다.

토마스 앨바 에디슨

토마스 앨바 에디슨은 정규 교육을 거의 받지 않고 언스쿨링으로 성공한 발명가이다. 그는 주의력 결핍 과잉 행동 장애(ADHD)와 난독증을 앓고 있어서 학교 성적이 좋지 않았다. 교사들로부터 "부족하다"라는 평가를 자주 받았지만, 그의 어머니는 이러한 평가에 동의하지 않았다. 어머니는 그가 5학년 때 학교에서 중퇴시키고 홈스쿨링을 시작했으며, 이 결정은 그를 성공적인 발명가로 성장시키는 데 결정적인 역할을 했다(케리 맥도날드, 2021).

10대 시절, 에디슨은 기차에서 신문을 팔며 기업가적 자질을 보였다. 19세가 되기도 전에 그는 자신의 신문인 그랜드 트렁크 헤럴드를 창간하고 전신 사업자가 되었다. 뉴저지의 한 마을에서 자라난 에디슨은 '멘로 파크의 마법사'로 알려지게 되었으며, 축음기와 초기 영사기 같은 발명품을 세상에 선보였다. 에디슨은 전구를 발명한 것으로 가장 잘 알려졌지만, 그의 전신과 전화에 관한 혁신 역시 현대 생활에 지대한 영향을 미쳤다. 에디슨은 평생에 걸쳐 1,093개의 특허를 획득했다 (Thomas Edison, n.d).

에디슨의 이야기는 정규 교육이 반드시 성공의 유일한 길이 아니라는 것을 입증한다. 그의 이야기는 교육과 학습이 다양한 방식으로 이루어질 수 있으며, 때로는 전통적인 교육 체계를 벗어나는 것이 더 나은 결과를 가져올 수 있다는 것을 시사한다. 에디슨의 경우, 어머니의 직접적인 교육과 개인적인 호기심이 그를 역사상 가장 위대한 발명가 가운데 한 명으로 만드는 데 결정적인 역할을 했다. 에디슨의 언스쿨링 경험은 개인의 잠재력을 발휘하기 위한 다양한 경로가 있음을 상기시킨다.

앤드류 카네기

앤드류 카네기는 피츠버그에 있는 카네기 철강 회사의 설립자로서,

그의 이름은 오늘날까지도 자선 활동과 글로벌 교육 및 문화 기여에서 빛나고 있다. 가난한 이민자 가정에서 태어난 카네기는 어린 나이에 노동 시장에 뛰어들어 가족을 부양해야 했으며, 이러한 경험은 그가 평생 가난과 불평등에 대한 깊은 이해를 갖게 했다(Andrew Carnegie, n.d). 그는 자신이 겪은 어려움을 다른 이들의 기회 창출로 바꾸는 데 큰 열정을 보였고, 이는 그의 자선 활동 전반에 걸쳐 분명하게 드러났다.

카네기는 어려운 가정환경 때문에 초등학교 5학년 때 학업을 중단하고 혼자서 공부를 계속했다. 그는 도서관에서 필요한 책을 빌려 읽으며 독서에 대한 열정을 키웠고, 이는 그의 교육과정 전반에 걸쳐 큰 도움이 되었다. 나중에 카네기는 어린 시절 도서관에서 받은 도움을 기억하며 미국 전역에 3,000여 개의 도서관을 설립하여 교육이 필요한 사람들에게 도움을 주었다. 이 도서관들은 지식과 교육의 접근성을 높이는 데 큰 역할을 했으며, 많은 사람에게 학습의 기회를 제공했다(케리 맥도날드, 2021).

또한, 카네기는 카네기 멜론 대학교와 카네기 연구소와 같은 교육 및 연구 기관에 대한 지원을 아끼지 않았다. 그의 기부는 과학 연구와 고등교육의 발전에 큰 공헌을 했으며, 이는 오늘날에도 여전히 그의 영향력을 증명하고 있다. 이 외에도 그는 세계 평화를 증진하기 위한 노력의 하나로 카네기 국제 평화 재단을 설립했다.

카네기의 인생과 업적은 개인의 성공이 사회적 책임과 어떻게 결합할 수 있는지를 보여주는 훌륭한 예시이다. 그는 자신의 부와 지위를 이용하여 세상을 더 나은 곳으로 만드는 데 공헌했으며, 그의 유산은 오늘날까지 많은 사람에게 영감을 주고 있다. 카네기의 삶은 우리에게 성공이 단지 개인적인 축적에 그치지 않고, 어떻게 사회 전반에 긍정적인 영향을 미칠 수 있는지를 보여준다.

프랭클린 델라노 루스벨트

프랭클린 델라노 루스벨트는 미국의 제32대 대통령으로, 대공황과 제2차 세계대전을 성공적으로 이끌었다. 그는 뉴딜 정책으로 알려진 일련의 프로그램과 개혁을 통해 연방 정부의 권한을 크게 확대했으며, 독일 국가 사회주의와 일본 군국주의에 맞서 싸우는 데 성공적인 노력을 기울였다.

놀랍게도 루스벨트는 14세까지 학교에 다니지 않고 대신 홈스쿨링 교육을 받았다. 루스벨트는 어릴 때부터 승마, 사격, 요트, 폴로, 테니스, 골프 등 다양한 활동에 참여했다. 2세부터 7세까지, 그리고 15세까지 유럽을 자주 여행하며 독일어와 프랑스어를 배웠다. 이는 그가 세계와 복잡한 사회 및 정치 환경을 이해하는 데 중요한 역할을 했다. 이러한 경험은 학문과 결합해 균형 잡힌 인성, 회복력, 적응력을 길러주었고, 훗날 그의 대통령직을 규정짓는 자질로 작용했다(Franklin Delano Roosevelt, n.d).

루스벨트는 홈스쿨링을 통해 강한 독립심, 비판적 사고, 배움에 대한 열정을 키워, 미국 역사상 가장 어려웠던 시기에 지도력을 발휘할 수 있었다. 그의 교육은 그의 흥미와 능력에 맞춰 맞춤화되어, 학습에 관한 깊고 지속적인 참여를 촉진했다. 이러한 독특한 교육 배경은 제2차 세계대전 중 뉴딜 정책과 지도력에서 볼 수 있듯, 문제 해결과 거버넌스에 대한 그의 혁신적 접근 방식의 원천이었다. 루스벨트의 독특한 교육은 그의 세계관, 성격, 리더십 스타일을 형성하는 데 중추적인 역할을 했다. 이는 비전통적인 교육 경로가 개인뿐만 아니라 역사의 흐름에도 영향을 미치며 놀라운 결과를 가져올 수 있다는 사실을 입증하는 사례다.

여기서는 세상을 바꾼 수많은 위인 가운데 극히 일부만 언급했다. 세계 최고의 천재들 대부분은 학교 환경 밖에서 자신만의 길을 찾아냈다는 공통점을 갖고 있다. 잠재력을 지닌 더 많은 위대한 인재들이 세상 곳곳에 있다. 언스쿨링은 이들에게 미지의 세계를 발견하고 자신을 위대하게 만드는 재능을 갈고닦아 개발할 수 있는 자유를 제공한다. 또한 세상을 다른 방식으로 '보는' 상상력과 자신이 본 것을 실현할 수 있는 비전을 심어준다.

▬ 21세기의 언스쿨링 스타들

에릭 데메인

에릭 데메인은 캐나다 출신의 컴퓨터 과학자이자 MIT 교수로, Popular Science에 의해 "미국에서 가장 뛰어난 과학자 가운데 한 명"으로 평가받는 인물이다. 그는 많은 사람으로부터 천재성을 인정받고 있다(Eric Demaine, n.d). 그의 부모는 전통적인 교육 시스템을 신뢰하지 않았다. 그들은 영재였던 에릭에게 언스쿨링이 최선이라고 믿었으며, 아들의 교육을 위해 적극적으로 노력했다. 7살 때부터 신동으로 인정받은 에릭은 아버지와 함께 북미 전역을 여행하며 시간을 보냈다. 에릭은 12살에 대학에 입학할 때까지 학교에 다니지 않았다. 달하우지 대학에 12살에 입학한 후, 그는 20살에 수학 박사 학위를 받았으며, 컴퓨터 종이접기 연구로 캐나다 최고의 박사 논문상을 받았다. 그의 수학 종이접기 작품은 뉴욕 현대미술관에서도 전시된 바 있다. 현재 그는 계산 기하학, 데이터 구조 및 알고리즘 분야에 중점을 두고 연구 활동을 이어가고 있다.

에릭 데메인의 사례는 언스쿨링이 개인의 창의력과 잠재력을 최대한 발휘하는 방법을 보여준다. 그의 성공은 특정 분야에 대한 깊은 흥미와 열정이 있을 때, 전통적인 교육 경로를 따르지 않아도 뛰어난 성취를 이룰 수 있다는 사실을 증명한다.

데이비드 카프

데이비드 카프는 숏폼 블로그 플랫폼을 창시한 Tumblr의 창립자이자 전 CEO로 잘 알려져 있다. 카프는 유치원부터 8학년까지 정규 학교 교육을 받았으나, 11살 때 HTML을 배우기 시작해 기업 웹사이트 디자인에 뛰어들었다. 그는 브롱크스 과학 고등학교에 입학했지만, 1년 후인 2001년에 학교를 그만두고 언스쿨링을 시작했으며, 이 선택은 그의 어머니에게서 지지를 받았다(Yeage, 2018). 15세가 되면서 그는 컴퓨터 분야에 더욱 집중할 수 있게 되었고, 몇 년 후에는 자신의 디지털 스타트업을 설립했다(VTC News, 2024). 고등학교를 중퇴한 그는 애니메이션 회사 프레데터 스튜디오에서 인턴으로 시작해, 스튜디오의 첫 블로그 플랫폼을 구축하고, 최초의 인터넷 동영상 네트워크인 채널 프레데터를 기획, 제작, 편집했다. 그 후 여러 온라인 회사에서 근무한 카프는 소프트웨어 컨설팅 회사인 Davidville과 Tumblr를 창립했다. 비즈니스위크는 그를 최고의 젊은 기술 기업가 중 한 명으로 선정했으며, MIT 테크놀로지 리뷰 TR35는 그를 세계에서 가장 혁신적인 35인 중 한 명으로 꼽았다.

카프의 이야기는 전통적인 학교 시스템 내에서만 교육이 이루어져야 한다는 고정관념을 깨뜨리고, 학습자가 스스로 자신의 학습 경로를 설계할 수 있음을 보여준다. 언스쿨링을 통해 학습자는 자신의 흥미와 열정을 따라 학습할 수 있으며, 이는 창의력과 혁신을 끌어내는 중요한 원동력이 될 수 있다.

라이언 고슬링

라이언 고슬링은 '드라이브', '멋진 녀석들', '더 빅 쇼트', '노트북' 등의 작품으로 유명한 캐나다 출신 배우이다. 그는 초등학교 시절 집단 괴롭힘을 겪어 14~15세가 될 때까지 친구가 없었다고 밝혔다. 1학년 때, '퍼스트 블러드'라는 액션 영화의 영향을 받아 쉬는 시간에 학교에 스테이크용 칼을 가져와 동급생들에게 던져 정학 처분을 받았다. 이후 읽기 능력 부족과 주의력 결핍 과잉 행동 장애(ADHD) 진단을 받았다. 그러자 그의 어머니는 직장을 그만두고 그와 함께 언스쿨링을 시작했다 (Fobbs, 2018). 고등학교를 잠시 다녔지만, 17살에 배우 경력에 집중하기 위해 중퇴했다. 고슬링은 어릴 때부터 관객 앞에서 연기를 해왔으며, 독립 영화와 다양한 장르의 주요 스튜디오 영화에서 두각을 나타냈다. 그의 영화들은 세계 박스오피스에서 19억 달러 이상의 수익을 올렸고, 골든 글로브와 아카데미상을 2회 수상하고 BAFTA상 후보에 오르는 등 다양한 수상 경력을 자랑한다. 또한, 그는 동물보호단체 PETA의 '보이지 않는 아이들' 프로젝트 후원자이며, 차드, 우간다, 콩고민주공화국 동부 지역을 방문해 지역 내 분쟁에 대한 인식을 높이는 데 노력을 기울였다. 그는 10년 넘게 아프리카의 평화 증진에 참여했다.

고슬링의 이야기는 언스쿨링이 개인의 잠재력을 발굴하고 창의력을 키우는 데 유효한 방법일 수 있음을 보여준다. 언스쿨링을 통해 고슬링은 전통적인 교육 시스템의 제약에서 벗어나 자신만의 길을 걸을 수 있었다. 그는 자기 경험을 통해 전통적인 교육 경로가 모두에게 적합하지 않을 수 있으며, 때로는 비전통적인 언스쿨링 학습 방식이 개인의 성공을 위한 더 나은 경로가 될 수 있음을 입증했다.

세레나 윌리엄스와 비너스 윌리엄스

세계 테니스 챔피언 자매인 세레나와 비너스는 테니스 슈퍼스타로 잘 알려져 있다. 어린 시절부터 수년간의 연습과 노력을 통해 지금의 자리에 올랐다. 어렸을 때, 두 자매는 초등학교와 중학교 시기에 언스쿨링을 받았다(Fobbs, 2018). 빈민가 출신의 흑인이라는 이유로 무시를 당했으나, 아버지 리처드 윌리엄스는 두 딸을 지키기 위해 평생을 바쳤다. 그는 딸들에게 자상한 아버지이자 딸들을 지원하는 코치로서 역할을 다하기 위해 최선을 다했다. 학교를 일찍 그만둔 덕분에, 딸들은 테니스 선수로서의 재능에 집중할 수 있었고, 다른 사람의 영향을 받지 않고 자신만의 길을 걸을 수 있었다(JOSH, 2021). 세레나와 비너스 윌리엄스는 미국 최고의 테니스 선수로 평가받는다. 비너스 윌리엄스는 그랜드 슬램 단식에서 7회 우승했으며, 세레나 윌리엄스는 23회 우승을 차지했다. 두 자매는 여자 테니스협회(WTA)가 선정한 단식과 복식 세계 랭킹 1위에 올랐으며, 테니스 선수 중 가장 많은 4개의 올림픽 금메달을 함께 획득했다. 이들은 단식, 복식, 혼합 복식에서 많은 상을 받아 세계 신기록을 세웠다. 이들의 가족 이야기는 영화 '킹 리처드'에 소개되기도 했다(Serena Williams, n.d).

언스쿨링에 대한 세레나와 비너스의 이야기는 전통적인 교육 시스템의 한계를 넘어선 개인 맞춤형 학습의 중요성을 강조한다. 세계적인 스포츠 스타가 된 이들 자매는 언스쿨링이 자신의 열정과 재능을 최대한 발휘할 수 있는 최적의 환경이라는 점을 보여준다.

이들은 언스쿨링을 통해 성공을 거둔 21세기 스타 중 일부이며, 각자의 분야에서 자신들만의 독보적인 위치를 구축했다. 언스쿨링은 이들에게 배움의 자유와 창의적이고 혁신적인 기회를 제공했다. 이들의 이야기는 언스쿨링이 과거뿐만 아니라 21세기에도 성취에 공헌하여 세상을 변화시키고 있다는 사실을 강조한다. 언스쿨링은 현대 사회에서 다양한 잠재력을 가진 사람들에게 맞춤식 학습 경로를 제공하여 성공과 성취의 가능성을 넓혀주는 중요한 교육 철학이자 실천이다.

V. 언스쿨링을 통한 꿈의 실현

▬ 테일러 스위프트의 언스쿨링 여정

테일러 스위프트는 21세기 팝 음악계에서 빼놓을 수 없는 인물이다. 그녀는 솔로 음반으로 '올해의 앨범상'을 네 번이나 수상하며, 이 부문에서 최초이자 유일한 여성 솔로 아티스트가 되었다. 빌보드는 그녀를 2010년대 가장 성공적인 여성 뮤지션 중 한 명으로 선정했으며, 싱글 및 앨범 판매, 투어 및 팬층, 그래미상 수상, 그리고 비평가들의 찬사 측면에서 균형 잡힌 성과를 거두었다고 평가했다. 특히 앨범 판매와 투어 측면에서 스위프트의 성공은 압도적이었다. 스위프트의 이야기는 언스쿨링이 어떻게 큰 성공으로 이어질 수 있는지 잘 보여주는 좋은 예이다(Taylor Swift, n.d).

어린 나이에 프로 뮤지션이 되고자 하는 꿈을 키운 테일러에게, 그녀의 부모는 적극적인 지원을 아끼지 않았다. 그 결과, 10대 중반까지 학교 대신 다른 경로를 선택했다. 2007년 CMT와의 인터뷰에서 스위프트는 언스쿨링이 좋은 경험이었으며, 최고의 학창 시절을 보냈다고 말했다(MacQuarrie, 2013). 그녀는 커피 하우스, 박람회, 페스티벌에서 공연하며 언스쿨링을 계속했다(García, 2022). 그 결과 테일러는 음악 업계에서 가장 성공적인 여성 아티스트 중 한 명으로 자리매김했다. 그녀는 900개 이상의 상 후보에 올라 460개가 넘는 상을 받았다. 2022년에는 뉴욕대학으로부터 "당대 가장 많은 작품으로 유명한 아티스트"라는 공로로 명예 미술학 학위를 받았다.

테일러 스위프트의 재능과 끈기, 그리고 가족의 변함없는 응원과 헌신적인 지원이 오늘날 우리가 알고 있는 슈퍼스타 테일러 스위프트의 기반을 마련했다. 테일리가 가수로서의 진지한 포부와 열정을 보이자, 테일러와 가족은 브랜드 구축, 팬 관리, 저작권 보호, 상품화 전략 등 구체적인 계획을 세우며 꿈을 현실로 만들기 시작했다. 특히 테일러가 컨트리 음악에서 독보적인 위치를 확립하면서, 가족은 그녀의 재능을 발전시키기 위해 음악의 본고장인 테네시주 내슈빌로 이사하는 큰 결정을 내렸다(David, 2012).

테일러 스위프트의 영향력은 음악과 공연을 넘어 경제 분야까지 확장했다. 스위프트는 포브스가 발표한 '2024년 새 억만장자들' 명단에 이름을 올렸다(New Billionaires, 2024). 그녀의 공연이 지역 경제를 활성화하여 경제적 파급 효과를 창출한다는 이른바 '테일러노믹스(Taylornomics)'라는 신조어까지 탄생시켰다. 스위프트는 음악 산업뿐만 아니라 경제와 사회 전반에 긍정적인 영향을 미치고 있다. 테일러노믹스는 스타가 경제에 미치는 영향력의 대표적인 사례다(머니S, 2024. 04. 03).

테일러 스위프트의 성공 이야기는 음악 산업에서의 업적에만 국한되지 않는다. 테일러는 사회적 이슈에 관심을 기울일 뿐만 아니라 공공서비스에서도 모범을 보였다(Taylor Swift, n.d). 그녀는 여성의 권리, 교육 기회 확대, 자연재해 피해자 지원과 같은 사회적 문제에 지속적으로 관심을 가지고 이에 기부하고 지원하고 있다. 이러한 활동을 통해 그녀는 단순한 연예인을 넘어 사회적 영향력을 미치는 인물로 인정받고 있다. 미국의 시사 주간지 타임은 2023년 테일러 스위프트를 올해의 인물로 선정하며, 그녀가 '국경을 초월해 빛의 원천이 되는 방법을 찾았다'라고 칭송했다. 타임지의 편집장은 스위프트의 능력에 깊은 인상을 받았으며, 그녀를 자신의 이야기를 쓰는 작가이자 음악과 삶이 전 세계에 영향을 미치는 영웅이라고 말했다(Park, 2023).

스위프트의 예술적 업적과 사회적 기여는 젊은이들에게 자신의 길을 따르고 자신이 믿는 가치를 실현할 수 있다는 희망의 메시지를 전한다. 테일러 스위프트는 언스쿨링이라는 비전통적인 교육 방식을 통해 자신만의 독특한 길을 개척했으며, 음악, 인생 이야기, 테일러노믹스를 통한 경제적 영향력, 그리고 비즈니스 전략 등 다양한 분야에서 영향력을 발휘하고 있다. 그녀는 많은 사람, 특히 젊은이들에게 자신의 목소리를 찾고 자신의 길을 걸을 용기를 주며, 꿈을 실현하기 위한 구체적인 전략을 제시하여 영감을 주고 있다.

▬ 에스트라 테일러의 언스쿨링 여정

테일러는 다큐멘터리 영화 제작자, 작가, 활동가, 그리고 음악가이 자 부채 폐지 단체의 공동 설립자이다. 그녀가 국제적으로 인정받는 사 회운동가로 성장한 배경에는, 자신만의 독특한 교육 경험을 바탕으로 한 창의성과 독립성이 자리 잡고 있다. 캐나다 출신으로 미국 조지아주 아테네에서 자란 테일러의 부모는 A. S. 닐의 '서머힐'과 존 홀트의 저 서에서 영감을 받아 전통적인 교육 방식을 거부하고 언스쿨링을 선택했 다(Taylor, 2014). 테일러와 그녀의 형제자매들은 집에서 자유롭게 놀며 배움을 얻었고, 부모는 아이들이 사회의 넓은 범위에서 호기심을 추구 하며 자율적으로 학습할 수 있는 환경을 제공했다. 테일러는 자신의 언 스쿨링 경험을 다음과 같이 회상한다(Taylor, 2014).

> "부모님은 우리가 세상과 접촉하는 것을 제한하지 않았다. 오 히려 우리는 항상 세상을 우리의 교실로 생각했다. 우리는 다 른 홈스쿨링 학생들과는 근본적으로 달랐다. 우리는 집에서 학교를 모방하지 않았다. 교과서도, 수업 시간도, 마감일도, 시험도, 커리큘럼도 없었다. 영장류나 암석, 야구 카드에 관심 이 있으면 그것을 직접 탐구하는 것이 우리의 일과였다. 부모 님은 강압적인 방법을 피하고, 인간의 가장 기본적인 능력인 호기심을 강조했다."

이러한 언스쿨링 환경에서 자란 테일러와 그녀의 형제들은 다양한 창의적인 프로젝트에 참여하고, 야외 활동을 즐기며, 개인적인 열정을 추구할 수 있는 자유를 누렸다. 그들은 성적이나 또래와의 비교에 얽매 이지 않고 자신의 관심사를 배우고 탐구하는 것을 즐겼다. 어렸을 때부 터 테일러는 정치적 의식을 갖고 환경, 정의, 동물 권리에 관심을 가졌 다. 어떤 의미에서, 지금 성인이 되어 하는 일은 모두 어린 시절 관심사의 연장선이다. 초등학교와 중학교를 건너뛰고 공립 고등학교에 입학한 테일러는 18세에 브라운 대학에 입학했지만, 얼마 지나지 않아 중퇴했다. 이처럼 일부 학교 교육의 경험을 쌓기도 했지만, 언스쿨링 덕분에 다양한 주제에 대한 깊은 상상력을 키울 수 있었다.

테일러는 문학, 철학, 사회 이론에 관한 깊은 탐구를 통해 독창적인 관점을 발전시켰으며, 이는 그녀의 창의력과 지적 성장을 촉진하는 주요한 원동력이 되었다. 이 과정에서 테일러는 영화 제작에 대한 열정을 발견하고, 독학과 실무 경험을 통해 영화 제작 능력을 다져나갔다. 그녀의 첫 다큐멘터리 작품인 "지젝(Žižek!, 2005)"을 통해 전 세계에 그녀의 영화 제작 실력을 널리 알렸다. 영화 제작뿐만 아니라 테일러는 작가로서도 경력을 쌓았는데, 디지털 기술이 민주주의, 문화, 창의성에 미치는 영향을 비판적으로 분석한 그녀의 저서 "민중의 플랫폼(2014)"은 세계적으로 인정받았다(Taylor, n.d).

테일러는 또한 다양한 사회 정의 운동에 앞장서며 전 세계에 긍정적인 변화를 가져왔다. 그녀는 월스트리트 점령 운동에 적극적으로 참여하며 부채와 관련된 약탈적 관행을 공개적으로 비판했다(Holdsworth, 2023). 또한 우리 사회가 진정으로 민주화될 수 있으려면, 민주화 노력이 필수적임을 주장하며, '생각'과 '행동' 사이의 긴밀한 관계를 강조했다. 테일러는 불평등 심화, 정신 건강의 악화, 생태학적 위기, 권위주의의 위협 등을 사회의 불안정성과 연결하고, 이를 통해 민주주의와 비판적 사고의 중요성을 강조했다. 그녀는 책으로만 배우는 것이 아니라, 실제 행동을 통해 배우는 것이 언스쿨링의 진정한 의미라고 말했다. 사회 비판, 회고록, 역사, 정치 분석, 철학이 융합된 그녀의 주장은 우리가 안전과 보안에 대한 기존의 생각을 근본적으로 재고하도록 도전한다.

에스트라 테일러의 언스쿨링 성공 이야기는 자신만의 길을 찾는 것이 얼마나 중요한지를 잘 보여준다. 그녀는 언스쿨링을 통해 개인적이고 직업적인 성장의 열쇠를 깨닫고, 창의적인 사고와 지식을 통해 성공하며 사회에 공헌하는 방법을 찾았다. 테일러의 이야기는 언스쿨링의 무한한 가능성과 평생 학습의 중요성을 강조하며, 우리 각자가 자신만의 길을 개척할 기회를 강조한다.

테일러는 언스쿨링 경험을 통해 스스로 학습하는 방법을 배웠다. 자신의 속도와 방식으로 필요한 지식과 기술을 습득함으로써, 그녀는 독립적으로 사고하고 효과적으로 문제를 해결하는 능력을 키웠다. 테일러의 언스쿨링 경험은 자신의 학습을 주도하고, 자신의 관심사를 추구하며, 직접 경험을 통해 실용적인 지식과 기술을 습득하는 데 크게 공헌했다. 이는 전통적인 교육이 제공하지 않는 독특한 이점이며, 테일러가 경력을 쌓는 데 성공할 수 있었던 핵심 요소이다.

● ● ● ● ● ●

언스쿨링은 현재 많은 사람들에게 혁신적인 교육 방식으로 인정받으며, 전통적인 교육 시스템을 넘어선 새로운 학습의 방향을 제시한다. 다양한 배경과 경험을 지닌 성인들이 언스쿨링을 통해 얻은 성공 사례들은 이 교육 방식이 개인의 성장과 학습에 긍정적인 영향을 미칠 수 있음을 생생하게 보여준다. 정규 교육 시스템을 벗어나 자유롭게 배우며, 창의적 사고와 독립심을 키우는 과정을 통해, 언스쿨링의 잠재력과 가치를 분명히 입증했다. 언스쿨링은 자신을 찾아가는 긴 여정이다. 이 과정에서 발견되는 자기 이해와 성장은 개인의 성공과 만족의 핵심 동력이 된다. 언스쿨링은 개인이 자기 잠재력을 최대한 발휘할 수 있도록 도와주는 매우 유연하고 포괄적인 교육 방식으로 자리 잡고 있다.

언스쿨링의 시대가 다가오고 있다. 전통적인 학교 교육이 강요하는 순응, 교육주의, 권위주의는 우리 사회가 현재와 미래의 도전에 효과적으로 대응하는 능력을 약화시키고 있다. 산업화 시대의 유산으로 남아 있는 기계론적 세계관에 기반한 전통 교육은 아이들의 타고난 호기심을 억누르고, 창의성을 제한하며, 자신감을 무너뜨리고, 혁신과 발명의 기회를 가로막고 있다. 반면, 유기적 세계관에 기초한 언스쿨링은 창의성, 자신감, 호기심, 독창성을 핵심 가치로 삼고 있으며, 이는 AI 시대에 필수적인 자질이다.

좋은 소식은 이러한 자질을 별도로 가르칠 필요가 없다는 것이다. 아이들은 태생적 학습자이며, 이미 이러한 자질을 내재하고 있다. 우리의 역할은 이 자질들이 소멸하지 않도록 보호하고, 아이들이 호기심이 넘치고 창의적이며 자신감이 충만한 독창적인 개인으로 성장할 수 있도록 지원하는 것이다. 우리는 산업 시대를 넘어 AI 시대로 나아가고 있지만, 여전히 교육 시스템에는 공장식 교육의 흔적이 남아 있다. 강압적이고 표준화된 학교 교육 환경은 어린 시절의 황금기를 빼앗아 상상력과 이를 실현할 기회를 차단하고 있다. 로봇이 이전 세대의 작업을 대신하는 AI 시대에 젊은이들이 무엇을 배워야 할지 어떻게 미리 결정할 수 있겠는가? 그 해답은 언스쿨링에 있다. 언스쿨링은 창의성, 실험, 발명의 중요성을 강조하는 미래 교육의 나침반이다. 미래는 창의적인 사상가, 실험적인 행동가, 혁신적인 창조자에게 달려 있다. 이러한 미래는 열정을 자신의 업무에 통합할 수 있는 능력을 기반으로 형성될 것이다.

AI 시대에 언스쿨링은 인간의 잠재력을 극대화하는 교육의 틀을 제공한다. 우리는 젊은이들이 주변 세계에 매료되어 자연스럽게 생겨나는 호기심과 관심을 탐구하도록 격려해야 한다. 그들이 스스로 결정하여 학습하고 기술을 연마할 수 있도록 도와야 한다.

다행히도 학교 교육을 거부하고 언스쿨링을 선택하는 가정이 점점 늘어나고 있다. 우리 사회는 이들이 의무 교육을 넘어 자기 결정의 길로 나아갈 수 있도록 그 권한을 강화할 필요가 있다. 학교 없는 사회에서 양질의 교육을 제공하는 청사진이 바로 우리 앞에 있다. 우리는 산업사회의 산물인 학교 교육의 실험을 묻어두고, 상상력의 시대를 넘어 학습자의 자기 결정 학습을 촉진하는 언스쿨링을 미래 교육의 지표로 삼아야 한다!

CHAPTER 10
언스쿨링의 미래: 3가지 시나리오

Ⅰ. 언스쿨링의 현재: 교육 혁명의 시작

▬ 언스쿨링 인구의 가파른 증가

1970년대에 등장한 언스쿨링은 최근 몇 년 사이에 놀라운 속도로 발전했다. 10년 전만 해도 '대안 교육'의 하나로 여겨졌던 언스쿨링이 이제 미국에서 가장 빠르게 성장하는 교육 형태로 자리 잡았다. 언스쿨링에 관한 관심이 최근 급증하며 각종 신문과 방송 매체로부터 관련 기사가 쏟아지는 현상은 언스쿨링의 달라진 위상을 보여주는 증거이다. 많은 사람이 언스쿨링을 대안으로서뿐만 아니라 교육의 미래에 대한 비전으로 바라보고 있다.

미국 국립가정교육연구소의 2023년 조사에 따르면, 미국 내 홈스쿨링 학생은 약 310만 명으로, 취학 연령 아동의 약 6%를 차지한다. 2019년에는 홈스쿨링 학생이 취학 연령 아동의 3.4%였으나 2023년에는 약 6%로 조사되었다. 이는 4년 만에 미국의 홈스쿨링 학생 수가 거의 두 배로 증가한 놀라운 수치이다(Vesneski, Breen, Hansen, Reisman, & Anselm, 2022). 이 통계 자료에서는 언스쿨링 학생의 비율을 따로 조사하지 않았기 때문에 그 수를 정확히 알 수는 없다. 하지만 보통 언스쿨링 학생 수는 홈스쿨링 학생 수의 약 10~20%가 될 것으로 추정한다(Riley, 2020). 이에 근거하면 2023년 미국의 언스쿨링 학생 수는 약 31만 명에서 62만 명 사이가 될 것으로 보인다. 홈스쿨링의 증가 추세를 고려할 때 같은 기간 동안 언스쿨링도 비슷한 추세로 증가했다고 볼 수 있다. 아직 언스쿨링 가정을 추적하는 중앙 조직이나 등록 기관이 없는 상황에서 언스쿨링 학생 수를 정확히 파악하는 일은 어려울 수밖에 없다.

그러나 언스쿨링에 관한 책, 블로그, YouTube, 소셜 미디어 그룹의 증가 추세를 보면 언스쿨링에 관한 관심이 증가하고 있는 것은 분명하다.

한편, 학교 교육에 대한 대중의 신뢰도는 하락 추세로 나타났다. 최근 갤럽의 여론조사에 따르면 미국인의 26%("매우 높음/보통 높음")만이 공립학교를 신뢰한다고 답했다(SAAD, 2023). 이는 사상 최저치이다. 한국에서도 학교 교육에 대한 신뢰도가 높지 않다. 한국 교육개발원(2019)의 연구에 따르면 한국인의 53.5%가 공교육에 대한 신뢰도를 보통으로 평가했으며, 33.9%는 부정적으로 평가했다. 긍정적인 평가는 12.7%에 불과했다(임소현, 2019). 이러한 학교 교육에 대한 불만족은 미국과 한국 모두에서 공통으로 나타나는 현상이다.

언스쿨링에 대한 수용 증가의 주된 이유 중 하나는 전통적인 학교 교육에 대한 불만의 고조 때문이다. 많은 부모는 전통적인 학교 교육이 너무 경직되어 있고 개별화된 학습을 허용하지 않는다고 비판한다. 또한 전통적인 학교 교육이 표준화된 시험에 지나치게 치중하여 학생들이 현실 세계의 도전에 적절히 대비하지 못한다고 우려한다. 어떤 사람들은 전통적인 학교가 비판적 사고와 창의성보다 순응과 순종을 우선시하기 때문에 아이들의 자연스러운 학습 욕구를 억압할 수 있다고 주장한다.

언스쿨링에 대한 수용도 증가의 또 다른 이유는 에듀테크의 발전이다. 인공지능 기술 덕분에 언스쿨링 부모와 아이가 더 쉽게 자료를 찾고 다른 언스쿨링 가족들과 연결할 수 있게 되었다. 온라인 학습 플랫폼, 교육용 앱, 소셜 미디어의 확산으로 언스쿨링 부모들은 아이를 위한 더 다양하고 포괄적인 커리큘럼이 가능하게 되었다. 또한 코로나19 팬데믹도 언스쿨링에 관심이 증가한 또 다른 이유이다. 팬데믹으로 인해 많은 가정이 홈스쿨링을 하게 되면서 언스쿨링의 이점을 경험할 수 있게 되었다(Vesneski, Breen, Hansen, Reisman, & Anselm, 2022). 많은 부모는 언스쿨링의 유연성과 개인화된 접근 방식을 경험하고 언스쿨링이 가족을 위한 실행 가능한 선택지가 될 수 있다는 사실을 알게 되었다.

언스쿨링에 대한 수용도가 높아지는 것은 언스쿨링 가족을 위한 더 많은 지원과 자원으로 이어질 수 있는 긍정적인 발전이다. 언스쿨링의 수용이 증가함에 따라 언스쿨링 가족을 위한 온라인 학습 플랫폼, 교육용 앱, 소셜 미디어 그룹, 언스쿨링 커뮤니티 및 네트워크 등 다양한 에듀테크 도구 등이 쏟아져 나오고 있다.

▬ 놀라운 언스쿨링 통계 자료의 심층 분석

언스쿨링은 교육의 미래를 위한 새로운 선택으로 빠르게 부상하고 있으며, 통계 수치는 언스쿨링이 학생들에게 어떤 영향을 미치는지 극명하게 보여준다. 언스쿨링이 교육 환경과 학생들의 미래에 어떤 긍정적인 변화를 초래하는지 자세히 살펴보면 다음과 같다(20 Incredible Unschooling Statistics, n.d).

- **언스쿨링 학생의 83%가 고등교육을 이수했다.** 이는 언스쿨링 접근 방식이 학생들의 학업 능력 향상과 대학 진학 기회 확대에 도움이 된다는 증거이다.

- **언스쿨링을 이수한 성인의 44%가 공인된 대학에서 학사 학위를 취득했다.** 이는 언스쿨링이 학생들에게 대학 교육을 제공하고 자신감을 심어주는 데 성공적이라는 사실을 말한다.

- **언스쿨링 학생들이 상급 대학 과정에 참여하기 시작하는 평균 연령이 16세이다.** 이는 언스쿨링이 학생들이 조기에 자기 능력을 인식하고 미래의 진로를 선택하는 데 도움이 되는 것을 나타낸다.

- **언스쿨링 성인의 78%가 재정적으로 완전히 독립했다.** 이는 언스쿨링 교육 방식이 학생들의 삶에 긍정적인 영향을 미치며 독립성과 재정적 안정을 제공하고 있음을 보여준다.

335

- 언스쿨링 성인의 50%가 창의적인 산업 분야에서 경력을 쌓고 있다. 이는 언스쿨링 교육이 학생들의 창의성과 예술적 능력을 존중하고 증진하는 데 중요한 역할을 하는 것을 보여준다.

- 정규 교육을 받지 않은 언스쿨링 성인의 79%가 창의적인 직업에 종사하고 있다. 이는 언스쿨링의 자유로운 학습 환경이 창의성을 키우는 데 얼마나 효과적인지 알 수 있다.

- 언스쿨링 성인의 53%는 자신을 기업가라고 생각한다. 이는 자기 주도적 학습 환경이 기업가 정신 함양에 큰 영향을 미치고 있음을 보여준다.

- 정규 학교에 다닌 경험이 전혀 없는 언스쿨링 성인의 63%는 자신을 기업가라고 여긴다. 이는 언스쿨링이 어린 시절부터 학생들에게 창의성과 자기 주도적 사고를 길러주고 자신감을 심어주어 기업가가 될 수 있는 최적의 환경을 구축한다는 점을 보여준다.

- 언스쿨링 성인의 70%는 언스쿨링의 가장 큰 혜택이 자기 동기 부여와 자신감의 증가라고 답했다. 이는 언스쿨링이 학생들의 내적 동기와 자신감을 존중하고 육성하는 데 성공하고 있는 것을 보여준다.

- 언스쿨링 성인의 75명 중 28명(33%)은 자신의 교육 경험으로 인해 전혀 불이익을 받지 않았다고 답했다. 이는 언스쿨링이 학습 장벽을 없애고 학생들에게 긍정적인 학습 경험을 제공하는 데 큰 역할을 하고 있음을 나타낸다.

- 언스쿨링 학생들이 직면하는 가장 일반적인 문제는 학습 과정에 대한 비판과 언스쿨링 커뮤니티의 부재로 인한 사회적 고립이라고 답했다. 이는 이러한 문제에 대한 해결책을 찾고 이를 해결하

기 위한 노력이 필요함을 시사한다.

- 언스쿨링 성인 중 언스쿨링의 단점을 꼽은 사람은 거의 없었다. 이는 언스쿨링이 학생들에게 더 많은 이점을 제공한다는 것을 나타낸다.

- 언스쿨링 성인의 75%는 아이의 언스쿨링을 계획하고 있다. 이는 가족들이 언스쿨링의 가치를 인식하고 이를 강력하게 지지하고 있음을 보여준다.

- 2023년에는 미국 아동의 6% 이상이 홈스쿨링을 할 것으로 예상된다. 이는 홈스쿨링이 언스쿨링과 함께 아이들을 교육하는 대안적인 방법으로 점점 더 많이 인식되고 있음을 보여준다.

- 미국에서는 매년 약 177만 명의 아동이 최소 1년 이상 홈스쿨링을 받고 있다. 이는 미국 교육 시스템에서 홈스쿨링이 점점 더 인기를 얻고 있음을 나타낸다.

- 아이를 공립 또는 사립 학교에 보내지 않는 언스쿨링 가정의 91%는 이러한 교육 기관이 제공하는 환경에 대해 우려하고 있다. 이는 대안으로서 언스쿨링에 대한 좋은 징후이다.

▬ 언스쿨링에 대한 미국 가정의 태도: 전국적인 설문조사 분석

최근에 미국 가정교육연구소는 미국 가정들의 언스쿨링에 대한 태도와 관심을 파악하기 위해 전국적인 설문조사를 실시했다(Vesneski, Breen, Hansen, Reisman, & Anselm, 2022). 이 연구는 지금까지 진행된 언스쿨링 관련 설문조사 중 가장 큰 규모로, 이전 연구보다 훨씬 더 중요한 의미를 지닌다. 언스쿨링에 관한 공식적인 연구가 상대적으로 부족하다는 점을 고려할 때, 이번 연구 결과는 언스쿨링의 발전과 이해에 중요한 공헌을 할 것으로 보인다.

　　조사 결과, 교육 목표에 관한 질문에 대해 미국 가족들은 '사회성 및 직업 기술 습득', '학습에 대한 적극적인 참여', '유연한 교육 경험' 등 세 가지를 언스쿨링의 주요 목표로 꼽았다. 또한 가족들은 언스쿨링의 현재 또는 잠재적 이점에 대해 "아이들이 자신의 관심사를 추구하면서 배운다"를 가장 많이 선택했다(36%). 이 응답은 "아이들이 사회적, 정서적, 생활 기술을 배울 기회를 누린다"와 동률을 이루었다. 이러한 결과는 미국 가족들이 학생들이 수동적으로 학습에 참여하는 것이 아니라 적극적으로 교육에 참여하기를 원하는 사실을 보여준다. 이어서 가족들은 "아이 교육 경험의 유연성"을 강조했다.

　　언스쿨링의 실천에서 가장 큰 도전 과제로는 언스쿨링 학생들에게 제공되는 "개인화된 관심과 명확한 지침의 부족"을 들었다. 이는 언스쿨링이 다양한 학습 플랫폼과 접근 방식을 통해 아이들의 개별화된 경험을 보장하고 그들의 요구를 충족시키는 방식으로 이루어져야 함을 시사한다. 이는 언스쿨링 노력이 모두 언스쿨링에 대한 명확한 접근 방식과 목표를 중심으로 이루어져야 하며, 학생들이 쉽게 이해할 수 있는 학습과 성공의 경로를 제시해야 한다는 것을 보여준다.

　　이 조사는 미국 가정이 언스쿨링의 교육 목표를 지지하고 공유하며 자기 주도 학습과 개별화된 교육 경험에 큰 관심이 있다는 사실을 밝혀냈다. 하지만 언스쿨링에 대한 충분한 정보가 부족하다는 인식과 함께 개별화된 지원과 정보 제공의 중요성을 강조하는 점은 언스쿨링의 선택 과정에서 여전히 장벽이 존재하는 사실을 말해준다.

　　이 조사 결과는 미국 교육 환경에서 언스쿨링이 점점 더 중요한 역할을 하는 점과 그것이 학생들의 학습 경험과 성공에 긍정적인 영향을 미치는 점을 보여준다. 또한 언스쿨링의 수용 과정에서 맞춤식 지원과 정보 요구의 중요성을 알 수 있었다. 이는 더 많은 가정이 언스쿨링의 장점을 인식하고 수용하여 언스쿨링이 주류 교육과 동등하게 인식되고 새로운 교육 방식으로 정착할 수 있도록 지원해야 할 필요성을 제기한다.

II. 사회 변화의 맥락과 언스쿨링: 기회와 도약

현대 사회의 라이프스타일과 언스쿨링

현대 사회는 기술의 발달과 글로벌 네트워크의 확장, 문화적 가치관의 변화로 인해 다양하고 유연한 라이프스타일을 추구한다. 이러한 변화는 개인의 자유와 자율성을 강조하는 새로운 라이프스타일을 낳았다. 현대인들은 전통적인 규범에 얽매이지 않고, 기술을 활용하여 편리함을 누리며, 자신만의 취향과 웰빙을 우선시하는 삶을 지향한다. 이는 건강한 생활 습관과 정신적, 육체적 웰빙을 위한 다양한 활동에 관한 관심 증가로 이어진다. 현대인의 라이프스타일은 교육 분야에서도 혁신적인 변화를 일으키고 있다. 현대 교육은 정보 접근성의 향상, 교육 방법의 개인화, 사회적 기대의 변화 등에서 전통적인 교육과 다음과 같은 차이를 보인다(Velusamy, 2023; Traditional Education Vs Modern Education, n.d).

첫째, 현대 교육은 기술을 통해 정보 접근성을 크게 향상하여, 다양한 학습 자원에 손쉽게 접근할 수 있게 한다. 이는 전통적인 구전 전통과 제한된 자원에 의존하던 과거와 대조적이다.

둘째, 현대 교육의 학습 방식은 암기보다는 비판적 사고와 개인화 학습을 장려한다. 에듀테크의 발전은 디지털 환경에서 맞춤형 학습을 가능하게 했다. 특히, AI 기반의 첨단 에듀테크와 언스쿨링의 융합은 개인 맞춤형 교육의 가능성을 더욱 확장하고 있다.

셋째, 사회적 기대 측면에서 현대 교육은 큰 변화를 보인다. 현대 사회는 학생들이 자신의 열정을 따르고 한계를 넘어서도록 격려하는 반면, 전통적인 사회는 순응을 더 중요시한다. AI 시대에는 학력보다는 실용적인 기술이 더 큰 가치를 지니며, 교육의 목적은 단순히 성과를 넘어 개인의 실질적인 역량과 직결된다.

이러한 현대 교육의 혁신적인 변화는 전통적인 학교 교육이 현대인의 라이프스타일과 부합하지 않는다는 인식을 강화함으로써, 많은 학생과 부모가 전통적인 학교 교육에 대한 대안을 모색하고 있다. 반면에 언스쿨링은 이러한 변화에 부합하는 교육 방식으로 많은 사람의 관심을 끌고 있다. 언스쿨링은 학교나 교육 기관에 의존하지 않고 학생 스스로 자신의 흥미와 목표에 따라 자유롭게 학습하는 교육 방식이다. 언스쿨링은 이러한 시대적 요구에 부응하는 대안적 교육 방식으로 주목받는다. 언스쿨링과 현대인의 라이프스타일은 상호 보완하며, 교육의 새로운 가능성을 확장한다.

현대 사회의 라이프스타일 변화와 언스쿨링 교육 방식의 상승세는 개인의 자율성과 창의성을 중시하는 사회적 흐름과 밀접하게 연결되어 있다. 기술 발전과 손쉬운 정보 접근성은 사람들에게 획일화된 지식 전달 방식에서 벗어나, 자신만의 학습 경로를 탐색하고 발전시킬 기회를 제공한다. 언스쿨링을 통해 학습자는 단순히 지식의 습득을 넘어서, 자신의 관심사와 열정을 탐구하고, 창의적 문제 해결 능력을 개발하며, 평생 학습자로서의 기반을 마련할 수 있다.

언스쿨링은 현대 사회가 직면한 교육의 도전에 대응할 수 있는 효과적인 방식으로, 개인의 발전과 더 나은 미래를 준비하는 데 중요한 역할을 할 것으로 보인다. 언스쿨링을 통한 교육 혁신은 계속해서 발전하며, 현대 사회와 미래 세대에 더욱 적합한 새로운 교육 모델로 자리를 잡을 것이다.

노동 시장의 새로운 기술 요구와 언스쿨링

기술 혁신은 노동 시장에 많은 변화를 가져왔다. 최근 수십 년간 기술과 노동의 발전은 노동 시장의 모습을 근본적으로 변화시켰으며,

이는 노동자, 기업, 사회 전체에 큰 영향을 미쳤다. 노동 시장은 기술의 발전과 진화에 따라 계속 변화하고 있다. 최근에는 인공지능, 빅데이터, 사물인터넷, 클라우드 컴퓨팅과 같은 기술이 노동 시장의 지형을 바꾸고 있다. 이러한 기술 발전은 일부 직업과 업무를 대체하거나 축소하는 한편, 새로운 일자리를 창출하거나 확대해 나가고 있다. 노동 시장의 변화에 효과적으로 대응하기 위해, 교육은 새로운 기술 습득과 활용 능력의 향상에 집중할 필요가 있다. 다음은 노동 시장의 수요에 맞춰 교육이 반드시 대응해야 할 몇 가지 새로운 기술이다(이지은·이호건·정훈·홍정민, 2023; Parthiban, 2023; Whiting, 2020; 김대호, 2014).

- **비판적 사고와 문제 해결:** 비판적 사고는 급변하는 비즈니스 환경에서 필수적이며 정보를 분석하고 평가하여 논리적이고 합리적인 판단을 내릴 수 있는 능력이다. 다양한 관점에서 출발한다는 점에서 종합적인 사고력이라고 볼 수 있다. 문제 해결 능력은 문제를 정확히 찾아내고, 해결책을 파악, 평가, 실행하는 능력과 복잡한 문제를 분석하고 혁신적인 해결책을 제시하는 능력이다. 이러한 능력은 업무를 바라보는 방법을 이해하고 당면한 과제를 효율적으로 완수하는 데 도움이 된다.

- **자기 결정 학습 및 적응력:** 자기 결정 학습은 스스로 학습 목표와 방법을 설정하고 학습 과정과 결과를 관리 및 평가할 수 있는 능력이다. 적응력은 변화하는 환경과 요구에 신속하고 유연하게 대응할 수 있는 능력이다. 산업이 변화하고 발전함에 따라 새로운 상황과 도전에 적응할 수 있어야 하며, 이를 위해서는 학습에 대한 의지와 유연한 사고방식, 즉 자기 결정 학습이 매우 중요하다.

- **디지털 기술 및 데이터 리터러시:** 디지털 리터러시는 컴퓨터나 스마트폰과 같은 전자기기를 사용하여 정보를 생성, 저장, 처리, 전송, 공유하는 능력을 말한다. 데이터 리터러시는 수집된 데이터를 분석, 해석, 시각화하여 의사결정에 활용하는 능력이다. 점점 더 많은 직업에서 기술 활용이 요구되면서 디지털 리터러시는 필수적인 기술로 자리를 잡았다. 여기에는 소프트웨어 프로그램을 사용하고, 온라인 플랫폼을 탐색하고, 최신 기술 개발에 대한 최신 정보를 파악하는 능력이 포함된다.

- **협업 및 커뮤니케이션:** 협업 및 커뮤니케이션 능력은 목표를 달성하기 위해 다른 사람들과 협력하고, 조정하고, 소통하는 능력이다. 듣기, 말하기, 읽기, 쓰기, 제스처 및 표정을 사용하여 다른 사람과 의미 있는 정보와 감정을 교환할 수 있는 능력이 중요하다. 협업은 인간 고유의 능력이다. 기계는 1+1=2를 만든다. 하지만 인간의 협업은 1+1을 10 이상으로 만들 수 있다. 즉 기계는 정해진 범위 내에서 작업을 수행하지만, 인간의 협업은 창의력과 혁신을 통해 가치를 기하급수적으로 증가시킬 수 있다. 협업과 소통에는 아이디어를 명확하고 간결하게 전달하는 능력뿐만 아니라 적극적으로 경청하고 적절하게 대응하는 능력도 포함된다. 다른 사람들과 잘 협력하고, 팀으로 일하고, 관계를 구축하고, 효과적으로 소통하는 능력은 모든 조직에서 성공의 열쇠이다.

- **창의성:** 창의성은 '새로운 생각이나 결과물을 생산하는 것', '기존 정보를 활용하고 재구성하여 유용한 것을 창조하는 능력', 또는 '참신함을 끌어내는 인간의 사고와 관련된 특성'으로 정의할 수 있다. 미래 사회에서는 창조하고 공감할 수 있는 사람, 패턴을 인식하고 의미를 창출하는 사람, 예술가, 발명가, 디자이너

등 큰 그림을 볼 수 있는 사람들이 주도적인 역할을 하게 된다. 호기심과 문제 해결 능력은 창의력을 발휘하는 열쇠이다. 혁신이 경쟁 우위를 점하는 핵심인 현 세상에서, 창의성은 인공지능의 로봇으로 대체할 수 없는 중요한 기술로 자리 잡고 있다. 고용 시장 역시 틀에 박힌 사고를 넘어서 새롭고 혁신적인 아이디어를 제시할 수 있는 능력을 중시하고 있다.

- **감성 지능:** 감성 지능은 자신과 타인의 감정을 인식하고, 이를 바탕으로 관계를 관리하며 조정하는 능력을 말한다. 감성 지능이 높은 사람은 타인의 생각, 감정, 의도를 이해하고, 이를 자신의 감정과 통합하여, 타인과 효과적으로 상호작용하며 바람직한 관계를 형성하고 유지할 수 있다. 디지털 시대가 진행됨에 따라, 감성 지능은 기계로 대체할 수 없는 중요한 역량으로 그 가치가 점점 더 커지고 있다.

전통적인 학교 교육은 주로 지식 전달과 표준화된 시험 점수에 중점을 두는 공장 모델에 기반하기 때문에, 학생들의 창의성과 개성을 억압할 수 있다. 이러한 이유로 미래 노동 시장에서 요구하는 비판적 사고, 문제 해결 능력, 자기 주도적 학습과 적응력, 디지털 기술 및 데이터 활용 능력, 그리고 협업과 의사소통 같은 기술을 충분히 개발하는 데 한계가 있을 수밖에 없다.

반면 언스쿨링은 노동 시장에서 요구하는 새로운 기술을 다루는 혁신적인 교육 접근법으로 주목받는다. 언스쿨링은 학교나 다른 교육 기관에 의존하지 않고, 자신의 관심사와 목표에 따라 자유롭게 학습하는 방식이다. 언스쿨링을 통해 부모와 아이는 학습 과정을 함께 설계하고 실행하며, 다양한 사람들과 협력하고 소통하면서 배운다. 이러한 유연하고 자유로우며 자기 주도적인 학습 방식은 학생들의 비판적 사고와 문제 해결 능력, 자기 결정 학습과 적응력, 디지털 기술과 데이터 활용 능력, 협업과 소통 능력, 창의성, 감성 지능을 촉진하고 강화한다.

언스쿨링을 통해 학생들은 다양한 기술과 능력을 스스로 개발할 수 있으며, 노동 시장의 변화에 능동적이고 유연하게 대응할 수 있다. 언스쿨링은 노동 시장의 새로운 기술 수요에 발맞추고 미래를 대비할 수 있는 탁월한 방법이다.

▬ 급변하는 직업 세계와 언스쿨링

오늘날과 같이 빠르게 변화하는 세상에서는 매일 새로운 기술이 등장하고 있다. AI, 로봇공학, 가상현실, 증강현실, 홀로그램, 모바일, 플랫폼 등이 그 예이며, 이러한 기술들은 모든 산업을 급속히 변화시키고 있다. 이러한 급격한 변화를 반영하여 칼 베네딕트 프레이와 마이클 오스본은 『고용의 미래: 우리의 직업은 컴퓨터화에 얼마나 민감한가?』라는 보고서에서 "자동화와 기술 발전으로 인해 20년 이내에 현재 직업의 약 47%가 사라질 가능성이 크다"라고 전망했다(Frey & Osborne, 2013).

또한, 미래학자이자 발명가인 버크민스터 풀러는 2030년까지 지식의 증가 속도가 급격히 빨라질 것이라고 예측했다. 그는 1900년까지 지식이 두 배로 증가하는 데 100년이 걸렸지만, 2030년에는 단 3일 만에 지식이 폭발적으로 증가할 것으로 보았다(헤럴드경제, 2020). 이러한 변화는 교육 시스템의 필요성을 더욱 부각시키며, 현재 교육이 미래 사회의 요구에 부응하지 못할 가능성을 경고한다.

테일러 피어슨은 그의 저서 『직업의 종말』에서 "이제는 '어떻게 일자리를 얻을 것인가'가 아니라 '어떻게 일자리를 만들 것인가'를 물어야 할 때"라고 주장하며 앙트레프레너십(entrepreneurship)을 강조한다(테일러 피어슨, 2017). 앙트레프레너십은 기업가 정신으로, 혁신적인 사고와 행동을 통해 시장에서 새로운 가치를 창출하려는 의지를 의미한다. 외부 환경의 변화에 민감하게 반응하면서 항상 기회를 찾고 포착하는 정신이다. 기업가는 새로운 기회를 발견하고 활용하기 위해 기꺼이 변화를 탐색하고 위험을 감수하며 도전하는 사람이다. 이러한 기업가는 창의성, 비판적 사고, 문제 해결, 위험 감수, 공감, 협업, 커뮤니케이션, 리더십과 같은 핵심 기술을 갖추고 있어야 한다. 이러한 기술은 모두 복잡하고 혼란스러운 상황을 헤쳐 나갈 수 있는 능력이다.

한국을 방문한 미래학자 앨빈 토플러는 "한국의 젊은이들은 미래에 필요하지도 않을 지식과 존재하지도 않을 직업을 위해 하루 15시간을 학교와 학원에서 보내고 있다"라고 지적했다(동아닷컴, 2016. 06. 30). 역사학자 유발 하라리도 성인이 된 아이들이 40대가 되면 학교에서 배운 지식의 80~90%가 쓸모없어질 것이라고 예상했다(유발 하라리, 2018).

이들의 연구와 주장은 현재 교육 시스템이 미래 사회와 노동 시장의 요구에 부응하지 못할 가능성이 높다는 점을 강조한다. 따라서 교육 정책입안자, 교사, 학부모, 그리고 학생들에게 미래에 필요한 기술과 지식, 그리고 적응력을 갖추기 위한 새로운 교육 방향과 전략을 모색하도록 촉구한다. 또한, 이는 평생 학습의 중요성을 강조하며, 빠르게 변화하는 세계에서 유연하게 적응할 수 있는 능력을 개발하는 것이 얼마나 중요한지를 시사한다.

AI 기술의 도입으로 21세기에는 지식의 유통기한이 빛의 속도로 단축되고 있지만, 학교 교육은 여전히 200년 전의 모습을 유지하고 있다. 교실 구조, 커리큘럼, 교과서, 학습 방법, 평가 시스템은 모두 변함이 없다. 현재의 교사 중심의 아날로그 교육 시스템으로는 사회의 변화를 따라잡을 수 없다. 디지털 네이티브인 학생들에게 아날로그 시대의 교육 방식을 강요하는 실정이다.

학교 교육과 달리 언스쿨링은 AI 시대가 요구하는 교육이다. 언스쿨링은 학생들이 독립적으로 사고하고, 자신의 학습을 주도하며, 발견하고, 유연하게 생각하며, 실패를 인정하고 그로부터 배우는 능력을 키울 수 있도록 돕는다. 학생들이 틀에서 벗어나 생각하고, 기업가적 도전을 하며, 실패로부터 배우고, 협업과 리더십을 키우는 기술을 개발하도록 장려한다. 케리 맥도날드(2018)는 언스쿨링과 기업가 정신은 밀접한 연관성을 가지고 있다는 점을 지적했다. 언스쿨링은 실패에 대한 유연한 접근 방식과 그 과정에서 배우는 창의력을 강조한다. 이러한 점들은 기업가에게 있어 중요한 능력이다. 언스쿨링이 제공하는 배움의 자유는 필수적인 기업가적 능력을 육성한다는 점에서 언스쿨링은 AI 시대의 기업가들을 위한 인큐베이터이다.

앞서 언급한 바와 같이, 현재 존재하는 많은 직업은 미래에 사라질 것으로 예측된다. 이러한 상황에서 우리에게 필요한 것은 기존 일자리를 찾는 능력이 아니라 새로운 일자리를 창출할 수 있는 능력이다. 그러기 위해서는 기업가 정신과 창업에 필요한 다양한 기술 개발이 중요하다. 언스쿨링은 이러한 기술을 개발하는 학습 방식이다. 언스쿨링은 학생들이 독립적인 사고자, 자기 주도적 학습자, 발견자, 실패를 인정하고 그로부터 배우는 유연한 사고자가 될 수 있도록 안내한다. 이러한 능력은 기업가에게 필수적이며, AI 시대와도 깊은 관련이 있다.

간단히 말하자면, 빠르게 변화하는 현대 사회에서 전통적인 교육 방식만으로는 학생들을 미래에 효과적으로 준비시키기에 부족하다. 우리에게 필요한 것은 새로운 일자리를 창출할 수 있는 능력과 교육의 변혁이다. AI 시대에 적합한 교육 방식을 통해 필수적인 직업의 역량을 개발하는 일은 시대적 소명이다. 언스쿨링이 그 해답이 될 수 있다!

III. AI의 진화와 언스쿨링의 새로운 접근

▬ AI와 언스쿨링의 개인화 학습

AI 기술은 언스쿨링 환경에서 개인화된 학습 경험을 제공하는 데 중요한 역할을 하고 있다. AI 시스템은 방대한 양의 데이터를 활용하여 각 학습자의 요구와 학습 스타일을 파악하고, 이에 맞춰 교육적 접근 방식을 조정한다. 이러한 적응력 덕분에 학습자는 자신의 속도에 맞춰 과목을 탐구하고, 지식 격차를 메우며, 전통적인 교육 방법으로는 달성하기 어려운 방식으로 특정 과제를 해결할 수 있다.

AI는 또한 학습자의 진행 상황을 모니터링하고, 필요에 따라 학습 전략을 조정하는 데 중요한 역할을 한다. 데이터 분석을 통해 학습자의 학습 패턴을 이해하고, 그에 따라 맞춤형 학습 경로를 제안할 수 있다. 이러한 적응형 학습은 학습자가 필요할 때마다 도움을 받을 수 있는 시스템을 제공하며, 이를 통해 학습자는 자신에게 가장 적합한 학습 방법을 찾을 수 있다.

AI는 학습자의 개별적인 선호와 진도를 분석하여 맞춤형 학습 경로를 제안한다(Iabac, 2024; Modi, 2023). 예를 들어, AI는 학습자가 어려움을 겪고 있는 주제를 식별하고, 해당 주제를 강화하기 위한 자료나 연습 문제를 제공한다. 이 과정에서 학습자는 AI와의 상호작용을 통해 자신만의 학습 계획을 수립하고, 목표를 설정하여 자기 주도적 학습을 위한 기반을 마련할 수 있다.

AI 기반의 대화형 플랫폼은 학습자와의 상호작용을 통해 개인 맞춤형 학습 경로를 제시하며, 학습자가 설정한 목표에 대한 진행 상황을 분석하고 피드백을 제공한다. 예를 들어, AI 튜터는 학습자가 질문할 때 즉각적인 도움을 제공하여 학습 성과를 높이고, 더 매력적이고 효과적인 학습 경험을 제공한다(Modi, 2023). 특정 AI 챗봇은 학습자가 당혹감 없이 질문할 수 있는 편안한 분위기를 조성하여, 판단에 대한 두려움을 없애준다. 이러한 상호작용은 적극적인 참여를 촉진하여 더 상호작용적이고 포괄적인 맞춤 학습 환경을 조성한다. 실시간 피드백은 학습자가 자신의 이해도를 평가하고, 필요한 경우 방향을 수정할 기회를 부여한다. 이러한 상호작용은 학습자의 동기를 높이고, 학습 과정에 대한 흥미를 유도한다.

또한, AI는 학습자의 강점과 약점을 정확히 진단하여 개인 맞춤형 학습 경로를 제시함으로써 학습 효과를 극대화한다. AI 기반 플랫폼인 'Khan Academy'와 같은 사례는 학습자의 성향에 맞춘 콘텐츠를 제공하여, 각 학습자가 최적의 방식으로 학습할 수 있도록 돕는다(Iabac, 2024; Modi, 2023). 이러한 개인화된 접근은 학습 참여를 증진하고, 다양한 학습 요구에 부응하는 성공적인 교육 경험을 가능하게 한다.

예를 들어, 가상현실(VR)과 증강현실(AR) 같은 혁신적인 기술은 학습자에게 몰입감 있는 학습 환경을 제공하여 복잡한 주제를 이해하는 데 도움을 준다(Modi, 2023). 역사 수업에서 학생들은 VR을 통해 고대 문명을 탐험하거나, 과학 수업에서 실험을 가상으로 수행할 수 있다. 이러한 기술들은 학습자가 실질적인 경험을 통해 지식을 습득하고 창의적 문제 해결 능력을 개발하는 데 도움을 준다.

AI는 또한 학습자의 감정과 동기를 분석하여 맞춤형 학습을 더욱 최적화할 수 있다(Saluja, Minz, & Anuj, 2023). 학습자가 화가 났는지, 우울한지, 기쁜 상태인지 파악하고 이에 따라 상호작용을 조정할 수 있다. 예를 들어, AI는 학습자가 스트레스를 느끼거나 지루해하는 경우 적절한 휴식 시간이나 다양한 학습 자료를 제안하여 학습자의 경험을 개선할 수 있다. 학습자의 개별 감정을 이해하는 AI의 기능은 맞춤형 학습을 한층 강화할 뿐 아니라, 특수 교육 모델에도 도움이 된다. 신경 다양성 학습자는 AI가 학습자의 만족도를 분석하고 이에 대응함으로써 이러한 발전의 혜택을 받을 수 있다.

AI와 언스쿨링의 결합은 교육 분야에 많은 변화와 혁신을 가져올 것이다. 이는 AI를 활용하여 모든 학생의 특정 요구에 맞춘 접근 방식을 통해 표준화된 학습의 단점을 해결하고, 적응적이고 즉흥적인 시스템으로의 전환을 의미한다. 이를 통해 학습자는 자신의 속도에 맞춰 학습할 수 있으며, 개인의 관심사에 따라 학습 경로를 유연하게 조정할 수 있다. AI는 언스쿨링의 개인화된 학습 경험을 혁신적으로 변화시키고 있으며, 학습자 개개인의 잠재력을 극대화하는 데 기여하고 있다. 앞으로 AI 기술은 더욱 발전하여 모든 학습자가 자신의 목표를 달성할 수 있는 최적의 학습 환경을 제공할 것이다.

AI와 언스쿨링의 접근성 향상

AI는 개인화 학습뿐 아니라 교육의 접근성을 높이는 데 중요한 역할을 하고 있다. 전통적인 교육 방식에서는 학습자들이 지리적, 경제적, 사회적 요인에 의해 제한받는 경우가 많았지만, AI 기술은 이러한 장벽을 허물고 모든 학습자에게 동등한 교육 기회를 제공한다. 온라인 플랫폼과 모바일 애플리케이션을 통해 학습자는 언제 어디서나 학습 자료에 접근할 수 있으며, 다양한 형식의 콘텐츠를 통해 흥미를 유지할 수 있다.

AI 기반의 교육 플랫폼은 학습자의 개별적인 요구와 상황을 고려하여 맞춤형 자료를 제공한다. 예를 들어, 장애가 있는 학습자도 AI 기술을 통해 동등한 교육 기회를 누릴 수 있다(Saluja, Minz, & Anuj, 2023). 이러한 학습자는 AI 기술을 통해 필요한 지원을 받을 수 있으며, AI는 이들에게 화면 낭독기, 텍스트 확대기 등 접근성 도구를 제공하여 학습자가 웹사이트를 쉽게 이용할 수 있도록 한다. 음성 인식 기술이나 화면 읽기 소프트웨어는 시각적 장애가 있는 학습자가 콘텐츠에 접근할 수 있도록 도와주며, 청각 지원 도구는 청각 장애인을 위한 학습 자료를 제공한다. 이러한 기술적 지원은 모든 학습자의 학습 접근성을 크게 높여 최적의 학습 환경을 제공한다.

AI는 다양한 언어로 콘텐츠를 제공하여 비영어권 사용자도 쉽게 접근할 수 있도록 한다. 자동 번역 기능을 추가하거나 다국어 지원을 통해 포용성을 높일 수 있다. 예를 들어, AI는 언어 장벽을 허물기 위해 실시간 번역 기능을 제공하여, 다양한 문화적 배경을 가진 학습자들이 더 쉽게 소통하고 협력할 수 있도록 지원한다. 이는 글로벌 학습 환경을 조성하여 학습자들이 서로 다른 문화와 지식을 탐구할 기회를 제공한다. AI 기반의 번역 도구는 학습자가 외국어 자료를 이해하는 데 도움을 줄 뿐만 아니라, 언어 학습에 대한 흥미를 유도하는 데에도 공헌한다(Saluja, Minz, & Anuj, 2023).

　AI는 다양한 학습자 그룹의 피드백을 수집하고 이를 반영하여 웹사이트를 지속적으로 개선함으로써 접근성을 높인다. 이를 통해 학습자들은 자신의 필요와 수준에 맞는 맞춤형 학습 경험을 제공받을 수 있다. AI는 각 사용자의 학습 패턴과 선호도를 분석하여 개인화된 콘텐츠와 추천 시스템을 개발함으로써 학습자들이 더 쉽게 정보에 접근하여 이해할 수 있도록 돕는다.

　AI의 데이터 분석 기능은 학습자의 피드백을 실시간으로 수집하고 분석하여 웹사이트의 문제점을 신속히 파악하고 해결책을 제시할 수 있도록 한다. 이를 통해 웹사이트는 지속적으로 발전하며, 사용자 경험을 최적화하여 포용성을 높이는 데 도움을 준다. 결국, AI는 학습자들이 효과적으로 접근할 수 있는 학습 환경을 조성함으로써 교육의 기회를 더욱 확대하고 평등한 학습 경험을 제공하는 데 중요한 역할을 한다.

　또한, AI는 협업 학습 환경의 접근성을 높여 학습자들이 서로 소통하고 협력할 기회를 제공한다. AI는 지리적 장벽을 넘어 학습자 간의 협업을 촉진하고, 서로의 경험과 지식을 공유하며 함께 성장할 수 있는 사회적 학습(social learning)을 지원한다. 다양한 디지털 도구와 플랫폼을 활용하여 학습자는 팀 프로젝트를 수행하고 서로의 아이디어를 공유하며 더욱 풍부한 학습 경험을 누릴 수 있다. 이는 학습자 간의 소통과 지식 공유를 촉진하여 유익한 글로벌 학습 생태계를 조성한다. AI는 협업 학습을 장려하고 학습 접근성을 높이는 데 필수적이며(Iabac, 2024), 그룹 프로젝트를 구성하고 각 학습자의 강점을 고려하여 역할을 배정함으로써 팀워크를 강화한다. 이러한 협업은 AI 시대가 요구하는 팀워크를 반영하며, 학습자들이 다양한 관점을 이해하고 문제를 해결하는 데 중요한 기반이 된다.

　AI는 언스쿨링의 접근성을 혁신적으로 향상시키고 있으며, 모든 학습자가 자신의 잠재력을 최대한 발휘할 수 있는 환경을 조성하는 데 기여하고 있다. 앞으로 AI 기술에 기반한 언스쿨링은 더욱 발전하여 교육의 포용성을 높이고 다양한 학습자들이 동등한 기회를 누릴 수 있도록 할 것이다.

IV. 언스쿨링의 미래: 세 가지 혁명적 시나리오

지난 200년 동안 학교는 우리 사회의 문화, 생활방식, 의식, 사고방식에 깊이 뿌리내린 중요한 기관으로 자리 잡았다. 그러나 학교 교육에 대한 불만 증가, 개인주의와 자유를 추구하는 라이프스타일의 변화, 노동 시장의 신기술 요구, 급변하는 직업 세계, 그리고 AI 기반의 신교육은 학교 교육의 불가침 성역에 도전하는 언스쿨링 철학에 힘을 실어주었다. 변두리에서 시작된 언스쿨링은 시간이 지날수록 교육의 중심으로 이동하며 학교 교육을 대체하려는 시도가 현실화될 것으로 예상된다.

현재의 교육 시스템은 기후 변화, 경제 혼란, 국제적 긴장, 사회 양극화, 신뢰 하락, 대량 이주, 인구 고령화 등을 해결해야 할 다양한 압력에 직면해 있다. 이러한 도전적이고 불확실한 상황에서 학교의 미래를 예측하거나 예측하려는 시도는 제한적이다(OECD, 2020). 이러한 의미에서 여기서 구상한 시나리오는 급진적인 사고와 상상력에 기반한 한 가지 구상일 수 있다. 그러나 여러 가지 그럴듯한 미래 시나리오를 확인하고, 그 영향을 살펴보고, 잠재적인 정책적 시사점을 파악하는 것은 가치가 있을 것이다.

▬ 시나리오 1: 학교 시스템의 쇠퇴와 언스쿨링의 확장

언스쿨링에 대한 대중의 인식이 확산하고 있다. 언스쿨링은 더 이상 단순한 대안 교육이 아니다. 언스쿨링이 제공하는 혁신적인 교육 접근법의 가치와 이점에 대한 대중의 인식이 점점 더 높아지는 추세다. 뉴스 매체와 소셜 미디어에서는 낡은 학교 시스템의 한계에 대한 불만의 목소리가 점점 더 높아지고 있다. 반면에 학교를 다니지 않고 자기 주도적으로 학습하는 언스쿨링 학생들의 성공 사례는 널리 보도되고 있다. 이러한 정보가 대중의 인식을 변화시키면서 언스쿨링은 현대 교육 시스템 안에서 긍정적인 기류로 변하고 있다. 언스쿨링은 교육 혁명의 새로운 중심이 되고 있으며, 전통적인 학교 교육과 함께 교육의 주류를 향해 나아가고 있다.

이 시나리오에서 언스쿨링은 학습자의 개별적인 요구를 충족하고 창의성과 독립성을 증진하는 대안 교육으로 계속 번창한다. 언스쿨링의 확장 시나리오는 언스쿨링 원칙이 더 널리 채택되어 전통적인 교육 기관을 보완하고 자기 주도적이고 자율적인 학습의 기회를 더 많이 제공하는 미래를 상상한다.

전통적인 학교 교육은 여전히 그 자리를 지킨다. 하지만 아이들을 학교에 보내지 않거나 중간에 학교를 그만두는 가정이 증가한다. 과중한 학업과 입시 부담, 학교 스트레스로 인한 학생들의 정신 건강 악화, 그리고 천정부지로 솟는 사교육비는 학교 교육에 대한 불만을 고조시킨다. 학교 교육에 대한 사회적 불신이 깊어지면서 학부모와 학생들은 학교 당국을 더욱 거세게 비판하고, 이러한 혼란 속에서 학교 구성원 간의 갈등은 날로 심각해진다. 교육을 둘러싼 파열음이 여기저기서 끊이지 않으며 학교는 쇠퇴기를 맞는다.

이러한 문제들은 부모와 학생 모두에게 심각한 부담으로 작용하며, 그 결과 대안 교육 방식에 관한 관심이 증가한다. 이제 점점 더 많은 가정에서 언스쿨링을 수용하거나 언스쿨링 원칙을 교육 방식에 통합하기 시작한다. 부모와 교육자들은 자기 주도적 학습을 촉진하는 데 언스쿨링의 가치를 인식하고 있으며, 유연성, 자율성, 실제 경험에 대한 필요성이 점점 더 커진다. 언스쿨링은 아이들이 자신의 관심사를 따르고 개인의 능력과 열정에 더 부합하는 학습 방법을 제공하며, 학교 교육에서 오는 스트레스와 학업 부담도 줄이는 장점이 있다. 이러한 이유로 많은 가정에서 학교 교육과정을 넘어 실제 문제 해결과 자기 주도적 학습을 중요시하고 장려하기 시작한다.

언스쿨링을 더욱 촉진하는 중요한 요인은 기술 발전이다. AI의 기술 혁명은 학습자들이 방대한 자원과 플랫폼에 쉽게 접근할 수 있도록 함으로써 언스쿨링의 확대에 중요한 역할을 한다. AI 기술은 학습 경험을 더욱 풍부하고 흥미롭게 만들어 준다. 인터넷과 디지털 기술의 발달로 지식과 정보에 대한 접근성의 문턱이 크게 낮아진다. 온라인 교육 플랫폼과 콘텐츠는 전 세계적으로 확장되며, 학습자는 개별 맞춤형 학습 경로를 따라서 자기 주도적으로 학습할 수 있다. 이러한 기술 발전으로 인해 가정의 학습 환경이 개선되고, 더 많은 가정이 언스쿨링을 선택한다.

사회적 변화도 언스쿨링의 확대에 큰 영향을 미치는 요인이다. 유연 근무제 도입으로 많은 부모가 아이 교육에 더 깊이 관여할 수 있게 되었다. 일과 가정의 균형을 중시하는 부모는 아이를 더 잘 이해하고, 아이의 열정을 발견하며, 아이가 스스로 성장할 수 있는 환경을 제공한다. 언스쿨링은 아이의 자신감과 창의력을 높이고 삶의 여러 영역에서 성공할 수 있는 발판을 마련한다. 현대 사회는 개인의 창의성, 문제 해결 능력, 협동심, 의사소통 능력을 중시하는 경향이 있다. 하지만 전통적인 학교 교육 시스템에서는 이러한 역량을 충분히 개발하지 못한다는 것이 거의 보편적인 인식이다. 그 결과, 많은 부모가 아이에게 새로운 학습 경험과 기회를 제공하고 일상생활을 학습 중 일부로 통합하기 위해 점점 더 언스쿨링으로 눈을 돌린다.

언스쿨링의 개념은 더 이상 가정에만 국한되지 않는다. 언스쿨링은 새로운 학습 공간, 기술, 자원공유, 그리고 양육 환경을 통해 맞춤형 학습 경로를 개발할 수 있는 학습 커뮤니티로 발전한다. 이러한 학습 커뮤니티는 지역사회의 기업, 문화 기관 및 기타 단체와 협력하여 학생들에게 다양한 학습 기회를 제공한다. 언스쿨링 교육 커뮤니티는 AI 기술을 활용하여 안내, 멘토링, 연결, 지원 시스템을 구축한다. 이들은 자원과 지식을 공유하고, 함께 커뮤니티 기반의 교육 활동을 조직하고 참여한다. 언스쿨링 학습 포드나 미니 학교 등 소규모 가족 기반 커뮤니티는 가상 학교나 학습 공원 같은 대규모 학습 커뮤니티와 함께 발전하며 학습 공간을 더 풍성하게 한다.

이 시나리오에서 언스쿨링 교육은 전통 학교 시스템의 한계를 뛰어넘어 개인 맞춤형 학습을 가능하게 하고 학습자가 자신의 학습 과정과 속도를 결정할 수 있다. 이러한 접근 방식은 학습자가 자신의 관심사, 열정, 장기적인 목표에 따라 학습을 설계하는 데 도움이 된다. 나아가 언스쿨링은 학습자가 다양한 환경과 경험을 통해 사회적 기술, 비판적 사고력, 창의력을 개발할 수 있게 한다.

현대 사회는 급변하는 노동 시장과 기술 발전에 대응하기 위해 평생 학습의 중요성을 강조하고 있다. 언스쿨링은 이러한 평생 학습 문화를 지원하고 학습자가 지속적으로 새로운 지식을 탐구하고 기술을 개발할 수 있는 기반을 제공한다. 이는 미래의 업무에 필요한 유연하고 적응력 있는 고품질 인력을 양성하는 데 공헌한다.

이제 언스쿨링은 커뮤니티를 넘어 글로벌화된다. 인터넷과 온라인 플랫폼의 발달로 전 세계 언스쿨링 가족들이 쉽게 소통하고 정보를 공유할 수 있게 된다. 이러한 글로벌 커뮤니티는 온라인 수업, 워크숍, 그룹 프로젝트 등 다양한 학습 활동을 함께 기획하고 서로의 경험과 방법을 공유하며 언스쿨링의 민주화를 촉진한다. 이러한 글로벌 커뮤니티는 세계 시민으로서 아이들의 사회적 상호작용과 협업 능력을 키우고, 학교가 제공하지 못하는 다양한 학습 경험을 제공함으로써 글로벌 교육을 선도한다.

언스쿨링의 기능이 진화함에 따라, 새로운 평가 및 인증 관행이 언스쿨링 확장을 주도하는 주요 기관으로 자리매김한다. 언스쿨링은 정식 학위와 자격증 대신 디지털 배지, 기술 기반 자격증, 프로젝트 포트폴리오와 같은 대체 자격증을 통해 학습자의 고유한 재능과 성취를 보여준다.

고용주들은 이미 이러한 대체 자격 증명이 개인의 능력과 기술을 평가하는 유효한 방법임을 인식하기 시작했다(Milord, 2019). "우리는 대학 졸업장을 보지 않고 재능을 본다"라는 일론 머스크의 말은 이를 잘 요약한다. 고용주들은 기존 채용 관행을 탈피해, 대학 졸업장이나 학위 대신 개인의 능력과 재능을 가치 있게 여기는 신능력주의 기반의 새로운 인재 선발 시스템을 환영하고 지지한다. 이런 채용 관행의 변화는 대학 입시에도 영향을 끼쳐, 대학들이 학생 선발 기준을 능력과 역량 중심으로 전환하게 만든다. 능력에 기반한 대학 선발 및 취업 시스템은 우리 사회의 평등을 촉진하고 인재 낭비를 최소화하여 인류 문명에 공헌한다. 언스쿨링 학습자들은 이런 새로운 기회를 통해 자연스럽게 자신의 역량을 강화할 수 있다.

이 시나리오는 몇 가지 중요한 질문을 제기한다.

첫째, 다양한 사회경제적 배경과 지리적 위치에 있는 사람들이 어떻게 언스쿨링 교육에 접근하고 받아들일 수 있는가?

둘째, 학부모, 교육자, 학습자가 언스쿨링 원칙을 성공적으로 구현하려면 어떤 종류의 지원과 자원이 필요한가?

셋째, 언스쿨링 학습 커뮤니티는 어떻게 학생들이 필수적인 사회적, 정서적, 인지적 기술을 개발하면서 자신의 관심과 열정을 추구할 수 있도록 보장할 수 있는가?

넷째, 기술과 디지털 플랫폼은 어떻게 언스쿨링의 성장을 촉진하며 공식 학습과 비공식 학습 사이의 격차를 줄이는 데 공헌할 수 있는가?

다섯째, 고용주와 사회 전반에서 대안적인 자격 증명과 평가 방법을 어떻게 인정하고 받아들일 수 있는가?

전통적인 교육 시스템에 대한 비판이 커지면서 언스쿨링이 새로운 표준으로 떠오르고 있다. 언스쿨링은 학습자가 자신의 호기심과 열정을 따라갈 수 있는 자유를 강조한다. 언스쿨링이 확대되면서 학생들은 스스로 학습 목표를 설정하고 창의적이고 독립적인 사고를 키우며 실제 세계와 연결된 지식을 탐구할 기회를 얻게 되었다. 이러한 변화는 교육이 단순한 지식 전달 수단이 아니라 개인의 성장과 발전을 돕는 과정이라는 점을 강조하면서 교육의 본질에 대해 다시 생각하게 한다.

언스쿨링의 확장 시나리오는 전통적인 학교 교육 시스템의 대안으로 언스쿨링 원칙이 점점 더 많이 수용되는 미래를 상상한다. 이 시나리오는 자기 주도적이고 창의적인 학습과 실제 경험의 문화를 조성하여 학습자가 급변하는 세상에서 성공하는 데 필요한 지식, 기술, 태도를 갖추도록 함으로써 학습자의 역량을 강화할 수 있는 언스쿨링의 잠재력을 보여준다.

▬ 시나리오 2: 학교 교육과 언스쿨링의 통합: 하이브리드 학교 시스템

학교 시스템의 문제점이 사회적으로 공론화되면서 기존 학교를 그대로 유지한 채, 새로운 방식으로 시스템을 개혁하려는 다양하고 대담한 실험을 시도한다. '학교 담장'의 개방과 인공지능의 발전은 학교, 가정, 지역사회 간의 연결을 강화하여 끊임없이 변화하는 학습, 시민 참여 중심의 사회 혁신을 촉진하는 기회를 제공한다. 학부모와 사회의 교육에 대한 직접적인 참여가 증가하면서 전통적인 학교 교육 시스템이 붕괴된다. AI 기술에 힘입어 더욱 다양하고 유연한 학습 방식이 민영화된다. 이 과정에서 다양한 시민단체와 지역사회를 기반으로 하는 교육 이니셔티브가 등장하지만 결국 언스쿨링이 주도권을 잡는다. 학교 시스템은 언스쿨링의 철학과 방법론을 수용하여 언스쿨링과의 통합을 추진한다.

이 시나리오는 언스쿨링이 전통적인 학교 교육을 완전히 대체하는 것을 상상하지 않는다. 대신 언스쿨링의 원칙이 기존 시스템과 통합되어 학습자에게 더 많은 교육적 선택권을 제공함으로써 교육 환경을 다양화하는 미래를 상상한다. 언스쿨링은 학생들이 자신의 흥미와 역량에 맞춰 교과목과 프로젝트를 선택하고, 개별화된 학습 계획을 세울 수 있도록 함으로써, 학교 교육의 해결책으로 자기 결정 학습을 제시한다. 이 통합 시나리오는 언스쿨링의 원칙이 더 광범위하게 수용되어 기존 교육 시스템을 보완하고 유지하며 학습자의 자기 결정적이고 자율적인 학습 기회를 더욱 확대하는 미래를 상상한다.

이 시나리오에서는 하이브리드 학교가 새롭게 탄생한다. 이 학교는 전통적인 학교 교육과 언스쿨링의 원칙이 통합된 체제로서 역동적이고 적응력 있는 학습 생태계를 조성한다. 하이브리드 학교는 인지적, 사회적, 정서적 발달을 계속 유지하는 동시에 학생들이 스스로 결정하고 개인화된 학습 경험을 가능하게 하는 유연성과 기회를 제공한다. 이 학교는 기본적으로 전통적인 학교의 핵심 체제를 유지하면서도 혁신을 통합하고, 학습자와 지역사회의 변화하는 요구에 적응한다.

하이브리드 학교는 학부모와 학생들의 요구, 그리고 지역 상황에 따라 다양한 형태로 운영된다. 어떤 학교는 전통적인 학교 시스템의 특성이 더 강할 수 있고, 어떤 학교는 서드베리 밸리 학교와 같이 언스쿨링 학교의 특성을 더 많이 반영할 수도 있다. 따라서 표준화된 전통 학교와 달리 하이브리드 학교는 매우 다양한 스펙트럼을 나타낸다. 의무 출석과 선택 출석, 풀타임과 파트타임 학습, 표준화된 시험과 무시험 등은 모두 학생의 선택에 달려 있다. 하이브리드 학교에서는 학부모가 아이의 욕구, 열정, 목표에 맞는 학습 경로를 선택할 수 있다. 학생은 교육적 연속성, 사회적 참여, 전문 리소스 및 지원에 대한 접근성 등의 혜택을 누리면서도 학교 선택과 출석 여부를 자유롭게 결정한다.

초기 단계의 하이브리드 학교에서는 일정을 유연하게 구성하여 오전 시간에는 핵심 교과목을, 오후 시간에는 프로젝트 및 관심 분야의 주제를 학습한다. 또한 선택한 주제에 대한 '플렉스 타임', 현장 학습, 그리고 커뮤니티 학습 등을 강화하여 이상적인 학교의 하루 생활을 구성한다. 수업 방식은 혼합 학습을 기반으로 하여 온라인과 대면 학습을 조화롭게 결합하고, 개인 맞춤형 연습을 위한 기술을 활용하며, 토론 및 프로젝트를 위한 대면 수업 시간을 통해 학생들이 자신의 속도에 맞춰 학습한다. 이러한 혼합 학습 방법은 맞춤형 학습으로 이어져, 학생들은 각자의 학습 목표를 세우고 관심사에 따라 프로젝트를 선택하며, 교사와 협력하여 학습 과정을 더욱 심도 있게 발전시킬 수 있다.

대체로 하이브리드 학교는 언스쿨링의 원칙을 기존 학교 커리큘럼과 원활하게 통합함으로써 체계적인 학습, 자기 주도적 탐구, 창의성, 그리고 개인적 성장의 균형을 장려한다. 이러한 접근 방식은 학문적 지식의 중요성을 인식하는 동시에 창의성, 협업, 실용적인 기술을 장려한다. 커리큘럼은 모듈화되어 있으며, '학습 뷔페' 모델을 채택한 학교에서는 학생들이 각자의 재능과 기술을 개발할 수 있는 다양한 선택 과목과 워크숍을 제공한다. 학생들은 자신의 관심사와 목표에 맞춰 미술, 음악, 코딩, 기업가 정신 등 여러 분야 중에서 선택한다.

하이브리드 학교는 물리적 인프라의 한계를 뛰어넘어 AI 기술과 온라인 리소스를 활용하여 다양한 학습 경험을 제공한다. 학습 환경은 최첨단 기술, 메이커 스페이스, 협업 공간을 갖춘 탐구 센터로 탈바꿈하여 학생들이 호기심을 따르고 학제 간 프로젝트에서 협업할 수 있도록 지원한다. 교사는 학습 과정에서 멘토와 촉진자의 역할로 전환하여 학생들이 핵심 과목을 배우고, 관심사를 발견하고, 교육 자료를 탐색할 수 있도록 지원한다.

기술은 구조화된 학습과 자기 주도적 학습 사이의 간극을 메우는 데 중요한 역할을 한다. AI 기반 학습 도우미, 가상현실, 사물인터넷과 같은 기술은 개인 맞춤형 학습과 다양한 학습 스타일의 원활한 통합을 가능하게 한다. AI 기반 솔루션은 맞춤형 학습 계획, 데이터 기반의 피드백, 그리고 실시간 지원을 제공한다. 또한, 가상현실 및 증강현실 기술을 통해 몰입감 있는 학습 경험을 제공함으로써, 학생들이 실제 애플리케이션과 글로벌 교육 자원에 접근할 수 있도록 돕는다. AI 플랫폼을 통해 학생들은 자신의 관심사를 추구하고, 동료와 협업하고, 방대한 리소스에 액세스하여 학습 여정을 촉진한다.

하이브리드 학교 시스템의 평가 및 자격 증명은 표준화된 시험과 대안 평가 접근 방식 간의 균형을 추구하면서 학교 교육과 언스쿨링 원칙의 통합을 반영한다. 평가 및 자격 증명 관행은 표준화된 시험 점수보다는 개인의 성장과 발달에 초점을 맞춰 더 유연하고 역동적이다. 프로젝트 기반 평가, 자기성찰, 기술 기반 인증 등의 다양한 평가 방식을 통해, 학습자들은 자신만의 독특한 성취를 인정받게 된다. 고등교육 기관과 고용주는 전통적인 학업 자격증뿐만 아니라 이러한 대안적 형태의 자격증을 인정하고, 또한 학업 자격에 대한 블록체인 기반의 인증 평가를 활용한다(DataPoint Interactive, 2024).

하이브리드 학교 시스템의 거버넌스 구조는 공평한 기회를 보장하는 동시에 지역 자율성을 강조한다. 중앙 집중식 감독과 분권화된 의사결정 사이의 균형을 통해 각 커뮤니티는 상황에 맞는 혁신적인 교육 솔루션을 추구한다. 지역, 국가, 국제기구의 강력한 지원은 모든 커뮤니티, 특히 사회 인프라가 취약한 커뮤니티가 필요한 자원, 투자, 기술 지원을 받을 수 있도록 보장한다.

이 시나리오는 몇 가지 중요한 질문을 제기한다.

첫째, 어떻게 교육 시스템이 학교 교육과 언스쿨링 사이를 원활하게 통합하여 공평하고 포용적인 학습 생태계를 조성할 수 있는가?

둘째, 학교는 다양한 학습 스타일을 수용하여 자기 주도적 학습을 지원하기 위해 물리적 인프라, 커리큘럼, 평가 방법을 어떻게 조정할 수 있는가?

셋째, 교사, 지역사회 지도자, 학부모가 학습자를 위한 풍부한 학습 기회의 네트워크를 효과적으로 구축하려면 어떻게 해야 하는가?

넷째, 특히 기술 및 연결성과 관련하여 이러한 혼합형 학습 생태계의 촉진을 위해서는 어떤 지원과 자원이 필요한가?

다섯째, 지역 자율성의 장점과 중앙 집중식 감독 및 공평한 기회의 필요성이 어떻게 균형을 이룰 수 있는가?

하이브리드 학교 시스템은 전통적인 학교 교육과 언스쿨링의 장점을 결합하여 학습자에게 개인화된 교육 경험을 제공한다. 하이브리드 학교는 학생들이 교실 안팎에서 다양한 학습 방법을 탐색하도록 장려하며, 이러한 방식으로 자기 주도 학습, 협업 학습, 프로젝트 기반 학습 등을 혼합한다. 하이브리드 모델은 학생들이 스스로 학습 경로를 설계하는 동시에 사회적 상호작용과 협업의 중요성을 인식하도록 함으로써 미래 인재에게 요구되는 융합적 사고와 문제 해결 능력을 기른다.

하이브리드 학교 시나리오는 다양한 교육 선택이 공존하는 미래를 상상하며, 학생과 가족이 전통적인 접근 방식과 언스쿨링 접근 방식의 장점을 모두 활용할 수 있도록 한다. 언스쿨링과 학교 교육의 통합은 전인적이고 포용적이며 균형 잡힌 교육 경험의 토대가 될 수 있다. 이 시나리오는 학습자의 다양한 요구, 욕구, 열망을 충족하는 새로운 교육 시대를 위한 길을 열어준다.

▬ 시나리오 3: 언스쿨링 기반의 '학교 없는 사회의 학습 모델'로 전환

언스쿨링의 학습 혁명으로 인해 160년간 지속된 공장식 학교 교육 시스템이 사라진다. 모든 학교는 언스쿨링 철학에 기반한 '학교 없는 사회의 학습 모델'로 대체된다. 이는 전통적인 학교 시스템을 근본적으로 변화시킨다. 새로운 학습 환경은 기존의 학교 개념과는 완전히 다르며, 교사, 학년, 학기, 커리큘럼, 교과서, 시간표, 시험, 성적, 출석, 방학 등 전통적인 요소들이 무의미해진다. 심지어 학교 건물도 메이커 스페이스, 해커스페이스, 카페 등으로 변모하여 학교의 개념이 모호해진다. 이러한 변화는 일리치가 주장한 바와 같이 학교 교육과 학습의 차이를 강조하며, 제도화의 영향을 비판하고 자기 주도 학습을 촉진하는 방향으로 나아간다(이반 일리치, 2023). 유네스코는 현대의 연결성과 다양한 기술 서비스의 발전으로 인해 전통적인 학교 시스템이 무용지물이 될 것이라고 예측하고 있다(UNESCO, 2020). 학교 없는 사회에서는 모든 아이가 의무적인 학교 시스템에서 벗어나 자유롭게 배우고 생활하며, 언스쿨링 철학에 따라 스스로 학습 주제와 방법을 선택할 수 있다. 이를 통해 아이들은 자신의 흥미와 역량에 맞춰 학습을 조정하고, 더 흥미로운 방식으로 지식과 경험을 습득하게 된다.

이 시나리오는 AI 기술의 발전과 언스쿨링 접근 방법의 힘에 밀려 혁신적으로 변화하는 교육의 모습을 상상한다. 언스쿨링 철학이 전 세계로 확산하고 전통적인 학교 시스템을 대체하는 학습 혁명이 일어난다. 이러한 언스쿨링 환경에서 학습자는 개인화된 학습 경험을 통해 창의력, 열정, 비판적 사고, 감성 지능을 개발하면서 스스로 학습을 통제하게 된다.

전통적인 학교 교육이 해체됨에 따라 학습은 더 이상 나이나 딱딱한 일정에 의존하지 않는다. 학생들은 자신의 관심사에 집중하고 목표와 열정에 따라 프로젝트를 수행하면서 자유롭게 학습한다. 부모는 교육과정에 적극적으로 참여하여 아이와 함께 성장하고 학습 환경을 조성한다. 이를 위해서는 부모가 학습 환경을 조성하고 아이의 학습을 지원하는 방법에 대한 더 구체적인 지침을 갖는 것이 중요해진다.

　AI 기술의 발전은 이러한 교육 혁명에서 중요한 역할을 하며, 모든 학습자가 기술에 동등하게 접근할 수 있도록 하는 데 중점을 둔다. 디지털 격차를 해소하기 위한 전략이 중요해진다. 인터넷과 디지털 기술의 발전으로 학습자는 온라인 강의, 비디오 콘텐츠, 모바일 앱 등 다양한 리소스를 활용하여 자기 주도적으로 학습한다. 온라인 플랫폼은 해당 분야의 전문가가 강의하는 강좌를 제공하며, 학습자는 원하는 시간과 장소에서 학습한다. 또한 커뮤니티와의 협업과 상호작용을 통해 학생들은 사회성과 창의력을 키운다.

　학습자들은 표준화된 커리큘럼 대신, 디지털 도구와 AI 기반의 개인화된 학습 도우미를 이용해 자신만의 학습 경험을 설계하며, 비슷한 관심사를 가진 이들과 교류한다. 이 디지털 도우미들은 학습자의 개별적인 능력과 관심사에 부합하는 기술 습득, 협업, 지식 발견을 촉진한다. 물리적인 학교가 사라지면서, 지역사회는 '스마트' 인프라를 통합해 학습을 지원하는 안전하면서도 활기찬 환경으로 변화한다.

　학교 없는 사회에서 아이들은 주변 환경을 자연스러운 배움의 교실로 활용한다. 아이들은 일상 속 경험과 관찰을 통해 지식을 얻고, 자신이 관심 있는 분야를 심층적으로 탐구한다. 도서관, 박물관, 공원, 미술관, 극장을 찾아 배움의 기쁨과 의미를 찾는다. 이러한 환경에서는 주변 세계가 아이들의 놀이터이자 교육 공간이 된다. 특히 학습 공원 (learning park)은 지역사회의 자원과 협업을 기반으로 구축된 물리적 학습 시설로, 학생들이 다양한 학습 활동과 프로그램을 경험하며 실제 문제 해결 능력을 강화한다. 메이커 스페이스와 해커스페이스가 보편화됨에 따라 창의성과 혁신이 촉진된다. 이러한 공간은 학생들이 자기 아이디어를 실현하고 새로운 기술을 실험하며 동료 학습자 및 멘토와 협업할 수 있는 환경을 제공한다. 이러한 환경은 학습자가 실제적인 문제 해결에 필요한 기술과 지식을 쌓는 데 도움이 된다.

학교 없는 사회의 학습 모델에서 학습자는 학습 자원, 학습 기회, 커뮤니티와 연결해 주는 다양한 학습 네트워크의 지원을 받는다. 이러한 네트워크 중 하나가 바로 일리치의 학습 망이다. 일리치의 주장을 바탕으로 하는 현대 사회의 "디지털 학습 망"은 인터넷과 AI 기술을 사용하여 구축된 가상 학습 공간으로, 학생들이 자기 주도 학습에 참여하고 자신의 진도를 추적하고 평가하는 방법을 고려한다. 학생들은 다양한 주제의 강의와 콘텐츠에 액세스하여 수강하고, 전문가로부터 온라인 멘토링과 지식을 공유한다. 정부와 민간 단체는 이러한 학교 없는 사회의 생태계를 지원하는 데 필요한 구조와 자원을 제공하는 데 중점을 둔다.

언스쿨링 기반의 학교 없는 사회의 학습 모델로의 전환은 개인의 필요와 관심사에 맞춘 맞춤형 교육을 통해 교육 불평등을 줄이는 혁신적인 접근 방식을 제공한다. 지역사회와의 협력 학습, AI 학습 플랫폼에 대한 접근성 향상, 학습자 주도 학습을 통해, 모든 학습자가 양질의 교육 자원에 접근함으로써 경제적, 지리적, 문화적 배경과 관계없이 자기 잠재력을 최대한 발휘할 기회를 보장한다. 이러한 변화는 교육의 불평등을 해소하는 데 중요한 역할을 한다.

학습평가는 자기 평가와 증거 기반 평가가 중심이 된다. 학생들은 프로젝트, 작품, 포트폴리오 등의 형태로 학습 결과물을 제출하여 자신의 학습을 시각적으로 표현한다. 이러한 학습 결과물은 블록체인에 의해 관리되며 학생들이 자기 능력과 역량을 입증할 수 있도록 돕는다. 필요한 경우 이를 기반으로 인증서나 자격증을 발급받는다. 디지털화를 통해 지식, 기술, 태도를 심층적이고 실질적이며 즉각적인 방식으로 평가하고 인증한다. 따라서 신뢰할 수 있는 교육 기관이나 사설 학습 시설과 같은 중개자가 필요 없게 된다. 블록체인 기술은 이러한 인증 절차를 대체하며, 고용주는 신뢰할 수 있는 출처를 갖게 된다. 이에 따라, 고용주나 교육 기관은 더 이상 관련 없는 다양한 과정을 포함한 커리큘럼을 이수하도록 요구하는 대신, 학생들의 특정 기술이나 능력을 직접적으로 확인할 수 있게 된다(이반 일리치, 2023).

이 시나리오는 몇 가지 중요한 질문을 제기한다.

첫째, 학교 시스템의 부재가 학습 기회의 형평성과 다양성을 촉진하는가? 혹은 지식과 기술의 격차를 더욱 벌리는 위험성이 있는가?

둘째, 학교가 없는 사회의 학습 모델에서 학습자를 공정하고 편견 없이 평가하고 인증하는 방법은 가능한가?

셋째, 사회성 발달, 공감 능력, 리더십, 협업 능력을 키우기 위해 AI 기반 개인 학습 도우미에 의존하는 것은 윤리적 문제가 없는가?

넷째, 지역사회와 학부모가 기존의 학교 시스템 없이도 안전하고 지원적이며 체계적인 학습 환경을 제공할 방법은 무엇인가?

이 시나리오에서 학교 없는 사회의 학습 모델로의 전환은 교육의 패러다임을 완전히 바꿔 놓는다. 교육이 더 이상 특정 장소나 시간에 얽매이지 않고 일상의 모든 순간에서 학습이 이루어진다. 학습자는 커뮤니티, 온라인 플랫폼, 현장 학습 등 다양한 리소스를 활용하여 자신의 관심사와 필요에 따라 지식을 습득한다. 이러한 접근 방식은 학습을 맞춤화하며, 학습자가 스스로 학습 과정을 주도하고, 다양한 경험 및 사람들과의 상호작용을 통해 학습하는 자기 결정 학습의 실천이 가능하게 한다. 학교 없는 사회는 자율성, 책임감, 평생 학습의 가치를 극대화하고 모든 사람이 자기 잠재력을 최대한 발휘할 수 있는 환경을 조성한다.

불확실한 미래, 교육에 대한 인식의 변화, AI 기술, 언스쿨링 철학의 결합은 학교 없는 사회의 학습을 위한 새로운 교육의 시대의 문을 연다. 이러한 변화는 교육을 완전한 학습자 중심으로 만들고 각 개인의 능력과 열정을 최대한 발휘할 수 있는 학습 경험을 제공한다. 결국 교육의 목적은 학생들에게 필요한 지식과 기술을 제공하는 것뿐만 아니라 성장하고, 창의적으로 생각하고, 존중하고, 협력하는 능력을 개발하는 것이다. 학교 없는 사회의 교육은 이러한 목표를 달성할 수 있는 새로운 방법과 기회를 제공한다. 이를 통해 우리는 학습의 미래를 설계하고 교육의 진정한 가치를 이해하며, 그 가치를 실현할 방법을 모색한다. 그러나 이러한 변화에는 국가의 교육 정책, 교육에 대한 대중의 인식, 교육의 철학과 목적, 구조, 행정을 중심으로 험난한 도전 과제를 수반한다. 우리의 사명은 이러한 도전을 극복하면서 학습의 미래를 새롭게 만들어 나가는 것이다.

・・・・・・

AI 시대에 들어서며, 다양한 AI 매체와 경로를 통해 지식을 더 쉽게 접근할 수 있게 됨으로써 공식 교육 기관만이 유일한 지식의 관문이라는 주장은 이미 설득력을 잃고 시대착오적인 유물이 되었다. 미래 교육 시나리오는 다양한 미래 상황을 고려해 교육의 변화와 잠재적인 교육 정책 이슈를 탐색함으로써, 교육의 미래 방향성을 명확히 하고 효과적인 전략을 선정하는 데 공헌한다. 급속도로 변화하는 현대 사회에서는 과거의 교훈과 관행에만 의존하여 미래를 준비하는 것이 불가능하다. 미래는 이미 우리 앞에 도래했다. 교육의 성공은 미래를 얼마나 정확히 예측하고 신속하게 대응하는지에 달려 있다. 언스쿨링 철학을 기반으로 한 학습 모델은 이미 현실이 되었으며, 더 이상 먼 미래의 꿈이 아니다.

●●●

마침내 언스쿨링 호가 뱃고동을 울리며 먼 항해를 떠난다. 닻을 올리고 새로운 교육의 지평을 향해 힘차게 나아가는 이 배의 아이들은 전통적인 학습의 경계를 넘어 미지의 세계를 대담하게 탐험할 것이다. 각자의 나침반과 무한한 호기심, 그리고 열정을 품고 광활한 바다에서 자신만의 길을 찾아 나설 것이다.

언스쿨링의 바람이 돛을 부풀리면, 새로운 지식의 섬들이 여기저기서 손짓할 것이다. 아이들은 망설임 없이 그곳을 향해 나아갈 것이다. 출항의 순간은 교육의 새로운 시대를 알리는 신호탄이 되어, 아이들은 학습의 자유와 무한한 가능성을 가로막는 거센 파도를 헤치며 새로운 항로를 개척할 것이다.

그들의 목소리는 높아지고, 세상에 자신의 의미를 널리 전달할 것이다. 이 모험은 꿈을 실현하고 잠재력을 꽃피우는 신비한 여정이 될 것이다. 자신만의 길을 개척하고, 자기 세계를 확장하는 마법의 여정이 펼쳐질 것이다.

언스쿨링 호는 모든 아이가 자유롭게 자신의 길을 찾을 수 있는 아름다운 미래를 향해 항해할 것이다. 이 배가 가는 곳마다 새로운 배움의 지평이 열리고, 그 여정마다 빛나는 별들로 가득할 것이다. 아이들은 교육의 새로운 지도를 그리고, 미래 세대를 위한 더 밝고 희망찬 항로로 나아갈 것이다.

에필로그: 언스쿨링과 함께 하는 미래 교육의 여정

Ⅰ. 세계관의 변화와 언스쿨링의 부상

AI 시대는 세계관의 변화를 가속화한다. 기술 발전은 우리가 세상을 인식하고 이해하는 방식을 근본적으로 변화시키고 있다. AI 기술이 사회의 모든 측면에 통합되면서 우리들의 일상생활, 일, 의사결정, 커뮤니케이션의 방식 등에 엄청난 변화가 일어났다. 이러한 변화는 전통적인 세계관으로는 현실을 적절히 설명하거나 대응하기 어렵다는 것을 의미한다.

지난 300년 동안 인류 문명을 지배해 온 기계적 세계관은 유기적 세계관에 자리를 내주었다. 기계적 세계관은 현대 과학과 산업화 시대의 기술 혁신에 큰 발전을 가져왔지만, AI의 발전으로 점점 더 복잡해지는 현대 사회의 문제를 해결하기에는 한계가 있었다. 기후 변화, 환경 파괴, 불평등, 빈곤, 사회적 차별 등 인류가 직면한 난제들은 기계적 세계관의 사고방식으로는 해결이 어렵다는 사실이 이미 오래전에 드러났다.

새롭게 부상한 유기적 세계관은 세상을 서로 연결되고 상호작용하는 생명체들의 생태계로 바라보는 관점을 제시한다. 이러한 세계관은 인간, 기계, 자연의 상호연결성을 인식하고 변화를 포용한다. 유기적 세계관은 종전의 기계적 세계관과 달리 복잡한 문제를 비선형적인 방식으로 풀어가는 새로운 사고방식의 토대를 제공한다. 사람들이 세상을 이해하고 살아가는 방식에 데이터와 알고리즘이 필수적인 요소로 자리 잡은 AI 시대에 이러한 관점은 인류의 난제를 해결할 가능성을 높이는 점에서 큰 기대를 받고 있다.

변화하는 세계관 속에서 교육에 대한 현대적인 접근 방식과 가치관의 변화가 요동치고 있다. 이러한 변화가 요구하는 새로운 교육 방식에 대응하여 언스쿨링이 확실한 대안으로 주목받는다. 전통적인 학교 시스템이 지식의 일방적 전달과 획일적인 커리큘럼에 중점을 두었다면, 언스쿨링은 정보 기술의 발달과 지식의 민주화, 개인의 자기 주도 학습, 유연하고 개인화된 학습 접근 방식을 강조한다. 새롭게 등장한 언스쿨링은 교육의 목적과 방향을 근본적으로 다시 생각하게 한다. 언스쿨링은 교육의 목적이 지식이나 기술을 습득하는 것뿐만 아니라 학습자가 자신의 학습 과정을 이해하고 자신의 관심과 열정을 탐구하도록 돕는 것임을 인식한다. 학습자의 자율성과 창의성을 존중하고 개인의 다양성과 고유성을 인정하는 시스템으로 교육을 변화시키고자 한다.

언스쿨링의 부상은 사회적, 경제적 맥락의 측면에서도 잘 드러난다. 현대 사회는 다양성과 유연성을 요구하며, 이는 전통 교육 시스템에서 제공하는 일관된 경로와는 전혀 다른 다양한 학습 경로와 진로를 요구한다. AI 사회에서 빠르게 진화하는 정보와 지식을 효과적으로 활용하기 위해서는 비판적 사고, 문제 해결 능력, 평생 학습 태도가 필수적이다. 언스쿨링은 이러한 역량 개발에 초점을 맞추고 학습 과정에서 학습자의 자기 결정권을 강조한다. 학습자는 자신의 관심과 필요에 따라 학습의 방향과 속도를 조절할 수 있으므로 기존 교육에서 종종 간과되는 학습의 동기와 관련성을 높일 수 있다. 이는 변화하는 사회와 경제 발전에 유연하고 창의적으로 대응하는 핵심 역량이다. 언스쿨링은 학습자가 다양한 학습 경험을 통해 자기 잠재력을 최대한 실현할 기회를 제공함으로써 AI 시대의 사회경제적 요구에 최적으로 부응한다.

언스쿨링은 "완전한 학습자 중심의 교육"을 통해 개인은 물론 사회와 경제의 요구를 충족하고 개인과 사회에 긍정적인 변화를 일으키는 데 중요한 역할을 한다. 교육 방법의 다양화를 넘어 개인의 삶에 지대한 영향을 미침으로써 교육을 근본적으로 바꾸는 혁명적인 교육이다.

Ⅱ. 언스쿨링: 교육의 미래를 위한 새로운 패러다임

　토마스 쿤은『과학혁명의 구조(1962)』에서 과학의 발전이 특정한 패러다임, 즉 지배적인 이론이나 관점에 따라 이루어진다고 주장하며, 이러한 패러다임이 전환될 때 혁신적인 변화가 일어난다고 말했다. 현재의 언스쿨링 교육 패러다임은 주류 학교의 관행과 이론에서 파생된 것이며, 이는 우리가 지금까지 경험한 교육의 형태와 다른 것 중 하나이다. 이는 현재의 패러다임이 절대적인 것이 아니며, 시간이 지나면서 새로운 접근이나 이론이 등장할 수 있다는 점을 의미한다. 현재의 언스쿨링 교육 패러다임은 단지 하나의 단계일 뿐이며, 앞으로 더 다양한 교육적 접근이 나타날 가능성이 있다. 이러한 변화는 교육의 질을 향상시키고, 다양한 개인의 필요와 사회적 요구를 반영할 기회를 제공할 수 있다.

　AI의 기술 혁신이 사회구조를 바꾸면서 160년 동안 지속되어 온 학교 교육 시스템이 한계에 도달했다는 사실이 더욱 분명해졌다. 미래학자들은 머지않아 전통적인 공장식 학교 교육이 종말을 맞을 것으로 예측한다. 그들은 복종과 권위주의를 강조하는 학교 시스템이 현대 사회가 직면한 복잡한 문제 해결에 걸림돌로 작용한다고 생각한다. 현재 우리 교육 시스템의 발목을 잡는 것은 산업화 시대의 기계적 세계관에 기반한 공장식 학교 교육 모델의 잔재이다. 로봇과 자동화가 전통적인 역할을 대체하는 급변하는 사회 환경에서는 무엇보다도 아이들의 타고난 호기심과 창의력, 탐구력을 키우는 것이 중요하다. 하지만 산업화 시대의 산물인 현재의 학교 교육은 아이들의 호기심을 짓밟고 창의성을 억압하며 자아존중감을 훼손하고 있다.

　일부 교육 개혁가들은 현대 사회의 요구와 가치에 맞게 학교 교육을 개혁하려면 전통적인 방식을 넘어서는 사고의 전환이 필요하다고 목소리를 높이며, 아동 중심의 커리큘럼, 시험 축소, 포용적인 교육 환경

등을 제안한다. 그러나 이는 매번 수없이 반복되는 주장으로 시스템의 틀에 갇힌 사고를 반영하는 립서비스일 뿐 근본적인 해결책은 되지 못한다. 사회 변화에 부응하지 못하고 중대한 갈림길에서 허둥대는 우리 교육은 안타깝게도 적절한 대처 방안을 찾지 못하고 있다. 이제 완전히 새로운 교육의 틀이 필요한 시점이다.

이러한 맥락에서 언스쿨링은 AI 시대에 부합하는 인간의 잠재력을 끌어낼 수 있는 미래 교육의 틀이라고 할 수 있다. 유기적 세계관을 바탕으로 하는 언스쿨링은 현 교육 시스템의 한계와 결함을 극복하고 개개인의 학습 경험을 증강할 수 있는 엄청난 잠재력을 가지고 있다. 언스쿨링의 본질은 완전한 학습자 중심 교육으로, 아이들이 내재적 흥미를 바탕으로 열정을 추구하고 스스로 학습 여정을 이끌어가도록 장려한다. 이러한 접근 방식은 개별 학습자의 학습 경험을 풍부하게 하는 동시에 우리 시대의 시급한 요구에 부응할 수 있는 뚜렷한 장점이 있다.

급변하는 첨단 AI 시대에 젊은이들에게 미래에 필요한 지식을 예측하여 가르치는 것은 무의미한 일이다. 현실 세계에 몰입하고, 타고난 성향과 관심을 추구하며, 자기 기술을 탐구하고 개발함으로써 아이들이 교육에서 주도적인 역할을 할 수 있도록 힘을 실어주는 교육이 절실한 시대이다. 전통적인 학교의 틀에서 벗어나 새로운 교육 패러다임을 고안하고 창조하며 자기 주도적 교육으로 나아가는 일이 시급한 과제이다. 이는 다양한 가능성의 문을 열고 창의력과 상상력을 발휘할 수 있는 공간을 제공하는 출발점이 될 수 있다.

오늘날과 같이 상호연결된 세상에서 언스쿨링은 시대적 요구에 가장 적합한 교육 철학이며 교육 방법이다. 언스쿨링은 아이들이 변화하는 세상에 적응하고 자신의 관심사를 탐구하며 평생 학습 기술을 개발할 수 있는 토대를 제공한다. 언스쿨링은 아이들이 자유롭게 탐구하고 실험하는 환경을 조성함으로써 창의성과 혁신을 장려한다. 또한 언스쿨링은 성공에 필수적인 사회적 지능과 정서적 지능을 높여 삶의 기술을 증진한다. 이 새로운 교육 방식은 아이들에게 새로운 학습 방식과 목표를 제공한다. 언스쿨링은 미래 교육에 대한 접근 방식을 혁신하는 중요한 도약으로, 학생들이 더 적극적으로 학습하고 세상을 탐구하며 자신의 역량을 개발하는 데 크게 공헌하는 교육이다.

우리 사회는 언스쿨링의 철학과 방식을 교육 시스템에 통합하고 모든 아이가 자기 잠재력을 최대한 발휘할 수 있는 교육 환경을 조성해야 하는 중대한 과제에 직면해 있다. 이는 단순히 학습 방식의 변화를 넘어 교육의 본질을 재고하고 모든 아이에게 가치 있는 학습 경험을 보장하는 새로운 패러다임을 요구한다.

머지않아 전통적인 학교 교육의 제약을 벗어나 고품질의 교육을 제공하는 "학교 없는 사회"의 청사진이 실현될 것이다. 우리는 산업화 시대의 기계적 세계관에 기반하는 학교 시스템의 유산에서 벗어나 자기결정을 지원하고 상상력의 시대와 그 너머의 가능성을 포용하는 교육을 수용해야 한다. 유기적 세계관에 기반하는 언스쿨링은 궁극적으로 인간의 잠재력을 끌어내고 호기심을 자극하며 미래를 예측하고 대응할 수 있는 교육의 방향을 제시한다. 이제 이 부름에 귀를 기울이고 인간의 진정한 자유를 위해 교육을 변화시키는 여정을 시작해야 할 때이다. 언스쿨링을 교육 혁신의 중심으로 받아들이고 그 원칙을 적극적으로 실행하면, 교육의 미래는 상상력이 풍부한 21세기 사회로의 번영을 이끌 수 있는 길을 열 것이다.

III. 언스쿨링의 미래를 위한 전략적 대응

언스쿨링의 미래에 대한 대응으로 유기적 세계관에 기반하는 혁신적인 정책을 개발해야 한다. 전통적인 교육 시스템의 한계를 극복하고 새로운 교육의 미래를 위한 틀을 마련해야 한다. 이 과정에서 교육 현장의 문제를 인식하고 아이들의 복지와 행복을 최우선으로 하는 완전한 아동 중심 교육의 비전을 수립해야 한다. 이러한 비전을 실현하기 위해서는 정책입안자, 교육자, 교사, 학부모 등 교육 공동체 구성원 모두의 협력이 필요하며, 이들의 구체적인 역할과 책임이 명확히 정의되어야 한다.

▬ 시대에 부응하는 정책입안자의 역할과 책임

교육은 단순히 지식을 전달하는 과정을 넘어 학습자의 전인적인 성장과 발달을 지원하는 중요한 역할을 한다. 이러한 교육의 본질을 이해하고 실현하기 위해 정책입안자는 학습자 중심의 교육 환경을 조성하고 학습자의 복지를 증진하며 다양한 교육 접근법을 지원하는 등 중요한 역할과 책임이 있다. 이러한 역할과 책임은 다음과 같다.

첫째, 완전한 학습자 중심의 교육 환경을 조성해야 한다. 이는 학습자가 자신의 학습 경로를 자유롭게 선택하고 탐색하는 데 중점을 두어야 한다. 기존의 지시적이고 통제적인 교육 시스템에서 벗어나 학습자 개개인의 특성과 요구를 반영한 맞춤형 학습을 가능하게 해야 한다. 이러한 환경을 조성하기 위해 유연한 교육 정책을 개발하고 학습자의 자기 주도 학습을 장려하는 다양한 프로그램을 지원해야 한다.

둘째, 학습자의 행복을 추구해야 한다. 이는 지식 습득과 시험 점수를 넘어 학습자의 내적 성장과 행복, 웰빙에 초점을 맞춘 교육 시스템의 구축을 의미한다. 학습자가 정신적, 정서적으로 건강한 상태에서 학습에 접근할 수 있는 환경을 제공하기 위해 교육 정책은 정서적 지원과 건강한 학습 환경을 조성하는 데 초점을 맞춰야 한다. 이를 통해 학습 과정에서의 스트레스를 줄이고 학습자가 행복감을 느끼며 학습할 수 있는 토대를 마련해야 한다.

셋째, 언스쿨링과 학교 교육 간의 상호 보완적인 관계를 촉진해야 한다. 이는 학습자가 자신에게 가장 적합한 교육 방식을 선택할 수 있는 유연한 교육 시스템을 지원한다. 이를 위해 전통적인 학교 교육과 언스쿨링과 같은 비전통적 교육 방식이 서로 경쟁이 아닌 상호 보완적인 관계가 될 수 있도록 촉진해야 한다.

넷째, 다양성과 포용성을 강조하는 교육 환경을 조성해야 한다. 이는 학습자의 다양한 배경과 특성, 능력을 인정하고 존중하는 것을 목표로 한다. 모든 학습자가 자신의 강점을 극대화하고 사회 통합에 공헌할 수 있는 포용적인 교육 환경을 조성하기 위해 모든 차별을 배제하고 다양성과 포용성을 증진하는 정책과 프로그램을 개발하고 실행해야 한다.

다섯째, AI 기술이 효과적으로 작동할 수 있는 자유롭고 유연한 교육 환경을 구축해야 한다. AI를 활용한 진정한 맞춤형 학습은 학습자의 개별적인 요구를 깊이 있게 반영하는 유연한 학습 환경을 요구한다. 따라서 AI 기술의 도입은 학습자의 자율성, 교육과정, 교실 구조, 수업방식 등 전반적인 교육 시스템의 근본적인 변화와 함께 이루어져야 한다. 이러한 변화 없이는 AI의 잠재력을 충분히 활용하기는 어렵다. 기존 교육 시스템의 구조와 방식을 혁신하기 위해서는 자율성과 유연성을 강조하는 언스쿨링의 철학과 방법을 수용하고 통합하는 것이 매우 중요하다.

마지막으로, 학습자가 제한된 교육 방법에 갇히지 않고 자신에게 맞는 학습 스타일을 탐색하고 개발할 수 있도록 다양한 교육 방법에 대한 지원책을 강화하는 것이 중요하다. 이는 언스쿨링과 같은 다양한 교육 방식을 지원함으로써 실현될 수 있다.

정책입안자들은 언스쿨링을 포함한 전통적 교육 방식과 비전통적 교육 방식에 대한 지원을 강화함으로써 학습자가 자신의 학습 스타일과 필요에 가장 적합한 교육 방식을 선택할 수 있는 교육 환경을 조성해야 한다. 이를 위해 다양한 교육 프로그램과 자원에 대한 접근성을 높이고 학습자가 학습 방법을 선택할 수 있는 권한을 부여하는 정책 개발이 중요하다. 이러한 노력은 미래에 필요한 유능한 인력을 양성하고 지속 가능한 교육 혁신을 실현하는 데 중요한 역할을 할 것이다.

변화하는 교육자의 역할과 책임

우리 사회에서 교육자의 역할에 대한 깊은 이해는 현대 교육의 중심축이 되어야 한다. 현재 일부 공립학교에서는 학생들에게 개인화된 선택권과 통제권을 제공하기 위해 노력하고 있지만, 여전히 정해진 커리큘럼과 표준화된 평가 시스템에 의존하고 있다. 이러한 시스템은 학생 개개인의 학습 속도와 선호하는 학습 방법을 수용하는 학습자 중심의 학습에 미치지 못한다. 언스쿨링이 제시하는 교육 비전을 실현하기 위해서는 교육자와 교사가 이 철학을 깊이 이해하고 그에 따라 교육 활동을 설계하고 실행하는 것이 필수적이다.

첫째, 교육자들은 언스쿨링이 주장하는 학습자 중심 교육, 즉 학습자의 흥미와 관심사를 중심으로 개인화된 학습 경험을 제공하는 맞춤식 학습의 중요성을 이해하고 존중해야 한다. 학습은 지식의 습득을 넘어 학생들의 사회적, 정서적, 문제 해결 능력을 목표로 한다는 점을 인식해야 한다.

둘째, 학습자 중심 수업을 기반으로 학습자가 수업에 적극적으로 참여하고 학습 과정에 주인의식을 갖도록 장려해야 한다. 각 학습자가 자신의 강점과 능력을 발휘할 기회를 제공하고, 개인별 특성에 맞는 맞춤형 교육을 통해 잠재력을 최대한 발휘할 수 있도록 지원하는 것이 중요하다. 이를 위해서는 학생을 학습의 중심에 두고 암기식 학습보다 프로젝트 중심 학습, 교수보다 학습에 더욱 치중해야 한다.

셋째, 학습자의 자유와 선택을 존중하는 것 또한 교육자의 중요한 역할이다. 학생들이 학습 과정에서 주도권을 갖고 자율적으로 학습할 수 있는 환경을 조성하고, 학생들의 의견을 경청하고 존중해야 한다. 또한 교육자는 멘토로서 역할도 강화해야 한다. 학습자가 올바른 방향을 설정하고 필요한 지원을 받을 수 있도록 적절한 안내와 자원을 제공하여 학습자의 학습 과정을 지원해야 한다.

넷째, 교육자는 시스템을 만드는 사람으로서도 중요한 역할을 해야 한다. 현재 교육 시스템의 한계를 뛰어넘어 더 유연하고 혁신적인 교육 시스템을 구축해야 한다. 낡은 제도에 문제가 있다면 개선될 때까지 기다리지 말고 현장에서 함께 개선할 수 있는 전문가로서의 역량을 발휘해야 한다. 낡은 학교 시스템에 순응하지 말고 과감하게 아래로부터 개혁을 주도하는 시스템의 개혁자이자 창조자가 되어야 한다. 교육자들은 커리큘럼과 평가 방법의 유연성을 높일 수 있는 정책을 제안하고, 전문성 개발 기회에 적극적으로 참여하며, 교육 혁신을 촉진함으로써 이를 실현할 수 있다.

마지막으로, 언스쿨링 연구를 강화하는 것은 교육자의 중요한 책임이다. 교육자들은 전통적인 학교 교육 시스템뿐만 아니라 언스쿨링과 같은 혁신적인 교육 방법에 관한 연구와 개발을 지속적으로 수행해야 한다. 현재의 교육학은 가르침에 지나치게 편향되어 배움을 소홀히 하는 경향이 있다. 敎에 치중하여 育을 잊는 "育의 상실"을 초래하여 교육의 한쪽 날개가 꺾인 비극적인 새를 만들어냈다. 완전한 교육학은 교사와 아동, 가르침과 배움의 균형에서 성립한다. 이러한 점에서 현재의 학교 교육학은 반쪽짜리에 불과하다. 교사가 교수와 학습에 대한 균형 잡힌 교육학 소양을 갖출 때 진정한 교육을 실현할 수 있다. 현재 상황에서 완전한 교육학의 연구는 새로운 언스쿨링 교육학의 패러다임을 탐구하고, 이를 바탕으로 학습자의 자율성을 보장하며 다양한 교수학습 방법을 개발하는 데 초점을 맞추어야 한다.

교육자와 교사가 이러한 역할을 한다면 학생들은 자신의 흥미와 관심사에 따라 학습 경험을 개인화하고, 더 자율적이고 창의적인 학습자가 될 수 있을 것이다. 또한 사회적, 정서적으로 성장하고 지식 습득을 넘어 문제 해결 능력을 키움으로써 미래의 주인공이 될 수 있을 것이다.

적극적인 부모의 역할과 책임

전통적인 학교 교육 시스템을 뛰어넘고자 하는 언스쿨링의 미래는 부모의 결정에 달려 있다. 언스쿨링을 통해 아이들은 학교 교육 없이도 양질의 교육을 받을 수 있으며, 이를 통해 호기심과 열정, 학습에 대한 사랑을 유지하고 평생 학습자로 성장할 수 있다. 이러한 교육 접근법의 성공은 다양한 기술과 지역사회 자원을 활용하여 자기 주도적이고 비구조화된 학습을 지원함으로써 가능하다.

첫째, 부모는 아이의 학습 환경을 구성하고 지원하는 데 핵심적인 역할을 해야 한다. 아이들은 단순히 교육 시스템의 산물이 아니라 콘텐츠와 문화를 이해하고 종합하는 자연스러운 과정을 통해 학습한다. 이러한 과정은 인간의 호기심과 상상력을 훼손하지 않으면서 다양한 방식으로 지원할 수 있다.

둘째, 부모는 포용적이고 열린 마음으로 아이의 능력, 강점, 관심을 인정하고 이를 바탕으로 아이의 교육을 지원해야 한다. 또한 다양한 학습 경로를 인정하고 언스쿨링 방법에 대한 이해를 높이며 아이의 학습 방식을 존중하는 것이 무엇보다 중요하다. 아이들이 스스로 학습 목표를 설정하고 학습 방법을 선택할 수 있도록 자율성과 자기 주도 학습을 지원하고 적절한 학습 자료, 온라인 강좌, 커뮤니티 참여 등의 자원을 제공해야 한다.

셋째, 부모는 아이들에게 다양한 경험을 제공하고 탐구를 장려하여 학습에 흥미를 느낄 수 있도록 해야 한다. 이를 위해 박물관, 미술관, 지역사회 봉사, 자연 탐구, 여행, 캠프 등 학습 경험을 다양화해야 한다. 또한 지역사회 활동, 동아리, 자원봉사, 단체활동에 참여하여 다양한 사람들과 교류하고 협력할 기회를 제공함으로써 지역사회와 또래 관계를 형성할 수 있도록 지원해야 한다.

넷째, 부모는 언스쿨링을 실행이 가능한 교육적 대안으로 인식하고 이를 지원하는 조직과 커뮤니티를 구축하기 위해 노력해야 한다. 이를 위해 언스쿨링 인식 개선 캠페인, 공개 포럼, 토론회 등에 적극적으로 참여하여 언스쿨링의 장점과 학습자 중심 교육의 우수성을 널리 전파해야 한다. 강력한 언스쿨링 커뮤니티 구축은 부모가 국가와 사회에 동등하게 교육받을 권리를 요구하고 교육 선택권을 적극적으로 행사하는 데 도움이 될 수 있다. 부모는 언스쿨링 아이들에게 입학 및 중퇴의 자유를 보장하고 학교에 다니는 아이들과 동등한 수준의 교육비를 제공하는 교육 정책을 요구해야 한다. 이는 모든 납세자가 마땅히 누려야 할 신성한 권리이다. 이러한 노력을 기울일 때, 언스쿨링은 더 많은 가정에서 실행이 가능한 교육적 대안이 될 수 있다.

다섯째, 아이의 행복이 교육의 최우선 목표가 되어야 한다. 행복한 아이는 미래의 지도자가 될 수 있으며, 사회에 의미 있는 공헌을 할 수 있다. 부모는 긍정적이고 자유로운 환경을 제공해야 하며, 급변하는 세상에서 아이들이 무조건적인 경쟁과 과도한 학업 부담에서 벗어나 전인으로 성장할 수 있도록 도와야 한다. 좋은 성적, 명문대 진학, 일류 기업 취업이라는 선형적이고 허구의 경로에서 내 아이를 지켜야 한다. 물질 중심의 진부한 성공 방식에서 벗어나 개인적 성장과 균형 잡힌 삶 중심의 다양한 성공 방식을 찾아야 한다. 아이의 재능을 바탕으로, 아이의 방식으로, 아이의 길로 나아가며, 아이가 세상의 주인이 되는 궁극적인 행복을 추구해야 한다.

마지막으로, 부모는 아이의 학습 본성과 학습 여정을 신뢰하고 아이의 선택과 결정을 존중해야 한다. 아이들은 스스로 학습 경로를 탐색하고 실패와 성공에서 중요한 교훈을 배우면서 성장한다. 이 과정에서 부모는 아이가 자신을 갖고 도전할 수 있도록 격려와 지원을 제공해야 한다.

부모의 역할은 이러한 교육 여정에서 아이를 지원하고 아이의 성장에 동반자가 되는 것이다. 부모가 이러한 방향으로 나아가면 언스쿨링은 아이들이 창의적이고 독립적인 사고를 할 수 있는 교육의 미래로 자리 잡을 수 있을 것이다.

IV. 함께 만들어 가는 교육의 미래

현대 사회는 급격한 변화를 겪고 있다. 이는 교육을 바라보는 시각에도 영향을 미친다. AI 첨단 기술의 시대에 우리는 전통적인 지식 기반 교육에서 벗어나 창의력, 문제 해결력, 자기 결정력과 같은 기술의 중요성을 깨닫고 있다. 언스쿨링은 이러한 변화에 대응하는 방법 가운데 하나이다.

학교 교육이 한계에 직면한 지금, 교육 시스템의 근본적인 변화는 필수적이다. 우리는 더 이상 임시방편적인 개혁에 의존할 수 없다. 대신 언스쿨링의 철학과 방법을 과감하게 수용하고 이를 학교 교육 시스템에 통합해야 한다. 학습자가 운전석에 앉을 수 있는 새로운 교육 방식을 모색해야 한다. 교육의 목표는 더 이상 미래의 사회적 인재 양성에만 초점을 맞춰서는 안 된다. 그동안 소홀히 했던 학습자 개인의 행복에 초점을 맞춰야 한다. 무엇보다 아동의 재능계발과 복지 사이의 균형을 맞추는 일이 중요하다. 공중의 새는 두 날개로 난다. 교육도 개인적 목적과 사회적 목적이 균형을 이루어야 그 본연의 목적을 달성할 수 있다. 교학상장, 줄탁동시 등 선현들의 지혜를 새롭게 보아야 한다.

아시다시피, 아날로그 방식인 학교 시스템에는 AI 시대의 '디지털 네이티브' 학습자를 위한 학습 공간이 없다. 인권과 다양성의 포용이 표준이 되는 세상에서 국가가 교육을 독점하던 시대는 끝났다. "교육의 권리는 부모의 권리이다." 세계인권선언은 "부모는 자녀에게 제공되는 교육의 종류를 선택할 권리가 있다"라고 명시하고 있다(제26조 3항). 불과 160년 전에 부모로부터 강제로 빼앗았던 교육권을 회복하고 학습자의 학습 선택권을 존중하고 인정해야 한다.

우리 사회는 더 이상 언스쿨링을 적대시하거나 배척하는 정책을 유지할 수 없다. 언스쿨링은 결코 학교의 폐지를 주장하거나 거부하지 않으며, 단지 학습자의 선택권을 우선시할 뿐이다. 학교에 다니고 싶은 아이는 학교에 다니고, 그렇지 않은 아이는 언스쿨링을 선택할 동등한 기회를 보장받아야 한다. 한국의 언스쿨링 가정도 미국과 캐나다처럼 학생으로서 동등한 대우와 지원을 받아야 한다. 이들 국가에서는 언(홈)스쿨링이 합법이며, 언스쿨링 가정에 교육 지원비를 제공한다. 언스쿨링과 학교 교육은 동등한 입장에서 경쟁하고 공존할 수 있는 소중한 파트너이다.

이제 한쪽을 선호하고 다른 쪽을 무시하는 어두운 교육의 역사를 종식해야 한다. 모든 교육 방식이 존중받고, 각 가정의 선택이 사회적으로 인정받는 환경을 만들어야 한다. 한국에서도 언스쿨링 가족이 학생으로서 동등한 대우와 지원을 받을 수 있도록 법적, 제도적 장치를 마련해야 한다. 이를 통해 다양한 교육 방식이 공존하며, 아이들이 자신의 학습 스타일에 맞는 최적의 교육을 받을 수 있는 기회를 제공해야 한다.

교육의 목적은 "성장"이며, 아이들이 자신의 잠재력을 최대한 발휘할 수 있도록 돕는 것이다. 이를 위해서는 모든 교육 방식이 서로를 존중하고 협력하는 포용적인 사회 환경을 조성해야 한다.

언스쿨링은 AI 시대 교육의 아이콘이며, 미래를 디자인하는 중요한 요소로 자리 잡고 있다. 언스쿨링을 통해 아이들은 자신만의 학습 여정을 탐색하고, 다양한 경험을 통해 성장할 수 있는 기회를 얻는다.

이제 언스쿨링 호가 힘차게 닻을 올리며 대항해를 떠난다. 언스쿨링은 궁극적으로 모든 교육이 함께 발전하는 미래를 열어 모든 아이가 행복한 사회를 건설하는 초석이 될 것이다.

EBS 다큐멘터리. (2020, January 21). 교육 대기획 다시, 학교 8부 잠자는 교실.
　　http://www.ebs.co.kr/tv/show?prodId=7503&lectId=20219743

OECD. (2018). 교육적 고려 없이 교실에 기술을 도입할 때 또 다른 문제가 발
　　생한다. 서울신문. (2020, January 19).

강효금. (2019, February 27). 공자의 길과 노자의 길. 시니어 매일.
　　 http://www.seniormaeil.com/news/articleView.html?idxno=1545

경향신문. (2013, October 6). 좁은 우리서 하루종일 왔다갔다 '동물들도 자폐증
　　을 앓는다.'
　　https://www.khan.co.kr/print.html?art_id=201310062218245

고경화. (2001). 노자의 무위에 근거한 교육의 무의도적 행위 연구. 교육학 연구,
　　39(1), 313-331.

공영일. (2020). 에듀테크 산업 동향 및 시사점. 소프트웨어정책연구소(SPRi).
　　https://www.gcedclearinghouse.org/sites/default/files/resources/2002
　　38kor.pdf

김대호. (2014). 창조경제 정책의 이해. 커뮤니케이션북스.

김숙이. (2006). 루소의 자연주의 교육사상. 교육사상연구, 19.

김은주. (2023). 루소의 자연주의 교육론 고찰: 『에밀』을 중심으로. 학습자중심
　　교과교육연구, 23(11).

김희삼. (2017). 사회자본과 교육에 관한 4개국 대학생 인식 조사. 한국개발연구
　　원, 광주과학기술원.

다니엘 핑크. (2012). 새로운 미래가 온다: 미래 인재의 6가지 조건. 한국경제신
　　문사, 김명철(역).

데보라 레버. (2021). 우리 아이는 조금 다를 뿐입니다: ADHD, 아스퍼거 등 신경다
　　양성을 가진 아이를 위한 부모 가이드. 서울: 수오서재, 이로미(역).

데이빗 R. 그리핀, 존 B. 캅 주니어. (2012). 캅과 그리핀의 과정신학: 입문적 해
　　설. 이문출판사, 이경호(역).

데이빗 김. (2012, August 27). 교육칼럼/ 테일러 스위프트의 부모에게서 배울
　　점. 미주한국일보. http://www.koreatimes.com/article/747950

동아닷컴. (2016, June 30). 미래학자 앨빈 토플러 별세…"한국 학생들, 불필요 지식 위해 하루 15시간 낭비".

https://www.donga.com/news/Inter/article/all/20160630/78952025/1

두산백과. (n.d.). 기계론적 자연관.

https://terms.naver.com/entry.naver?docId=1285412&cid=40942&categoryId=31500

두산백과. (n.d.). 행동주의 학습 이론.

https://terms.naver.com/entry.naver?docId=5144598&cid=40942&categoryId=31531

로봇신문. (2014, November 11). 10년 후 "사라질 직업", "없어질 일"은? 영국 명문 옥스포드 대학 702개 업종 분석결과 발표. 47%가 사라져 충격적…

르네 데카르트. (n.d.). 위키백과.

머니S. (2024, April 3). "재산 1.5조원"… 테일러 스위프트, 美포브스 억만장자 합류. https://www.moneys.co.kr/article/2024040309350745315

메리 그리피스. (2006). 홈스쿨링: 아이에게 행복을 주는 맞춤식 교육. 미래의 창, 최승희(역).

메타버스. (n.d.). 위키백과.

모종린. (2020). 인문학, 라이프스타일을 제안하다: 나다움을 찾는 확실한 방법. 서울: 지식의 숲.

문용린. (1988). 학교 학습이론의 한계와 새로운 동향. 한국교육: Journal of Korean Education, 15(2).

박명섭. (2014). 교육의 배신: 내몰리는 아이들, 현장에서 쓴 교육개혁 블루프린트. 서울: 지호.

박성길. (2023, December 7). 타임지가 가수 '테일러 스위프트'를 올해의 인물로 뽑은 이유는?

https://www.sbs.com.au/language/korean/ko/article/why−taylor−swift−is−time−magazines−person−of−the−year/moiah6sef

박아람, 이찬. (2023). 디지털 정보기술의 발전에 따른 에듀테크의 진화와 미래교육을 위한 역할 고찰. Journal of The Korean Association of Information Education, 27(1), 71−82.

https://koreascience.kr/article/JAKO202332671307707.pdf

박용석. (2003). 20세기 초 신교육운동의 국제주의적 성격: 신교육협회(N.E.F.)의 활동을 중심으로. 교육의 이론과 실천, 8(2), 93−115.

박이문. (2017). 동양과 서양의 만남: 노자와 공자, 그리고 하이데거까지 (박이문 인문학 전집 특별판 3). 서울: 미다스북스.

박정현. (2011, June 13). 한국 소비자들의 7가지 라이프스타일. LG경영연구원. https://www.lgbr.co.kr/report/view.do?idx=17085.

배헌국. (2017). 노자의 비교육의 교육. 교육학 연구, 39(2), 99-130.

벤 휴잇. (2016). 홈 그로운: 남들이 가지 않은 교육의 새로운 길을 여는 모험 이야기. 아이들은 스스로 배운다. 서울: 아침이슬, 오필선(역).

변문경, 박찬, 김병석, 이정훈. (2021). 메타버스 FOR 에듀테크. 서울: 다빈치 books.

사이먼 로버츠. (2022). 뇌가 아니라 몸이다: 생각하지 않고 행동하는 몸의 지식력. 소소의책, 조은경(역).

서경. (2013). 노자의 자연주의 교육관 연구. 경북대학교 박사학위 청구 논문.

세계일보. (2024, January 17). 고교생 4명 중 1명은 "우리 반 친구들, 수업시간에 자요". https://www.segye.com/newsView/20240117502750

소기석. (2005). 현대 환경윤리에 대한 종교학적 연구. 한국학술연구원.

송유진. (2008). 루소의 교육과 아동의 행복. 교육철학, 36.

스티브 실버만. (2011). 뉴로트라이브: 자폐증의 잃어버린 역사와 신경다양성의 미래. 서울: 한국출판콘텐츠, 강병철(역).

스티븐 볼. (2019). 푸코와 교육: 현대 교육의 계보. 빅영스토리, 손준종, 오유진, 김기홍(역).

시모어 패퍼트. (2020). 마인드스톰: 어린이, 컴퓨터, 배움 그리고 강력한 아이디어. 인사이트, 이현경(역).

신경 다양성. (n.d.). 위키백과.

신창호 외 11인. (2020). 노자 도덕경 교육의 시선으로 읽다. 서울: 박영스토리.

심재룡. (2002). 동양적 환경 철학과 환경 문제. 서울대 철학사상연구소, 15권.

아인슬리 아먼트. (2022). 야성과 자유의 부름: 아이의 경이감을 되찾는 홈&언스쿨링. 서울: 박영스토리, 황기우(역).

안성재. (2015). 노자와 공자가 만났을 때: 열하룻날의 대화. 서울: 어문학사.

알마. (2018). 자폐증의 잃어버린 역사와 신경다양성의 미래.

알프레드 노스 화이트헤드. (2003). 과정과 실재: 유기체적 세계관의 구상. 민음사, 오영환(역).

알프레드 아들러. (2019). 아들러 삶의 의미: 일, 사랑, 관계로 읽는 아들러 심리학. 을유문화사, 최호영(역).

알프리드 화이트헤드. (2004). 교육의 목적. 궁리, 오영환(역).

애니 머피 폴. (2011). 오리진, 추수밭, 안인균(역).

앨런 콜린스, 리처드 핼버슨. (2014). 공교육의 미래: 디지털 혁명 시대의 교육 비전. 원미사, 황기우(역).

앨리슨 고프닉, 앤드류 N. 멜초프, 페트리샤 K. 쿨. (2006). 요람 속의 과학자. 소소, 곽금주(역).

에드워드 윌슨. (2010). 바이오필리아: 우리 유전자에는 생명 사랑의 본능이 새겨져 있다. 사이언스북스, 안소연(역).

연합뉴스. (2020, June 7). "코로나가 앞당긴 교육방식 변화… 교육 시대서 학습 시대로 전환".
https://www.yna.co.kr/view/AKR20200607011300061

월터 아이작슨. (2023). 일론 머스크. 21세기북스, 안진환(역).

웨인 홈즈, 마야 비알릭, 찰스 파델. (2020). 인공지능 시대의 미래교육. 박영스 토리, 정제영 & 이선복(역).

유발 하라리. (2018). 21세기를 위한 21가지 제언. 김영사, 전병근(역).

이길상. (2008). 진보주의 교육에 대한 비판적 고찰. 서울: 보경당 해각.

이반 일리치. (2023). 학교 없는 사회: 이반 일리치 전집. 사월의 책, 안희곤(역).

이사야 벌린. (2021). 낭만주의의 뿌리. 서울: 필로소픽, 석기용(역).

이성연. (2020, March 12). 기계론적 자연관의 한계.
http://www.nexteconomy.co.kr/news/articleView.html?idxno=13252

이성호. (1997). 교육과정과 평가. 양서원.

이수진 & 정신실. (2019). 학교의 시계가 멈춰도 아이들은 자란다. 서울: 웅진북센.

이윤미 외. (2019). 비판적 실천을 위한 교육학. 살림터.

이지은, 이호건, 정훈, 홍정민. (2023). 교육혁명 2030: 지금 우리가 아는 학교는 없다. 서울: 교보문고.

이찬승. (2016, March 17). 학교 교육 혁신(10): 2030년 바람직한 미래 학교 구상(2): 교육의 목적과 새로운 학교의 설계 원칙. 교육을 바꾸는 사람들.
https://21erick.org/column/399/

이케가미 에이코. (2023). 자폐 스펙트럼과 하이퍼 월드: 가상 공간에서 날개를 펴는 신경다양성의 세계. 서울: 눌민, 김경화(역).

이화도. (2020). 데리다 해체철학의 유아 교육적 함의. 열린유아교육연구, 17(6), 53−72.

임소현 외. (2021). 한국교육개발원 교육 여론 조사(KEDI POLL 2021) (RR2021−33). 2021, 12, 31.
https://www.forbes.com/sites/bernardmarr/2020/12/11/the−future−of−jobs−and−education/?sh=6622b0313d9f

임소현. (2019). 한국교육개발원 교육 여론 조사(KEDI POLL), 연구보고 RR 2019−27.
file:///C:/Users/User/Downloads/RR2019−27%20(1).pdf

장 피아제. (2020). 장 피아제의 발생적 인식론. 신한출판미디어, 홍진곤(역).

장자크 루소. (2003). 에밀. 한길사, 김중현(역).

전인교육. (n.d.). In Wikipedia. Retrieved October 3, 2024, from
    https://en.wikipedia.org/wiki/Holistic_education

정제영 외 4인. (2023). 챗GPT 교육혁명: ChatGPT를 활용한 하이터치 하이테
    크 미래 교육. 서울: 포르체, 2023.

정제영, 폴 김, 최재화, 조기성. (2021). 뉴 이퀼리브리엄. 서울: 테크빌교육.

정제영. (2021, July 7). 사회 변화에 대처하는 미래 교육 방향.
    https://post.naver.com/viewer/postView.naver?volumeNo=31903268

제나라 네렌버그. (2021). 유별난 게 아니라 예민하고 섬세한 겁니다: 세상과 불
    화하지 않고 나답게 살아가는 법. 서울: 티라미수 더북, 김진주(역).

존 듀이. (2019). 존 듀이의 경험과 교육 (제2판). 박영사, 엄태동(역).

존 듀이. (2007). 민주주의와 교육. 교육과학사, 이홍우(역).

존 듀이. (2022). 학교와 사회 (제2판). 교육과학사, 송도선(역).

존 듀이. (2022). 흥미와 노력: 그 교육적 의의 (3정 증보판). 교우사, 조용기, 김
    현지(역).

존 카우치, 제이슨 타운. (2020). 교실이 없는 시대가 온다: 디지털 시대, 어떻게
    가르치고 배워야 하는가. 어크로스, 김영선(역).

존 테일러 가토. (2017). 바보 만들기: 왜 우리는 교육을 받을수록 멍청해지는가.
    민들레, 조응주(역).

존 홀트. (2007). 존 홀트의 학교를 넘어서: 학교 밖에서 찾는 능동적 배움의 길.
    서울: 공양희(역).

존 홀트. (2007). 아이들은 어떻게 배우는가: 아이들이 타고난 배움의 방식에 대
    한 미시사적 관찰기. 아침이슬, 공양희, 혜성(역).

존 홀트. (2007). 아이들은 왜 실패하는가: 교실과 아이들의 내면에 관한 미시사
    적 관찰기. 아침이슬, 공양희(역).

존 홀트. (2018). 어린아이들이 세상과 만나는 방법. 서울: 마인드탭, 이동훈(역).

주디 아놀. (2024). 언스쿨링의 비밀. 박영스토리, 황기우(역).

주엠지기. (2016, 5. 4). 세계 교육 전문가들이 예측한 2030년 미래 학교의 모습
    은? https://m.blog.naver.com/j_ambassador/220701403431

중앙선데이. (2008, 5. 4). 세상은 기계 아닌 유기체: 세계관 전환 불러.
    https://www.joongang.co.kr/article/3134168

찰스 E. 실버먼. (1990). 교실의 위기 1: 교육신서 58. 배영사, 편집부 편.

최승복. (2020). 포노 사피엔스: 학교의 탄생: 스마트폰 종족을 위한 새로운 학교
    가 온다. 공명.

최승필. (2018, October 14). 문제아 잡스의 개과천선.
　　https://sports.khan.co.kr/bizlife/sk_index.html?art_id=2018101416500
　　03&sec_id=563101

케리 맥도날드. (2021). Gen Z 100년 교육: 언스쿨링이 온다. 서울: 박영스토리,
　　황기우(역).

켄 로빈슨 & 루 애로니카. (2021). 누가 창의력을 죽이는가: 표준화가 망친 학교
　　교육을 다시 설계하라. 서울: 21세기북스, 최윤영(역).

켄 로빈슨 & 루 애로니카. (2015). 학교 혁명. 서울: 21세기북스, 정미나(역).

콜린스, A., & 핼버슨, R. (2014). 공교육의 미래: 디지털 혁명 시대의 교육 비
　　전. 서울: 원미사, 황기우(역).

테리 최. (2017, April 7). VR, AR, MR 차이점 그것이 알고 싶다.
　　https://m.post.naver.com/viewer/postView.nhn?volumeNo=7030834&
　　memberNo=481955&vType=VERTICAL

테일러 피어슨. (2017). 직업의 종말: 불확실성의 시대, 일의 미래를 준비하라.
　　서울: 부키, 방영호(역).

토드 로즈. (2021). 평균의 종말: 평균이라는 허상은 어떻게 교육을 속여왔나. 서
　　울: 21세기북스, 정미나(역).

토머스 암스트롱. (2019). 증상이 아니라 독특함입니다. 서울: 새로운 봄, 강순이(역).

톨스토이, L., & 최재목. (2021). 톨스토이가 번역한 노자도덕경: 러시아 최초의
　　완역본. 21세기 문화원.

통계청. (2020). 아동·청소년 삶의 질 2022 보고서. 통계개발원.

파울로 프레이리, 헨리 지루. (2020). 연대의 페다고지. 오트르랩, 노일경, 윤창
　　국, 허준(역).

파울로 프레이리. (2015). 교육과 의식화. 중원문화, 채광석(역).

파울로 프레이리. (2018). 페다고지: 50주년 기념판. 그린비, 남경태, 허진(역).

파울로 프레이리. (2022). 자유를 위한 문화 행동. 영남대학교출판부, 허준(역).

프리초프 카프라. (2007). 새로운 과학과 문명의 전환. 범양사, 이성범, 구윤서(역).

플라톤. (2019). 메논. 아카넷, 이상인(역).

피터 그레이. (2015). 언스쿨링. 서울: 박영스토리, 황기우(역).

핑크, D. (2012). 새로운 미래가 온다: 미래 인재의 6가지 조건. 한국경제신문사.

하워드 가드너. (2007). 다중지능. 웅진지식하우스, 문용린(역).

한겨레. (2020, 2. 10). 디지털 시대 교육 최고 과제는? "주의력 잃지 않는 힘".
　　https://www.hani.co.kr/arti/science/future/927597.html

한국노동연구원. (2015). 기술 진보에 따른 노동시장 변화와 대응. 한국노동연구원.

한송이. (2023). 생성형 AI를 활용한 미래 교육. 서울: 교육과학사.

헤럴드 경제. (2020, November 25). 지식교육은 끝났다: 미래 교육은 '학습능력 교육'이다.

    https://news.heraldcorp.com/view.php?ud = 20201125000819

헤롤드 에드워드 고스트. (2020). 교육의 오류. 서울: 박영스토리, 황기우(역).

헨리 지루. (2013). 비판적 교육학자로서 헨리 지루 읽기. 생각나눔, 안찬성(역).

헨리 지루. (2001). 교사는 지성인이다. 아침이슬, 이경숙(역).

헨리 지루. (2009). 신자유주의의 테러리즘: 미국 제국주의 교육이론 비판. 인간사랑, 변종헌(역).

헨리 지루. (2015). 일회용 청년: 누가 그들을 쓰레기로 만드는가. 킹콩북, 심성보, 윤석규(역).

홍정민. (2017). 에듀테크: 4차 산업혁명 시대의 교육. 서울: 책밥.

10 Effective Communication Strategies for the Modern Workplace. (n.d.). Retrieved January 15, 2023, from

    https://www.joinblink.com/intelligence/organizational − communication − strategies

15 Ways to Reimagine Education. (n.d.). Retrieved from

    https://www.progressiveeducation.org/approaches/why − do − we − need − alternatives/reimagine − 8/

20 Incredible Unschooling Statistics. (n.d.). Health Research Funding.

    https://healthresearchfunding.org/20 − incredible − unschooling − statistics/

A 4 − Pronged Approach Could Help Neurodiverse Populations Thrive. (n.d.). Retrieved from

    https://www.psychologytoday.com/intl/blog/divergent − minds/202301/a − strengths − based − approach − to − neurodiversity

A Brief History of Homeschooling. (n.d.). CRHE.

    https://responsiblehomeschooling.org/research/summaries/a − brief − history − of − homeschooling/

A Day in the Life of an Unschooler. (n.d.). Wanderschool.

    https://www.wanderschool.com/2020/08/26/a − day − in − the − life − of − an − unschooler/

A. S. Neill. (n.d.). Wikipedia. Retrieved from

    https://en.wikipedia.org/wiki/A._S._Neill

Adetunji, J. (2020, May 19). Don't Want to Send the Kids Back to School?

Why Not Try Unschooling at Home? The Conversation.
https://theconversation.com/dont−want−to−send−the−kids−bac
k−to−school−why−not−try−unschooling−at−home−136256

AERO Homepage. (n.d.). https://www.educationrevolution.org/store/

Agonács, N., & Matos, J. F. (2019). Heutagogy and Self−Determined
Learning: A Review of the Published Literature on the Application
and Implementation of the Theory.

Ahmet Yayla & Özlem Çevik. (2022). The Effect of Competition on Moral
Development: A Phenomenological Study. International Journal of
Psychology and Educational Studies, 9(Special Issue), 967−977.
https://files.eric.ed.gov/fulltext/EJ1355068.pdf

Aitken, D. & Fletcher−Watson, S. (2022, December 15).
Neurodiversity−Affirmative Education: Why and How?
https://www.bps.org.uk/psychologist/neurodiversity−affirmative−ed
ucation−why−and−how

Akyildiz, S. T. (2019). Do 21st Century Teachers Know About Heutagogy,
or Do They Still Adhere to Traditional Pedagogy and Andragogy?
International Journal of Progressive Education, 15(6), 151−169.
https://ijpe.inased.org/files/2/manuscript/manuscript_1153/ijpe−1153
−manuscript−194910.pdf

Alberto, S. (1973). Education for Freedom: A Look at the Pedagogy of
Freire. In Prospects: Quarterly Review of Education, 3(1), 39−45.

Aldrich, C. (2011). Unschooling Rules: 55 Ways to Unlearn What We
Know About Schools and Rediscover Education. Greenleaf Book
Group.

Alfred S. I. M. I. Y. U. Khisa. (n.d.). Socrates on Education. Academia.edu.
https://www.academia.edu/32842573/SOCRATES_ON_EDUCATION_pdf

Alison Gopnik, Andrew N. Meltzoff, & Patricia K. Kuhl. (2000). The
Scientist in the Crib: What Early Learning Tells Us About the Mind.
Mariner Books; Reprint edition.

Alliance for Self−Directed Education Homepage. (n.d.).
https://www.self−directed.org

Amuchastegui, K. (2019). The 5−Hour School Week: An Inspirational
Guide to Leaving the Classroom to Embrace Learning in a Way You
Never Imagined. Lioncrest Publishing.

Anderson, M. (n.d.). The Factory Model of Schooling.
https://leadinggreatlearning.com/the−factory−model−of−schooling/

Andrew Carnegie. (n.d.). Wikipedia. Retrieved from
https://en.wikipedia.org/wiki/Andrew_Carnegie

Andrew. (2016, March 7). Reimagining Inclusion with Positive Niche
Construction.
https://andrewgael.com/2016/03/07/reimagining−inclusion−with−p
ositive−niche−construction/

Andrews, R. G. (2015, August 11). What is Organic Learning?
http://www.rebeccagraceandrews.com/blog/what−is−organic−lear
ning

Anna Stenning & Hanna Bertilsdotter Rosqvist. (2021). Neurodiversity
Studies: Mapping Out Possibilities of a New Critical Paradigm.
Disability & Society, 36(9), 1532−1537.
https://www.tandfonline.com/doi/full/10.1080/09687599.2021.1919503

Anna. (2023, April 12). What is Wildschooling: Pros & Cons. Retrieved
from https://annainthehouse.com/wildschooling/

Annette Towler. (2019, September 7). Why the Basic Psychological Needs
Autonomy, Competence, and Relatedness Matter in Management and
Beyond. Retrieved from
https://www.ckju.net/en/dossier/why−basic−psychological−needs
−autonomy−competence−and−relatedness−matter−management
−and−beyond

Ansie Tracey. (2023, November 8). Introduction to Self−Directed
Education. Retrieved from
https://whiteashlearning.org/introduction−to−self−directed−educat
ion/

Ansticezhuk. (2023, March 24). Revolutionizing EdTech: How ChatGPT's AI
Advancements Are Shaping the Future of Education.
HACKERNOON.
https://hackernoon.com/revolutionizing−edtech−how−chatgpts−ai
−advancements−are−shaping−the−future−of−education

Apple Podcasts. (n.d.). Ep34 − Radical Unschooling and Peaceful
Parenting.
https://podcasts.apple.com/us/podcast/ep34−radical−unschooling−

and – peaceful – parenting – w/id1378520941?i = 1000482905040

Armstrong, J. S. (2012). Natural Learning in Higher Education. In N. M. Seel (Ed.), Encyclopedia of the Sciences of Learning (pp. 994). Springer, Boston, MA. https://doi.org/10.1007/978 – 1 – 4419 – 1428 – 6_994

Armstrong, T. (1996). Why I Believe ADHD is a Myth. Sydney's Child. https://www.institute4learning.com/resources/articles/why – i – believe – that – attention – deficit – disorder – is – a – myth/

Armstrong, T. (2010). Neurodiversity: Discovering the Extraordinary Gifts of Autism, ADHD, Dyslexia, and Other Brain Differences. ReadHowYouWant.

Armstrong, T. (2012). Neurodiversity in the Classroom: Strength – Based Strategies to Help Students with Special Needs Succeed in School and Life. ASCD; Illustrated edition.

Armstrong, T. (2013). Neurodiversity in the Classroom. https://pdfs.semanticscholar.org/a1f7/52d98473603c8896e4e965675e5886d78ced.pdf

Armstrong, T. (2017). The Myth of the ADHD Child: Revised Edition. TarcherPerigee.

Armstrong, T. (2020, February 25). Key Concept for Neurodiversity: Niche Construction. https://www.institute4learning.com/2010/02/25/a – key – concept – for – neurodiversity – niche – construction/

Arnold, J. (2022, July 27). Unschooling Can Be a Good Fit for Neurodiverse Kids. North State Parent. https://northstateparent.com/article/unschooling – neurodiverse – kids/

Aronica, L., & Robinson, K. (2015). Creative Schools: The Grassroots Revolution That's Transforming Education. Penguin.

Arya, R. (2020, June 25). The Philosophy of Minimalism: All You Need to Know. https://www.minimalray.com/philosophy/

Astra Taylor on the Unschooled Life. (n.d.). https://www.youtube.com/watch?v = LwIyy1Fi – 4Q

August. (2017). Pro – Posições, 28(2), 85 – 103. https://www.researchgate.net/publication/319412100_A_Review_of_research_on_Homeschooling_and_what_might_educators_learn

Austin, R. D., & Pisano, G. P. (2017). Neurodiversity as a Competitive Advantage. Harvard Business Review. https://hbr.org/2017/05/neurodiversity−as−a−competitive−advantage

Avi I. Mintz. (2014). Why Did Socrates Deny That He Was a Teacher? Locating Socrates Among the New Educators and the Traditional Education in Plato's Apology of Socrates. Educational Philosophy and Theory, 46(7), 735−747. https://www.tandfonline.com/doi/pdf/10.1080/00131857.2013.787586

Azees, F. K. (2019, April 14). Understanding Organic Learning. Teach Middle East Magazine. https://teachmiddleeastmag.com/understanding−organic−learning/

Azwihangwisi Edward Muthivhi. (2015). Piaget's Theory of Human Development and Education. ResearchGate. https://www.researchgate.net/publication/304183947_

Bales, K. (2019, July 3). Facts About the Unschooling Philosophy of Education. ThoughtCo. https://www.thoughtco.com/unschooling−introduction−4153944

Baranoski, S. K. (2016). Dear Grandma: Your Grandkids Are Unschoolers. LLC.

Barker, J. E., Semenov, A. D., Michaelson, L., Provan, L. S., Snyder, H. R., & Munakata, Y. (2014). Less−Structured Time in Children's Daily Lives Predicts Self−Directed Executive Functioning. Frontiers in Psychology, 5, 593. https://www.frontiersin.org/articles/10.3389/fpsyg.2014.00593/full

Barr, R. D. (1973). Whatever Happened to the Free School Movement? The Phi Delta Kappan, 54(7), 454-457. http://www.jstor.org/stable/20373543

Bartlett, T., & Schugurensky, D. (2020). Deschooling Society 50 Years Later: Revisiting Ivan Illich in the Era of COVID−19. Journal of Education, 8(3), 65−84. https://www.redalyc.org/journal/5757/575764865005/html/

Bartos, O. J. (1996). Postmodernism, Postindustrialism, and the Future. Sociological Quarterly, 37, 307−326.

Bashore, J. (2022, May 5). The Factory Model: Does It Work? Did It Ever? https://one−roomeducation.com/the−factory−model−does−it−w

ork − did − it − ever/

Bass, R. V., & Good, J. W. (2004). Educare and Educere: Is a Balance Possible in the Educational System? The Educational Forum, 68(Winter), 1 − 12. https://files.eric.ed.gov/fulltext/EJ724880.pdf

Baulo, J., & Nabua, E. (2019). Behaviorism: Its Implications to Education. ResearchGate.
https://www.researchgate.net/publication/338158642_BEHAVIOURIS M_ITS_IMPLICATION_TO_EDUCATION

Baumer, N., & Frueh, J. (2021, November 23). What is Neurodiversity? Harvard Health Publishing.
https://www.health.harvard.edu/blog/what − is − neurodiversity − 2021 11232645

Béatrice Haenggeli − Jenni. (n.d.). New Education 19th − 21st Centuries. EHNE.
https://ehne.fr/en/encyclopedia/themes/gender − and − europe/educat ing − europeans/new − education

Bedrick, J., & Ladner, M. (2020, October 6). Let's Get Small: Microschools, Pandemic Pods, and the Future of Education in America. The Heritage Foundation. (ED609716).
https://files.eric.ed.gov/fulltext/ED609716.pdf

Behaviorism in Education: What Is Behavioral Learning Theory? (n.d.).
https://www.nu.edu/blog/behaviorism − in − education/

Behaviorism. (n.d.).
https://openoregon.pressbooks.pub/educationallearningtheories3rd/c hapter/chapter − 1 − behaviorism/

Behaviorism. (n.d.). Stanford Encyclopedia of Philosophy. https://plato.stanford.edu/entries/behaviorism/

Bernstein, D. (2014, September 30). K − 12 Schools Need More Steve Jobs and Less Bill Gates.
https://www.edweek.org/leadership/opinion − k − 12 − schools − need − more − steve − jobs − and − less − bill − gates/2014/09

Bhagwat, M. (2024, February 26). These 5 Key Trends Will Shape the EdTech Market Up to 2030.
https://www.weforum.org/agenda/2024/02/these − are − the − 4 − key − trends − that − will − shape − the − edtech − market − into − 2030/

Bill Gates. (n.d.). Wikipedia. Retrieved from
   https://en.wikipedia.org/wiki/Bill_Gates

Black, C. (n.d.). On the Wildness of Children. Retrieved from
   https://carolblack.org/on−the−wildness−of−children

Blake Boles. (2010, November 12). My TEDx Talk: The Unschooling
   Mindset.
   https://www.blakeboles.com/2010/11/my−tedx−talk−the−unschoo
   ling−mindset/

Blake, B., & Pope, T. (2008). Developmental Psychology: Incorporating
   Piaget's and Vygotsky's Theories in Classrooms. Journal of
   Cross−Disciplinary Perspectives in Education, 1, 59−67.

Blaschke, L. M. (2012). Heutagogy and Lifelong Learning: A Review of
   Heutagogical Practice and Self−Determined Learning. International
   Review of Research in Open and Distance Learning, 13(1), 56−71.
   Retrieved from
   http://www.irrodl.org/index.php/irrodl/article/view/1076/2113

Blaschke, L. M., & Marín, V. I. (2020). Applications of Heutagogy in the
   Educational Use of E−Portfolios. RED. Revista de Educación a
   Distancia, 20(64), Article 6.
   https://www.researchgate.net/publication/344236501_Applications_of
   _Heutagogy_in_the_Educational_Use_of_E−Portfolios

Blaschke, L. M., Kenyon, C., & Hase, S. (2014). Experiences in
   Self−Determined Learning. Amazon.

Blum, B., & Miller, F. (2020, August 18). What Parents Need to Know
   About Learning Pods. The New York Times.
   https://www.nytimes.com/article/learning−pods−coronavirus.html

Bodner, G., Klobuchar, M., & Geelan, D. (2001). The Many Forms of
   Constructivism. Journal of Chemical Education, 78, 1107−1134.

Boeree, C. G. (n.d.). Romanticism.
   http://webspace.ship.edu/cgboer/romanticism.html

Bogart, J. (2019). The Brave Learner: Finding Everyday Magic in
   Homeschool, Learning, and Life. TarcherPerigee.

Boles, B. (2017, May 15). What Does It Mean to Be Educated? A Treatise
   on Advancing Real Education by Rising Above the Outdated,
   Coercive Schooling Model of Centuries Past.

https://www.self−directed.org/tp/what−does−it−mean−to−be−educated/?l=en

Boles, B. (2022, January 3). Does Unschooling Prepare Children for the World of Tomorrow? https://www.blakeboles.com/2022/01/does−unschooling−prepare−children−for−the−world−of−tomorrow/

Bond, D. (n.d.). Unschooling Neurodivergent Kids. https://outschool.com/articles/unschooling−neurodivergent−kids

Bouchard, P. (2012). Self−Directed Learning and Learner Autonomy. In N. M. Seel (Ed.), Encyclopedia of the Sciences of Learning. Springer, Boston, MA. https://doi.org/10.1007/978−1−4419−1428−6_1781

Boudreau, E. (2020, November 24). A Curious Mind: How Educators and Parents Can Encourage and Guide Children's Natural Curiosity — in the Classroom and at Home. Harvard Graduate School of Education. https://www.gse.harvard.edu/news/uk/20/11/curious−mind

Bourdieu, P. (1984). Distinction: A Social Critique of the Judgement of Taste. Harvard University Press; Cambridge, MA, USA.

Bovingdon, M. (2019, September 26). Mother−of−Four Who Believes in 'Unschooling' Denies She's 'Neglectful' for Letting Her Children Choose What to Learn and Eat – and Claims It Makes Them More Hard−Working. https://www.dailymail.co.uk/femail/article−7506783/Unconventional−mother−lets−kids−shun−school−eat−want−pick−bedtimes.html

Bowers, F. B., & Gehring, T. (2004). Johann Heinrich Pestalozzi: 18th Century Swiss Educator and Correctional Reformer. Journal of Correctional Education, 55(4), 306-319.

Boyack, C. (2016). Passion−Driven Education: How to Use Your Child's Interests to Ignite a Lifelong Love of Learning. Libertas Press.

Brau, B. (2018). Constructivism. In R. Kimmons (Ed.), The Students' Guide to Learning Design and Research. EdTech Books. Retrieved from https://edtechbooks.org/studentguide/constructivism

Brau, B. (n.d.). Constructivism. https://edtechbooks.org/studentguide/constructivism

Brengden, M., Wanner, B., & Vitaro, F. (2006). Verbal Abuse by the

Teacher and Child Adjustment from Kindergarten Through Grade 6. Pediatrics, 117, 1585−1598.

Britannica, T. Editors of Encyclopaedia. (2013, October 9). Summerhill School. Encyclopedia Britannica.
https://www.britannica.com/topic/Summerhill−School

Britannica, T. Editors of Encyclopaedia. (2023, December 26). Romanticism. Encyclopedia Britannica.
https://www.britannica.com/art/Romanticism

Britannica, T. Editors of Encyclopaedia. (2023, February 23). Progressive Education. Encyclopedia Britannica.
https://www.britannica.com/topic/progressive−education

Britannica, T. Editors of Encyclopaedia. (2024, February 2). Behaviourism. Encyclopedia Britannica.
https://www.britannica.com/science/behaviourism−psychology

Brivio, F., Viganò, A., Paterna, A., Palena, N., & Greco, A. (2023). Narrative Review and Analysis of the Use of "Lifestyle" in Health Psychology. International Journal of Environmental Research and Public Health, 20(5), 4427.
https://www.ncbi.nlm.nih.gov/pmc/articles/PMC10001804/

Brodsky, B. (2017, August 3). Unschooling − Learning Is In The Living.
https://naturalpod.com/unschooling−learning−is−in−the−living/

Brookfield, S. D. (2009). Self−Directed Learning. In R. Maclean & D. Wilson (Eds.), International Handbook of Education for the Changing World of Work. Springer, Dordrecht.
https://doi.org/10.1007/978−1−4020−5281−1_172

Brookfield, S. D. (2020, May 19). Self−Directed Learning. Last Updated on May 19. infed.org.
https://infed.org/mobi/self−directed−learning/

Brooks, J., & Brooks, M. (1993). In Search of Understanding: The Case for Constructivist Classrooms. ASCD. NDT Resource Center database.

Brosbe, R. (2022, December 28). What to Know About Unschooling. US News Education.
https://www.usnews.com/education/k12/articles/what−to−know−about−unschooling

Brown, A. (2020, April 2). EU221: Unschooling and Neurodiversity with

Tara McGovern Dutcher. Retrieved from Living Joyfully. https://livingjoyfully.ca/blog/2020/04/eu221 − unschooling − and − neu rodiversity − with − tara − mcgovern − dutcher/

Brown, A. (2020, October 8). EU246 Transcript: Unschooling and Neurodiversity with Michelle Morcate. Retrieved from Living Joyfully. https://livingjoyfully.ca/eu246 − transcript/

Bruno − Jofré, R., Attridge, M., & Zaldívar, J. I. (Eds.). (2023). Rethinking Freire and Illich: Historical, Philosophical, and Theological Perspectives. University of Toronto Press.

Bui, X., Quirk, C., Almazan, S., & Valenti, M. (2010). Inclusive Education Research and Practice. Maryland Coalition for Inclusive Education, 1 − 14.

Burch, R. A. (2017). On Jean − Jacques Rousseau's Ideal of Natural Education. Dialogue and Universalism, No. 1. https://philpapers.org/archive/BUROJR.pdf

Burgess, B. (2018, December 19). The Educational Theory of Socrates. https://www.newfoundations.com/GALLERY/Socrates.html

Burnette, D., Mitchell, C., & Samuels, C. A. (2020, September 16). Closing COVID − 19 Equity.

Burns, T., & Gottschalk, F. (Eds.). (2019). Educating 21st Century Children: Emotional Well − being in the Digital Age. Educational Research and Innovation. OECD Publishing. https://dx.doi.org/10.1787/b7f33425 − en

Burns, T., & Gottschalk, F. (Eds.). (2020). Education in the Digital Age: Healthy and Happy Children. Educational Research and Innovation. OECD Publishing, Paris. https://doi.org/10.1787/1209166a − en

Byrne, D. (Interviewer). (2019, August 9). David Byrne Talks About Being Autistic. Retrieved from https://youtu.be/vtX6emk6U5k

C.K. John Wang. (2019). Competence, Autonomy, and Relatedness in the Classroom: Understanding Students' Motivational Processes Using the Self − Determination Theory. Heliyon, 5(7). https://www.sciencedirect.com/science/article/pii/S240584401935604X

C.P. Niemiec, R.M. Ryan. (2009). Autonomy, Competence, and Relatedness in the Classroom: Applying Self − Determination Theory to

Educational Practice.
https://selfdeterminationtheory.org/SDT/documents/2009_NiemiecRyan_TRE.pdf

Cantor, P., et al. (2018). Malleability, Plasticity, and Individuality: How Children Learn and Develop in Context. Applied Developmental Science, 23(4), 307–337.
http://dx.doi.org/10.1080/10888691.2017.1398649

Cardoza, M. (2023, February 23). The Importance of Travel for Education and Student Life.
https://wheninaruba.com/blog/the−importance−of−travel−for−education−and−student−life/

Carty, V. (2018). Social Movements and New Technology. ResearchGate.
https://www.researchgate.net/publication/327186679_Social_Movements_and_New_Technology

Chakrabarti, M., & Voss, G. (2019, December 18). The 'Unschooling' Movement: Letting Children Lead Their Learning. WBUR On Point.
https://www.wbur.org/onpoint/2019/12/18/unschooling−play−children−education

Chard, S. (n.d.). Four Ways Extended Reality (XR) Will Influence Higher Education in 2020 and Beyond.
https://theedtechpodcast.com/four−ways−extended−reality−xr−will−influence−higher−education−in−2020−and−beyond/

Charles E. Silberman. (1971). Crisis in the Classroom: The Remaking of American Education. Vintage; First Vintage edition.

Charlotte Mason. (n.d.). In Wikipedia. Retrieved November 27, 2023, from https://en.wikipedia.org/wiki/Charlotte_Mason

Chase, S., & Morrison, K. (2018). Implementation of Multicultural Education in Unschooling and Its Potential. International Journal of Multicultural Education, 20(3).
file:///C:/Users/User/Downloads/admin,+1632−Chase_Morrison%20(1).pdf

Chauhan, A. (2023, July 14). Virtual Classrooms.
https://www.linkedin.com/pulse/virtual−classrooms−arpit−chauhan

Chelsea Rose. (2021). The Philosophy of Unschooling: A New Way of Learning. What Happens When Children Are Free from the

Restraints of Traditional Education? Published in Age of Awareness. https://medium.com/age−of−awareness/the−philosophy−of−unsc hooling−a−new−way−of−learning−d3776c882465

Chen, M. (2012). Education Nation: Six Leading Edges of Innovation in Our Schools. Jossey−Bass; 1st edition.

Chernyshenko, O., Kankaraš, M., & Drasgow, F. (2018). Social and Emotional Skills for Student Success and Well−Being: Conceptual Framework for the OECD Study on Social and Emotional Skills. OECD Education Working Papers, No. 173. OECD Publishing. https://dx.doi.org/10.1787/db1d8e59−en

Cherry, K. (2022, November 7). Behaviorism: Definition, History, Concepts, and Impact. Verywell Mind. Retrieved from https://www.verywellmind.com/behavioral−psychology−4157183

Cherry, K. (2022, November 8). What Is Self−Determination Theory? How Self−Determination Influences Motivation. Retrieved from https://www.verywellmind.com/what−is−self−determination−theo ry−2795387

Cherry, K. (2023, May 3). Motivation: The Driving Force Behind Our Actions. Verywell Mind. Retrieved from https://www.verywellmind.com/what−is−motivation−2795378

Cherry, K. (2023, September 12). What Motivation Theory Can Tell Us About Human Behavior. Verywell Mind. Retrieved from https://www.verywellmind.com/theories−of−motivation−2795720

Ciftcioglu, G. (2022, December 11). Minimalism: A Trend, a Lifestyle, or a Philosophy? https://www.byarcadia.org/post/minimalism−a−trend−a−lifestyle −or−a−philosophy

Clarke−Fields, H. (2020). Raising Good Humans: A Mindful Guide to Breaking the Cycle of Reactive Parenting and Raising Kind, Confident Kids. New Harbinger Publications.

Coelho, A. (2024, March 1). Seymour Papert. https://medium.com/@AntonioJSCoelho/seymour−papert−c65748e7 757e

Cogan, M. F. (2010). Exploring Academic Outcomes of Homeschooled Students. Journal of College Admission, Summer.

https://files.eric.ed.gov/fulltext/EJ893891.pdf

Colleges for Unschoolers. (n.d.).
https://homeschoolsuccess.com/colleges−for−unschoolers/

Community: A Single Case. In J. V. Galen & M. A. Pitman (Eds.), Home Schooling.

Constructivism in Education: What Is Constructivism? (n.d.).
https://www.nu.edu/blog/what−is−constructivism−in−education/

Constructivism. (n.d.). Retrieved from
https://www.buffalo.edu/catt/develop/theory/constructivism.html#title e_2059630958

Constructivism. (n.d.). Wikipedia. Retrieved from
https://en.wikipedia.org/wiki/Constructivism

Counterculture of the 1960s. (n.d.). Encyclopedia, Science News & Research Reviews. Retrieved from
https://academic−accelerator.com/encyclopedia/counterculture−of−the−1960s

Coupé, C. (2021, December 16). Neurodiversity: The New Normal | TEDxOcala.
https://www.youtube.com/watch?app=desktop&v=WprLOcEyh6M

Cox, T. (2021, July 13). Why Schools Aren't Physically a Good Place for the Neurodivergent.
https://sdlneurodiversity.com/2021/07/13/why−school−arent−physically−a−good−place−for−the−neurodivergent/

Cox, T. (2021, July 6). Radical Unschool: Best for the Neurodivergent. Self−Directed Learning & Neurodiversity Blog.
https://sdlneurodiversity.com/2021/07/06/radical−unschool−best−for−the−neurodivergent/

CRHE. (n.d.). A Brief History of Homeschooling.
https://responsiblehomeschooling.org/research/summaries/a−brief−history−of−homeschooling/

Csikszentmihalyi, M. (1997). Finding Flow: The Psychology of Engagement with Everyday Life. Basic Books, a division of HarperCollins Publishers Inc.

Cuban, L. (1992, November 11). Computers Meet Classroom: Classroom Wins. Education Week, 27, 36.

Cubberley, E. P. (1916). Public School Administration. Quoted in The 'Business' of Reforming American Schools, Education Week, September 30, 1998. Retrieved 2019−10−23.

Cubberley, Elwood P. (2012). Public School Administration: A Statement of the Fundamental Principles Underlying the Organization and Administration of Public Education. Ulan Press.

Curtice, B. (2014). Ownschooling: The Use of Technology in 10 Unschooling Families. A Dissertation Presented in Partial Fulfillment of the Requirements for the Degree of Doctor of Philosophy. https://keep.lib.asu.edu/system/files/c7/121337/Curtice_asu_0010E_14317.pdf

Curtis, S. J. (2023, June 17). Friedrich Froebel. Encyclopedia Britannica. https://www.britannica.com/biography/Friedrich−Froebel

Damon, W. (2011, September 16). The Education of Steve Jobs: Why Do So Many Talented Entrepreneurs Drop Out of School? https://www.hoover.org/research/education−steve−jobs

Danford, K. (2019). Learning Is Natural, School Is Optional: The North Star Approach to Offering Teens a Head Start on Life. Golden Door Press.

Daniel H. Pink. (2005). A Whole New Mind. Riverhead Books, New York.

Daphna. (2021, June 8). How to Start Unschooling and Worldschooling. https://www.atinytrip.com/how−to−start−unschooling−and−worldschooling/

DataPoint Interactive. (2024, March 6). Education Evaluations & Credentials with Blockchain Verification. https://www.linkedin.com/pulse/education−evaluations−credentials−blockchain−verification−wu8ce?trk=public_post_main−feed−card_feed−article−content

Dave Cornell. (2023, September 5). 16 Self−Directed Learning Examples. https://helpfulprofessor.com/self−directed−learning−examples/

De Wit, E. E., Eagles, D., Regeer, B. J., & Bunders−Aelen, J. G. F. (2017). 'Unschooling' in the Context of Growing Mental Health Concerns Among Indian Students: The Journey of 3 Middle−Class Unschooling Families. The Journal of Unschooling and Alternative Learning, 11(22), 1−33.

https://jual.nipissingu.ca/wp−content/uploads/sites/25/2017/12/v112
21.pdf

Deci, E. L. (1971). Effects of Externally Mediated Rewards on Intrinsic Motivation. Journal of Personality and Social Psychology, 18(1), 105–115. https://doi.org/10.1037/h0030644

Deci, E. L., & Ryan, R. M. (1985). Intrinsic Motivation and Self−Determination in Human Behavior. New York: Plenum. https://doi.org/10.1007/978−1−4899−2271−7

Deci, E. L., & Ryan, R. M. (1991). A Motivational Approach to Self−Integration in Personality. In R. Dienstbier (Ed.), Nebraska Symposium on Motivation: Vol. 38. Perspectives on Motivation (pp. 237–288). Lincoln: University of Nebraska Press. https://www.researchgate.net/publication/21026291_A_Motivational_A pproach_to_Self_Integration_in_Personality

Deci, E. L., & Ryan, R. M. (1995). Human Autonomy: The Basis for True Self−Esteem. In M. Kernis (Ed.), Efficacy, Agency, and Self−Esteem (pp. 314−349). New York: Plenum.

Deci, E. L., & Ryan, R. M. (2000). The "What" and "Why" of Goal Pursuits: Human Needs and the Self−Determination of Behavior. Psychological Inquiry.

Deci, E. L., & Ryan, R. M. (2002). Handbook of Self−Determination Research. University of Rochester Press.

Deci, E. L., & Ryan, R. M. (2012). Motivation, Personality, and Development Within Embedded Social Contexts: An Overview of Self−Determination Theory. In R. M. Ryan (Ed.), Oxford Handbook of Human Motivation (pp. 85−107). Oxford, UK: Oxford University Press. http://dx.doi.org/10.1093/oxfordhb/9780195399820.013.0006

Deci, E. L., & Ryan, R. M. (2015). Self−Determination Theory. In International Encyclopedia of the Social & Behavioral Sciences (2nd ed.).

Deci, E. L., & Ryan, R. M. (2015). Self−Determination Theory. In International Encyclopedia of the Social & Behavioral Sciences (Second Edition).

Deci, E. L., & Ryan, R. M. (Eds.). (2000). Handbook of

Self−Determination Research (pp. 405–427). University of Rochester Press.

Delane, E. (2017, March 7). Everyone Learns Differently. Villa Maria Academy. https://villamaria.org/everyone−learns−differently/

Dell Technologies. (2019, October 1). Realizing 2030: A Divided Vision of the Future. https://www.delltechnologies.com/content/dam/delltechnologies/assets/perspectives/2030/pdf/Realizing−2030−A−Divided−Vision−of−the−Future−Summary.pdf

Deming, D. (2017). The Growing Importance of Social Skills in the Labor Market. Quarterly Journal of Economics, 132(4), 1593−1640. http://dx.doi.org/10.1093/qje/qjx022

den Houting, J. (2019, November 1). Why Everything You Know About Autism Is Wrong. TEDx, Macquarie University. https://youtu.be/A1AUdaH−EPM

Desmarais, I. (2019, August 31). Yes, There Are Things Every Kid Should Know: Social Justice and Self−Direction. I'm Unschooled. Yes, I Can Write. https://yes−i−can−write.blogspot.com/2019/08/yes−there−are−things−every−kid−should.html

Development, 64(4), 707−734. https://link.springer.com/article/10.1007/s11423−015−9422−5

Devries, B., & Zan, B. (2003). When Children Make Rules. Educational Leadership, 61(1), 64–67. https://en.wikipedia.org/wiki/Constructivism_(philosophy_of_education)

Dewey, J. (1897). Pedagogic Creed. Retrieved from https://en.wikisource.org/wiki/Pedagogic_Creed

Dewey, J. (1938). Experience and Education. New York: Collier Books. DOI: 10.1080/02680513.2018.1562329

Dewey, J. (n.d.). Wikipedia. Retrieved from https://en.wikipedia.org/wiki/John_Dewey

Digital Platform. (n.d.). Wikipedia. Retrieved from https://en.wikipedia.org/wiki/Digital_platform_(infrastructure)

Dillon, A. (2004, May 26). Education in Plato's Republic. https://www.scu.edu/character/resources/education−in−platos−rep

ublic/

Dimmick, M. (2023, January 30). From Left−Brain Dominance to Right−Brain Renaissance. LinkedIn.
https://www.linkedin.com/pulse/from−left−brain−dominance−rig
ht−brain−renaissance−marc

Dodd, S. (2006). Moving a Puddle, and Other Essays. Sandra Dodd; null edition.

Dodd, S. (2009). Big Book of Unschooling. Lulu.com.

Dodd, S. (2019). Sandra Dodd's Big Book of Unschooling. Forever Curious Press; 2nd edition.

Dodd, S. (2023). Sandra Dodd's Big Book of Unschooling. Forever Curious Press; 2nd edition.

Dodd, S. (n.d.). Wikipedia. Retrieved from
https://en.wikipedia.org/wiki/Sandra_Dodd

Doroudi, S., & Ahmad, Y. (2023). The Relevance of Ivan Illich's Learning Webs 50 Years On. L@S '23, July 20−22, 2023, Copenhagen, Denmark.
https://dl.acm.org/doi/epdf/10.1145/3573051.3593386

Dr. Shyama Prasad Mukherjee University. (n.d.). Philosophical and Educational Thought of Rousseau.
https://www.dspmuranchi.ac.in/pdf/Blog/r1.pdf

Drew, C. (2023, August 24). 101 Lifestyle Examples. Helpful Professor.
https://helpfulprofessor.com/lifestyle−examples/

Driscoll, M. (2000). Psychology of Learning for Instruction. Boston: Allyn & Bacon.

Duckworth, E. (1964). Piaget Rediscovered. Journal of Research in Science Teaching, 2(3), 172−175.

Dwyer, J. G., & Peters, S. F. (2019). Homeschooling: The History and Philosophy of a Controversial Practice (History and Philosophy of Education Series). University of Chicago Press; First Edition.

Dwyer, P. (2018, October 20). Inclusion and Mainstreaming: What Is to Be Done? Autistic Scholar.
https://www.autisticscholar.com/alternatives−mainstreaming−choices/

Early Academic Pressure Creates Learning Blocks, Diagnosed as Disorders.
https://www.psychologytoday.com/us/blog/freedom−learn/202103/f

orced−schooling−anxiety−and−learning−disorders

Eldridge−Rogers, A., & Eldridge, L. (2017). Jump, Fall, Fly: From Schooling to Homeschooling to Unschooling. FRC Press.

Elliott, S. N., Kratochwill, T. R., Littlefield Cook, J., & Travers, J. (2000). Educational Psychology: Effective Teaching, Effective Learning (3rd ed.). Boston, MA: McGraw−Hill College.

Elvis, S. (2019). Curious Unschoolers: Stories of an Unschooling Family. Andrew Elvis.

Elvis, S. (2023, August 18). Unschool Basics: What Is Unschooling?

Enayat, A. (2022, May 3). What Are Learning Pods? https://vlacs.org/what−are−learning−pods/

Encyclopedia of Psychotherapy. (2002). Behaviorism. https://www.sciencedirect.com/topics/neuroscience/behaviorism

English, R. M. (2016, July 14). Child−Led and Interest−Inspired Learning, Home Education, Learning Differences, and the Impact of Regulation. Retrieved from Research Article. https://www.tandfonline.com/doi/full/10.1080/2331186X.2016.1194734

Eric Demaine. (n.d.). Wikipedia. Retrieved from https://en.wikipedia.org/wiki/Erik_Demaine

Eric Demaine: Math Wizard. (n.d.). http://www.famoushomeschoolers.net/bio_demaine.html

Escueta, M., et al. (2017). Education Technology: An Evidence−Based Review. NBER Working Paper Series, No. 23744. https://www.nber.org/papers/w23744.pdf

Factory Model School. (n.d.). Wikipedia. Retrieved from https://en.wikipedia.org/wiki/Factory_model_school

Farenga, P. (1999). John Holt and the Origins of Contemporary Homeschooling. Paths of Learning: Options for Families & Communities, 1(1), 8−13. https://eric.ed.gov/?id=EJ593810

Farenga, P. (2023). Homeschooling. Encyclopedia Britannica. https://www.britannica.com/topic/homeschooling

Farenga, P., & Ricci, C. (Eds.). (2013). The Legacy of John Holt: A Man Who Genuinely Understood, Trusted, and Respected Children. Holtgws LLC.

Fast Cloud Consulting. (2023, October 27). The Future of Education: How

Artificial Intelligence Is Transforming Learning.
https://www.linkedin.com/pulse/future−education−how−artificial
−intelligence−transforming−alyre

Felida, T. (2023, November 20). Unschooling Philosophy and Principles.
https://www.tibisaytutoring.com/profile/t−felida/profile

Fernandez, F., & Liu, H. (2019). Examining Relationships Between Soft
Skills and Occupational Outcomes Among U.S. Adults with—and
Without—University Degrees. Journal of Education and Work, 32(8),
650−664.
http://dx.doi.org/10.1080/13639080.2019.1697802

Fisher, N. (2023). A Different Way to Learn: Neurodiversity and
Self−Directed Education. Jessica Kingsley Publishers.

Fobbs, L. (2018, March 19). Homeschooling Hero: Ryan Gosling.
https://www.homeschoolingheroes.com/how−to−teach−at−home/
homeschooling−hero−ryan−gosling

Fobbs, L. (2018, March 26). Homeschooling Hero: Serena Williams.
https://www.homeschoolingheroes.com/how−to−teach−at−home/
homeschooling−hero−serena−williams

Fontaine, J. (2019, February 6). What Is Wildschooling? Outdoor Families
Magazine.
https://outdoorfamiliesonline.com/what−is−wildschooling/

Forgeard, V. (2023a, April 9). Modern vs. Traditional Lifestyles: What Are
the Key Differences? Brilliantio.
https://brilliantio.com/what−are−the−differences−between−mode
rn−lifestyle−and−traditional−lifestyle/

Forgeard, V. (2023b, July 1). Discovering the Art of Living in the Modern
Age: What Is Modern Lifestyle?
https://brilliantio.com/what−is−modern−lifestyle/

Fox, R. (2001). Constructivism Examined. Oxford Review of Education,
27(1), 23−35.

Franklin Delano Roosevelt. (n.d.). Wikipedia. Retrieved from
https://en.wikipedia.org/wiki/Franklin_D._Roosevelt

Frankman, H. (2022, June 22). Unschooler, Entrepreneur, Prodigy: The
Story of Cole Summers. "Don't Tell Me I Can't" by Kevin Cooper
(aka Cole Summers) Deserves a Place in the Alternative Education

Canon.
https://fee.org/articles/unschooler – entrepreneur – prodigy – the – sto ry – of – cole – summers/

Free School Movement 1960 – 1970. (n.d.).
https://globaleduca.hypotheses.org/med – the – museum – global – edu cation – and – cultural – diversity/autonomy – pedagogy – educators – g allery/autonomy – pedagogy/free – school – movement – 1960 – 1970

Free School Movement. (n.d.). Encyclopedia, Science News & Research Reviews.
https://academic – accelerator.com/encyclopedia/free – school – move ment

Free School Movement. (n.d.). In Wikipedia.
https://en.wikipedia.org/wiki/Free_school_movement

Freire, P. (1970). Pedagogy of the Oppressed. Herder and Herder.

Frey, C. B., & Osborne, M. A. (2013). The Future of Employment: How Susceptible Are Jobs to Computerisation? Oxford Martin School.
https://www.oxfordmartin.ox.ac.uk/downloads/academic/The_Future _of_Employment.pdf

FRÖBEL: Competence for Children. (n.d.). Friedrich Fröbel – The Inventor of Kindergarten.
https://www.froebel.com.au/about – froebel/friedrich – froebel

From Free Schools to Alternative Schools. (n.d.). Foundations of Education. https://foundations.ed.brocku.ca/week10/7/

FutureLearn. (2021, October 22). What Is Inclusive Education, and How Can You Implement It?
https://www.futurelearn.com/info/blog/what – is – inclusive – education

Gagné, M., & Deci, E. L. (2005). Self – Determination Theory and Work Motivation. Journal of Organizational Behavior, 26(4), 331 – 362.

Gaither, M. (2008). Homeschool: An American History. Palgrave MacMillan.

Gaither, M. (2009a). Home Schooling Goes Mainstream. Education Next, 9, 11 – 18.

Gaither, M. (2009b). Homeschooling in the USA: Past, Present, and Future. Sage Journal, 7(3). https://doi.org/10.1177/1477878509343

Gaither, M. (2023, September 10). John Holt. Encyclopedia Britannica.

https://www.britannica.com/biography/John−Holt

Gallo, C. (2010). The Innovation Secrets of Steve Jobs: Insanely Different Principles for Breakthrough Success. McGraw Hill; 1st edition.

Gallo, C. (2011, January 18). Steve Jobs and the Power of Vision. Forbes. https://www.forbes.com/sites/carminegallo/2011/01/18/steve−jobs−and−the−power−of−vision/?sh=25f42624172b

Gana, M., & Gana, S. (n.d.). Pestalozzi's Philosophies and Practices. Academia. https://www.academia.edu/35430167/Pestalozzis_Philosophies_and_Practices

Ganjoo, S. (2018, November 15). Steve Jobs Believed Schools and Colleges Made People Bozos, Didn't Care for Daughter's Education. India Today. https://www.indiatoday.in/technology/features/story/steve−jobs−believed−schools−and−colleges−made−people−bozos−didn−t−care−for−daughter−s−education−1388945−2018−11−15

Gaps in Schools. Education Week. https://www.edweek.org/leadership/closing−covid−19−equity−gaps−in−schools/2020/09

García, J. A. (2022, August 27). 10 Famous People Who Were Homeschooled. https://www.spanish.academy/blog/10−famous−people−who−were−homeschooled/

Gatto, J. T. (2013). Weapons of Mass Instruction: A Schoolteacher's Journey Through the Dark World of Compulsory Schooling. Post Hypnotic Press Inc.

Gatto, J. T. (n.d.). Wikipedia. Retrieved from https://en.wikipedia.org/wiki/John_Taylor_Gatto

Genalo, L. J., Schmidt, D. A., & Schiltz, M. (2004). Piaget and Engineering Education. Proceedings of the 2004 American Society for Engineering Education Annual Conference & Exposition. https://files.eric.ed.gov/fulltext/EJ893891.pdf

Gersper, M. (n.d.). How to Personalize Your Life in the Modern World. https://happyliving.com/2015/12/02/how−to−personalize−your−life/

Gerzon, E. (2023, January 20). What Is Worldschooling and How Does It

Work? https://tourismteacher.com/what−is−world−schooling/

Gianoutsos, J. (n.d.). Locke and Rousseau: Early Childhood Education. The Undergraduate Journal of Baylor University, 4(1). https://www.baylor.edu/content/services/document.php?id=37670

Gibbon, P. H. (2015, August 4). John Locke: An Education Progressive Ahead of His Time? Education Week. https://www.edweek.org/teaching−learning/opinion−john−locke−an−education−progressive−ahead−of−his−time/2015/08

Gilbert, E. (2009). Your Elusive Creative Genius. TED. https://www.ted.com/talks/elizabeth_gilbert_your_elusive_creative_genius/transcript

Gill, A. (2023, February 20). What Is Unschooling? Pros and Cons of Unschooling Your Child. Splash Learn. https://www.splashlearn.com/blog/unschooling−what−why−how−to−do−it/

Gill, A. (2024, January 9). Unschooling: The Philosophy, Pros, and Cons of Unschooling Your Child. https://www.splashlearn.com/blog/unschooling−what−why−how−to−do−it/

Gilmore, C. (2022, September 6). What Is a Microschool? https://scholarships360.org/k12/microschool/

Ginsburg, H., & Opper, S. (1969). Piaget's Theology of Intellectual Development: An Introduction. Englewood Cliffs, NJ: Prentice−Hall.

Gioia, M. (2019). Educare, Educere, Explorare. ASDE. https://www.self−directed.org/tp/educare−educere−explorare/

Giroux, H. A. (1988). Postmodernism and the Discourse of Educational Criticism. Journal of Education, 170(3), 5−30.

Giroux, H. A. (2004). Critical Pedagogy and the Postmodern/Modern Divide: Towards a Pedagogy of Democratization. Teacher Education Quarterly, 31(1), 31-47. http://www.jstor.org/stable/23478412

Giroux, H., & Penna, A. (1979). Social Education in the Classroom: The Dynamics of the Hidden Curriculum. In H. Giroux & D. Purpel (Eds.), The Hidden Curriculum and Moral Education (pp. 100−121). McCutchan Publishing Corporation.

Giroux, H., & Penna, A. (1979). Social Education in the Classroom: The Dynamics of the Hidden Curriculum. In H. Giroux & D. Purpel (Eds.), The Hidden Curriculum and Moral Education (pp. 100 – 121). McCutchan Publishing Corporation.

Gisbert, & Bullen, M. (2015). Teaching and Learning in Digital Worlds: Strategies and Issues in Higher Education. Publicacions Universitat Rovira i Virgili.

https://www.researchgate.net/publication/303907548_Teaching_and_L earning_in_digital_worlds_strategies_and_issues_in_higher_education

Glassner, A., & Back, S. (2019). Heutagogy (Self – Determined Learning): New Approach to Student Learning in Teacher Education. Journal Plus Education, 24(Special Issue), 39 – 44.

Goldberg, S. (1984). The Rise and Fall of the Mechanical World View. In Understanding Relativity. Birkhäuser Boston.

https://doi.org/10.1007/978 – 1 – 4684 – 6732 – 1_2

Gonzalez, B. (2023, April 15). 30 Benefits of a Neurodiversity – Affirming Home Education (NDAHE).

https://www.linkedin.com/pulse/30 – benefits – neurodiversity – affir ming – homeschooling – gonzalez – m – ed/

Goodacre, N. (2019). How to Raise a Rebel: An Uplifting Guide to Unschooling. Nielsens.

Goodman, J. (Reviewer). (1988). Giroux, H.A. "Teachers as Intellectuals: Towards a Critical Pedagogy of Learning." Branby, MA: Bergin & Garvey Press.

Gopnik, A. (2016). The Gardener and the Carpenter. Vintage Publishing.

Goulet, J. D. (2022, October 5). Stop Asking Neurodivergent People to Change the Way They Communicate.

https://hbr.org/2022/10/stop – asking – neurodivergent – people – to – change – the – way – they – communicate

Grantham – Philips, W. (2020, July 26). As School Starts Online, Parents Need to Study Up on 'Pandemic Pods' and What They Mean for Equity. USA Today.

https://www.usatoday.com/story/news/education/2020/07/26/pandem ic – pods – childcare – homeschool – school – inequality/5485353002/

Gratani, F., & Giannandrea, L. (2022). Towards 2030: Enhancing 21st

Century Skills Through Educational Robotics.
https://www.frontiersin.org/articles/10.3389/feduc.2022.955285/full

Gray, P. (2009). Play as a Foundation for Hunter−Gatherer Social Existence. American Journal of Play, 1(4), 476−522. https://eric.ed.gov/?id=EJ1069037

Gray, P. (2009, September 2). "Why Don't Students Like School?" Well, Duhhhh··· Children Don't Like School Because They Love Freedom. Psychology Today.
https://www.psychologytoday.com/intl/blog/freedom−learn/200909/why−don−t−students−school−well−duhhhh

Gray, P. (2011). The Special Value of Children's Age−Mixed Play. American Journal of Play, 3(4), 500−522.
https://eric.ed.gov/?id=EJ985544

Gray, P. (2014, June 21). Survey of Grown Unschoolers III: Pursuing Careers. Retrieved from Freedom to Learn, Psychology Today. https://www.psychologytoday.com/us/blog/freedom−learn/201406/survey−grown−unschoolers−iii−pursuing−careers

Gray, P. (2015). Free to Learn: Why Unleashing the Instinct to Play Will Make Our Children Happier, More Self−Reliant, and Better Students for Life. Basic Books.

Gray, P. (2017). Self−Directed Education—Unschooling and Democratic Schooling. Oxford Research Encyclopedia of Education.
https://scholar.google.co.kr/scholar?q=Peter+Gray(2017).+Self−Directed+Education%E2%80%94Unschooling+and+Democratic+Schooling&hl=ko&as_sdt=0&as_vis=1&oi=scholart

Gray, P. (2017, April 26). Self−Directed Education—Unschooling and Democratic Schooling. Oxford Research Encyclopedia of Education. https://doi.org/10.1093/acrefore/9780190264093.013.80

Gray, P. (2020). Evidence That Self−Directed Education Works. The Alliance for Self−Directed Education.

Gray, P. (2020). How Children Acquire "Academic" Skills Without Formal Instruction. The Alliance for Self−Directed Education.

Gray, P. (2020). Mother Nature's Pedagogy: Biological Foundations for Children's Self−Directed Education. The Alliance for Self−Directed Education.

Gray, P. (2021, March 28). Forced Schooling, Anxiety, and "Learning Disorders."

Gray, P. (2023, December 29). Differences Between Self−Directed and Progressive Education.

Gray, P. (2023, January 22). The Rise and Fall of Freedom in Education in the 1960s and '70s: A New Book Shows How One Public School Survived Forces Against Freedom.
https://www.psychologytoday.com/us/blog/freedom−to−learn/2023 01/the−rise−and−fall−of−freedom−in−education−in−1960s−a nd−70s

Gray, P., & Riley, G. (2013). The Challenges and Benefits of Unschooling According to 232 Families Who Have Chosen That Route.
https://www.researchgate.net/publication/305720522_The_Challenges _and_Benefits_of_Unschooling_According_to_232_Families_Who_Hav e_Chosen_that_Route

Gray, P., & Riley, G. (2015). Grown Unschoolers' Evaluations of Their Unschooling Experience: Report I on a Survey of 75 Unschooled Adults. Other Education, 4(2), 8−32.

Gray, P., & Riley, G. (2015). Grown Unschoolers' Evaluations of Their Unschooling Experiences: Report I on a Survey of 75 Unschooled Adults.
https://www.semanticscholar.org/paper/Grown−Unschoolers%E2%80 %99−Evaluations−of−Their−Unschooling−Gray−Riley/97bde31ba f05c94785c59ae752c1a61a154fe7ca

Greenwood, B. (2020, February 13). What Is Behaviourism?
https://blog.teamsatchel.com/what−is−behaviourism

Griffith, M. (2010). The Unschooling Handbook: How to Use the Whole World as Your Child's Classroom. Three Rivers Press.

Groeneveld, M. G., Vermeer, H. J., Linting, M., Noppe, G., van Rossum, E. F., & da Cunha Pimenta, G. (2022, August 31). Akilah S. Richards. Medium.
https://medium.com/reinvention−space/akilah−s−richards−3091cc f69250

Gutek, G. L. (1999). Pestalozzi and Education. Waveland Press Inc.

Hadiryanto, Soleh, & Thaib, D. (2015). Inquiry Based Learning Model

Natural Phenomena to Improve the Curiosity and Mastery of the Concept of Junior High School Students. Eduhumaniora, 7(1). https://www.neliti.com/publications/240876/inquiry−based−learning −model−natural−phenomena−to−improve−the−curiousity−and −mas#cite

Halpin, D. (2006). Why a Romantic Conception of Education Matters. Oxford Review of Education, 32(3), 325−345. https://www.jstor.org/stable/pdf/4618664.pdf

Halpin, D. (2007). Romanticism and Education: Love, Heroism and Imagination in Pedagogy. Continuum; First Edition.

Halpin, D. (2008). Pedagogy and the Romantic Imagination. British Journal of Educational Studies, 56(1), 59−75. https://www.jstor.org/stable/20479571

Halsall, J. P., Powell, J. L., & Snowden, M. | Serpa, S. (Reviewing Editor). (2016). Determined Learning Approach: Implications of Heutagogy Society−Based Learning. Cogent Social Sciences, 2(1). https://www.tandfonline.com/doi/full/10.1080/23311886.2016.1223904

Halves, T. (2013, March 8). Sugata Mitra on EdTech and Empire in Digital Revolution. https://www.digitalcounterrevolution.co.uk/2013/sugata−mitra−edte ch−empire−ted−prize−talk/

Hansen, U. J. (2021). The Future of Smart: How Our Education System Needs to Change to Help All Young People Thrive. Capucia Publishing.

Hansen, U. J. (2021). The Future of Smart: How Our Education System Needs to Change to Help All Young People Thrive. Capucia Publishing.

Harapnuik, D. (2013, March 1). Sugata Mitra: Build a School in the Cloud. https://www.harapnuik.org/?p=3517

Harapnuik, D. (2017, November 14). Piaget's Key Implications for Learning. https://www.harapnuik.org/?p=7195

Harel, I. (2016, August 3). A Glimpse Into the Playful World of Seymour Papert. https://www.edsurge.com/news/2016−08−03−a−glimpse−into−t he−playful−world−of−seymour−papert

Hargraves, V. (2021, March 17). Piaget's Theory of Education. https://theeducationhub.org.nz/piagets−theory−of−education/

Hartch, T. (2015). The Prophet of Cuernavaca: Ivan Illich and the Crisis of the West. Oxford University Press.

Hartmann, T. (1997). Attention Deficit Disorder: A Different Perception. Underwood Books; 2nd edition.

Hartmann, T. (2019). ADHD: A Hunter in a Farmer's World. Healing Arts Press; 3rd edition.

Hartmann, T., & Palladino, J. (2005). The Edison Gene: ADHD and the Gift of the Hunter Child. Park Street Press.

Hase, S. (2002). Self−Determined Learning (Heutagogy): Where Have We Come Since 2000? https://www.sit.ac.nz/Portals/0/upload/documents/sitjar/Heutagogy%20−%20One.pdf

Hase, S. (n.d.). Self−Directed Learning and Self−Determined Learning: An Exploration. https://heutagogycop.wordpress.com/2015/12/05/self−directed−learning−and−self−determined−learning−an−exploration/

Hase, S., & Blaschke, L. M. (2012). Unleashing the Power of Learner Agency. CC BY license. https://edtechbooks.org/up/pp

Hase, S., & Kenyon, C. (2000). From Andragogy to Heutagogy. Ultibase, RMIT. http://ultibase.rmit.edu.au/Articles/dec00/hase2.htm

Hase, S., & Kenyon, C. (2013). Self−Determined Learning: Heutagogy in Action. Bloomsbury.

Hedges, S. (2022, October 27). Education According to Socrates: The Soul Must Be Turned Away from Darkness and Towards the Light. https://eduthirdspace.substack.com/p/education−according−to−socrates

Heiditsteel. (2022, February 25). Unschooling as a Perfect Fit for Neurodiverse Families. Live. Play. Learn. https://liveplaylearn.org/2022/02/25/unschooling−as−a−perfect−fit−for−neurodiverse−families/

Hetherington, C. (2023, March 14). What Does It Mean to Be Neurodivergent?

https://healthnews.com/health—conditions/neurological—disorders/what—does—it—mean—to—be—neurodivergent/

Hewit, B. (2014). Home Grown: Adventures in Parenting Off the Beaten Path, Unschooling, and Reconnecting with the Natural World. Roost Books; Illustrated edition.

Hiemstra, R. (1994). Self—Directed Learning. In T. Husen & T. N. Postlethwaite (Eds.), The International Encyclopedia of Education (2nd ed.). Oxford: Pergamon Press. https://ccnmtl.columbia.edu/projects/pl3p/Self—Directed%20Learning.pdf

Hilmar—Jezek, K. (2015). Born to Learn: Real World Learning Through Unschooling and Immersion. Distinct Press.

Hirsch, E. D., Jr. (2006, July 20). Romancing the Child. Education Next, 1(1). https://www.educationnext.org/romancing—the—child/

Hirsh—Pasek, K., et al. (2022, February 14). A Whole New World: Education Meets the Metaverse. https://www.brookings.edu/articles/a—whole—new—world—education—meets—the—metaverse/

Hogue, R. W. (1924). A New Educational Movement. The Journal of Social Forces, 3(1), 65–69. https://doi.org/10.2307/3005464

Holdsworth, P. (2023, September 7). How 'Unschooling' and 9/11 Shaped Astra Taylor's Thinking on Democracy. "Who Would I Be to Talk About Democracy If I Wasn't Trying to Democratize Our Society?" https://www.cbc.ca/radio/ideas/astra—taylor—interview—2023—massey—lecturer—1.6959320

Holism. (n.d.). In Wikipedia. Retrieved October 3, 2024, from https://en.wikipedia.org/wiki/Holism

Holt, J. (1964). How Children Fail. Pitman Publishing Corp.

Holt, J. (1967). How Children Learn (1967; revised 1983).

Holt, J. (1969). The Underachieving School. Pitman Publishing Corp.

Holt, J. (1970). What Do I Do Monday? Dutton.

Holt, J. (1971). Freedom and Beyond. Dutton.

Holt, J. (1974). Escape from Childhood. Dutton.

Holt, J. (1976). Instead of Education: Ways to Help People Do Things

Better. Dutton.

Holt, J. (1978). Never Too Late: My Musical Life Story. Delacorte Press.

Holt, J. (1983). How Children Learn (Revised ed.). Merloyd Lawrence.

Holt, J. (1984). Growing Without Schooling Magazine, No. 40.

Holt, J. (1989). Learning All the Time. Addison–Wesley.

Holt, J. (2016). Growing Without Schooling Volume 1 (GWS: The Complete Collection). HoltGWS LLC.

Holt, J. (2017). Growing Without Schooling Volume 2 (GWS: The Complete Collection). HoltGWS LLC.

Holt, J. (2018). Growing Without Schooling: The Complete Collection: Volume 3 (GWS: The Complete Collection). HoltGWS LLC.

Holt, J., & Farenga, P. (2003). Teach Your Own: The John Holt Book of Homeschooling.

Holt, J., & Farenga, P. (2021). Teach Your Own: The Indispensable Guide to Living and Learning with Children at Home. Hachette Go.

Holt, J., & Farenga, P. (2021). Teach Your Own: The Indispensable Guide to Living and Learning with Children at Home. Hachette Go; Revised edition.

Homeschooler. (2021, February 24). Hackschooling – Self–Directed Education for Homeschoolers. https://globalstudentnetwork.com/hackschooling–self–directed–education–for–homeschoolers/

Homeschooling India Community. (n.d.). Unschooling, Minimalism and Social Change. https://www.youtube.com/watch?app=desktop&v=qcIucghKxsw

Homeschooling. (n.d.). In Wikipedia. Retrieved November 25, 2023, from https://en.wikipedia.org/wiki/Homeschooling

Honeybourne, V. (2018). The Neurodiverse Classroom: A Teacher's Guide to Individual Learning Needs and How to Meet Them. Jessica Kingsley Publishers.

Honeybourne, V. (2018, May 20). Neurodiversity in Education. https://www.autism.org.uk/advice–and–guidance/professional–practice/neurodiversity–education

Hopkins, L. (2018, November 19). The Educational Theory of Johann Heinrich Pestalozzi.

https://www.newfoundations.com/GALLERY/Pestalozzi.html

House Hearing, 110 Congress. (2008). Competitiveness and Innovation on the Committee's 50th Anniversary with Bill Gates, Chairman of Microsoft. From the U.S. Government Publishing Office, Serial No. 110−84.
https://www.govinfo.gov/content/pkg/CHRG−110hhrg41066/html/C HRG−110hhrg41066.htm

Howard E. Gardner. (2011). Frames of Mind: The Theory of Multiple Intelligences. Basic Books; 3rd edition.

Howard, J. L., Bureau, J. S., Guay, F., Chong, J. X. Y., & Ryan, R. M. (2021). Student Motivation and Associated Outcomes: A Meta−Analysis from Self−Determination Theory. Perspectives on Psychological Science.
https://doi.org/10.1177/1745691620966789

Hunter Versus Farmer Hypothesis. (n.d.). In Wikipedia.
https://en.wikipedia.org/wiki/Hunter_versus_farmer_hypothesis

Hunter, S. (2017). Framing Unschooling Using Theories of Motivation. Journal of Unschooling and Alternative Learning, 11(22).
https://jual.nipissingu.ca/wp−content/uploads/sites/25/2017/12/v112 24.pdf

Hypothese. (n.d.). Froebel – The Integral Pedagogy.
https://globaleduca.hypotheses.org/med−the−museum−global−ed ucation−and−cultural−diversity/autonomy−pedagogy−educators −gallery/critical−pedagogy/new−school−mouvemente/frebel

Iabac. (2024, February 19). AI and the Future of Education: Transforming Learning Experiences.
https://iabac.org/blog/ai−and−the−future−of−education−transfor ming−learning−experiences

Ian Jukes and Ryan L. Schaaf. (2019, January 28). A New Kind of Student: Learning Attributes of the Digital Generations. Corwin Connect.
https://corwin−connect.com/2019/01/a−new−kind−of−student−l earning−attributes−of−the−digital−generations/

Ian Jukes, Ryan L. Schaaf. (2019). A Brief History of the Future of Education: Learning in the Age of Disruption. Corwin; 1st edition.

IFTF. (2017). Realizing 2030: A Divided Vision of the Future. Global

Business Leaders Forecast the Next Era of Human – Machine Partnerships and How They Intend to Prepare. Published by Dell Technologies.

Ilberman, S. (2016). NeuroTribes: The Legacy of Autism and the Future of Neurodiversity. Avery; Reprint edition.

Indeed Editorial Team. (2022, December 13). What Is Systemic Thinking and Why Is It Important?
https://uk.indeed.com/career – advice/career – development/systemic – thinking

Infosys BPM. (n.d.). New Age Education: Learning with Digital Technologies.
https://www.infosysbpm.com/offerings/industries/edutech – services/insights/documents/education – learning – with – digital – technologies.pdf

Israel Homeschooling. (2023, June 5). What Is Unschooling Method (Education Philosophy)? The Power of Unschooling.
https://israelhomeschool.org/what – is – unschooling – education – philosophy – the – power – of – unschooling/

Ito, I. (2019, September 6). The Educational Tyranny of the Neurotypicals. WIRED.
https://www.wired.com/story/tyranny – neurotypicals – unschooling – education/

Ivan Illich: Deschooling, Conviviality and Lifelong Learning. (n.d.).
https://infed.org/mobi/ivan – illich – deschooling – conviviality – and – lifelong – learning/

Jacob, R. (2021, July 6). How a Bangalore Couple Left City Life and Switched to Minimal Living with Unschooling.
https://www.whatshot.in/bangalore/this – couple – left – bangalore – switched – to – minimal – living – c – 30633

Jaimon, R. (2022, February). What Is Unschooling? Meet the Families Who Have Shunned the Formal Education System.
https://www.thenationalnews.com/lifestyle/family/2022/02/28/what – is – unschooling – meet – the – families – who – have – shunned – the – formal – education – system/

Jain, D. (2023, May 23). Microschools: A New Era of Personalized

Education.

https://omella.com/blog/microschools−what−are−they−advantages

Jain, D. (2023, May 24). Learning Pods: What Are They, Their Benefits, and How to Create a Successful Learning Pod.

https://omella.com/blog/learningpods−what−are−they−its−benefits−and−how−to−create−a−successful−learning−pod

Jarvis, J. (Translated). (1909). Friedrich Froebel's Pedagogics of the Kindergarten: His Ideas Concerning the Play and Playthings of the Child. New York: D. Appleton and Company.

https://ia902600.us.archive.org/8/items/richfroebelfried00frrich/richfroebelfried00frrich.pdf

Jean Piaget. (n.d.). In Wikipedia. Retrieved from

https://en.wikipedia.org/wiki/Jean_Piaget#Career_history

Johann Heinrich Pestalozzi. (n.d.). In Wikipedia. Retrieved from

https://en.wikipedia.org/wiki/Johann_Heinrich_Pestalozzi

Johns Hopkins University. (n.d.). Schools of Educational Philosophy, Chapter 9: What Are the Philosophical Foundations of American Education?

https://ctei.jhu.edu/files_ta/4_Major_Educational_Philosophies.pdf

Jones, E. (2020, April 22). The Many Benefits of Unschooling for Children with Special Needs.

https://aplaceonahill.com/2020/04/22/the−many−benefits−of−unschooling−for−children−with−special−needs/

Jones, E. (2020, September 17). Embracing Our Neurodiverse Children for Who They Are, Not Who They Should Be.

https://www.self−directed.org/tp/embracing−neurodiverse−children/

Jones, E. (2021, April 3). Neurodiversity, Unschooling, and Radical Acceptance.

https://aplaceonahill.com/2021/05/09/neurodiversity−unschooling−and−radical−acceptance/

Jones, E. (2021, May 9). Neurodiversity, Unschooling, and Radical Acceptance.

https://aplaceonahill.com/2021/05/09/neurodiversity−unschooling−and−radical−acceptance/

Joseph D. Novak. (2011). Theory of Education: Meaningful Learning

Underlies the Constructive Integration of Thinking, Feeling, and Acting Leading to Empowerment for Commitment and Responsibility. Aprendizagem Significativa em Revista/Meaningful Learning Review, 1(2), 1−14. https://aru−online.com/E−learning/wp−content/uploads/2018/05/Theory−of−Education−Study−Unit−4.pdf

Josh, P. (2021, March 3). Serena Williams' Educational Background: Did the Tennis Legend Go to College? https://www.essentiallysports.com/wta−tennis−news−serena−williams−educational−background−did−the−tennis−legend−go−to−college/

Joshi, P. (2021, March 7). Serena Williams' Educational Background: Did the Tennis Legend Go to College? https://www.essentiallysports.com/wta−tennis−news−serena−williams−educational−background−did−the−tennis−legend−go−to−college/

Julie. (2020, August 27). A Day in the Life of an Unschooler. Retrieved from Wanderschool. https://www.wanderschool.com/2020/08/26/a−day−in−the−life−of−an−unschooler/

Justin, R. (2022). Failure to Disrupt: Why Technology Alone Can't Transform Education. Harvard University Press.

Justus, R. (n.d.). The Difference Between Schooling and Unschooling. https://sandradodd.com/unschool/difference

Kaminski, J. (2023, November 12). Homeschooling Statistics in 2023 – USA Data and Trends. Brighterly. https://brighterly.com/blog/homeschooling−statistics/

Kaufman, B. S., & Gregoire, C. (2015). Wired to Create: Unraveling the Mysteries of the Creative Mind. Perigee.

Kaya, T. (2015). An Evaluation of the Historical Development and Recent State of Homeschooling in the USA. Turkish Journal of Sociology, 30(3), 99−118. https://www.researchgate.net/publication/328913603_

Kaye−O'Connor, S. (2023, October 13). What Is Neurodiversity? https://www.choosingtherapy.com/neurodiversity/

Kennedy, D. (2006). The Well of Being: Childhood, Subjectivity, and Education. State University of New York Press; Illustrated edition.

Kesson, K. (n.d.). Ten Things I've Learned from Unschooling. https://www.goddard.edu/blog/featured−posts/we−are−all−unschoolers−now−ten−things−ive−learned/

Kibin. (2024). A Comparison of Mechanistic, Organismic, and Contextualist Understanding of Life. http://www.kibin.com/essay−examples/a−comparison−of−mechanistic−organismic−and−contextualist−understanding−of−life−tZHqa3SN

Kilag, O. K. T., Ignacio, R., Lumando, E., & Alvez, G. U. (2022). ICT Integration in Primary Classrooms in the Light of Jean Piaget's Cognitive Development Theory. International Journal of Emerging Issues in Early Childhood Education, 4(2), 42−54. https://www.researchgate.net/publication/365851514_ICT_Integration_in_Primary_Classrooms_in_the_Light_of_Jean_Piaget's_Cognitive_Development_Theory

Kinney, S. (2013). Parent Choice: Learning Pods or Public Education During COVID−19 Pandemic. Electronic Theses and Dissertations, Paper 4272. https://dc.etsu.edu/cgi/viewcontent.cgi?article=5801&context=etd

Kizel, A., & Lee, J. (Reviewing Editor). (2016). Philosophy with Children as an Educational Platform for Self−Determined Learning. Cogent Education, 3(1). https://www.tandfonline.com/doi/full/10.1080/14681366.2016.1178664

Kneupper, C. W., & Rubin, G. N. (1975). Personalization in Modern Society: A Diagnostic Application of General Systems Theory. ETC: A Review of General Semantics, 32(2), 169-181. http://www.jstor.org/stable/42575815

Knowles, J. G., Marlow, S. E., & Muchmore, J. A. (1992). From Pedagogy to Ideology: Origins and Phases of Home Education in the United States, 1970−1990. American Journal of Education, 100(2), 195-235. http://www.jstor.org/stable/1085568

Knowles, M. (1975). Self−Directed Learning: A Guide for Learners and Teachers. Chicago, IL: Follett Publishing Company.

https://eric.ed.gov/?id=ED114653

Ko, A. J. (2017, January 17). Mindstorms: What Did Papert Argue and What Does It Mean for Learning and Education? https://medium.com/bits−and−behavior/mindstorms−what−did−papert−argue−and−what−does−it−mean−for−learning−and−education−c8324b58aca4

Kons, A. (2023, May 9). Unschooling and AI – WTF? https://www.linkedin.com/pulse/unschooling−ai−wtf−alexandra−kons

Koole, S. L., Schlinkert, C., Maldei, T., & Baumann, N. (2018). Becoming Who You Are: An Integrative Review of Self−Determination Theory and Personality Systems Interactions Theory. Journal of Personality, 87(1). https://onlinelibrary.wiley.com/doi/full/10.1111/jopy.12380

Kresser, C. (2016, June 23). Unschooling as a Cure for "Industrialized Education"—with Jeremy Stuart. https://chriskresser.com/rhr−unschooling−as−a−cure−for−industrialized−education−with−jeremy−stuart/

Kruger, M. (n.d.). Gen Z – The Future of Teaching the Next Generation. High Ed Partners. https://higheredpartners.co.za/corporate−blogs/gen−z−the−future−of−teaching−the−next−generation

Kuit, J. A., & Fell, A. (2010). Web 2.0 to Pedagogy 2.0: A Social−Constructivist Approach to Learning Enhanced by Technology. In Critical Design and Effective Tools for E−Learning in Higher Education: Theory into Practice (pp. 310−325). IGI Global.

Kumar, K. (1995). From Post−Industrial to Post−Modern Society: New Theories of the Contemporary World. Blackwell. https://www.blackwellpublishing.com/content/bpl_images/Content_Store/Sample_Chapter/1405114290/Kumar_sample%20chapter_From%20post−industrial%20to%20post−modern%20society.pdf

Laland, K., Matthews, B., & Feldman, M. W. (2016). An Introduction to Niche Construction Theory. Evolutionary Ecology, 30, 191−202. https://doi.org/10.1007/s10682−016−9821−z

Landers, M. (2020, August 13). Meghan Chung, Grown Unschoolers. https://grownunschoolers.com/meghan−chung/

Landolt, N. (2021, February 26). Homeschooling Is Now Called Distance Learning – The Rise of Unschooling. https://morethandigital.info/en/homeschooling−is−now−called−distance−learning−the−rise−of−unschooling/

LaPlante, L. (2013, February 13). Hackschooling Makes Me Happy. TEDxUniversityofNevada. https://www.youtube.com/watch?v=h11u3vtcpaY

Laricchia, P. (2014). Life Through the Lens of Unschooling: A Living Joyfully Companion (Living Joyfully with Unschooling Book 3). Living Joyfully Enterprises.

Laricchia, P. (2018). The Unschooling Journey: A Field Guide. Forever Curious Press.

Law, A. (2018, April 17). What If Schools Fail Our Children? A Look into Self−Directed Education. https://medium.com/@angele_law/what−if−schools−fail−our−children−a−look−into−self−directed−education−67b12fe989eb

LeBlanc, M. (2012, June). Friedrich Froebel: His Life and Influence on Education. https://www.communityplaythings.co.uk/learning−library/articles/friedrich−froebel

Lee, E., & Hannafin, M. (2016). A Design Framework for Enhancing Engagement in Student−Centered Learning: Own It, Learn It, and Share It. Educational Technology Research & Development, 64(4), 707−734. https://link.springer.com/article/10.1007/s11423−015−9422−5

Leibetseder, M. (2023, November 11). Educational Journey: Grand Tour. http://ieg−ego.eu/en/threads/europe−on−the−road/educational−journey−grand−tour

Leonardo da Vinci. (n.d.). In Wikipedia. Retrieved from https://en.wikipedia.org/wiki/Leonardo_da_Vinci

Lewin, N., & Akhtar, N. (2020, May 13). Neurodiversity and Deficit Perspectives in The Washington Post's Coverage of Autism. Disability & Society, 36(5).

https://www.tandfonline.com/doi/full/10.1080/09687599.2020.1751073

Lewis, D. (n.d.). Unguided Discovery.
https://sandradodd.com/deblewis/discovery

Library Services. (n.d.). Progressive Education.
https://www.ucl.ac.uk/library/special − collections/archives − and − m
anuscripts/institute − education − archives/progressive − education

Lifestyle. (n.d.). In Wikipedia. Retrieved from
https://en.wikipedia.org/wiki/Lifestyle_(social_sciences)

LifeUnschooled. (n.d.). Unschooling: A Deep Dive into Child − Led
Learning. https://www.youtube.com/watch?v = KybKmyuJw7Q

LinkedIn. (n.d.). What Are the Skills and Competencies That Students Can
Develop by Interacting with Robots?
https://www.linkedin.com/advice/1/what − skills − competencies − stu
dents − can − develop − interacting

Littlejohn, A., et al. (2016). Learning in MOOCs: Motivations and
Self − Regulated Learning in MOOCs. The Internet and Higher
Education, 29, 40 − 48.
http://dx.doi.org/10.1016/j.iheduc.2015.12.003

Living Joyfully Podcasts. (n.d.). EU083 Transcript: Unschooling Around the
World with Tami Stroud.
https://livingjoyfully.ca/eu083 − transcript/

Llewellyn, G. (1991). The Teenage Liberation Handbook. Lowry House.
https://vidyaonline.org/dl/teenlib.pdf

Llewellyn, G. (2021). The Teenage Liberation Handbook: How to Quit
School and Get a Real Life and Education. Lowry House Publishers.

Llistar, M. O. (2021). 18: An Unschooling Experience. Argyle Fox
Publishing.

Lockett, E. (2019, September 27). What Is Unschooling and Why Do
Parents Consider It? Healthline.
https://www.healthline.com/health/childrens − health/unschooling

Loeng, S. (2020, August 28). Self − Directed Learning: A Core Concept in
Adult Education. Education Research International, Article ID
3816132. https://doi.org/10.1155/2020/3816132

Long, A. (2023, October 19). What Is Worldschooling? World Travel
Family. Retrieved from

https://worldtravelfamily.com/worldschooling/

Lopez, M. (2009). Review of "Education and the Cold War: The Battle for the American School." The Councilor: A Journal of the Social Studies, 70(2), Article 3. https://thekeep.eiu.edu/the_councilor/vol70/iss2/3

Lothian, T. (2019, August 16). Getting Educated in the Unschool of Life. https://www.ecoparent.ca/eco−parenting/how−unschooling−challe nges−traditional−school−thought

Loveless, B. (2024, August 26). Holistic Education: A Comprehensive Guide. Education Corner. https://www.educationcorner.com/holistic−education/

Luna, S. C. (2015). The Futures of Learning 2: What Kind of Learning for the 21st Century? Education Research and Foresight Working Papers Series 14. https://unesdoc.unesco.org/ark:/48223/pf0000242996/PDF/242996eng .pdf.multi

Luoto, L. (2023). The Social Nature of New Education: An Affiliation Network Analysis of the Movement's Evolution, 1875-1935. Paedagogica Historica, 59(1), 36−54. https://www.tandfonline.com/doi/full/10.1080/00309230.2022.2095874

Lyman, I. (1998, January 7). Homeschooling: Back to the Future. Policy Analysis, 294. http://object.cato.org/sites/cato.org/files/pubs/pdf/pa−294.pdf

Lynch, M. (2016, September 20). Understanding the 4 Main Schools of Philosophy: Principle of Postmodernism. The Edvocate. https://www.theedadvocate.org/understanding−4−main−schools− philosophy−principle−postmodernism/

Mackenzie, S. (2018). The Read−Aloud Family: Making Meaningful and Lasting Connections with Your Kids. Zondervan.

MacQuarrie, A. (2013, October 30). 10 Celebrities You Didn't Know Were Homeschooled. https://learningliftoff.com/student−activities/pop−culture/10−celebr ities−didnt−know−homeschooled/

Maheshwari, V. K. (2011, November 19). Naturalism as a Philosophy of Education. http://www.vkmaheshwari.com/WP/?p=273

Mahmoud Rabie. (2023, July 10). Ten Reasons Why We Should Incorporate Creativity and Innovation in Our Educational Systems. LinkedIn.

Main, P. (2023, December 13). Unschooling. https://www.structural−learning.com/post/unschooling

Main, P. (2023, December 13). Unschooling. Structural Learning. https://www.structural−learning.com/post/unschooling

Main, P. (2023, November 23). Self−Determination Theory. https://www.structural−learning.com/post/self−determination−theory

Mamautistic. (2020, August 18). Neurodiversity and the Benefits of Unschooling. Autistically Unschooling. https://autisticallyunschooling.wordpress.com/2020/08/18/neurodiversity−and−the−benefits−of−unschooling/

Marschall, A. (2020, August 12). What to Know About Raising Neurodivergent Kids. https://www.verywellmind.com/what−to−know−about−raising−neurodivergent−kids−5666990

Martin, A., Neuman, A., & Guterman, O. (2016). The Clash of Two World Views: A Constructivist Analysis of Home Educating Families' Perceptions of Education. Pedagogy, Culture & Society, 24(3), 359−369. https://www.tandfonline.com/doi/full/10.1080/14681366.2016.1178664

Martin, D. (2011). Radical Unschooling: A Revolution Has Begun. CreateSpace Independent Publishing Platform.

Martin, D. (2013, February 4). The Radical Unschooling Life with Joe and Dayna Martin [Video]. YouTube. https://www.youtube.com/watch?v=HmZueW6Bwz4

Martin, D. (2013, February 4). The Radical Unschooling Life with Joe and Dayna Martin. [Video]. YouTube. https://www.youtube.com/watch?v=HmZueW6Bwz4

Martin−Chang, S., Gould, O. N., & Meuse, R. E. (2011). The Impact of Schooling on Academic Achievement: Evidence from Homeschooled and Traditionally Schooled Students. Canadian Journal of Behavioral Science, 43(3), 195−202. https://doi.org/10.1037/a0022697

Matthews, D. (2021, July 31). Neurodiversity and Gifted Education: There Is No Single Approach That Works Well for All Gifted Kids. Retrieved from
https://www.psychologytoday.com/us/blog/going−beyond−intelligence/202107/neurodiversity−and−gifted−education

Matveeva, S. (2023, July 20). Left vs. Right: Which Brain Wins in the Digital Age? LinkedIn.
https://www.linkedin.com/pulse/left−vs−right−which−brain−wins−digital−age−sophia−matveeva

May, T. A. (2013, February 26). A School in the Cloud: Sugata Mitra Accepts the TED Prize at TED2013.
https://blog.ted.com/a−school−in−the−cloud−sugata−mitra−accepts−the−ted−prize−at−ted2013/

McDiarmid, G. W., & Zhao, Y. (2022, February 23). Time to Rethink: Educating for a Technology−Transformed World. Sage Journal, 6(2).
https://journals.sagepub.com/doi/full/10.1177/20965311221076493

McDonald, K. (2017, April 25). The Rise of Homeschooling Was Broad and Bipartisan: It Has Involved Both Counter−Cultural Hippies and Conservative Christians.
https://fee.org/articles/the−rise−of−homeschooling−was−broad−and−bipartisan/

McDonald, K. (2018, June 7). Why Unschoolers Grow Up to Be Entrepreneurs: The Fascinating Link Between Unschooling and Entrepreneurship.
https://fee.org/articles/why−unschoolers−grow−up−to−be−entrepreneurs/

McDonald, K. (2019). Unschooled: Raising Curious, Well−Educated Children Outside the Conventional Classroom. Chicago Review Press.

McDonald, K. (2019, January 14). Why Steve Jobs, Not Bill Gates, Was the True Education Visionary.
https://fee.org/articles/why−steve−jobs−not−bill−gates−was−the−true−education−visionary/

McDonald, K. (2020, February 6). Elon Musk Wants Talent, Not Diplomas.

https://fee.org/articles/elon−musk−wants−talent−not−diplomas/

McDonald, K. (2021, October 11). In South Florida, Microschools Are Reshaping K−12 Education. https://www.forbes.com/sites/kerrymcdonald/2022/10/11/in−south−florida−microschools−are−reshaping−k−12−education/?sh=57b6ad5564bc

McDonald, K. (2022, October 26). For Neurodiverse Children, Microschools Can Be an Ideal Learning Environment. Retrieved from https://www.forbes.com/sites/kerrymcdonald/2022/10/26/for−neurodiverse−children−microschools−can−be−an−ideal−learning−environment/

McEachern, A. G., Aluede, O., & Kenny, M. C. (2008). Emotional Abuse in the Classroom: Implications and Interventions for Counselors. Journal of Counseling and Development, 86, 3−10. https://www.researchgate.net/publication/234748413_Emotional_Abuse_in_the_Classroom_Implications_and_Interventions_for_Counselors

McLaren, P. (1988). Schooling the Postmodern Body: Critical Pedagogy and the Politics of Enfleshment. Journal of Education, 170(3), 53−83.

McLaren, P., & Hammer, R. (1989). Critical Pedagogy and Postmodern Challenge: Towards a Critical Postmodernist Pedagogy of Liberation. Educational Foundations, 3(3).

McLeod, S. (2024, February 1). Constructivism Learning Theory & Philosophy of Education. https://www.simplypsychology.org/constructivism.html

McLeod, S. (2024, January 24). Jean Piaget's Stages of Cognitive Development & Theory. https://www.simplypsychology.org/piaget.html

McLeod, S. A. (2017, February 5). Behaviorist Approach. Simply Psychology. https://www.simplypsychology.org/behaviorism.html

McLoughlin, C., & Lee, M. J. (2007). Social Software and Participatory Learning: Pedagogical Choices with Technology Affordances in the Web 2.0 Era. In ICT: Providing Choices for Learners and Learning. Proceedings Ascilite Singapore 2007 (pp. 664−675).

McManis, L. D. (2017, November 20). Inclusive Education: What It Means,

Proven Strategies, and a Case Study. Resilient Education. https://resilienteducator.com/classroom−resources/inclusive−education/

McMullen, E. T. (2002). The Origin of Descartes' Mechanical Philosophy. Georgia Journal of Science, 60(2), 127+. https://link.gale.com/apps/doc/A89380915/AONE?u=googlescholar&sid=googleScholar&xid=7d17c456

Melkonian, L. (2022, January 31). Self−Directed Learning Is the Key to New Skills and Knowledge. BetterUp. https://www.betterup.com/blog/self−directed−learning/

Micro−Schooling. (n.d.). In Wikipedia. Retrieved from https://en.wikipedia.org/wiki/Micro−schooling

Mike Collins. (2012, October 5). Will Right Brain People Rule the Future? EPICOR. https://www.inddist.com/home/blog/13764085/will−right−brain−people−rule−the−future

Miller, C. (2024, March 8). What Is Neurodiversity? And How Can Parents Support Kids Who Are Neurodivergent? https://childmind.org/article/what−is−neurodiversity/

Miller, C. C., & Cox, C. (2023, August 24). In Reversal Because of A.I., Office Jobs Are Now More at Risk. The New York Times. https://www.nytimes.com/2023/08/24/upshot/artificial−intelligence−jobs.html

Miller, G. J. (2002). Free Schools, Free People: Education and Democracy After the 1960s. SUNY Press.

Miller, J. (2020, May 8). Bill Gates Shouldn't Be the One 'Reimagining' NY's Public Education. https://www.nyclu.org/en/news/bill−gates−shouldnt−be−one−reimagining−nys−public−education

Miller, K. LCSW MSW. (2018). Thriving with ADHD Workbook for Kids: 60 Fun Activities to Help Children Self−Regulate, Focus, and Succeed (Health and Wellness Workbooks for Kids). Althea Press; Workbook edition.

Miller, R. J. (2000). The Free School Movement, 1967−1972: A Study of Countercultural Ideology. (Order No. 9965651, Boston University). ProQuest Dissertations and Theses, 318. Retrieved from

https://www.proquest.com/docview/304586021?pq−origsite=gschola
r&fromopenview=true&sourcetype=Dissertations%20&%20Theses

Miller, S. A. (n.d.). The Humanistic Perspective: A Focus on Uniquely
Human Qualities. Modification, Adaptation, and Original Content.
Provided by: Lumen Learning. License: CC BY−SA:
Attribution−ShareAlike.
https://courses.lumenlearning.com/wm−lifespandevelopment/chapte
r/the−humanistic−perspective/

Milord, J. (2019). No Degree? No Problem. Here Are the Jobs at Top
Companies You Can Land Without One. LinkedIn.
https://www.linkedin.com/pulse/degree−problem−you−can−still
−land−jobs−top−companies−joseph−milord

Minimally Invasive Education. (n.d.). In Wikipedia. Retrieved from
https://en.wikipedia.org/wiki/Minimally_invasive_education

Mintz, A. I. (2014). Why Did Socrates Deny That He Was a Teacher?
Locating Socrates Among the New Educators and the Traditional
Education in Plato's Apology of Socrates. Educational Philosophy
and Theory, 46(7), 735−747.
https://www.tandfonline.com/doi/pdf/10.1080/00131857.2013.787586

Mirfin−Veitch, B., Jalota, N., & Schmidt, L. (2020). Responding to
Neurodiversity in the Education Context: An Integrative Review of
the Literature. Dunedin: Donald Beasley Institute.
https://www.educationcounts.govt.nz/__data/assets/pdf_file/0018/2085
03/Responding−to−neurodiversity−in−the−education−context.pdf

Mission.org. (2017, October 18). A Survey of Grown Unschoolers:
Overview of Findings. Seventy−Five Unschooled Adults Report on
Their Childhood and Adult Experiences. Retrieved from Medium.
https://medium.com/the−mission/a−survey−of−grown−unschool
ers−overview−of−findings−8a9af7b72d44

MIT Media Lab. (2016, August 1). Professor Emeritus Seymour Papert,
Pioneer of Constructionist Learning, Dies at 88. MIT News.
https://news.mit.edu/2016/seymour−papert−pioneer−of−construct
ionist−learning−dies−0801

MIT News. (2003, February 26). Prodigy Prof Skipped School Until He
Started College at 12. https://news.mit.edu/2003/demaine−0226

Mitra, S. (2003). Minimally Invasive Education: A Progress Report on the "Hole−in−the−Wall" Experiments. British Journal of Educational Technology, 34(3), 367−371.

Mitra, S. (2007). How Children Teach Themselves. TED Talk. https://www.ted.com/talks/sugata_mitra_kids_can_teach_themselves?language=ko

Mitra, S. (2010). The Child−Driven Education. TED Talk. https://www.ted.com/talks/sugata_mitra_the_child_driven_education

Mitra, S. (2012). Beyond the Hole in the Wall: Discover the Power of Self−Organized Learning. Independently published.

Mitra, S. (2012, February 3). The Hole in the Wall Project and the Power of Self−Organized Learning. Edutopia. www.edutopia.org/blog/self−organized−learning−sugata−mitra

Mitra, S. (2013). Build a School in the Cloud. TED Talk. https://www.ted.com/talks/sugata_mitra_build_a_school_in_the_cloud

Mitra, S. (2014). The Future of Schooling: Children and Learning at the Edge of Chaos. Prospects, 44, 547–558. https://link.springer.com/article/10.1007/s11125−014−9327−9

Mitra, S. (2016). The Future of Learning. Universidad Francisco Marroquín; 1st edition.

Mitra, S. (2019). The School in the Cloud: The Emerging Future of Learning. Corwin Teaching Essentials; 1st Edition.

Mitra, S. (n.d.). In Wikipedia. Retrieved from https://en.wikipedia.org/wiki/Sugata_Mitra

Mitra, S., & Dangwal, R. (2010). Limits to Self−Organising Systems of Learning. British Journal of Educational Technology, 41(5), 672–688. https://www.hole−in−the−wall.com/docs/Paper13.pdf

Modi, P. (2023, December 8). How AI Is Revolutionizing the Way We Learn? https://www.educationnext.in/posts/how−ai−is−revolutionizing−the−way−we−learn

Modi, P. (2023, June 15). Are Unschooled Kids Future Entrepreneurs? https://www.linkedin.com/pulse/unschooled−kids−future−entrepreneurs−priyanka−modi

Modi, P. (2023, June 15). Are Unschooled Kids Future Entrepreneurs?

LinkedIn.
https://www.linkedin.com/pulse/unschooled−kids−future−entrepre
neurs−priyanka−modi?trk=public_post

Modi, P. (2023, June 23). The Power of Human Connection: Nurturing
Our Well−Being and Flourishing Together.
https://www.educationnext.in/posts/the−power−of−human−conn
ection−nurturing−our−well−being−and−flourishing−together

Modi, P. (2023, June 3). What Do You Need to Know About the Grand
Tours and Worldschooling?
https://www.educationnext.in/posts/what−do−you−need−to−kno
w−about−the−grand−tours−and−worldschooling

Modi, P. (2023, June 7). Are More Unschooling Kids Growing Up to Be
Entrepreneurs?
https://www.educationnext.in/posts/are−more−unschooling−kids
−growing−up−to−be−entrepreneurs

Modi, P. (2023, October 25). What You Should Know About Unschooling:
A Comprehensive Guide. Education Next.
https://www.educationnext.in/posts/what−you−should−know−ab
out−unschooling−a−comprehensive−guide

Montessori Education. (n.d.). In Wikipedia. Retrieved December 15, 2023,
from https://en.wikipedia.org/wiki/Montessori_education

Moravec, J. (2023, January 3). A Conversation with an Artificial Intelligence
on the Future of Education: What a Chatbot Says Humans Can Do
to Prepare for the Future.
https://www.educationfutures.com/blog/post/conversation−ai−futur
e−education

Morris, E. K. (1993). Behavior Analysis and Mechanism: One Is Not the
Other. The Behavior Analyst, Spring, 1−16.
https://kuscholarworks.ku.edu/bitstream/handle/1808/601/beh.anal.v
1993.n16.25−43.pdf;sequence=1

Morrison, D. (2014, February 14). Is Learning Scientific or Organic? Online
Learning Insights: A Place for Learning About Online Education.
Retrieved May 1, 2019, from
https://onlinelearninginsights.wordpress.com/2014/02/06/is−learning

Morrison, K. (2016). 'The Courage to Let Them Play': Factors Influencing and Limiting Feelings of Self−Efficacy in Unschooling Mothers. Journal of Unschooling and Alternative Learning, 10(19), 48−80.

Morrison, K. A. (2018). Unschooling and Social Justice/Multicultural Education: (Un)Realized Potential. Other Education: The Journal of Educational Alternatives, 7(2), 97−117. Retrieved from https://www.othereducation.org/index.php/OE/article/view/201

Mr. Rob. (n.d.). The Benefits of Unschooling. Prodigies. https://prodigies.com/the−benefits−of−unschooling/

Nall, J. (2014, October 40). John Holt: Homeschooling Pioneer and Visionary Progressive. Toward Freedom, Global Report. https://towardfreedom.org/story/archives/youth/john−holt−homesc hooling−pioneer−and−visionary−progressive/

Nargunde, A. S. (2023). Steve Jobs' Views on Education. Eur. Chem. Bull., 12(Special Issue 1, Part−B), 1481−1487. https://www.eurchembull.com/uploads/paper/a03a5bdf1a3f9f282fd86 1a663dc7ff6.pdf

Navigate360. (n.d.). Gen Z vs. Gen Alpha: Learning Styles in the Classroom. https://navigate360.com/blog−news/the−importance−of−digital−l earning−gen−z−and−gen−alpha−in−the−classroom/

NDF. (2016, September 22). Sugata Mitra on Child−Driven Education. https://novakdjokovicfoundation.org/child−driven−education/

Neill, A. S. (1995). Summerhill School: A New View of Childhood. St. Martin's Griffin; Revised edition.

Neuman, A., & Aviram, A. (2003). Homeschooling as a Fundamental Change in Lifestyle. Evaluation & Research in Education, 17(2−3), 132−143. https://doi.org/10.1080/09500790308668297

Neuman, A., & Guterman, O. (2016). Academic Achievements and Homeschooling—It All Depends on the Goals. Studies in Educational Evaluation, 51, 1−6. https://www.researchgate.net/publication/306422370_Academic_achie vements_and_homeschooling−It_all_depends_on_the_goals

Neumann, R. (2003). Sixties Legacy: A History of the Public Alternative Schools Movement, 1967−2001. Peter Lang Inc., International Academic Publishers; New edition.

Neurodivergent Unschooling. (n.d.). Texas Unschoolers. Retrieved from https://www.texasunschoolers.com/neurodivergent−unschooling/

Neurodiversity. (n.d.). In Wikipedia. https://en.wikipedia.org/wiki/Neurodiversity

Newman, M. (2023, June 5). What Is Unschooling Method (Education Philosophy)? The Power of Unschooling. https://israelhomeschool.org/what−is−unschooling−education−philosophy−the−power−of−unschooling/

Niche Construction. (n.d.). In Wikipedia. Retrieved from https://en.wikipedia.org/wiki/Niche_construction

Nichole. (2020, October 12). Homeschooling: Interest−Led Learning. Retrieved from https://runwildmychild.com/interest−led−learning

Nocking the Arrow. (2014, December 1). Self−Directed vs. Self−Determined Learning; What's the Difference? https://www.rtschuetz.net/2014/12/self−directed−vs−self−determined.html

Nomadmum. (2023, August 16). The Rise of World Schooling: Exploring the World. https://nomadmum.com/parenthood/exploring−the−world−the−rise−of−world−schooling/

North Star Self−Directed Learning for Teens. (n.d.). In Wikipedia. Retrieved from https://en.wikipedia.org/wiki/North_Star_Self−Directed_Learning_for_Teens

Northgate Academy. (2022, January 12). The History of Homeschooling in the United States. https://www.northgateacademy.com/the−history−of−homeschooling−in−the−united−states/

Not Back to School Camp Homepage. (n.d.). https://www.nbtsc.org/

Novak, J. D. (2011). A Theory of Education: Meaningful Learning Underlies the Constructive Integration of Thinking, Feeling, and Acting Leading to Empowerment for Commitment and Responsibility.

Odling−Smee, F. J., Laland, K., & Feldman, M. W. (2003). Niche

Construction: The Neglected Process in Evolution. Monographs in Population Biology, 37. https://www.researchgate.net/publication/233822192_Niche_Construction_The_Neglected_Process_in_Evolution

OECD. (2001). What Schools for the Future? Schooling for Tomorrow. OECD Publishing. https://dx.doi.org/10.1787/9789264195004−en

OECD. (2017). Neurodiversity in Education. Trends Shaping Education Spotlights, No. 12. OECD Publishing, Paris. https://dx.doi.org/10.1787/23198750−en

OECD. (2017). OECD Employment Outlook 2017. OECD Publishing. https://dx.doi.org/10.1787/empl_outlook−2017−en

OECD. (2017, October 11). Neurodiversity in Education. https://www.oecd−ilibrary.org/docserver/23198750−en.pdf?expires=1709440660&id=id&accname=guest&checksum=964103E8FF85C5DE23C2C5555A56611B

OECD. (2018). A Brave New World: Technology and Education. Trends Shaping Education Spotlights, No. 15. OECD Publishing, Paris. https://dx.doi.org/10.1787/9b181d3c−en

OECD. (2020). Back to the Future of Education: Four OECD Scenarios for Schooling. Educational Research and Innovation. OECD Publishing, Paris. https://doi.org/10.1787/178ef527−en

Ofei, M. (2024, January 16). What Is a Minimalist Lifestyle? (And What It's Not). https://theminimalistvegan.com/what−is−minimalism/

Olsen, N. (2020). What Is Radical Unschooling? Unschoolers.org. https://unschoolers.org/radical−unschooling/what−is−radical−unschooling/

Olssen, M. (1995). The Epistemology of Constructivism. Access: Contemporary Issues in Education, 13(2), 82–94. https://pesaagora.com/access−archive−files/ACCESSAV13N2_082.pdf

Open Learning: The Journal of Open, Distance and e−Learning, 34(3), 223−240. DOI: 10.1080/02680513.2018.1562329. https://www.tandfonline.com/doi/full/10.1080/02680513.2018.1562329

Orelus, P. W. (2020). Unschooling Racism: Critical Theories, Approaches, and Testimonials on Anti−Racist Education. Springer.

Orly, A. (2012, September 28). Astra Taylor Advocates 'Unschooling' at

PSU Event. https://tsl.news/news2364/

Ortiz, N. (2022, September 27). Did Steve Jobs Ever Go to College or High School? Degreeless. https://degreeless.com/did−steve−jobs−go−to−college/#did−steve−jobs−go−to−college

O'Shaughnessy, M. (2023, July 23). Unlocking the Benefits of Homeschooling: Empowering Education Beyond the Classroom. https://www.linkedin.com/pulse/unlocking−benefits−homeschooling−empowering−education−maureen

Ossiannilsson, E. (Ed.). (2019). Ubiquitous Inclusive Learning in a Digital Era. Information Science Reference.

Owl Labs Staff. (2020, June 12). What Is Hybrid Learning? Here's Everything You Need to Know. https://resources.owllabs.com/blog/hybrid−learning

Oxford Reference. (n.d.). A. S. Neill. https://www.oxfordreference.com/display/10.1093/oi/authority.20110803100227655

Papert, S. (1994). The Children's Machine: Rethinking School in the Age of the Computer. Basic Books; Revised ed. edition.

Park, J. S., & Gil, J.−M. (2020). Edutech in the Era of the 4th Industrial Revolution. KIPS Transactions on Software and Data Engineering, 9(11), 329−331. https://doi.org/10.3745/KTSDE.2020.9.11.329

Parnell, J. (2019, February 28). Famous Homeschoolers. https://homeschoolacademy.com/blog/famous−homeschoolers/

Parthiban, R. (2023, March 31). The Top Skills You Need to Succeed in Today's Job Market. https://www.linkedin.com/pulse/top−skills−you−need−succeed−todays−job−market−parthiban−r

Pathak, R. P. (2007). Education in the Emerging India. Atlantic Publishers & Dist. https://books.google.co.kr/books/about/Education_in_the_Emerging_India.html?id=z_OCjp−T2vIC&redir_esc=y

Patil, T. (2024, January 19). The Future of Education: Personalized Learning, EdTech, and the Changing Classroom.

https://www.linkedin.com/pulse/future−education−personalized−l
earning−edtech−changing−trupti−patil−0ltxf?trk=article−ssr−fro
ntend−pulse_more−articles_related−content−card

Patterson, S. (n.d.). Unschooling and Playtime.
https://www.unschoolingmom2mom.com/unschooling−and−playtime

Persaud, N. (n.d.). Bill Gates to Highlight How Technology Will Change
Education in 2030.
https://www.educationworld.com/a_news/bill−gates−highlight−ho
w−technology−will−change−education−2030−255228246

Petrovic, J. E., & Rolstad, K. (2016). Educating for Autonomy: Reading
Rousseau and Freire Toward a Philosophy of Unschooling. Policy
Futures in Education.
https://www.researchgate.net/publication/311620839_Educating_for_a
utonomy_Reading_Rousseau_and_Freire_toward_a_philosophy_of_un
schooling

Phillips, D. C. (1995). The Good, the Bad, and the Ugly: The Many Faces
of Constructivism. Educational Researcher, 24(7), 5−12.

Piaget, J. (1999). The Psychology of Intelligence. Taylor & Francis eBook.
https://www.taylorfrancis.com/books/mono/10.4324/9780203981528/
psychology−intelligence−piaget−jean

Piaget, J. (2001). The Language and Thought of the Child. Routledge
Classics; 1st Edition.

Piaget, J. (2001). The Psychology of Intelligence. Routledge.

Piaget, J. (2007). The Child's Conception of the World. Rowman &
Littlefield.
https://ia802309.us.archive.org/14/items/childsconception01piag/child
sconception01piag.pdf

Piaget, J. (2013). The Growth of Logical Thinking from Childhood to
Adolescence. Routledge. (Originally published 1958).
https://storage.googleapis.com/jztbajcuemxror.appspot.com/Growth−
Logical−Thinking−Childhood−Adolescence−PDF−5ecf36559.pdf

Piaget, J. I. (1958). The Growth of Logical Thinking from Childhood to
Adolescence: An Essay on the Construction of Formal Operational
Structures.

Picchi, A. (2020, July 28). Homeschool Pods Are Gaining Traction Amid

Worries About School Reopening; Here's How Parents Are Getting the Finances to Work.
https://www.wickedlocal.com/story/news/local/2020/07/28/homesch ool — gaining — traction — amid — worries — about — school — reopening — heres — parents — getting — finances — work/1102068007/

Pitman, M. A., & Smith, M. L. (1991). Culture Acquisition in an Intentional American Community: A Single Case. In J. Van Galen & M. A. Pitman (Eds.), Home Schooling: Political, Historical, and Pedagogical Perspectives (pp. 77 — 97). Norwood, NJ: Ablex.

Polanco, J. (2021, December 1). 7 Benefits of Unschooling to Blow Your Mind. Julienaturally.
https://www.julienaturally.com/benefits — of — unschooling/

Potts, A. (2007). New Education, Progressive Education, and the Counter Culture. Journal of Educational Administration and History, 39(2), 145 — 159.
https://doi.org/10.1080/00220620701342304

PowerSchool. (2022, April 21). Heutagogy Explained: Self — Determined Learning in Education.
https://www.powerschool.com/blog/heutagogy — explained — self — de termined — learning — in — education/

Prensky, M. (2001). Digital Natives, Digital Immigrants. On the Horizon, MCB University Press, 9(5).
https://is.muni.cz/el/fss/jaro2013/ZUR589f/um/Prensky__2001_.pdf

Priesnitz, W. (n.d.). Life Learning/Unschooling.
https://www.life.ca/lifelearning/understanding_life_learning.htm

Princing, M. (2022, September 19). What Is Neurodiversity and Why Does It Matter?
https://rightasrain.uwmedicine.org/mind/mental — health/neurodiversit y — or — neurodivergence

Progressive Education. (n.d.). In Wikipedia. Retrieved from
https://en.wikipedia.org/wiki/Progressive_education

Progressive Education. (n.d.). Retrieved from
https://education.stateuniversity.com/pages/2336/Progressive — Educat ion.html#ixzz8Max78E6K

Prud'Homme, M. — A., & Reis, G. (2011). Comparing A.S. Neill to

Rousseau: Appropriate? Journal of Unschooling and Alternative Learning, 5(10). https://jual.nipissingu.ca/wp−content/uploads/sites/25/2014/06/v521 01.pdf

Psychology Today Staff. (n.d.). Neurodiversity. https://www.psychologytoday.com/us/basics/neurodiversity

Quiroga Uceda, P., & Igelmo Zaldívar, J. (2020). John Holt's Trip to Cuernavaca, Mexico and Its Relevance to the History of the Global Homeschool Movement. Educational Praxis, 15. https://www.redalyc.org/journal/894/89462860042/html/

Rabie, M. S. (2023, July 10). Ten Reasons Why We Should Incorporate Creativity and Innovation in Our Educational Systems. https://www.linkedin.com/pulse/ten−reasons−why−we−should−i ncorporate−creativity−innovation−rabie

Rainbolt, R. (n.d.). What Is Simple Living? https://sagefamily.com/about

Raising World Changers. (2023, April 29). The Benefits of Outdoor Learning & Nature−Based Activities — Unschooling/Homeschooling. https://medium.com/@unschooledworldchangers/the−benefits−of− outdoor−learning−nature−based−activities−unschooling−homesc hooling−d3333cb71514

Rajvir, S. I. (2016). Learner and Learning in the Digital Era: Some Issues and Challenges. Research Paper Education, 2(10).

Raval, K. (2024, March 9). Udemy Review: Is This the Best Online Learning Platform for You? https://www.linkedin.com/pulse/udemy−review−best−online−lear ning−platform−you−ketan−raval−zpkyf

Ray, B. D. (1990). A Radical Ideology for Home Education: The Journey of John Holt from School Critic to Home School Advocate. Home School Researcher, 13(3). https://www.nheri.org/home−school−researcher−a−radical−ideol ogy−for−home−education−the−journey−of−john−holt−from− school−critic−to−home−school/

Ray, B. D. (1999). The Homeschool Movement in the Postmodern Age. Home School Researcher, 13(4). https://www.nheri.org/home−school−researcher−the−homeschool

—movement—in—the—postmodern—age/

Ray, B. D. (2013). Explaining the Change in Homeschooling, 1970—2010. Home School Researcher, 29(1).
https://www.nheri.org/home—school—researcher—explaining—the—change—in—homeschooling—1970—2010/

Ray, B. D. (2014). Left, Right, and Online: A Historic View of Homeschooling. Home School Researcher, 30(3).
https://www.nheri.org/home—school—researcher—left—right—and—online—a—historic—view—of—homeschooling/

Ray, B. D. (2017). A Review of Research on Homeschooling and What Educators Might Learn.

Ray, B. D. (2023, December 11). Homeschooling: The Research. Research Facts on Homeschooling. National Home Education Research Institute.
https://www.nheri.org/research—facts—on—homeschooling/

Reese, W. (2001). The Origins of Progressive Education. History of Education Quarterly, 41(1), 1—24.
https://larrycuban.files.wordpress.com/2011/01/j—1748—5959—2001—tb00072—x.pdf

Reich, J. (2022). Failure to Disrupt: Why Technology Alone Can't Transform Education. Harvard University Press.

ResearchGate. (n.d.). Heutagogy Explained: Self—Determined Learning in Education.
https://www.sit.ac.nz/Portals/0/upload/documents/sitjar/Heutagogy%20—%20One.pdf

Resnick, A. (2023, May 8). Neurodiversity and What It Means to Be Neurodiverse. Verywell Mind.
https://www.verywellmind.com/what—is—neurodiversity—5193463

Ricci, C. (2012). The Willed Curriculum, Unschooling, and Self—Direction: What Do Love, Trust, Respect, Care, and Compassion Have to Do with Learning? Ricci Publishing.

Richards, A. S. (2017, July 7). How Minimalism and Unschooling Intersect. Medium.
https://medium.com/@radicalselfie/how—minimalism—and—unschooling—intersect—598371a2509a

Richards, A. S. (2020). Raising Free People: Unschooling as Liberation and Healing Work. PM Press.

Riegel, S. (2001). The Home Schooling Movement and the Struggle for Democratic Education. Studies in Political Economy, 65(1), 91–116. https://www.tandfonline.com/doi/abs/10.1080/19187033.2001.11675221

Riley, G. (2018). Unschooling: A Direct Educational Application of Deci and Ryan's (1985) Self Determination Theory and Cognitive Evaluation Theory. European Journal of Alternative Education Studies, 3(1).
https://www.researchgate.net/publication/323880246_UNSCHOOLING _A_DIRECT_EDUCATIONAL_APPLICATION_OF_DECI_AND_RYAN'S_ 1985_SELF_DETERMINATION_THEORY_AND_COGNITIVE_EVALUAT ION_THEORY

Riley, G. (2020). The Spectrum of Unschooling. In Unschooling. Palgrave Studies in Alternative Education. Palgrave Macmillan, Cham. https://doi.org/10.1007/978–3–030–49292–2_5

Riley, G. (2020). Unschooling: Exploring Learning Beyond the Classroom. Palgrave Macmillan; 1st ed.

Riley, G., & Gray, P. (2015). Grown Unschoolers' Experiences with Higher Education and Employment: Report II on a Survey of 75 Unschooled Adults.
https://www.semanticscholar.org/paper/Grown–Unschoolers%E2%80 %99–Experiences–with–Higher–and–II–a–Riley–Gray/cd2282 49c2fc823d7a5fc0a1b8809f53d1f0d609

Robillard, J. (2010, November 24). Organic Versus Synthetic Learning: A Synopsis. Retrieved from
https://hs–survival.blogspot.com/2010/11/organic–versus–synthetic –learning.html

Robillard, J. (2010, November 24). Organic Versus Synthetic Learning: A Synopsis. Retrieved from
https://hs–survival.blogspot.com/2010/11/organic–versus–synthetic –learning.html

Robinson, K. (2006). Do Schools Kill Creativity? TED2006, February 2006. https://www.ted.com/talks/sir_ken_robinson_do_schools_kill_creativity

Rogue Learner. (2021, April 7). Neurodiversity and Self–Directed Learning

with Naomi Fisher.
https://roguelearner.libsyn.com/neurodiversity−and−self−directed
−learning−with−naomi−fisher

Rolstad, K., & Kesson, K. (2013). Unschooling, Then and Now. Journal of Unschooling and Alternative Learning, 7(14).

Romanticism. (n.d.). New World Encyclopedia.
https://www.newworldencyclopedia.org/entry/romanticism

Romanticism. (n.d.). Philosophy Basics.
https://www.philosophybasics.com/movements_romanticism.html

Romanticism. (n.d.). Wikipedia. Retrieved March 20, 2023.
https://en.wikipedia.org/wiki/Romanticism

Romero, N. (2018). Toward a Critical Unschooling Pedagogy. Journal of Unschooling and Alternative Learning, 12(23).

Rubin, S. (2016, January 6). The Israeli Army Unit That Recruits Teens with Autism. The Atlantic.
https://www.theatlantic.com/health/archive/2016/01/israeli−army−a
utism/422850/

Rūdolfa, A., & Daniela, L. (2021). Learning Platforms in the Context of the Digitization of Education: A Strong Methodological Innovation. In D. Scaradozzi, L. Guasti, M. Di Stasio, B. Miotti, A. Monteriù, & P. Blikstein (Eds.), Makers at School, Educational Robotics and Innovative Learning Environments. Lecture Notes in Networks and Systems, 240. Springer, Cham.
https://doi.org/10.1007/978−3−030−77040−2_28

Rukhsanariaz. (2023, March 4). Modern Lifestyle.
https://medium.com/@rukhsanariaz530/modern−lifestyle−95ecf34abe96

Rule This Roost. (2024, February 1). Unschooling Schedule: Is There Such a Thing? https://rulethisroost.com/unschooling−schedule/

Ryan Gosling. (n.d.). In Wikipedia. Retrieved from
https://en.wikipedia.org/wiki/Ryan_Gosling

Ryan, R. M., & Deci, E. L. (2000). Self−Determination Theory and the Facilitation of Intrinsic Motivation, Social Development, and Well−Being. American Psychologist, 55(1), 68.
https://www.researchgate.net/publication/11946306_Self−Determinati
on_Theory_and_the_Facilitation_of_Intrinsic_Motivation_Social_Devel

opment_and_Well−Being

Ryan, R. M., & Deci, E. L. (2017). Self−Determination Theory: Basic Psychological Needs in Motivation, Development, and Wellness. The Guilford Press. https://doi.org/10.1521/978.14625/28806

Ryan, R. M., & Deci, E. L. (2020). Intrinsic and Extrinsic Motivation from a Self−Determination Theory Perspective: Definitions, Theory, Practices, and Future Directions. Contemporary Educational Psychology, 61, Article 101860. https://doi.org/10.1016/j.cedpsych.2020.101860

Ryan, R. M., Ryan, W. S., Di Domenico, S. I., & Deci, E. L. (2019). The Nature and the Conditions of Human Autonomy and Flourishing: Self−Determination Theory and Basic Psychological Needs. In R. M. Ryan (Ed.), The Oxford Handbook of Human Motivation (2nd ed., pp. 89-110). Oxford University Press.

Ryan, R., & Deci, E. (2017). Self−Determination Theory. Guilford Press. https://www.researchgate.net/publication/321350169_Ryan_R_M_et_D eci_E_L_2017_Self−determination_theory_Basic_psychological_needs _in_motivation_development_and_wellness_New_York_NY_Guilford_ Press

Saad, L. (2023, July 6). Historically Low Faith in U.S. Institutions Continues. Gallup News. https://news.gallup.com/poll/508169/historically−low−faith−institut ions−continues.aspx

Sadiku, M. N. O., & Shadare, A. E. (2017). Digital Natives. ResearchGate. https://www.researchgate.net/publication/326071415_Digital_Natives

Sahu, B. (2002). The New Educational Philosophy. Sarup & Sons Publishers. https://books.google.co.kr/books/about/New_Educational_Philosoph y.html?id=kQl8j9vBz5QC&redir_esc=y

Saluja, A., Minz, N. K., & Anuj, S. S. (2023). Education unleashed: The AI era: A student compendium. Book Rivers, https://www.researchgate.net/publication/377066080_Education_Unle ashed_The_AI_Era

Samuel, R. S. (2011). A Comprehensive Study of Education. Prentice−Hall of India Pvt. Limited.

https://books.google.co.kr/books?id=xBxaR4ZF8HUC&pg=PA4&lpg

Sánchez Tyson, L. (2019). Trusting Children: Lifelong Learning and Autonomy within the Unschooling Movement. Journal of Unschooling and Alternative Learning, 13(25).

Sandra Dodd on Life and Learning. (n.d.). https://sandradodd.com/

Santana. (2023, January 10). Unschooling vs. Homeschooling: Understanding Key Differences and Real−Life Examples. https://remoteofficeschool.com/unschooling−vs−homeschooling/

Santana. (2023, January 10). Unschooling vs. Traditional Education: What's Right for Your Child? https://remoteofficeschool.com/unschooling−vs−traditional−education−whats−right−for−your−child/

Sara. (2021, March 9). A Day of Unschooling Family. Happiness is Here Blog. https://happinessishereblog.com/a−day−in−the−life−of−an−unschooing−family/

Sara. (n.d.). Neurodiversity−Affirming Practices: A Guide to Inclusive and Supportive Strategies. https://learningforapurpose.com/neurodiversity−affirming−practices/

Sara. (n.d.). Unschooling: Creating a Rhythm. https://happinessishereblog.com/unschooling−creating−a−rhythm/

Schimmel, N. (2007). Indigenous Education and Human Rights. International Journal on Minority and Group Rights, 14(4), 425−453. https://eprints.lse.ac.uk/66455/

Schnaitter, R. (1999). Some Criticisms of Behaviorism. In B. A. Thyer (Ed.), The Philosophical Legacy of Behaviorism (Studies in Cognitive Systems, Vol. 22). Springer. https://doi.org/10.1007/978−94−015−9247−5_8

Schuck, R. K., et al. (2021). Neurodiversity and Autism Intervention: Reconciling Perspectives Through a Naturalistic Developmental Behavioral Intervention Framework. Journal of Autism and Developmental Disorders, 52, 4625-4645. https://doi.org/10.1007/s10803−021−05316−x

Schultz, C. (2014, September 4). "Unschooled" Kids Do Just Fine in College: Children Used to Self−Directed Learning and Intellectual

Freedom Can Handle the Strictures of College. Smithsonian Magazine.

https://www.smithsonianmag.com/smart−news/unschooled−kids−have−few−problems−once−they−hit−college−180952613/

Schwartz, D. (1999). Ghost in the Machine: Seymour Papert on How Computers Fundamentally Change the Way Kids Learn. Interview of Seymour Papert.

https://dailypapert.com/ghost−in−the−machine−seymour−papert−on−how−computers−fundamentally−change−the−way−kids−learn/

Self−Determination Theory. (n.d.). In Wikipedia. Retrieved from https://en.wikipedia.org/wiki/Self−determination_theory

Self−Directed Education – Evidence Base in Brief. (n.d.). Retrieved December 23, 2023, from

https://suitable−education.uk/evidence−base−for−self−directed−education/

Self−Directed Education, Not Progressive Education, Is the Wave of the Future.

https://www.self−directed.org/tp/differences−between−self−directed−and−progressive−education/

Serena Williams. (n.d.). In Wikipedia. Retrieved from https://en.wikipedia.org/wiki/Serena_Williams

Seymour Papert. (n.d.). In Wikipedia. Retrieved from https://en.wikipedia.org/wiki/Seymour_Papert

Shai, S. (2019, September 17). Exploring What Unschooling Is. https://medium.com/mind−blown−academy/a−bit−more−about−unschooling−8e5034987296

Shaikh, M. (n.d.). Unschooling Lifestyle Consciousness and Practices. https://withoutschool.org/know/unschooling/

Shameli, A. A. (1996). Educational Change Through a Post−Modern Perspective. A Paper as a Part of Ph.D. Comprehensive Exam Submitted to Prof. E. Wood, Department of Culture & Values in Education, McGill University.

https://www.al−islam.org/educational−change−through−post−modern−perspective−abbas−ali−shameli/educational−change−throu gh − post

Sharma, I. (n.d.). What Is EdTech and Why Is It Important? https://builtin.com/edtech

Sharp, H. (n.d.). What Are the Philosophical Foundations of American Education? https://slideplayer.com/slide/12568070/

She Maps Team. (2019, June 6). Transforming Our Schools with Organic Learning. https://shemaps.com/blog/transforming − our − schools − with − organi c − learning/

Sheef, D. (1985, February 1). Playboy Interview: Steve Jobs. https://www.scribd.com/doc/254374883/Steve − Jobs − Interview

Sheffer, S. (Ed.). (1990). A Life Worth Living: Selected Letters of John Holt. Ohio State University Press. https://www.educationinfluence.com/wp − content/uploads/listing − u ploads/upload − resources/2021/09/A − LIFE − WORTH − LIVING − JO HN − HOLT.pdf

Shwal, M. (n.d.). Naturalism: Meaning, Principles, and Contribution. https://www.yourarticlelibrary.com/education/naturalism − meaning − principles − and − contribution − education/69153

Silber, K. (2024, January 8). Johann Heinrich Pestalozzi. Encyclopedia Britannica. https://www.britannica.com/biography/Johann − Heinrich − Pestalozzi

Silberman, S. (2013, April 16). Neurodiversity Rewires Conventional Thinking About Brains. Wired. https://www.wired.com/2013/04/neurodiversity/

Silberman, S. (2016). Neurotribes: The Legacy of Autism and the Future of Neurodiversity. Avery; Reprint edition.

Silo and Sage. (n.d.). My Journey of Unschooling, Interest Led/Child Led Learning, & Curriculum − High School to Elementary. https://www.youtube.com/watch?v = 5XTc7HH9SFY

Simple Natural Mom. (n.d.). Unschooling vs. Homeschooling: Why I Chose to Unschool. https://simplenaturalmom.com/unschooling − vs − homeschooling/

Singer, J. (2017). NeuroDiversity: The Birth of an Idea. Judy Singer.

Singh, M. (2015). Global Perspectives on Recognising Non − Formal and

Informal Learning. Springer International Publishing. http://dx.doi.org/10.1007/978−3−319−15278−3

Singh, P. (2023, November 14). What Is a Microschool? Benefits of Microschooling Explored. https://www.yahoo.com/entertainment/microschool−benefits−microschooling−explored−171845688.html

Sivan, A. (2006). Leisure and Education. In C. Rojek, S. M. Shaw, & A. J. Veal (Eds.), A Handbook of Leisure Studies. Palgrave Macmillan, London. https://doi.org/10.1057/9780230625181_26

Skenazy, L. (2020, July 29). Why Pandemic Pods Are 'The Ultimate in Parent−Driven Education Innovation.' Reason Foundation. https://reason.com/2020/07/29/why−pandemic−pods−are−the−ultimate−in−parent−driven−education−innovation/

Skenazy, L. (2020, July 29). Why Pandemic Pods Are 'The Ultimate in Parent−Driven Education Innovation.' Reason Foundation. https://reason.com/2020/07/29/why−pandemic−pods−are−the−ultimate−in−parent−driven−education−innovation/

Slee, R. (2010). The Irregular School: Exclusion, Schooling and Inclusive Education. Foundations and Futures of Education. Routledge; 1st edition.

Smartt, J. (2022). Let Them Be Kids: Adventure, Boredom, Innocence, and Other Gifts Children Need. Thomas Nelson.

Smith, J. M. (2007, August 20). Honoring Moore's Achievements. Washington Times. http://www.hslda.org/docs/news/washingtontimes/200708200.asp

Smith, S. J. (n.d.). Pestalozzianism. Academia. https://www.academia.edu/8323088/Pestalozzianism?uc−g−sw=35430167

Smowltech. (2023, November 22). Online Educational Platforms: Types and Benefits They Provide. https://smowl.net/en/blog/online−educational−platforms/

Sokhanych, A. (2023, May 23). What Is Augmented Reality (AR) and How Does It Work? https://thinkmobiles.com/blog/what−is−augmented−reality/

Solomon, J. (2002). John Holt's: How Children Learn. Education Reform 3.

http://www.educationreformbooks.net/how_learn.htm

Sorooshian, P. (2005). I Live Therefore I Learn: Living an Unschooling Life. Natural Child.

https://www.naturalchild.org/articles/guest/pam_sorooshian.html

Springer, S. (2016). Learning Through the Soles of Our Feet: Unschooling, Anarchism, and the Geography of Childhood. In D. Scaradozzi, L. Guasti, M. Di Stasio, B. Miotti, A. Monteriù, & P. Blikstein (Eds.), The Radicalization of Pedagogy: Anarchism, Geography and the Spirit of Revolt (pp. 247−265). Rowman & Littlefield.

https://www.researchgate.net/publication/281626148_Learning_throug h_the_soles_of_our_feet_unschooling_anarchism_and_the_geography _of_childhood

St. Andrews. (2023, January 23). All That You Need to Know About the Holistic Approach to Children's Education.

https://www.standrewssukhumvit.com/holistic−approach−children −education/

Stainton, H. (n.d.). What Is Worldschooling and How Does It Work?
https://tourismteacher.com/what−is−world−schooling/

Stanford News. (2005). 'You've Got to Find What You Love,' Jobs Says.
https://news.stanford.edu/2005/06/12/youve−got−find−love−jobs −says/

Steel, H. (2022, February 25). Unschooling as a Perfect Fit for Neurodiverse Families. Retrieved from

https://liveplaylearn.org/2022/02/25/unschooling−as−a−perfect−fit −for−neurodiverse−families

Steve Jobs' 2005 Stanford Commencement Address. (2005).
https://www.youtube.com/watch?v=UF8uR6Z6KLc

Steve Jobs. (n.d.). In Wikipedia. Retrieved from
https://en.wikipedia.org/wiki/Steve_Jobs

Stevens, B. V. (2013, April 16). What Is Unschooling? I Don't Know (and You Don't Either).

https://everything−voluntary.com/what−is−unschooling−i−dont− know−and−you−dont−either

Stixrud, W. (2018). The Self−Driven Child: The Science and Sense of Giving Your Kids More Control Over Their Lives. Penguin.

Stone, C. L. (1930). Review of The Child's Conception of the World [Review of the book The Child's Conception of the World, by J. Piaget]. The Journal of Abnormal and Social Psychology, 25(1), 93–94. https://doi.org/10.1037/h0065677

Sugata Mitra: The Child–Driven Education. (n.d.). https://www.youtube.com/watch?v = nsKPvQCMATw

Summerhill School. (n.d.). In Wikipedia. Retrieved from https://en.wikipedia.org/wiki/Summerhill_School

Sutton, J. (2021, February 13). How to Increase Intrinsic Motivation (According to Science). Retrieved from https://positivepsychology.com/increase–intrinsic–motivation/

Tan, R. (2020, May 26). Homeschool vs. Unschooling: What Are the Differences? Smile Tutor. https://smiletutor.sg/homeschool–vs–unschooling–what–are–the –differences/

Taylor Swift. (n.d.). In Wikipedia. Retrieved from https://en.wikipedia.org/wiki/Taylor_Swift

Taylor, A. (2014). The People's Platform: Taking Back Power and Culture in the Digital Age. Metropolitan Books; 1st Edition.

Taylor, A. (2014, January 16). The Unschooled Life: Astra Taylor's Story. https://popularresistance.org/the–unschooled–life–astra–taylor–s tory/

Taylor, A. (n.d.). In Wikipedia. Retrieved from https://en.wikipedia.org/wiki/Astra_Taylor

Taylor–Hough, D. (2010). Are All Homeschooling Methods Created Equal? ERIC Number: ED510702. https://files.eric.ed.gov/fulltext/ED510702.pdf

Team Leverage Edu. (2022, January 4). Steve Jobs Education. https://leverageedu.com/blog/steve–jobs–education/

Technology & Digital Learning Platforms. (n.d.). https://www.learnlife.com/learning–paradigm/technology–digital– platforms

TEDxTucson. (2022). TEDxTucson George Land: The Failure of Success. https://www.youtube.com/watch?v = ZfKMq–rYtnc

Tencer, D. (2017, July 14). 85% of Jobs That Will Exist in 2030 Haven't

Been Invented Yet. HuffPost.
https://www.huffpost.com/archive/ca/entry/85−of−jobs−that−will
−exist−in−2030−haven−t−been−invented−yet−d_ca_5cd4e7da
e4b07bc72973112c

Tesar, M., Gibbons, A., Arndt, S., & Hood, N. (2021, May 26).
Postmodernism in Education. In Oxford Research Encyclopedias:
Education.
https://doi.org/10.1093/acrefore/9780190264093.013.1269

The Editors of Encyclopaedia Britannica. (2023). Progressive Education. In
Encyclopaedia Britannica. Retrieved December 15, 2023, from
https://www.britannica.com/topic/progressive−education

The Excellent Family. (n.d.). Unschooling Life & Leisure Skills.
https://www.youtube.com/watch?v=dCDbPi05r7E

The Homeschooler Post. (2019, August 28). From Harry Potter to Living
the Dream.
https://www.homeschoolerpost.com/post/from−harry−potter−to−l
iving−the−dream

The Penuel Channel. (2024, January 4). Homeschooling | Home Education
| Hybrid Learning | The Future of Schools.
https://www.youtube.com/watch?v=_hcKd7tUcIE

The Psychology of Intelligence Summary Jean Piaget. (n.d.). Retrieved
from
https://www.bookey.app/book/the−psychology−of−intelligence

The Understood Team. (n.d.). Learning Pods: 5 Benefits for Kids Who
Learn and Think Differently.
https://www.understood.org/en/articles/learning−pod−benefits−kids

Theories of Development: The Mechanistic Worldview. (n.d.). Retrieved
December 15, 2023, from
https://social.jrank.org/pages/655/Theories−Development−Mechanis
tic−Worldview.html

Theories of Development: The Organismic Worldview. (n.d.). Retrieved
December 15, 2023, from
https://social.jrank.org/pages/656/Theories−Development−Organis
mic−Worldview.html

Thomas Edison. (n.d.). In Wikipedia. Retrieved from

https://en.wikipedia.org/wiki/Thomas_Edison

Thomas, A., & Pattison, H. (2008). How Children Learn at Home. Continuum; 2nd edition.

Three World Views of Development and Learning: Introduction. (n.d.). Retrieved from https://andreacwalker.tripod.com/learn_intro.htm

Tippet, P. T., & Lee, J. J. (2019). Looking Back to Move Forward: Understanding Progressive Education in the 21st Century. Journal of Applied Learning in Higher Education, Fall 2019. https://files.eric.ed.gov/fulltext/EJ1285555.pdf

Toke, N. (2023, February 7). Types of Neurodiversity and Neurodivergence. https://diversity.social/neurodiversity–neurodivergence/

Tong, S. W., & Tuysuzoglu, I. (2017, December 10). From Homeschool to Harvard. The Harvard Crimson. https://www.thecrimson.com/article/2017/12/10/homeschool–harvard/

Tough, A. (1979). The Adult's Learning Projects: A Fresh Approach to Theory and Practice in Adult Learning (2nd ed.). Toronto: Ontario Institute for Studies in Education.

Tough, A. M. (1979). Choosing to Learn. The Ontario Institute for Studies in Education (OISE). https://files.eric.ed.gov/fulltext/ED190741.pdf

Traditional Education vs. Modern Education. (n.d.). https://targetstudy.com/articles/traditional–education–vs–modern–education.html

Travel Guidance. (2021, April 1). Why Travel Is the Best Education. https://expatexplore.com/blog/9–ways–travel–best–education/

True Jedi. (n.d.). Unschooling Cooking – Kids, Play with Your Food! https://truejedis.com/unschooling–cooking–kids–play–with–your–food/

Tümen, A. S. (2019). Do 21st Century Teachers Know About Heutagogy or Do They Still Adhere to Traditional Pedagogy and Andragogy? International Journal of Progressive Education, 15(6), 151–169.

Turner, P. (2020, January 17). ADHD & the Return of the Hunter. Medium. https://medium.com/welded–thoughts/adhd–the–return–of–the–hunter–fb203cf580a5

Tutor House Ltd. (2023, November 17). Embracing the Digital Era in Homeschooling: Unleashing the Power of Online Resources and Support.
https://www.linkedin.com/pulse/embracing − digital − era − homeschooling − unleashing − power − online − youye

ui, X. T., Quirk, C., Almazan, S., & Valenti, M. (2010). Inclusive Education Research & Practice. In T. A. Alquraini & D. M. Gut (Eds.), Critical Components of Successful Inclusion of Students with Severe Disabilities: Literature Review. International Journal of Special Education, 27, 42 − 59.

UNESCO & Cornu, B. (2011). Digital Natives: How Do They Learn? How to Teach Them? UNESCO Institute for Information Technologies in Education.
https://unesdoc.unesco.org/ark:/48223/pf0000216681

UNESCO MGIEP. (2016, March 30). Fourth Distinguished Lecture by Sugata Mitra on the Future of Learning.
https://mgiep.unesco.org/article/unesco − mgiep − s − fourth − distinguished − lecture − ted − prize − winner − and − social − entrepreneur − sugata − mitra − discusses − the − future − of − learning

UNESCO. (2016). Education 2030: Incheon Declaration and Framework for Action for the Implementation of Sustainable Development Goal 4: Ensure Inclusive and Equitable Quality Education and Promote Lifelong Learning Opportunities for All.
https://unesdoc.unesco.org/ark:/48223/pf0000245656

UNICEF. (n.d.). Inclusive Education.
https://www.unicef.org/education/inclusive − education

Unschooling and Social Justice/Multicultural Education: (Un)Realized Potential. (n.d.).

Unschooling Momma and Poppy. (2014, November 17). 50 Field Trip Ideas for Unschoolers.
https://unschoolingmommaandpoppy.wordpress.com/2014/11/17/50 − field − trip − ideas − for − unschoolers/

Unschooling. (n.d.). In Wikipedia. Retrieved from
https://en.wikipedia.org/wiki/Unschooling.

Unusable Knowledge. (2016, September 11). Intrinsically Motivated |

Harvard Graduate School of Education.
https://www.gse.harvard.edu/news/uk/16/09/intrinsically−motivated

van der Walt, J. L. (2019). The Term "Self−Directed Learning"—Back to Knowles, or Another Way to Forge Ahead?
https://www.tandfonline.com/doi/full/10.1080/10656219.2019.1593265

Vander Ark, K. (2011, January 7). Lisa Nielsen: 20 Characteristics of Unschoolers, Why It Matters. Getting Smart.
https://www.gettingsmart.com/2011/01/07/lisa−nielsen−20−characteristics−of−unschoolers−why−it−matters/

Vansteenkiste, M., Lens, W., & Deci, E. L. (2006). Intrinsic Versus Extrinsic Goal Contents in Self−Determination Theory: Another Look at the Quality of Academic Motivation. Educational Psychologist, 41(1), 19−31.

Velusamy, V. V. (2023, May 27). Traditional vs. Modern Education.
https://www.linkedin.com/pulse/traditional−vs−modern−education−varatharasan−visalu−velusamy

Veno, E. (2023, March 22). Worldschooling: Our Complete Guide to Getting Started. https://www.joinprisma.com/blog/worldschooling

Vérillon, P. (n.d.). Revisiting Piaget and Vygotsky: In Search of a Learning Model for Technology Education.
https://scholar.lib.vt.edu/ejournals/JOTS/Winter−Spring−2000/verillon.html

Vesneski, W., Breen, A., Hansen, U., Reisman, F., & Anselm, H. (2022). American Families' Attitudes to Unschooling: A National Survey. International Journal of Progressive Education. https://files.eric.ed.gov/fulltext/EJ1363975.pdf

Vincent, E. (2015, June 29). A Day in the Life of Unschoolers: Come See What Unschooling Looks Like! Retrieved from Homeschool On.
https://homeschoolon.com/unschooling−a−day−in−the−life−of−unschoolers/

Vincent−Lancrin, S., et al. (2019). Fostering Students' Creativity and Critical Thinking: What It Means in School. Educational Research and Innovation. OECD Publishing.
https://dx.doi.org/10.1787/62212c37−en

Voigts, J. (2011, March 3). Raising Miro on the Road of Life.

https://www.wanderingeducators.com/raising−miro−road−life.html

Vromen, J. (2023, January 2). A Strengths−Based Approach to Neurodiversity.

VTC News. (2024, February 24). Dropping Out of School at the Age of 15: The Young Man Studied at Home and Built a Million−Dollar Tumblr Empire. https://www.vietnam.vn/en/bo−hoc−nam−15−tuoi−chang−trai −tre−tu−hoc−o−nha−dung−nen−de−che−trieu−usd−tumbl/

Vygotsky, L. S. (1978). Mind in Society: The Development of Higher Psychological Processes. Cambridge, MA: Harvard University Press.

Waldorf Education. (n.d.). In Wikipedia. Retrieved November 26, 2023, from https://en.wikipedia.org/wiki/Waldorf_education

Walker, K. (2022, September 28). Mozart's Home−School Education. https://www.cpr.org/2022/09/28/mozarts−home−school−education/

Watson, J. B. (1930). Behaviorism. W.W. Norton & Company, Inc.

Weber, M. (1966). Class, Status and Party. In R. Bendix & S. Lipset (Eds.), Class, Status, and Power (pp. 21−28). Wiley; New York, NY, USA.

Weintraub, P. (2023, March 23). Unschooling. Aeon. https://aeon.co/essays/for−some−its−only−when−school−stops −that−learning−starts

What Does It Mean to Be Neurotypical? (n.d.). Healthline. https://www.healthline.com/health/neurotypical

What Is Constructivism? (2020, May 27). https://www.wgu.edu/blog/what−constructivism2005.html

What Is Inquiry−Based Learning? (n.d.). https://projects.upei.ca/inquiry/what−is−inquiry−based−learning/

Wheatley, K. F. (2009). Unschooling: A Growing Oasis for Development and Democracy. Encounter, 22(2), 27−32. https://www.researchgate.net/publication/316553494_Unschooling_A_ Growing_Oasis_for_Development_and_Democracy

Whiting, K. (2020, October 21). These Are the Top 10 Job Skills of Tomorrow – and How Long It Takes to Learn Them. World Economic Forum. https://www.weforum.org/agenda/2020/10/top−10−work−skills−o f−tomorrow−how−long−it−takes−to−learn−them/

Wikipedia. (n.d.). Steve Jobs. Retrieved from
https://en.wikipedia.org/wiki/Steve_Jobs

Wilson, A. N. (2023, December 21). Unschooling: Embracing Interest−Led
Learning.
https://www.toolify.ai/gpts/unschooling−embracing−interestled−le
arning−329386

Wilson, D. (2021). The Four−Hour School Day: How You and Your Kids
Can Thrive in the Homeschool Life. Zondervan.

Wolfgang Amadeus Mozart. (n.d.). In Wikipedia. Retrieved from
https://en.wikipedia.org/wiki/Wolfgang_Amadeus_Mozart

Wood, R. (2023, April 10). Happier on the Outside? Discourses of
Exclusion, Disempowerment and Belonging from Former Autistic
School Staff. Journal of Research in Special Educational Needs,
published by John Wiley & Sons Ltd on behalf of National
Association for Special Educational Needs.
https://nasenjournals.onlinelibrary.wiley.com/doi/epdf/10.1111/1471
−3802.12612

Worthen, M. (2020, September 25). When You Get Into Unschooling, It's
Almost Like a Religion. The New York Times.
https://www.nytimes.com/2020/09/25/opinion/sunday/unschooling−
homeschooling−remote−learning.html

Wozniak, P. (2020, May 4). Bill Gates Is Wrong About Education.
Retrieved from SuperMemo.
https://supermemo.guru/wiki/Bill_Gates_is_wrong_about_education

Yeager, C. (2018, September 7). Homeschooling Hero: David Karp.
https://www.homeschoolingheroes.com/how−to−teach−at−home/
homeschooling−hero−david−karp

Young, M. (2023, May 31). Leisure Education: Cultivating a Meaningful
Leisure Lifestyle.
https://growthroughflow.com/leisure−education−cultivating−a−me
aningful−leisure−lifestyle/

Yu, S. (2023). Neurodiversity Paradigm and Inclusive Education Are
Analyzed Based on Case Studies. Proceedings of the 2023 2nd
International Conference on Sport Science, Education and Social
Development (SSESD 2023), Advances in Social Science, Education

and Humanities Research, 781.
https://doi.org/10.2991/978−2−38476−122−7_25

Žižek, S. (n.d.). In Wikipedia. Retrieved from
https://en.wikipedia.org/wiki/Zizek!

Zuriff, G. E. (1979). The Demise of Behaviorism − Exaggerated Rumor? A Review of Mackenzie's Behaviourism and the Limits of Scientific Method. Journal of the Experimental Analysis of Behavior, 32, 129–136.

● ● ● 저자 소개

황기우

고려대학교 대학원에서 교육사회학을 공부하고 교육학 박사 학위를 취득했다. 고려대학교 교육문제연구소에서 연구교수로 일한 적이 있다. 총신대학교 기독교교육과 교수로 재직했다. 현재는 한국 언스쿨링 연구소 소장으로 일하고 있다. 주요 저역서에는 『언스쿨링』, 『언스쿨링의 비밀』, 『Gen Z 100년 교육, 언스쿨링이 온다』, 『야성과 자유의 부름』, 『교육의 오류』, 『교사 리더십』, 『공교육의 미래』, 『교사의 권력』, 『21세기 교사의 역할』, 『영감을 주는 교사』, 『재외 한국 민족교육의 실태』, 『통합사회의 한국 교육』 등이 있다.

- 한국 언스쿨링 연구소: https://unschooling.kr/
- 언스쿨링 카페: https://cafe.naver.com/unschoolingkorea
- 이메일: hkiwoo@naver.com

AI 시대! 미래를 디자인하는
언스쿨링 교육의 세계

초판발행	2025년 1월 10일
지은이	황기우
펴낸이	노 현
편 집	김다혜
기획/마케팅	정연환
표지디자인	이영경
제 작	고철민·김원표
펴낸곳	㈜ 피와이메이트
	서울특별시 금천구 가산디지털2로 53, 210호(가산동, 한라시그마밸리)
	등록 2014. 2. 12. 제2018-000080호
전 화	02)733-6771
f a x	02)736-4818
e-mail	pys@pybook.co.kr
homepage	www.pybook.co.kr
I S B N	979-11-7279-044-8 93370

copyright©황기우, 2025, Printed in Korea

정 가   28,000원

박영스토리는 박영사와 함께하는 브랜드입니다.